독자의 1초를 아껴주는 정성!

세상이 아무리 바쁘게 돌아가더라도 책까지 아무렇게나 빨리 만들 수는 없습니다.

인스턴트 식품 같은 책보다는 오래 익힌 술이나 장맛이 밴 책을 만들고 싶습니다.

길벗은 독자 여러분이 가장 쉽게, 가장 빨리 배울 수 있는 책을

한 권 한 권 정성을 다해 만들겠습니다.

독자의 1초를 아껴주는 정성을 만나보십시오.

누구나 쉽게
컴퓨팅 사고 with 파이썬

김현정, 황숙희 지음

길벗캠퍼스

김현정 교수

건국대학교 일반대학원 컴퓨터공학 석사, 건국대학교 일반대학원 컴퓨터공학 박사, (주)정보보호기술 R&D 근무 & 포스데이타 근무, 現 건국대학교 상허교양대학 조교수, 주요 연구분야 : 인공지능 알고리즘, 정보보안, AI교육

황숙희 교수

상명대학교 전자계산학 학사, 상명대학교 교육대학원 정보컴퓨터교육 석사, 건국대학교 일반대학원 컴퓨터공학 박사, Autodesk Korea Inc. 기술부 근무, 한전 KDN 면접 평가위원, 건국대학교 상허교양대 컴퓨팅 사고 담당 강사, 성균관대학교 데이터 사이언스 교육센터 컴퓨팅 사고 담당 초빙교수, 주요 연구분야 : 인공지능 알고리즘

누구나 쉽게 컴퓨팅 사고 with 파이썬

초판 2쇄 발행 • 2023년 6월 9일

지은이 • 김현정, 황숙희
발행인 • 이종원
발행처 • (주)도서출판 길벗
출판사 등록일 • 1990년 12월 24일
주소 • 서울시 마포구 월드컵로 10길 56(서교동)

대표 전화 • 02)332-0931 | 팩스 • 02)323-0586
홈페이지 • www.gilbut.co.kr | 이메일 • gilbut@gilbut.co.kr

책임편집 • 신유진(backdoosan@gilbut.co.kr) | **디자인** • 강은경 | **제작** • 이준호, 손일순
영업마케팅 및 교재 문의 • 박성용(psy1010@gilbut.co.kr) | **영업관리** • 김명자 | **독자지원** • 윤정아, 최희창

교정교열 • 김연숙 | **전산편집** • 도설아 | **CTP 출력 및 인쇄** • 예림인쇄 | **제본** • 예림바인딩

ISBN 979-11-407-0022-6
(길벗 도서번호 060069)

정가 25,000원

머리말

컴퓨터에 대한 새로운 용어, 새로운 이론, 새로운 프로그램 등 컴퓨터 관련 각종 정보가 매일매일 쏟아져 나오고 있습니다. 1936년 앨런 튜링이 제안했던 튜링기계와 지금 현재 사용하는 컴퓨터는 전혀 다르지 않은데, 1936년부터 지금까지 발전을 거듭해온 컴퓨터는 무엇이 달라졌으며, 어떻게 발전하고 있는 걸까요? 현재 컴퓨터가 많은 분야에서 사용되고 있고, 많은 분야의 발전에도 큰 기여를 하고 있습니다. 이제 컴퓨터는 누구나 사용하는, 누구나 사용해야 하는 도구가 되었고, 앞으로 더욱 다양한 곳에서 더욱 많은 사람들이 사용하는 도구가 될 것이라는 예측은 사실로 받아들여지고 있습니다.

컴퓨터에 대한 필요성과 중요성이 높아지면서, 우리는 큰 벽에 부딪히고 있습니다. 컴퓨터를 얼만큼 이해해야 하는가? 컴퓨터를 어떻게 사용해야 하는가? 그동안 컴퓨터는 다른 전공분야처럼 일부 전공자들이 배워야 하는 **학문으로만 교육되고, 발전되어** 왔습니다. **그러나** 급변하는 시대에 컴퓨터가 전공자들의 전유물이 아닌, 모든 사람들이 이해하고, 사용해야 하는 도구로 거듭나고 있습니다. 이러한 시대적 요구 속에 나온 새로운 단어가 '컴퓨팅 사고'입니다. '컴퓨팅 사고' 이론을 통해서 컴퓨터 교육의 새로운 패러다임을 만들어 내고 있습니다. 컴퓨터 전공자만을 위한 학문에서 모든 사람이 배워야 하는 실용적 도구로...

본 교재에서는 '컴퓨팅 사고'를 '컴퓨터 과학자들이 컴퓨터를 통하여 문제를 해결할 때 사용한 기술을 개념화하여 정의한 사고방식'으로 정의하였습니다. 이 정의에서 우리는 두 가지 관점으로 '컴퓨팅 사고' 이해할 수 있습니다. 컴퓨터 과학자들이 컴퓨터를 통하여 문제를 해결할 때 사용한 기술이 무엇인가? 그 기술을 어떠한 사고방식으로 개념화하였는가?

컴퓨터 과학자들의 기술을 알아보기 위해 저자들은 컴퓨터에 대한 기초를 설명하였는데, 이것은 우리가 컴퓨터를 얼만큼 이해해야 하는가에 대한 기준에서 필요한 기초지식임을 밝힙니다. 덧붙여서 본 교재에서는 '컴퓨팅 사고'를 어떻게 학습해야 하는지에 대해서도 그 방향을 제시하고 있는데, 이 또한 컴퓨터를 어떻게 사용해야 하는가에 대한 기준에서 필요한 최소한의 기초지식임을 밝힙니다.

'컴퓨팅 사고'는 학문이 아닙니다. 여러 사람들의 시대적 요구사항 속에서 나온 주장으로, 컴퓨터에 대한 사람들의 인식을 바꾸어 앞으로 컴퓨터를 더욱 잘 사용할 수 있도록 하는 것이 목적입니다. 본 교재의 내용은 비전공자를 대상으로 컴퓨터를 이해하는 데 도움이 되도록 구성하였습니다. 실습으로 포함된 '파이썬' 프로그래밍 언어 교육은 컴퓨터 과학자들의 기술을 가장 쉽게 경험해 볼 수 있는 방법입니다. 따라서 프로그래머를 위한 프로그래밍 언어 교육이 아닌, '컴퓨팅 사고'를 배우기 위한 방법임을 잊지 말기 바랍니다.

본 교재를 통해 컴퓨터를 정확하게 이해함은 물론, 컴퓨터의 한계도 이해할 수 있기를 바랍니다. 컴퓨터 과학자들이 컴퓨터를 이용하여 문제를 해결한 기술로 우리 생활 속 여러 가지 문제를 해결할 수 있는지, 정말 문제를 해결하는 데 컴퓨터 과학자들의 기술이 도움이 되는지 본 교재와 학습을 통해 확인해 보시기 바랍니다. 감사합니다.

저자 일동

차례

<5장> 문제해결과 알고리즘

<6장> 프로그래밍 언어

<7장> 변수와 연산

<8장> 데이터의 종류

<9장> 제어문(I)

<10장> 제어문(II)

<11장> 제어문(III)

<12장> 함수

<13장> 파일 입출력

- 책 내용을 따라할 수 있는 실습 파일은 길벗 홈페이지를 통해 제공됩니다.

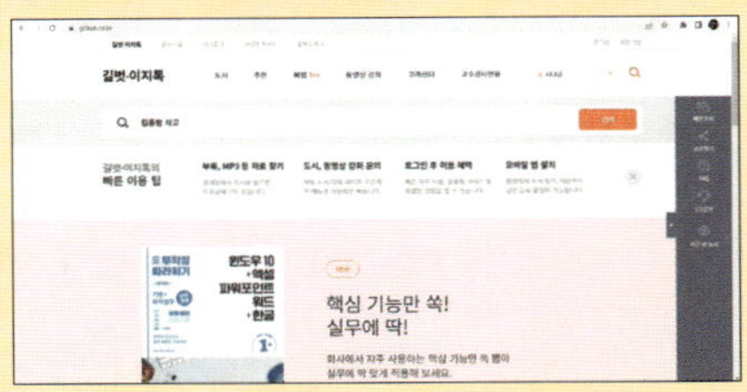

길벗 출판사 홈페이지(www.gilbut.co.kr) 검색란에 '**컴퓨팅 사고**'를 검색 → 해당 도서 자료실의 '**실습예제**' 항목 → **실습에 필요한 예제 파일** 내려받기

주차별(15주) 학습 진도표

주차별	챕터	주제	주차별 내용
1주	1장	오리엔테이션 컴퓨팅 사고	오리엔테이션 / 컴퓨팅 사고의 개념과 역사, 필요성을 이해한다. 컴퓨팅 사고의 두 가지 방향성을 통해 교육 목적을 이해한다.
2주	2장	컴퓨터	기계적인 도구로써의 컴퓨터를 이해하고 튜링기계를 이해한다. 컴퓨터 구성요소와 컴퓨터 과학자의 기술을 이해한다.
3주	3장	소프트웨어	소프트웨어의 중요성을 이해하고 소프트웨어의 종류와 개발 과정을 이해한다. 소프트웨어 개발 교육의 중요성을 이해한다.
4주	4장	컴퓨팅 사고 요소	컴퓨팅 사고 단계와 컴퓨팅 사고 요소를 이해한다. 문제 분해, 패턴인식, 추상화, 알고리즘에 대해 이해한다.
5주	5장	문제해결과 알고리즘	문제의 개념과 알고리즘 정의, 표현에 대해 이해한다. 알고리즘 구조를 표현할 수 있다.
6주	6장	프로그래밍 언어	정보와 데이터에 대해 이해한다. 컴퓨터에서 사용하는 데이터 단위와 변환을 이해한다. 프로그래밍 언어 구성을 이해한다. 파이썬 프로그래밍 언어의 특징과 실행환경을 이해한다.
7주	중간고사		
8주	7장	변수와 연산	컴퓨터 프로그램에서의 데이터와 메모리 개념을 이해한다. 상수와 변수의 차이점, 입력과 출력 방식, 연산자를 이용해 표현하는 방법을 배운다.
9주	8장	데이터의 종류	파이썬 데이터 종류(문자열, 리스트, 튜플, 딕셔너리, 세트)에 대해 배운다.
10주	9장	제어문(I)	제어문 중 조건문의 개념과 표현을 배운다.
11주	10장	제어문(II)	제어문 중 반복문(while, for문)에 대한 개념과 표현을 배운다.
12주	11장	제어문(III)	제어문 중 반복문(무한 반복, 분기문, 중첩 반복)에 대한 개념과 표현을 배운다.
13주	12장	함수(16주차 강의 학교는 함수 파트를 나눠주세요)	함수의 개념과 내장함수, 사용자 정의함수를 비교 설명할 수 있다. 함수의 매개변수 전달과 반환, 전역변수와 지역변수, 함수 모듈에 대해 배운다.
14주	13장	파일 입출력	파일 개념과 읽고/쓰고/저장하며 처리하는 방법을 배운다.
15주	기말고사		

<1장>

컴퓨팅 사고

학습 목표

- 컴퓨팅 사고란 무엇인지 이해한다.
- 컴퓨팅 사고의 역사를 이해한다.
- 컴퓨팅 사고의 필요성을 이해하고 정리한다.
- 컴퓨팅 사고의 두 가지 방향성을 통해
  컴퓨팅 사고 교과의 교육 목적을 이해한다.
- 컴퓨팅 사고력을 키우기 위해 어떻게 해야 하는지 이해한다.

1 〉 컴퓨팅 사고 개요

컴퓨터는 우리의 생활 속에 이미 깊숙이 자리매김하여 쓰임새도 많아지고 그 역할도 점점 더 중요해지고 있다. 따라서 우리는 컴퓨터에 대한 기본적인 지식을 갖고 있어야 하며, 컴퓨터가 무엇이고 어떤 방식으로 동작하는지 이해할 필요가 있다. 그리고 현재 여러 분야에서 일반인과 비전공자에게 컴퓨터를 어떻게 교육하면 좋을지, 기술적인 지식을 얼마만큼 전달해야 할지 고민하고 있으며, 효과적인 방법을 찾기 위해 다양한 연구가 진행되고 있다.

'컴퓨팅 사고'는 컴퓨터 비전공자를 중심으로 이뤄지는 컴퓨터 교육으로, 컴퓨터 과학과 교육 분야에서 가장 인기 있는 주제 가운데 하나이다. 이제 우리는 '컴퓨팅 사고'가 무엇인지 정의를 내리고, 그 필요성과 아울러 '컴퓨팅 사고' 교육의 방향과 목표도 함께 살펴볼 것이다.

1.1 컴퓨팅 사고의 오해와 진실

컴퓨팅 사고는 컴퓨터가 하는 사고다?

최근 인공지능에 대한 사람들의 관심이 높아지면서 우리는 컴퓨터를 마치 자율적으로 사고하는 개체로 착각하곤 한다. 하지만 컴퓨터는 인간의 명령을 처리하는 도구일 뿐, 스스로 생각하면서 일을 처리할 수 있는 존재는 아니다.

즉, 컴퓨팅 사고의 의미는 컴퓨터 스스로 사고(思考)하여 직접 처리한다는 의미가 아니라, 컴퓨터가 문제를 잘 처리할 수 있도록 사람이 컴퓨터의 입장에서 생각하여 명령하는 방식을 일컫는 말이다.

컴퓨팅 사고는 *컴퓨터 과학자의 전유물?

이와 같은 생각은 컴퓨터가 특수성과 전공을 바탕으로 발전한 분야이기 때문에 생긴 오해이다. 현재 컴퓨터는 특정 분야뿐 아니라, 우리 삶의 모든 영역에서 활용하는 필수품으로 자리잡고 있기 때문에 컴퓨팅 사고 또한 일반 사람들이 제대로 알고 활용할 수 있어야 한다.

**컴퓨팅 사고는 결국 코딩이다?

코딩은 사람과 컴퓨터를 잇는 소통의 방법이자, 컴퓨팅 사고를 배울 수 있는 좋은 수단이다.

컴퓨터가 이해할 수 있는 프로그램 언어를 사용해서 작업을 수행할 수 있도록 명령어를 작성하는 것이 코딩인데, 이때 컴퓨팅 사고는 반드시 필요한 부분이기 때문에 코딩이라는 프로그램 언어를 배우면 자연스럽게 컴퓨팅 사고 능력을 키울 수 있다.

컴퓨팅 사고가 과연 실생활에 도움이 될까?

정보화 시대이자 인공지능 그리고 인터넷 시대를 살아가는 우리에게 있어 컴퓨터는 그야말로 없어서는 안 될 중요한 필수품과도 같다.

컴퓨팅 사고는 각 분야에서 일상으로 마주치는 컴퓨터의 핵심 원리를 이해하는 것은 물론 컴퓨터를 이용한 문제해결을 위해 컴퓨터가 일하는 방식을 이해하는 것이다. 결국 컴퓨터를 알아야 제대로 작업을 지시할 수 있기 때문에 컴퓨팅 사고는 이제 컴퓨터를 매일 접하고 활용해야 하는 우리에게 있어서 선택이 아닌 필수이다.

체크 포인트

* 컴퓨터 과학은 컴퓨터를 이용하여 문제를 해결하는 학문이고, 컴퓨터 과학을 연구하는 사람을 컴퓨터 과학자라고 한다.

** 컴퓨팅 사고의 영어 표기는 'Computational Thinking'이다. '계산적 사고', '컴퓨팅적 사고' 등으로 번역되는데, 여기에서는 '컴퓨팅 사고'로 통일하여 사용한다.

컴퓨팅 사고에 대한 몇 가지 질문을 통해 궁금증을 하나씩 살펴보자.

컴퓨팅 사고는 컴퓨터를 체계적으로 연구하고 명확하게 인식하기 위한 과학에서 나온 개념적인 이론이다. 즉, 컴퓨터 교육이 인간의 사고방식에 영향을 미치고, 변화된 사고방식이 다시 인간의 행동과 문제해결 방식에 영향을 미칠 수 있다는 생각에서 출발하기 때문에 컴퓨팅 사고는 컴퓨터를 사용해 어떤 문제를 해결하고자 할 때 우리가 생각하는 방식을 개념적으로 정의하여 이를 통해 인간의 보편적인 사고방식으로 발전시키려는 것이 목적이다.

인간의 모든 활동 영역에 두루 미치는 보편적 사고방식에 영향을 준 기본교육은 국어, 영어, 수학, 과학, 예체능과 같은 과목들이다. 여기에 추가로 컴퓨터 과학자들은 컴퓨팅 사고 과목도 포함해서 교육해야 한다고 주장한다. 그럼 왜 우리는 컴퓨팅 사고라는 것을 이토록 중요시 생각하게 되었을까? 이 사실을 이해하기 위해 컴퓨팅 사고의 이론적 배경을 살펴보면서 컴퓨팅 사고를 좀 더 이해해 보자.

1.2 컴퓨팅 사고의 배경

컴퓨팅 사고는 학문이 아닌 이론이다. 즉, 컴퓨팅 사고는 기술적으로 증명하거나 물리적인 현상으로 존재하는 것도 아니고, 괄목할 만한 성과를 통해서 발전한 것도 아니다. 컴퓨팅 사고는 시대가 변화하면서 사람들에 의해 그 필요성이 대두되었고, 인식이 확대됨에 따라 점점 더 중요시되고 있다.

컴퓨팅 사고는 미국의 시모어 *파퍼트(Seymour Papert) 교수로부터 제기되었다. 파퍼트 교수는 1980년 'Mindstorms'라는 저서를 발간했는데, 이때 컴퓨팅 사고

체크 포인트

파퍼트 교수는 미국의 수학자이면서 컴퓨터 과학자, 교육자로 알려져 있으며 MIT에서 마빈 민스키(Marvin Lee Minsky)와 함께 'Perceptron' 논문을 발표하였고, 인공지능 언어인 로고(LOGO) 프로그래밍 언어를 만들면서 인공지능 분야에서 큰 성과를 보였다.

라는 용어를 처음 사용하였으며 컴퓨팅 사고의 중요성에 대해 강조하였다.

파퍼트 교수는 'Mindstorms'라는 저서를 통해 교육에 있어 미디어(media)가 갖는 역할의 중요성을 강조하면서 컴퓨터를 이용해 기계의 동작 원리를 구현하는 방법을 익힐 수 있는 이론을 제안하였다. 또한 컴퓨팅 사고에 대한 개념을 1996년 'International jorunal of computers for Mathematics educations'에 기고한 'An exploration in the space of mathematics educations' 논문에서 제안하며 다시 한번 더 그 중요성을 강조하였다.

컴퓨팅 사고가 세상의 큰 관심을 받게 된 계기는 *자넷 윙(Jeannette Wing) 교수가 2006년 'ACM – Association for computing Machinery'에 기고한 'Computational thinking' 논문을 통해서인데, 윙 교수는 이 논문에서 시대의 흐름과 함께 발전한 컴퓨팅 사고가 무엇이고 우리에게 어떤 의미가 있는지 정의를 내리고, 왜 필요한지에 대해서 그 이유를 명확하게 제시하였다.

현재 미국, 영국, 일본, 중국 등에서도 컴퓨팅 사고를 위한 교육 정책을 개발 및 지원하고 있으며, 대학뿐만 아니라 초등학교, 중학교, 고등학교 등의 기초교육 과정에서도 컴퓨팅 사고의 필요성을 인식하여 교육 과정을 신설하고 교육 방법을 도입하고 있다.

'Computational Thinking'

윙 교수의 'Computational Thinking' 기고문을 살펴보자. 많은 사람들이 컴퓨팅 사고에 대해 이야기하고 있지만 모두 윙 교수의 'Computational Thinking' 기고문 내용을 바탕으로 본인들의 방식으로 다시 설명하고, 재정의한다. 따라서 우리가 윙 교수의 기고문에서 어떻게 컴퓨팅 사고를 정의하고, 그 필요성을 주장하는지 살펴보는 것은 의미가 있다.

체크 포인트

현재 컬럼비아 대학 컴퓨터 과학 교수이자, 컬럼비아 대학 연구 담당 부사장으로 재직 중인 윙 교수는 2013년 이전까지는 카네기 멜론 대학의 컴퓨터 과학 교수였다. 2017년까지 마이크로 소프트 리서치 기업 부사장을 역임한 그는 컴퓨터 교육 분야의 전문가로 컴퓨팅 사고의 필요성을 강조하고 있다.

컴퓨팅 사고는 누구에게 필요한가?

윙 교수는 그의 기고문에서 "It represents a universally applicable attitude and skill set everyone, not just computer scientists, would be eager to learn and use."라는 문장으로 컴퓨팅 사고에 대한 설명을 시작한다.

본문에서도 "Computational Thinking involves solving problems, designing systems, and understanding human behavior, by drawing on the concepts fundamental to computer science"라는 문장을 통해서 누구에게 필요한 이론인지 주장하고 있다.

두 문장을 살펴보면 컴퓨팅 사고는 특정한 사람만 배우는 특별한 분야가 아니라, 일반 사람도 배우고 사용해야 하며 컴퓨팅 사고를 일반적인 관점에서 바라봐야 하는 태도와 기술이라고 정의한다. 또한 사고는 누구나 갖춰야 하는 기본 역량이며, 읽기, 쓰기, 셈하기와 같이 아이들이 기본적으로 갖춰야 하는 항목으로 추가해야 한다고 주장한다.

이러한 주장을 통해 컴퓨팅 사고는 특정 분야나 특정 사람들을 위한 것이 아니므로 논리적, 창의적, 합리적인 인간의 기본적 사고에 컴퓨팅 사고가 포함되어야 함을 알 수 있다. 즉, 논리적 사고를 위해 수학을 배우고, 창의적 사고를 위해

예술과 문화를 배우고, 합리적 사고를 위해 역사와 과학을 배워야 하는 것처럼 컴퓨팅 사고를 위해 소프트웨어 개발과 코딩을 배워야 한다는 것이 바로 컴퓨팅 사고의 시작이라는 것이다.

컴퓨터 과학자 기술은 무엇인가?

컴퓨터를 통해 문제를 해결하는 학문 분야가 컴퓨터 과학이며, 컴퓨터 과학을 연구하고 발전시키는 사람을 컴퓨터 과학자라고 정의한 바 있다.

윙 교수는 기고문에서 컴퓨터 과학자들이 컴퓨터 과학 분야를 연구하고 발전시킬 때 사용했던 기술을 높이 평가하면서 그 기술은 컴퓨터 과학 분야뿐만 아니라, 의학, 법, 경제, 정치 등 모든 분야의 발전에 충분히 기여할 것이라고 주장한다.

그렇다면 여기에서 컴퓨터 과학자들의 기술이란 대체 무엇을 의미할까? 컴퓨터 과학자들의 기술은 단순히 컴퓨터 프로그래밍을 의미하는 것이 아니다. 그 기술을 이해하려면 먼저 컴퓨터에 대한 이해가 뒷받침되어야 하며, 지금까지 컴퓨터를 통하여 해결된 문제는 무엇인지, 어떤 방법으로 해결되었는지 이해해야 한다.

윙 교수는 기고문에서 컴퓨터 과학자들의 기술을 *프리패칭(prefetching), 캐싱(caching), 백트래킹(backtracking), 멀티기술(multi technic) 등의 구체적인 방법들로 소개하고 있다. 여기서 우리가 알아야 할 것은 이 기술이 무엇인지가 중요한 것이 아니라, 이러한 기술로 어떤 문제를 해결하였으며, 해결할 수 있는지가 더 중요하다. 또한 이러한 기술들이 사고력과는 무슨 관계가 있는지, 또 다른 분야에서 생기는 많은 문제에도 적용할 수 있는지가 중요하다.

체크 포인트

프리패칭(prefetching)과 캐싱(caching)은 컴퓨터 과학에서 CPU 처리속도와 메모리 입출력속도의 차이를 최소화하기 위한 하나의 방법으로 다음에 처리할 데이터를 미리 읽어서 저장하는 기술이다. 백트래킹(backtracking)은 인공지능 알고리즘 가운데 하나의 방법으로 앞선 처리결과를 되짚어보는 알고리즘 기술이다. 멀티기술(multi technic)은 컴퓨터 과학에서 CPU 처리속도에 비해 메모리 입출력속도가 느려 CPU의 효율성이 떨어지게 되는데, 이러한 문제를 극복하기 위하여 CPU가 여러 개의 일을 동시에 처리하도록 함으로써 CPU의 효율성을 높이는 기술이다.

컴퓨터로 어떤 문제를 해결하는가?

컴퓨터 과학자들은 지금까지 컴퓨터의 효율성을 높이기 위하여 연구하였다. 왜냐 하면 컴퓨터로 문제를 해결하는 방법은 여러 가지가 있지만, 컴퓨터 하드웨어는 그 기계적 성능이 정해져 있고, 컴퓨터 과학자들의 입장에서 문제를 해결한다는 것은 원하는 시간에 정확한 결과가 나와야 한다는 것을 의미하기 때문이다. 따라서 지금까지 컴퓨터 과학자들은 한정된 컴퓨터 하드웨어의 처리속도와 저장능력을 최대한 효율적으로 사용할 수 있는 기술을 연구하고, 컴퓨터 과학을 발전시켜 왔다. 따라서 컴퓨터를 통해 해결하고자 했던 문제는 일반적인 문제, 예를 들어 가장 빠른 길을 찾는 문제, 암호를 해독하는 문제, 암의 위치를 찾아내는 문제가 아니었다.

최근에는 컴퓨터 과학자들의 연구와 목적이 달라지고 있다. 컴퓨터 하드웨어의 발전, 즉 더 빨라진 CPU의 처리속도와 더 작은 공간에 더 많은 데이터를 저장할 수 있는 메모리 기억장치의 발전으로 컴퓨터 과학자들이 컴퓨터로 해결하고자 하는 일반적인 문제가 많아지고 있다.

윙 교수는 컴퓨터 과학자들이 컴퓨터로 해결하고자 하는 문제의 다양성을 이야기하며, 컴퓨터 과학이 다른 분야에서도 이미 보편화된 기술임을 주장하고 있다.

컴퓨터 과학자처럼 생각하기

"Ways to Think Like a Computer Scientist"

컴퓨터 과학자가 컴퓨터를 사용해 문제를 해결할 때, 현실 세계의 문제를 컴퓨터가 해결할 수 있도록 컴퓨터가 알아들을 수 있는 방법으로 표현할 필요가 있다. 그리고 컴퓨터가 받아들인 문제를 해결할 수 있도록 해결하는 순서를 명확하게 정의해야 하며, 정의된 해결 순서를 컴퓨터가 알아들을 수 있는 방법으로 표현해야 한다. 마지막으로 컴퓨터가 해결한 후 결과를 냈을 때 이를 일반 사람들이 이해할 수 있도록 재표현하는 과정이 필요하다.

위의 과정을 컴퓨터 과학자들의 표현으로 이야기하면 문제를 해결하기 위해 문제를 분석해서 입력, 처리, 출력을 정의한다고 한다. 입력은 데이터 분석, 처리는 알고리즘, 출력은 사용자 인터페이스(User Interface; UI)로 정의하고, 마지막으로 프로그래밍을 하게 된다.

우리는 가장 빠른 길을 찾는 문제를 통해 컴퓨터 과학자들의 생각을 엿볼 수 있다. 내가 알고 있는 길과 소요시간을 컴퓨터에 입력하면 컴퓨터는 길과 소요시간을 이용해 소요시간이 가장 적게 드는 길을 출력값으로 주는 프로그램을 작성하면 된다. 이때 컴퓨터 과학자들은 소요시간이 가장 적게 드는 길을 선택하는 방법을 다음과 같은 순서로 집중할 것이다.

1. 시작 지점과 끝 지점을 결정한다.
2. 중간에 경유할 수 있는 지점과 각 지점까지의 거리를 계산한다.
3. 2번 과정을 반복하면서 입력받은 길들의 거리를 모두 계산한다.
4. 계산된 거리 중 가장 작은 값과 경로를 출력한다.

여기에서 컴퓨터 과학자가 컴퓨터로 문제를 해결하기 위하여 사용한 기술들을 생각해 보자.

먼저 가장 빠른 길을 찾는 문제를 해결하기 위해 무엇을 입력할지 결정한다. 길은 시작 지점과 끝 지점으로 다시 정의했으며, 소요시간은 시작 지점과 끝 지점의 거리로 다시 정의했다. 이렇게 입력받은 값을 이용하여 가장 빠른 길을 찾기 위해 지점을 경유할 때마다 거리를 합하는 계산을 한다. 마지막으로 모든 경유에 대한 거리 값 중에서 가장 작은 값을 갖는 경로를 출력한다. 이때 결과는 숫자나 지점이 아닌 길의 형태로 보여줄 것이다.

이런 컴퓨터 과학자들의 문제해결을 위한 생각을 일반화된 사고방식으로 바꾸어 정의한 것을 개념화라고 한다.

- 무엇을 입력할지 결정하는 생각을 '문제 분해'로 개념화할 수 있다.
- 길을 시작 지점과 끝 지점으로 정의하는 생각을 '추상화'로 개념화할 수 있다.
- 빠른 길을 찾기 위해 계산하는 과정과 순서를 '알고리즘'으로 개념화할 수 있다.
- 알고리즘을 만들기 위해 사용한 반복적인 거리 값 계산을 '재귀적 사고'로 개념화할 수 있다.

문제 분해, 추상화, 알고리즘, 재귀적 사고 이외에도 컴퓨터 과학자들의 기술을 개념화한 사고방식에는 패턴인식이나 병렬처리 등 여러 가지가 있다. 컴퓨터 과학자들의 기술은 일반적인 문제해결을 위해서가 아니라 컴퓨터의 효율성을 높이기 위해 발전해 왔다.

컴퓨터의 효율성을 높이는 문제를 해결한 컴퓨터 과학자들의 기술과 일반 문제를 해결하기 위한 기술은 다르지 않다. 최근의 연구 방향이 달라졌을 뿐, 문제해결을 위하여 적용하는 기술과 사고방식은 같다. 따라서 이러한 컴퓨터 과학자들의 문제해결 기술을 개념화하여 배우고 익히다 보면 자연스럽게 컴퓨팅 사고력을 갖게 될 것이다.

1.3 컴퓨팅 사고 정의

컴퓨팅 사고란 무엇인가?

컴퓨팅 사고란 '**컴퓨터 과학자들이 컴퓨터로 문제를 해결할 때 사용하는 기술을 사고력으로 개념화한 사고방식**'으로 정의할 수 있다. 앞에서 우리는 컴퓨터 과학자들의 기술을 간단히 살펴보았고, 그 기술이 어떻게 개념화되는지도 알아보았다.

컴퓨팅 사고의 정의를 바탕으로 컴퓨팅 사고를 통해 무엇을 배워야 하는지 알 수 있다.

- 컴퓨터에 대한 구체적인 이해
- 컴퓨터를 통한 문제해결 과정에서 사용하는 기술
- 문제해결을 위한 기술을 바탕으로 구체화할 수 있는 사고 능력
- 컴퓨팅 사고 능력이 일반 문제를 어떻게 해결하는지 사례
- 컴퓨팅 사고를 통해 결국 우리가 얻을 수 있는 것

컴퓨팅 사고의 특징

윙 교수의 기고문을 바탕으로 컴퓨팅 사고의 특징을 정리하면 다음과 같다.

- 컴퓨팅 사고의 핵심은 프로그래밍이 아닌 개념화에 있다. 컴퓨팅 사고의 핵심은 프로그래밍을 하거나 코드를 작성하는 일련의 과정이 아닌, 다양한 생각들의 공통적인 의미를 찾고 보편적인 내용이 무엇인지 구체화하는 '개념화'에 있다.
- 컴퓨팅 사고는 단순 반복적인 기술을 나열하는 것이 아니라 모든 사람이 갖춰야 할 핵심적이고 기본적인 역량이다.
- 컴퓨팅 사고는 컴퓨터가 생각하는 것이 아니라 인간이 생각하는 방식을 정리한 것이다.
- 컴퓨팅 사고는 수학적인 연산과 공업 분야에서 활용할 수 있는 과학 기술을 다루는 공학적 연구를 상호 보완하고 결합한 것이다.
- 컴퓨팅 사고는 어떤 목적에 맞춰 만들어 낸 인공물이 아닌 다양한 상상력을 기반으로 하는 구상을 구체화한 아이디어이다.
- 컴퓨팅 사고는 특정 소수를 위한 것이 아니고 우리 모두를 위한 것이다.

알고리즘이나 데이터베이스와 같은 단어가 일상적으로 쓰이고, *'가비지 컬렉션(garbage collection)', '트리 구조(tree structure)'와 같은 컴퓨터 분야의 전문용어가

체크 포인트

가비지 컬렉션(garbage collection)은 컴퓨터 과학에서 필요 없는 데이터를 처리하는 데 사용하는 기술을 의미하는 용어이며, 트리구조(tree structure)는 나무를 거꾸로 한 형상으로 데이터를 저장하는 추상적 구조를 말한다.

통용되면서 컴퓨팅 사고도 이미 우리 일상에 자리잡은 보편적인 개념이라고 할 수 있다.

지금이 유비쿼터스(Ubiquitous) 컴퓨팅 시대라면, 미래는 "Ubiquitous computing is to today as computational thinking is to tomorrow. Ubiquitous computing was yesterday's dream that become today's reality; computational thinking is tomorrow's reality."라는 컴퓨팅 사고를 표현한 말처럼 컴퓨팅 사고가 주도하는 시대가 될 것이다. 그래서 유비쿼터스 컴퓨팅이 더 이상 과거의 꿈이 아닌, 현실인 것처럼 컴퓨팅 사고도 전공에 상관없는 모든 대학생이 배우고 갖춰야 할 소양이 될 것이다.

2 〉 컴퓨팅 사고의 필요성

앞에서도 언급했듯이 컴퓨팅 사고는 체계를 갖춰서 배우는 학문적 필요성에 의해서 처음으로 나타난 개념이 아니다. 컴퓨팅 사고라는 것이 무엇인지 논리적으로 해명하고 일반화하기 위해서 사람들이 실제로 생활하는 가운데 나타난 문제를 해결하기 위한 성격이 강한 이론이기 때문에 우리는 컴퓨팅 사고가 왜 필요하고, 어떻게 해야 컴퓨팅 사고를 잘할 수 있는지에 대한 방법적인 부분을 정리할 필요가 있다.

2.1 컴퓨터와 4차 산업혁명

컴퓨팅 사고의 이유

앨빈 토플러(Alvin Toffler)는 그의 저서 '제3의 물결(The Third Wave)'에서 '제1의 물결'을 농업혁명, '제2의 물결'을 산업혁명, '제3의 물결'을 정보화 사회로 구분하면서 급변하는 컴퓨터 세상을 표현하고 있다.

18세기 산업혁명 이후의 시대를 1차, 2차, 3차와 4차 산업혁명으로 나누어 설명하기도 하는데, 각 산업혁명 시기에는 중요한 발명으로 전반적인 산업 체계에 큰 변화를 가져오게 된다.

1차 산업혁명은 증기기관의 발명으로 대량생산이 가능해지면서 산업이 발전하는 획기적인 계기가 되었다.

2차 산업혁명은 전기의 발명으로 시작되며, 전기는 지금까지도 산업 발전에 가장 큰 기여를 한 발명이다.

3차 산업혁명은 컴퓨터의 발전이 산업에 미치는 영향으로 볼 수 있는데, 토플러가 주장한 '제3의 물결'로 정의된 정보화 시대가 컴퓨터의 영향으로 구분되어 진다.

그리고 우리는 지금 4차 산업혁명의 시대에 있으며, 인공지능(Artificial Intelligent; AI)을 기반으로 한 유비쿼터스 시대로 정의될 수 있다.

유비쿼터스 컴퓨팅 시대

유비쿼터스(Ubiquitous)라는 말은 라틴어에서 유래한 것으로, '언제 어디서나 동시에 존재한다', '도처에 널려 있다'라는 뜻의 유비쿼터스는 차세대 컴퓨팅 시대를 이끄는 과학혁명, 즉 패러다임이다.

유비쿼터스 컴퓨팅은 언제 어디서든 어떤 기기를 통해서도 컴퓨팅할 수 있다는 것을 의미한다. 인터넷을 기반으로 모든 사물을 연결하는 사물인터넷(Internet of Things; IOT), 개인용 컴퓨터와 같은 스마트폰, 컴퓨터로 만들어 놓은 세계에서 실제와 같은 체험을 할 수 있는 가상현실 등이 유비쿼터스 컴퓨팅 시대에 대표되는 개념이다.

사물인터넷

사물인터넷은 통신기술이 발전하면서 등장하였다. 사물인터넷은 가전제품을 포함한 우리 주변의 물건에 센서와 통신 기능을 포함시켜 인터넷에 연결하는 기술을 말한다.

사물인터넷 기술이 적용된 물건을 임베디드 시스템(embedded system)이라고 하며, 현재 사물인터넷 기술을 도입한 임베디드 시스템 개발에 많은 기업들이 앞다퉈 투자에 나서고 있다.

사물인터넷 기술은 컴퓨터라는 것이 더 이상 특정한 목적에 사용되는 특별한 도구가 아니라, 우리 생활 곳곳에서 꼭 필요한 도구로 사용되고 있다는 사실을 알 수 있게 해 준다.

인공지능

인공지능(Artificial Intelligence)은 인간의 학습능력과 추론, 지각, 자연언어의 이해 능력 등을 컴퓨터 프로그램으로 실현한 기술이며, 4차 산업혁명에서 중요한 역할을 한다.

사물인터넷 기술이 통신과 하드웨어 발전의 산물이라면, 인공지능은 프로그램과 알고리즘 발전의 산물이다.

하드웨어 기술이 발전하면서 프로그램으로 처리할 수 있는 문제들이 많아졌다. 즉, 컴퓨터 하드웨어인 저장공간과 처리장치 속도의 제약으로 더 많은 데이터를 저장하고, 더 빠른 일 처리를 할 수 있도록 하는 방법, 알고리즘이 필요해졌다.

처음 인공지능은 구글(Google)의 딥마인드(deepmind)가 개발한 알파고(AlpaGo)의 출현으로 우리 사회에 초유의 관심 분야가 되었다.

인공지능은 하드웨어적으로 봤을 때 인간의 모습과 비슷하게 만든 컴퓨터를 흔히 로봇이라 부르고 직립보행이나 균형성 유지를 목적으로 개발되고 발전하고 있지만 컴퓨터 과학자의 입장에서 보면 컴퓨터 구성품인 모니터, 키보드, 명령어를 처리하고 자료를 연산, 비교하는 CPU가 포함된 본체와 크게 다르지 않다.

인공지능이라는 것도 외부 환경을 입력받아 신호로 처리하여 움직임이라는 출력으로 표현하는 프로그램이 내장된 것이므로 이 프로그램에는 문제해결을 위해 잘 정의된 절차, 방법, 명령어들의 집합인 알고리즘과 수많은 입력값에 대한 계산 및 처리 과정이 필요하다. 따라서 이와 관련된 내용은 2장과 3장에서 좀 더 자세히 다루기로 한다.

컴퓨팅 사고의 중요성

사물인터넷과 인공지능을 비롯한 시대적인 요구와 변화는 결국 컴퓨팅 사고에 대한 필요성을 점점 더 확대시키고 있다. 1980년대에 이미 컴퓨팅 사고에 대한 이론적 필요성이 주장되었지만 2000년대에 들어서는 컴퓨터 기술의 발전이 가속화되고 모든 학문 분야뿐만 아니라 일상생활에서도 컴퓨터가 필수품이 되어 이제는 컴퓨터가 일하는 방식을 먼저 이해해야 문제 상황의 핵심 원리를 찾아내어 컴퓨터에게 제대로 작업 지시를 할 수 있다. 이와 같이 컴퓨팅 사고의 중요성은 갈수록 커지고 있으며, 이것이 바로 '컴퓨팅 사고'를 떠올렸을 때 가장 먼저 시대적 변화와 요구에 따른 필요성을 이해해야 하는 주된 이유이기도 하다.

2.2 컴퓨팅 사고의 필요성

제4차 산업혁명으로 인해 컴퓨터에 대한 인식이 달라지고 중요성도 높아졌다. 이러한 시대적인 변화에 따라 사용자의 요구에 적합한 소프트웨어 제품을 개발하도록, 컴퓨터가 일하는 방식을 이해하는 컴퓨팅 사고에 대한 관심도 높아졌는데, 컴퓨팅 사고의 필요성은 다음 두 가지로 정리할 수 있으며, 이를 통해 컴퓨팅 사고의 교육 목표도 정의할 수 있다.

컴퓨터의 활용도

컴퓨터에 대한 이해를 통하여 컴퓨터의 가능성과 한계를 정확하게 이해하고, 컴퓨터를 활용하여 여러 문제를 해결하는 데 도움을 받을 수 있다.

기존에 개발된 응용 프로그램의 사용자가 아닌 컴퓨터의 주체적 사용자가 되어 스스로 컴퓨터를 이용하여 문제를 해결할 수 있다.

문제해결의 효율성

컴퓨팅 사고력을 배양하여 생활 속 여러 문제나 전문 분야에서 마주치는 문제를 더욱 효율적으로 해결할 수 있다. 컴퓨팅 사고력을 통한 문제를 바라보는 시각에 변화를 주어 해결 능력을 높일 수 있다.

3 〉 컴퓨팅 사고 학습 방법

지금까지 컴퓨팅 사고가 무엇인지, 그리고 왜 필요한지 알아보았다. 이제 컴퓨팅 사고는 어떻게 배울 수 있는지, 학습 방법에 대해 자세히 알아보자.

컴퓨팅 사고를 간단히 표현하면 '컴퓨터 과학자들이 컴퓨터로 문제를 해결하고자 할 때 사용하는 기술을 개념화한 것'이다.

컴퓨터 과학자들이 컴퓨터를 통해 사용자의 요구를 만족시키고 문제를 해결할 때 사용하는 것이 *소프트웨어 개발 기술이다. 소프트웨어 개발의 중심에는 컴퓨터용 언어로 프로그램을 만드는 코딩이라는 것이 있기 때문에 우리는 소프트웨어 개발과 코딩 교육을 통해 컴퓨터 과학자가 구현하고자 하는 기술을 경험할 수 있다. 이 기술을 사용하기 위해 일상생활에 대입하여 생각하는 과정을 연습하다 보면 자연스럽게 구체적으로 개념화된 컴퓨팅 사고를 익힐 수 있다.

문제해결을 위한 컴퓨팅 사고방식은 다음의 방법으로 배울 수 있다.

- 소프트웨어 개발 교육
- 코딩 교육
- 개념화된 컴퓨팅 사고 요소 교육

체크 포인트

컴퓨터 과학 분야에서 사용하는 용어들 중에는 의미를 중복해서 사용하는 용어가 많다. 몇 가지 용어를 정리해 보면 프로그래밍과 코딩, 소프트웨어와 프로그램은 같은 의미로 사용되기 때문에 소프트웨어 개발을 프로그램 개발로 표현하기도 한다. 본문에서는 소프트웨어와 프로그램은 소프트웨어로 통일하고, 프로그래밍과 코딩은 코딩으로 통일하여 사용한다.

3.1 소프트웨어 개발 교육

컴퓨팅 사고를 인터넷으로 검색하면 소프트웨어 교육과 코딩 교육, 프로그래밍 교육 등의 내용이 쏟아진다. 각각의 중요성은 다음과 같은 수많은 유명 인사들의 말들을 인용하여 강조되어 왔다.

- **버락 오바마**(Barack Hussein Obama II)

  "아이들이 비디오 게임을 하는 방법만 잘 아는 것이 아니라 비디오 게임을 만들 수 있을 정도로 익숙해지기 위해서는 소프트웨어 개발 교육을 더 일찍 시작해야 한다."

  " 코딩을 배우세요. 코딩은 당신의 미래일 뿐 아니라 조국의 미래이기도 합니다."

- **스티브 잡스**(Steve Jobs)

  "이 나라 모든 사람들이 컴퓨터 프로그래밍을 배워야 하는 이유는 사고하는 법을 익힐 수 있기 때문이다."

- **마크 저커버그**(Mark Elliot Zuckerberg)

  "코드를 만들 수 있다면, 여러분은 앉은 자리에서 뭔가를 만들어 낼 힘을 갖게 되고 아무도 당신을 막을 수 없을 것이다."

- **빌 게이츠**(William Henny 'Bill' Gates III)

  "코딩에 대한 기본적인 이해력이 비판적인 사고력을 기를 수 있다."

  "코딩은 사고의 범위를 넓혀주고 더 나은 생각을 할 수 있게 만들며, 분야에 상관없이 문제에 대해 새로운 해결책을 생각할 수 있는 힘을 길러준다."

소프트웨어 교육의 범주에는 소프트웨어를 사용하는 교육도 포함되어 있기 때문에 '포토샵을 배운다', '엑셀을 배운다', '워드를 배운다' 등과 같이 완성된 소프트웨어 제품의 이용 방법을 익히는 것도 소프트웨어 교육에 포함될 수 있지만 우리가 말하고자 하는 소프트웨어 교육에는 소프트웨어 제품의 이용 방법과 아무런 상관이 없으며, 컴퓨팅 사고와도 연결될 만한 내용이 없다.

컴퓨팅 사고에서 말하는 소프트웨어 교육은 소프트웨어 개발 교육을 말하며, 이것은 '포토샵 프로그램을 개발하자', '엑셀 프로그램을 개발하자', '워드 프로그램을 개발하자'와 같은 교육을 의미한다.

지금까지의 소프트웨어 개발은 컴퓨터 과학자들이 전담하는 해당 영역의 작업이었지만 '소프트웨어 중심 사회'라는 말이 등장하고, 소프트웨어의 중요성이 높아지면서 소프트웨어 개발이 더 이상 컴퓨터 과학자들의 전유물이 아니라 누구나 할 수 있는 보편적인 기술로 점점 변화하고 있는 것이다.

3.2 코딩 교육

코딩은 추상적인 알고리즘을 특정한 프로그래밍 언어를 이용해 구체적인 프로그램으로 구현하는 기술이다. 코딩은 소프트웨어 개발의 결과물을 실제로 구현하는 과정이며, 코딩을 배운다는 것은 특정한 프로그래밍 언어의 문법과 사용법을 배워서 컴퓨터가 이해하고 수행할 수 있도록 글로 작성하는 것이다.

왜 프로그래밍 언어를 '언어'라고 할까? '언어'는 인간의 의사소통을 위한 방법 가운데 하나인데, 프로그래밍 언어라는 것도 컴퓨터 과학자들이 컴퓨터와 인간 사이에 의사를 소통하기 위해 만든 방법이다. 프로그래밍 언어를 이용하여 컴퓨터에게 명령하면 컴퓨터는 지시받은 명령을 수행하여 결과를 사람에게 보여준다. 컴퓨터가 보여준 것은 단지 인간의 명령을 수행한 약속된 순서에 의해 기계적으로 만들어낸 결과일 뿐이지만, 우리는 이것을 '컴퓨터와 소통한다'고 하고, 소통을 위한 도구인 '언어'로 표현한 것이다.

코딩 교육은 프로그래밍 언어 사용에 대한 교육과 소프트웨어를 개발하기 위해 만든 절차와 방법, 명령어들로 구성된 알고리즘 교육을 포함한다. 여기에서 컴퓨팅 사고는 알고리즘에 대한 교육에 해당하지만 프로그래밍 언어의 사용법을 모르면 알고리즘을 표현할 수도 없기 때문에 반드시 교육이 함께 이뤄져야 하며, 어디에 중점을 둘 것인지를 놓고 여러 교육 분야에서 활발한 논의를 거치고 있다. 우리가 다루는 컴퓨팅 사고력을 향상시키기 위한 코딩 교육에서는 프로그래밍 언어 사용법에 대한 교육은 최소화하고 문제 상황을 해결하기 위해서 논리적으로 방법과 절차를 정의하는 알고리즘의 표현 방법에 중점을 두도록 한다.

앞에서 살펴본 소프트웨어 개발 교육과 코딩 교육은 다음의 두 가지 목적으로 이루어진다.

첫 번째는 주어진 문제를 해결하는 데 컴퓨터를 최대한 활용하려는 목적에서 소프트웨어 개발 교육이 이루어진다. 이것은 내가 생각하는 것을 소프트웨어로 바로 만들어 사용하자는 의미이기도 하다.

모든 사람이 소프트웨어 개발자가 되어 자신이 사용하고자 하는 소프트웨어를 직접 만들어야 할까? 요리를 배운다고 모두 요리사가 되려는 것이 아니고, 삶의 질을 높이기 위해 요리를 배우는 경우가 있듯이 소프트웨어 개발도 우리의 다양한 삶의 방식과 더 많은 영역으로의 확장을 위해 선택할 수 있는 생활 교육의 시대에 도달해 있는 것이다.

두 번째는 우리가 여기에서 지속적으로 다루는 컴퓨팅 사고력의 향상이다. 소프트웨어 개발과 코딩은 컴퓨터 과학자들의 기술을 가장 쉽게 경험해 볼 수 있는 방법이다. 컴퓨터 과학자들의 기술을 직접 경험해 봄으로써 컴퓨터 과학자들이 사고하는 방법을 익힐 수 있으며, 이는 컴퓨팅 사고력의 향상으로 이어진다. 또한 문제를 바라보는 시각을 다양하게 가질 수 있을 뿐만 아니라 문제해결을 위해 다양한 방법을 시도해 볼 수도 있을 것이다.

3.3 컴퓨팅 사고의 요소 교육

우리는 컴퓨팅 사고가 무엇을 의미하는지 구체화하는 개념화 과정을 통해서 이론적으로 학습할 수 있다. 컴퓨터 과학자들은 기술을 정리하고, 이론적으로 정의하여 활용하도록 제시하고 있는데, 소프트웨어 개발 교육이나 코딩 교육을 통해 컴퓨팅 사고 이론을 체계적으로 교육할 수 있다. 자세한 내용은 4장에서 다루기로 한다.

컴퓨팅 사고를 인터넷으로 검색하면 소프트웨어나 코딩이라는 검색 결과와 함께

'단순화', '패턴인식', '알고리즘', '추상화'와 같은 단어들이 나타나는 것을 알 수 있다. 이 단어들은 컴퓨터 과학자들이 사용하는 기술 가운데 소프트웨어를 개발하거나 코딩할 때 특히 중요하게 사용되는 기술을 대표적으로 개념화한 컴퓨팅 사고의 요소들이다.

패턴인식은 사전에 컴퓨터에 기억시켜 둔 정보를 입력 정보와 대조하기 위해 만든 개념이고, 추상화란 어느 하나의 물체를 대표하는 속성과 기능을 추출하기 위해 필요한 단어이다.

이와 같이 각각의 개념화된 컴퓨팅 사고 요소를 배우고 익히는 것은 바로 컴퓨팅 사고력을 향상시키는 방법과 직접적으로 연결된다.

<2장>

컴퓨터

학습 목표

- 컴퓨터를 기계적인 도구로 이해한다.
- 튜링기계를 이해한다.
- 컴퓨터의 구성요소를 설명할 수 있다.
- 컴퓨터의 하드웨어 발전을 이해한다.
- 컴퓨터의 소프트웨어 발전을 이해한다.
- 컴퓨터의 발전을 통해 컴퓨터 과학자의 기술을 이해한다.

1 〉 인간의 도구 컴퓨터

컴퓨터는 인간이 발명한 중요한 도구 가운데 하나이다. 인간이 삶의 편리함을 위해서 사용해 온 도구에는 어떤 것들이 있는지 정리해 보고, 과연 컴퓨터라는 도구가 인간에게는 어떤 의미인지에 대해서도 알아보자. 특히 컴퓨터를 '도구'라는 관점에서 바라보면서 그 역할을 이해해 보자.

1.1 인간의 도구

컴퓨터는 인간이 발명한 수많은 도구들 가운데 하나이며, 도구는 사용 목적에 의해 만들어진다. 다시 말해 도구는 인간이 어떤 작업을 할 때 쉽고, 빠르고, 더 잘하려는 욕심으로 만들어진다고 해도 과언이 아니다.

우리는 큰 것을 작은 것으로 만들고 싶을 때 칼이나 도끼, 가위 같은 도구를 사용하여 자르는 행동으로 큰 것을 작게 만든다. 인간의 힘으로도 큰 것을 작게 만들 수 있지만, 인간의 힘만으로는 불가능한 것을 가능하게 하려는 욕심으로 칼, 도끼, 가위 등의 도구를 만들어 사용하였다. 인간은 원래 가진 힘보다 더 멀리, 더 쉽고 빠르게 이동하고 싶은 욕구에 이끌려 마차, 자동차, 기차, 비행기 등의 도구를 이동수단으로 사용하여 더 멀리, 쉽고 빠르게 이동하려 한다.

인간은 새로운 도구를 만들 때 기존의 도구를 사용하기도 하지만 경험적인 관찰에 기초한, 과학적으로 일반화된 자연법칙이나 물리법칙, 수에 기반한 수학적 증명 또는 정의 등을 이용하기도 한다. 또한 주변에 보이는 생물체나 자연을 모방하기도 한다.

냉동고는 물체가 냉각되는 비율, 즉 물체와 그 주위의 온도차에 비례하는 뉴턴의 냉각법칙을 이용하여 만들어지지 않았을까? 비행기는 새의 비행 원리를 연구하여 만들어지지 않았을까? 자동차는 말이 끄는 마차를 말 대신 다른 동력을 사용하는 방법을 연구하여 만들어지지 않았을까? 여러 가지 주변의 도구들을 생각해보면 그 도구들이 탄생하기까지는 어떠한 원리가 뒷받침되었음을 알 수 있다.

도구는 만들어지기 이전에 도구의 사용 목적이 있을 것이고, 그것을 어떤 형태로 만들지 생각하여 목적을 가장 잘 표현할 수 있도록 구성하며, 그 사용 방법을 정의하여 도구를 사용하면서 의도했던 목적을 달성한다. 인간은 오랫동안 이러한 과정을 거쳐 수많은 도구를 개발해 왔다.

컴퓨터를 인간이 발명한 도구라는 관점에서 봤을 때, 다른 도구와 무엇이 같고 또 무엇이 다른지 생각해 보자. 인간은 컴퓨터로 무엇을 하려 했으며, 컴퓨터는 어떤 형태로 발전되었을까?

현대를 살아가는 우리가 매일 접하는 컴퓨터를 사용자 입장에서 볼 때 너무 많은 분야에서 다양한 목적으로 사용되고 있기 때문에 컴퓨터가 무엇인지에 대한 질문에 쉽게 대답할 수는 없을 것이다. 이제 우리는 컴퓨터라는 실체에 조금 더 가까이 다가가 보자.

1.2 계산하는 도구

컴퓨터는 계산하는 도구이다. 처음에는 계산기로 개발되었고, 이후 '계산'을 통해 문제를 해결하는 도구로 발전하였다. '계산'이라는 관점으로 컴퓨터의 사용 목적을 찾아보자. 컴퓨터는 'computing' 'computational', 'computer' 등의 영어 단어와 함께 '계산 가능한', '계산적인', '계산하는 주체' 등으로 정의할 수 있다. 여기에서 '계산'은 '주어진 정보를 이용해 어떤 값이나 결과를 구하는 과정'이라고 정의하며, 계산을 통해서 해결할 수 있는 문제, 더 나아가 복잡한 계산을 해결하고자 하는 문제에 적합한 도구가 컴퓨터이다. 그럼 계산 가능한 문제는 무엇이 있을까?

지금 우리는 세상의 모든 문제를 계산 가능한 문제로 만드는 데 집중하고 있다. 그래서 컴퓨터로 모든 문제를 해결하고 싶어 한다. 주어진 문제가 달라지면 컴퓨터의 사용 목적도 달라지며, 문제와 목적에 따라 결과물이 달라지므로 다양한 목적으로 컴퓨터라는 도구를 사용할 수 있다. 이에 컴퓨터를 '만능기계'라고 말하는 사람들도 있다.

소설가에게 필요한 도구를 생각해보자. 소설가는 입으로 자신의 이야기를 충분히 표현하고 사람들에게 들려줄 수 있다. 그렇지만 매번 말하는 것보다 종이와 연필로 쓰고, 책으로 만들면 더욱 많은 사람들에게 소설을 전달할 수도 있다. 또 보관도 가능하여 소설가의 사후에도 소설을 전달할 수 있다. 그런데 여기에 만족하지 않고 소설가가 문서를 작성할 때도 좀 더 쉽게 편집하고, 많은 내용을 작은 공간에 좀 더 오랫동안 저장하고 싶다는 욕구에 컴퓨터를 이용하게 된다. 이러한 소설가의 요구사항에 맞는 도구를 만들어 주기 위하여 우리는 '컴퓨터를 만든다'라고 하지 않고, '소설가 소프트웨어를 개발한다'라고 말한다. 그렇다면 소프트웨어를 개발하는 것이 '계산'인가? 소설을 저장하는 것이 '계산'인가?

'주어진 정보를 이용해 어떤 값이나 결과를 구하는 과정'으로 정의된 '계산'을 통해 컴퓨터는 결과를 보여준다. 소프트웨어를 개발한다는 것은 정보를 어떻게 이용하여 어떤 결과를 어떻게 보여줄 것인가를 설계하고, 구현하는 것이다. 소설을 저장한다는 것은 소설이라는 정보를 어떻게 변환하여 저장이라는 결과를 구하는 과정이므로 모두 '계산'이다.

2 〉 튜링기계

앞에서 우리는 컴퓨터를 '계산하는 도구'라고 정의한 바 있다. '어떤 계산'을 통해 소프트웨어가 만들어졌는지 알아보기 위해 앨런 튜링의 논문과 그의 논문에서 소개한 튜링기계에 대해서 먼저 살펴보자. 논문에서 설명하는 '튜링기계'의 작동을 이해함으로써 컴퓨터가 '어떤 계산'을 하는지 이해할 수 있으며, 튜링기계에 대한 이해는 곧 컴퓨터에 대한 가장 기초적인 동작에 대한 이해로 이어진다는 것을 알 수 있다.

2.1 | 앨런 튜링

앨런 튜링은 영국의 수학자, 암호학자, 논리학자이며, 컴퓨터 과학의 선구자이다. 알고리즘과 계산 개념을 튜링기계라는 추상적 모델로 만들어 컴퓨터 과학의 발전에 큰 영향을 미쳤다. 컴퓨터학회(Association for Computing Machinery; ACM)에서 컴퓨터 과학에 중요한 업적을 남긴 사람들에게 매년 시상하는 '튜링상'은 앨런 튜링의 이름에서 유래해 만든 상이다.

1936년 앨런 튜링(Alan Turing)은 'On Computable Numbers, with and Application to the Entscheidungsploblem: 계산 가능한 수에 대해서, 수리명제 자동생성 문제에 응용하면서'라는 논문을 런던 수리학회(London Mathematical Society)에 발표하였다. 이 논문에서 '계산하는 기계'를 정의했으며, 우리는 이 기계를 '튜링기계(Turing Machine)라고 한다.

튜링기계를 소개한 앨런 튜링의 논문은 컴퓨터에 대한 논문이 아니다. '계산 가능한 수에 대해서, 수리명제 자동생성 문제에 응용하면서'라는 제목에서도 알 수 있듯이 튜링은 당시 수학계에 제시된 문제 – 결정문제(Entscheidungsploblem) – 에 대한 증명을 논문을 통해서 하였다. 즉, 이 논문에서 모든 수학문제들을 풀 수 있는 기계적인 방법은 존재하지 않는다는 것을 증명하였다. 이때 '기계적인 방법'에 대한 의미를 정의하기 위해 실제 간단하지만 모든 문제를 해결할 수 있는 '기계'를 제안하였는데, 이것이 '튜링기계'이며, 논문에서 정의한 '튜링기계' 가 지금 우리가 사용하는 컴퓨터이다.

잠깐만요

결정문제(Entscheidungsploblem)

독일의 수학자인 다비드 힐베르트(David Hilbert)가 1928년 파리 국제 수학회에서 제기한 문제로, 모든 수학문제들을 풀 수 있는 일반적인 알고리즘(기계적인 방법)이 존재하는가? 1931년 쿠르트 괴델의 '불완전성 정리(incompleteness theorem)'로 이 문제에 대한 불가능이 증명되었다.

2.2 튜링기계의 구성요소

튜링기계는 *테이프, 헤드, 상태기록기, 행동표로 구성된 아주 간단한 기계이다. 어떤 문제든 풀 수 있는 보편적인 기계를 만들기 위하여 최소한의 기능과 구조로 여러 가지 문제를 해결할 수 있는 가장 간단한 기계를 정의한다. 기계라면 꼭 가지고 있어야 하는 요소가 튜링기계의 구성요소이다.

테이프는 일정한 크기로 나누어져 있고, 일정한 크기로 나누어진 한 공간을 컬럼으로 정의한다. 테이프는 **자연수만큼의 유한한 크기로 준비되어 있다고 가

체크 포인트

* 수학문제를 풀 때 연필과 종이만 있으면 인간의 생각으로 어떤 문제든 풀어낼 수 있다. 테이프가 종이의 역할을 하고, 헤드가 연필의 역할을 한다면 상태기록기와 행동표가 인간의 생각, 즉 문제를 푸는 방법을 표현하기 위한 요소가 될 수 있다.

** 수에는 자연수, 정수, 유리수, 실수, 복소수가 있다. 이런 수의 체계에서 가장 작은 수의 집합이 자연수이다. 그러나 우리가 아는 자연수도 엄청나게 큰 수의 집합이다.

정한다.

헤드는 읽기, 쓰기, 지우기, 이동하기 동작만 하는 기계장치이다. 헤드를 통해 테이프의 위치를 좌, 우로 이동할 수 있으며, 테이프 한 칸에 정의된 심벌을 읽고 쓰고 지울 수 있다.

심벌은 튜링기계를 만드는 사람이 마음대로 정의할 수 있다. 테이프에 쓰고자 하는 모든 숫자와 기호들은 모두 심벌이 될 수 있고, 각 심벌들은 정의를 통해 기능을 부여받는다. 예를 들어 1을 쓰는 튜링기계에서 심벌은 1만 정의하면 된다. 1을 쓰고 멈추는 튜링기계는 1과 멈춤기능을 할 심벌 $를 정의하면 된다. 튜링기계의 기능과 목적에 따라 심벌을 각각 다르게 정의할 수 있다. 이때 정의할 수 있는 심벌의 개수는 자연수만큼 있다.

상태기록기는 헤드의 움직임을 조절하는 장치이다. 헤드는 마음대로 움직이는 것이 아니라 상태기록기에서 지정한 상태에 따라 읽기, 쓰기, 지우기, 이동하기를 할 수 있다.

행동표는 각 상태별 헤드가 할 동작을 정의해 놓은 것이다. 튜링기계는 읽기, 쓰기, 이동하기, 지우기만 할 수 있고, 이 네 가지 동작을 어떤 순서로 해야 하는지 정의하여 기계가 원하는 일을 할 수 있도록 한다.

튜링기계의 구성요소를 정리하면 다음과 같다.

테이프(Tape): 일정한 크기(컬럼: columns)로 나누어짐
헤드(Head): 읽기, 쓰기, 지우기, 이동하기 동작만 함
상태기록기(State register): 헤드의 작업을 수행하도록 하는 조절장치
행동표(Action table): 헤드 작업의 순서를 정의함

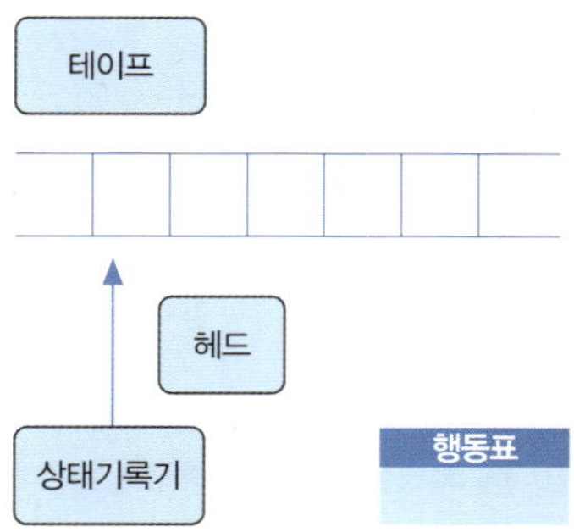

튜링은 논문을 통해 이러한 간단하고 단순한 작업을 하는 기계가 많은 일을 처리할 수 있는 기계임을 주장하였다.

지금 우리는 2000년대가 아닌 1936년으로 돌아가야 한다. 그 당시 계산기계라고 하면 한 가지 계산만 가능한 기계들을 만드는 데 집중하였고, 다른 계산을 하는 기계를 만들기 위해서는 또다시 기계를 만들어야 했다. 예를 들어 로그 계산을 하는 계산기 같은 기계들은 로그 계산만을 하기 위한 기계로 굉장히 복잡한 구조를 가지고 있었음에도 불구하고 다른 문제는 풀 수 없었다. 논문에서는 두 가지 튜링기계의 예를 통해 계산이 가능함을 보여주었다. 튜링이 논문에서 제시한 두 가지 예제를 통해 튜링기계의 동작을 살펴보자.

2.3 튜링기계의 동작

0,1을 무한히 반복해서 쓰는 튜링기계

튜링이 정의한 첫 번째 튜링기계를 살펴보자. 첫 번째 튜링기계는 테이프, 헤드를 가지고 있고, 0과 1을 무한히 반복하는 기계이다. 즉, 반복 계산을 하는 기계이다.

0과 1을 무한히 반복하는 튜링기계를 만들기 위해서는 다음과 같은 초기화 과정이 필요하다.

초기화 과정에서는 튜링기계에서 사용할 심벌, 행동표에서 사용할 헤드의 동작을 간단하게 표현할 명령어를 정의한다. 테이프에 쓰기가 가능한 수는 0과 1이며, 헤드의 움직임에 대해 각각 다음과 같은 명령어로 정의한다. R은 현재 컬럼의 한 칸 오른쪽 컬럼의 값을 읽는다(오른쪽 이동 읽기). L은 현재 컬럼의 한 칸 왼쪽 컬럼의 값을 읽는다(왼쪽 이동 읽기). P는 앞에서 정의한 0과 1을 쓰는 기호이며, E는 헤드가 가리키고 있는 테이프에 쓰여진 심벌을 지우는 명령어이다.

초기화가 끝나면 기능을 정의한다. 기능은 상태 정의와 행동표로 만들 수 있다.

0과 1을 무한히 반복하는 튜링기계를 만들기 위해 4개의 상태를 정의하고, 각각의 상태마다 헤드의 동작을 다르게 정의한다.

*상태기록기의 상태가 b가 되면 헤드는 현재 위치한 테이프에 0을 쓰고, 오른쪽으로 한 칸 이동하도록 정의하고, 상태기록기의 상태가 c가 되면 헤드는 현재 위치한 테이프에 아무것도 하지 않고 오른쪽으로 한 칸 이동하도록 정의한다. 상태기록기의 상태가 e가 되면 헤드는 현재 위치한 테이프에 1을 쓰고, 한 칸 오른쪽으로 이동하도록 정의하고, 상태기록기의 상태가 f가 되면 아무것도 하지 않고 오른쪽으로 한 칸 이동하도록 정의한다.

정의된 상태와 초기화에서 정의한 명령어와 심벌들을 바탕으로 행동표를 작성할 수 있다.

행동표는 각 상태별 헤드가 해야 할 동작을 정의한다. 행동표에서는 초기 상태와 결과 상태를 정의한다. 초기 상태에서는 현재 헤드가 가리키고 있는 테이프의 값을 확인하고, 결과 상태에서는 확인된 값에 따라 헤드가 움직일 동작을 조작으로 정의하고, 다음에 행동할 상태를 지정한다.

**0, 1을 무한히 반복하여 쓰는 튜링기계의 행동표를 살펴보면 처음에는 b 상태에서 시작한다. b 상태는 헤드가 가리키고 있는 테이프의 값이 none이면 헤드가 0을 쓰고 오른쪽으로 한 칸 이동하는 동작을 하며, 이 동작은 행동표의 조작으로 명령어 P0, R로 표현할 수 있다. 마지막으로 상태를 c로 바꾼다. c 상태는 헤드가 가리키고 있는 테이프의 값이 none이면 R 명령, 즉 오른쪽으로 한 칸 이동 후 읽기를 수행하고 상태를 e로 바꾼다. e 상태는 헤드가 가리키고 있는 테이프의 값이 none이면 P1, R 명령, 즉 1을 쓰고 오른쪽으로 한 칸 이동 후 읽기를 수행하고, 상태를 f로 바꾼다. f 상태는 헤드가 가리키고 있는 테이프의 값이

체크 포인트

* 4개의 상태를 왜 b, c, e, f로 했을까? 논문에서는 별다른 이유를 밝히지 않았다. 저자의 생각으로 b는 begin, c는 continue, e는 engine, f는 finish라고 의미를 부여할 수도 있다. 컴퓨터 프로그래밍 언어에서 사용되는 명령어들이 이러한 의미로 만들어지기도 한다.

** 0,1을 무한히 반복하여 쓰는 튜링기계에서는 테이프의 값이 0, 1, none 세 가지밖에 없다. 이때 none은 테이프의 값이 빈 칸, 즉 아무것도 없는 상태라 'none'이라고 표현한다.

none이면 R 명령, 즉 오른쪽으로 한 칸 이동 후 읽기를 수행하고, 상태를 처음 상태인 c로 바꾼다.

이와 같이 테이프와 헤드만 가지고 5가지 상태와 행동표를 정의하면 0과 1을 무한히 반복해서 쓰는 튜링기계를 만들 수 있다.

***0과 1을 무한히 반복해서 쓰는 튜링기계**

초기화 :

심벌 정의
0
1

행동표에 사용하는 명령어 정의
R – 현재 컬럼의 한 칸 오른쪽 컬럼의 값을 읽는다(right shift read).
L – 현재 컬럼의 한 칸 왼쪽 컬럼의 값을 읽는다(left shift read).
P – 정의된 표현 가능 수(0/1) 쓰기(Print)
E – 지우기(Erase)

기능 정의 :

상태
b, c, e, f 네 가지의 상태를 가진다.

행동표
상태에 따른 헤드의 동작, 다음 상태 정의

상태 b: 0을 쓰고 오른쪽으로 이동
상태 c: 오른쪽으로 이동
상태 e: 1을 쓰고 오른쪽으로 이동
상태 f: 오른쪽으로 이동

체크 포인트

1930년대로 돌아가 0과 1을 무한히 쓰는 기계를 만들라고 하면, 아마도 여러 가지 부품으로 만들어진 냉장고만한 크기의 기계가 만들어지지 않았을까요?

행동표

초기 상태(Configuration)		결과 상태(Behaviour)	
현재 상태 (m-config)	값 (symbol)	조작 (operation)	다음 상태 (final m-config)
b	none	P0, R	c
c	none	R	e
e	none	P1, R	f
f	none	R	b

실제 튜링기계가 잘 수행되는지, 우리가 원했던 기계인지 확인하려면 내가 헤드가 되어 행동표를 따라가 보면 된다.

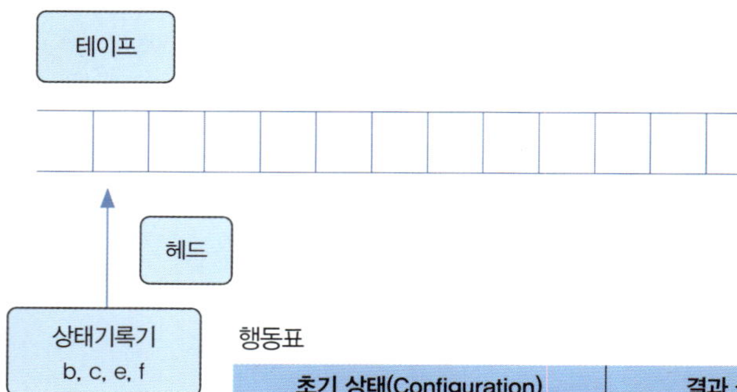

행동표

초기 상태(Configuration)		결과 상태(Behaviour)	
현재 상태 (m-config)	값 (symbol)	조작 (operation)	다음 상태 (final m-config)
b	none	P0, R	c
c	none	R	e
e	none	P1, R	f
f	none	R	b

1. 헤드는 테이프의 빈 공간 어디엔가 멈춰서 테이프의 값인 none을 읽고 있는 상태이다.
2. 상태기록기가 b를 가리키는 순간 none이므로, P0, R을 수행하고 상태기록기의 상태를 c로 바꾼다.
3. 상태기록기가 c를 가리키는 순간 none이므로, R을 수행하고 상태기록기의 상태를 e로 바꾼다.

4. 상태기록기가 e를 가리키는 순간 none이므로, P1, R을 수행하고 상태기록기의 상태를 f로 바꾼다.

5. *상태기록기가 f를 가리키는 순간 none이므로, R을 수행하고 상태기록기의 상태를 c로 바꾼다.

수행한 결과는 다음 그림과 같이 '010101010....'을 무한히 반복하여 테이프에 쓰는 것을 알 수 있다. 01을 반복하는 튜링기계이다.

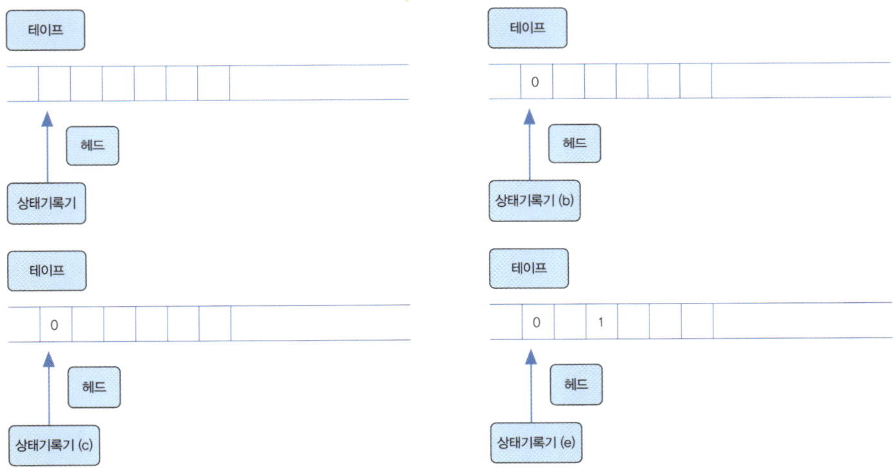

네 가지 상태를 갖는 행동표는 다음과 같이 한 가지 상태의 행동표로 표현할 수 있다.

행동표

초기 상태(Configuration)		결과 상태(Behaviour)	
현재 상태 (m-config)	값 (symbol)	조작 (operation)	다음 상태 (final m-config)
b	none	P0	b
	0	R, R, P1	b
	1	R, R, P0	b

체크 포인트

상태를 작게 정의하면 무엇이 좋을까? 튜링기계의 상태기록기는 현재 컴퓨터의 CPU에 해당한다. 이때 상태를 작게 정의한다는 것은 CPU 처리동작이 감소한다는 것을 의미하므로 컴퓨터의 성능을 높일 수 있다.

b 상태는 헤드가 가리키고 있는 테이프의 값에 따라 조작이 달라지도록 정의할 수 있음을 알 수 있다. 헤드의 값이 none이면 '0'을 쓰고 상태를 b로 바꾸지만, 결국 같은 상태로 유지되는 것을 알 수 있다. 이때 헤드가 가리키는 값이 '0'으로 변했으므로 조작도 변한다. 오른쪽으로 두 번 이동하고 '1'을 쓴다. 상태는 계속 b이다. '1'을 쓴 테이프의 위치에 헤드가 있으므로 값이 '1'로 변한 상태다. 따라서 이번에는 오른쪽으로 두 번 이동하고 '0'을 쓴다. 상태는 계속 b이다. 이와 같이 헤드가 가리키는 값만 계속 변하도록 행동표를 작성할 수 있다.

– 수행 결과

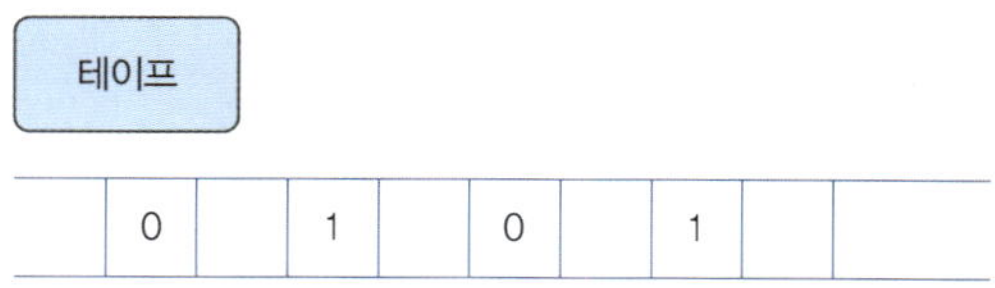

1의 개수를 하나씩 증가시키면서 쓰는 튜링기계

첫 번째 소개한 튜링기계에서는 값과 값 사이에 공백을 한 칸씩 주고 있다. 이 공백이 왜 필요할까? 공백이 없으면 안 되나? 공백이 두 개나 세 개일 수도 있는가? 두 번째 소개하는 튜링기계를 통해 그 쓰임새를 알아보자.

튜링이 정의한 두 번째 튜링기계를 살펴보자. 두 번째 튜링기계도 테이프, 헤드를 가지고 있지만, 1의 개수를 하나씩 증가시키면서 쓰는 동작을 하는 기계이다. 첫 번째 튜링기계와 구성요소는 같지만 다른 일을 하는 튜링기계이다.

1의 개수를 하나씩 증가시키면서 쓰는 튜링기계의 초기화와 기능을 다음과 같이 정리할 수 있다.

1의 개수를 하나씩 증가시키면서 쓰는 튜링기계

초기화 :

심벌 정의

0
1
@
*

행동표에 사용하는 명령어 정의

R – 현재 컬럼의 한 칸 오른쪽 컬럼의 값을 읽는다(right shift read).

L - 현재 컬럼의 한 칸 왼쪽 컬럼의 값을 읽는다(left shift read).
P - 정의된 표현 가능 수(0/1) 쓰기(Print)
E - 지우기(Erase)

기능 정의 :

상태

b, o, q, p, f 5가지의 상태를 가진다.

행동표

상태에 따른 헤드의 동작, 다음 상태 정의

상태 b: none일 때 @@0_0을 쓰고 왼쪽으로 두 칸 이동
상태 o: 0일 때 동작 없음
1일 때 오른쪽으로 한 칸 이동 후 *을 쓰고 왼쪽으로 세 칸 이동
상태 q: 0 또는 1일 때 오른쪽으로 두 칸 이동
none일 때 1을 쓰고 왼쪽으로 이동
상태 p: *일 때 현재 값을 지우고 오른쪽으로 한 칸 이동
@일 때 오른쪽으로 한 칸 이동
none일 때 왼쪽으로 두 칸 이동
상태 f: 0, 1, *, @일 때 오른쪽으로 두 칸 이동
none일 때 0을 쓰고 왼쪽으로 두 칸 이동

행동표			
초기 상태(Configuration)		결과 상태(Behaviour)	
현재 상태 (m-config)	값 (symbol)	조작 (operation)	다음 상태 (final m-config)
b	none	P@, R, P@, R, P0, R, R, P0, L, L	o
o	0		q
	1	R, P*, L, L, L	o
q	Any(0 or 1)	R, R	q
	none	P1, L	p
p	*	E, R	q
	@	R	f
	none	L, L	p
f	Any	R, R	f
	none	P0, L, L	o

행동표를 따라가 보자. 이해를 돕기 위하여 테이프의 나누어진 칸마다 주소 값을 지정하였다. 현재 헤드가 읽어드린 값에 의해서 조작될 상태가 선택되고, 조작 후 헤드의 값을 유지하면서 다음 상태로 넘어간다. 이와 같이 조작하는 상태와 헤드의 값이 변화되는 과정을 헤드가 가리키는 주소 값과 함께 다음 수행표로 정리하였다.

수행표에서 과정 번호는 행동표에 따라 상태가 바뀔 때마다 매겨진 번호이고,

현재 주소는 상태의 조작이 이루어지기 전 헤드의 위치이며, 헤드가 읽은 현재 주소의 값을 현재 값으로 표시했다. 조작은 각 상태별 행동표에 의거한 조작이며, 변화된 주소는 조작 후의 헤드가 움직인 위치의 주소 값과 변화 값을 조작 후의 헤드가 읽은 값이다. 변화 상태는 행동표에 따라 지정된 다음 변화되는 상태를 말한다.

수행표

과정 번호	현재 주소	현재 값	조작	변화 주소	변화 값	변화 상태
1	0	none	P@, R, P@, R, P0, R, R, P0, L, L	2	0	o
2	2	0	o(0)			q
3	2	0	q(Any) R, R	4	0	q
4	4	0	q(Any) R, R	6	none	q
5	6	none	q(none) P1, L	5	none	p
6	5	none	p(none) L, L	3	none	p
7	3	none	p(none) L, L	1	@	p
8	1	@	p(@) R	2	0	f
9	2	0	f(Any) R, R	4	0	f
10	4	0	f(Any) R, R	6	1	f
11	6	1	f(Any) R, R	8	none	f
12	8	none	f(none) P0, L, L	6	1	o
13	6	1	o(1) R, P*, L, L, L	4	0	o
14	4	0	o(0)	4	0	q
15	4	0	q(Any) R, R	6	1	q
16	6	1	q(Any) R, R	8	0	q
17	8	0	q(Any) R, R	10	none	q
18	10	none	q(none) P1, L	9	none	p
19	9	none	p(none) L, L	7	*	q
20	7	*	p(*) E, R	8	0	p
21	8	0	q(Any) R, R	10	1	q
22	10	1	q(Any) R, R	12	none	q
23	12	none	q(none) P1,L	11	none	p
24	11	none	p(none) L, L	9	none	p
25	9	none	p(none) L, L	7	none	p
26	7	none	p(none) L, L	5	none	p
27	5	none	p(none) L, L	3	none	p
28	3	none	p(none) L, L	1	@	p
29	1	@	p(@) R	2	0	f
30	2	0	f(Any) R, R	4	0	f

헤드가 처음 테이프의 0번지 주소를 가리키고 있으며, 헤드가 읽은 값은 공백이다. 튜링기계가 시작되면 행동표의 처음 상태 b를 수행한다. b 상태는 처음 초기화하는 과정이다.

2번 과정을 살펴보자. 헤드가 읽은 값이 0이므로 상태 o에서 o(0)가 선택 조작된다. 이때 o(0)는 아무것도 조작하지 않고 q 상태로 상태 변이만 일어난다. 2번 과정이 끝난 상태로 3번 과정을 수행한다. 상태 q가 수행되는데, 이때 헤드의 값이 0이므로 상태 q(Any), 즉 R, R 오른쪽으로 두 번 이동하는 조작을 수행한다. 따라서 3번 과정이 수행된 후의 테이프 상태는 다음 그림과 같다. 3번 과정 후 헤드는 값이 0이 되며, q(Any) 조작 후 q 상태로 변이되므로 다시 상태 q(Any)가 조작된다. 따라서 4번 과정이 수행된 후의 헤드 상태는 그림과 같이 6번째 테이프의 위치를 가리키고 있으며, 공백 값을 가지게 된다.

이렇게 수행표대로 1번 과정부터 30번 과정까지 수행한 결과 테이프의 상태와 헤드의 위치, 헤드의 값은 다음 그림과 같다.

1의 개수를 하나씩 증가시키면서 쓰는 튜링기계를 만들기 위하여 튜링은 각 상태를 어떻게 정의했을까? 튜링의 행동표를 보면 총 5가지 상태를 가진다. 튜링은 '1개씩 증가하다'를 '복사하다'로 해결하고 있다. 즉, 무조건 시작하면 바로 1을 쓰고, 바로 앞에서 썼던 1의 개수만큼 1을 복사하여 마지막 테이프의 위치에 1을 쓴다. 이때 앞에 1이 몇 개 쓰여 있는지 확인할 수 있도록 하기 위하여 0과 1이 쓰여진 테이프의 오른쪽에 빈 칸을 마련해 둔 것이다. 첫 번째 튜링기계에서 연속된 0과 1을 테이프에 쓸 때 오른쪽 테이프 칸에 바로 쓰지 않고 한 칸을 띄운 이유이다.

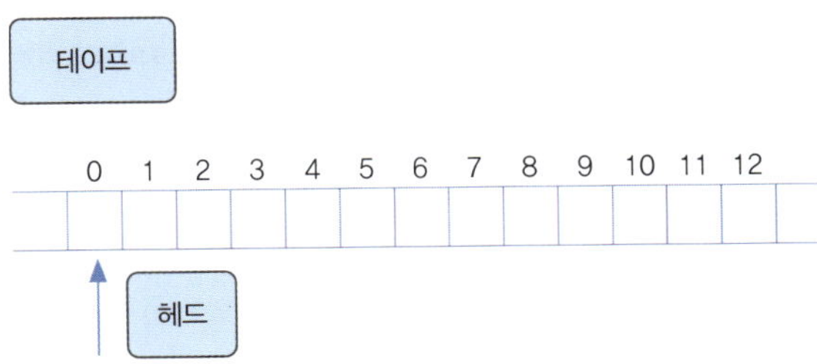

튜링기계 초기 상태

1번 과정 수행 후의 튜링기계

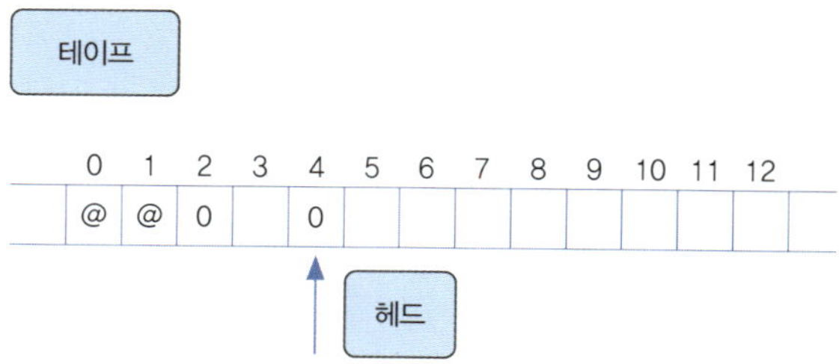

2번 과정 수행 후의 튜링기계

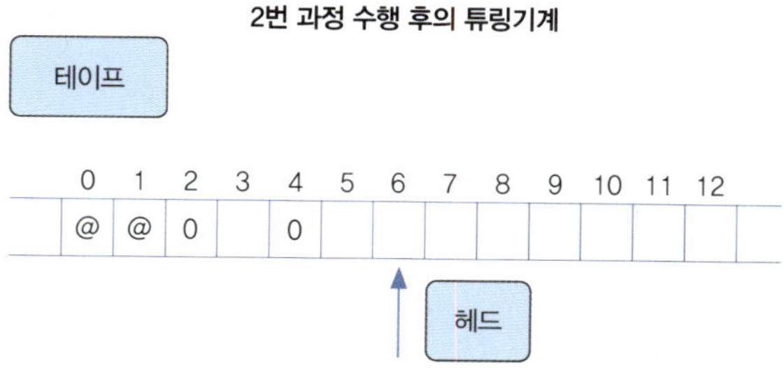

3번 과정 수행 후의 튜링기계

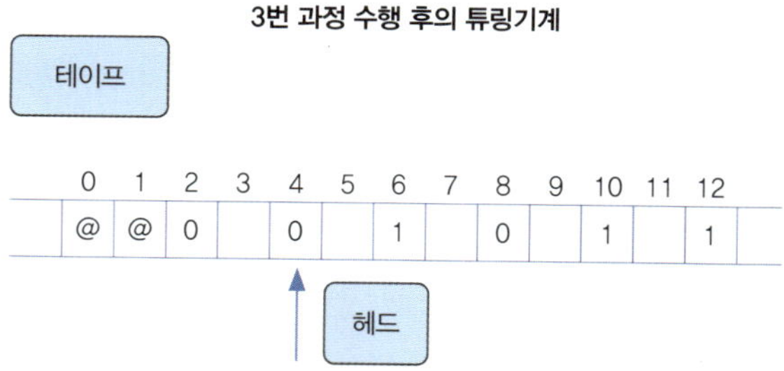

30번 과정 수행 후의 튜링기계

튜링의 각 상태별 해결 방법을 살펴보면 상태 o는 테이프에 쓰여진 값이 0인지 1인지 판단하는 역할을 하는 상태이다. 0이면 다음 상태로 아무것도 하지 않고 넘어가고, 1이면 오른쪽에 *을 표시하고 왼쪽으로 세 칸 이동하면서 앞쪽에 1이 더 있는지 확인한다. 앞에 1이 더 있으면 모든 1의 오른쪽 칸에 *을 표시한다.

상태 q는 테이프의 마지막에 1을 추가하는 일을 하는 상태이다.

상태 p는 세 가지 값을 확인한다. *이면 *을 지우고 헤드의 위치를 오른쪽으로 이동한 후 q의 상태를 수행하도록 하여 테이프의 마지막 공백 위치를 찾고 1을 쓰도록 한다. 이때 쓰여지는 1은 *로 1이 앞쪽에 하나 있다는 의미이며, * 하나를 지웠으므로 마지막에 1을 하나 복사하여 추가하는 것이다. 앞으로 두 칸씩 이동하면서 헤드가 @을 읽게 되면 튜링기계의 가장 처음 위치이므로 오른쪽으로 한 칸 이동한 후 상태 f로 변화시킨다.

상태 f는 테이프의 마지막에 0을 추가하는 일을 하는 상태이다. 본 튜링기계에서 0은 경계의 역할을 한다. 따라서 0을 마지막에 추가했다는 것은 현재 조작(1을 쓰는)이 모두 끝났음을 의미한다.

상태 b: 초기화
상태 o: 0과 1 판단(1이면 *표시: 뒤에 써야 할 1의 개수를 확인)
상태 q: 마지막에 1 쓰기
상태 p: * 찾기
상태 f: 마지막에 0 쓰기

튜링이 제안한 1의 개수를 하나씩 증가시키면서 쓰는 (010110111011110...) 튜링기계를 살펴보았다. 0과 1을 반복적으로 쓰는 첫 번째 튜링기계와 마찬가지로 일을 하는 행동표를 정의해서 행동표대로 헤드가 움직이며 일을 수행하는 것을 알 수 있다.

2.4 튜링기계의 특징

튜링기계는 다음과 같은 두 가지 특징이 있다.

1. 특징 1: 테이프, 상태기록기, 행동표를 심벌로 정의하여 테이프에 표현 가능
2. 특징 2: 테이프에 표현된 튜링기계를 행동표의 정의로 다른 튜링 기계에서 똑같이 수행 가능

튜링기계에서는 자연수 개수만큼의 심벌을 사용할 수 있다고 앞에서 설명하였다. 첫 번째 특징은 튜링기계에서 정의한 테이프와 상태기록기, 행동표를 특정 문자나 기호를 이용한 심벌로 정의하여 테이프에 표현할 수 있다는 것이다. 두 번째 특징은 이렇게 정의된 튜링기계를 새로운 행동표로 정의한 튜링기계에서 수행시킬 수 있는데, 이렇게 수행시키면 테이프에 심벌로 표현된 튜링기계의 동작을 새로운 튜링기계에서 똑같이 수행할 수 있다.

이러한 튜링기계의 특징을 통해 우리는 무엇을 알 수 있을까? 튜링기계 안에서 또 다른 튜링기계를 수행할 수 있고, 그 결과는 하나의 튜링기계를 수행하는 것과 같다는 것을 알 수 있다. 이러한 튜링기계의 특징은 지금 우리가 사용하는 컴퓨터의 청사진을 1936년에 보여준 것이며, 컴퓨터의 무한한 기능적 확장과 가능성을 보여주는 특징이다. 하나의 튜링기계가 하나의 소프트웨어라고 했을 때, 소프트웨어 안에서 또 다른 소프트웨어가 수행되는 현대 컴퓨터의 수행 방법이 가능하다는 것을 튜링이 증명한 것이다.

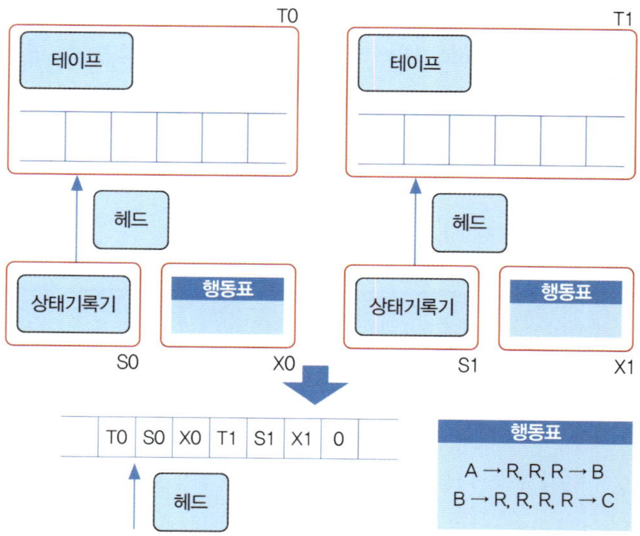

실습 예제

011을 5번만 반복하고 멈추는 튜링기계 만들기

'011'을 5번만 반복하고 멈추는 튜링기계를 만들어보자.
초기화 과정에서 심벌과 행동표에 사용할 명령어를 정의한다.
기능 정의 과정에서 상태를 정의하고 행동표를 작성한다.

(생각 tip)

튜링기계의 동작은 읽기, 쓰기, 지우기, 이동하기만 가능하다.
횟수를 어떻게 제한할지 생각한다.
횟수 제한을 위한 심벌을 생각한다.

예1) 테이프 공간을 011을 5번 쓸 만큼을 심벌을 이용하여 지정하고 그 안에서 011을 반복해서 쓰도록 할 수 있다.
예2) 횟수를 정의할 심벌을 정하고 튜링기계를 시작할 때 5번을 쓰고, 011을 쓸 때마다 앞에 쓴 심벌을 하나씩 지우도록 할 수 있다.

2.5 튜링기계와 컴퓨터

두 개의 튜링기계를 통해서 현재 컴퓨터와 유사한 점을 발견할 수 있다. 우리가 지금 사용하는 컴퓨터가 바로 튜링기계이다. 이 말은 튜링기계의 구성요소가 컴퓨터의 구성요소이며, 소프트웨어 하나도 하나의 컴퓨터, 즉 튜링기계이므로 튜링기계의 작동 원리로 모두 실행되고 있다. 현재 컴퓨터는 튜링기계에서 정의한 테이프를 메모리 칩으로, 테이프에 읽고, 쓰는 장치는 메모리 입출력장치로, 상태기록기는 중앙처리장치인 CPU(Central Precess Unit)로 구현되었다. 그러면 행동표는 무엇일까? 바로 소프트웨어이며, 알고리즘이다.

튜링이 증명해 보였던 튜링기계의 동작과 일들이 현재 사용되는 소프트웨어가

하는 일이다. 쓰고, 읽고, 지우고, 이동하는 일만 반복하면서 소프트웨어는 작동한다. 쓰고, 읽고, 지우고, 이동하는 일의 순서를 다양하게 정의하여 다양한 계산을 할 수 있는 소프트웨어를 만들 수 있다.

이때 일을 잘 해낼 수 있도록 잘 정의해야 하는 과정이 소프트웨어 개발 과정이며, 잘 정의해야 하는 행동표가 알고리즘이다. 그리고 이것을 컴퓨터가 작동할 수 있는 명령어로 표현하는 것이 코딩이다.

컴퓨터가 현대에 더욱 중요하게 취급되는 이유를 컴퓨터의 발전으로 다시 한번 생각해 볼 수 있다. 컴퓨터의 저장능력과 빠른 계산속도를 통해서 지금까지 많은 문제를 해결할 수 있었고, 앞으로도 더 많은 문제를 컴퓨터를 통해 해결할 수 있을 것이다.

3 〉 컴퓨터의 실현

튜링의 논문에서 제안한 튜링기계는 현재 컴퓨터의 추상적 개념이다. 여기에서 추상적 개념이라고 한 것은 튜링이 이론적으로는 증명하였지만, 실제로는 기계를 만들어 보이지 않았다는 것이다. 실제로 만들어진 기계들은 어떤 것들이었고, 그 기계들이 컴퓨터로 어떻게 발전되었는지 간단히 살펴보자.

3.1 계산기계의 시작

현대 컴퓨터는 더 작게, 더 빠르게, 더 안정적으로 발전해 왔다. 이러한 발전은 몇 가지 중요한 기술적 발명과 이론적 정리를 기반으로 발전해 왔다. 중요한 이론적 정리는 '튜링기계', '폰 노이만 구조'이며, 하드웨어의 발전에 대한 기반은 '집적회로'와 '반도체'이다. '튜링기계'와 '폰 노이만 구조'는 소프트웨어 발전의 기반이 되었고, '집적회로'와 '반도체'는 하드웨어적으로 컴퓨터의 소형화와 안정성을 구현하는 데 기여하였다.

잠깐만요

** **폰 노이만 구조(von Neuman Architecture):** 존 폰 노이만이 제시한 컴퓨터 구조로, 저장된 프로그램의 개념을 도입하여 프로그램을 구성하는 명령어들을 메모리에 저장하고 직접 실행하도록 하는 컴퓨터 구조이다.

** **집적회로(Integrated Circuit):** 반도체에 만든 전자회로의 집합을 말한다.

** **반도체(Semiconductor):** 상온에서 전기 전도율이 구리 같은 도체와 유리 같은 부도체의 중간 정도인 물질이다.

3.2 소형화와 안정성

컴퓨터의 역사는 짧다. 하지만 컴퓨터의 시작을 계산기계의 시작이라고 할 수 있는 주판으로 본다면 기원전으로 돌아가 살펴볼 수 있다.

기원전에 만들어진 주판 이후로 1642년 덧셈과 뺄셈, 덧셈을 반복하여 곱셈을, 뺄셈을 반복하여 나누기를 할 수 있는 파스칼의 계산기가 만들어졌고, 1671년 제곱근을 계산할 수 있는 라이프니츠의 계산기가 발명되었다. 약 150년 후 1822년 삼각함수와 로그함수의 근사치를 계산하는 찰스 배비지의 차분기관과 해석기관이 고안되었지만 실제로 제작되지는 못하였다. 1889년 자료처리 시스템인 천공카드 시스템이 개발되었고, 1942년 최초의 전자식 계산기로 ABC(Atanasoff Berry Computer), 1940년대에 Mark I, ENIAC(Electronic Numerical Integrator And Calculator), EDVAC(Electronic Discreate Variable Automatic Computer) 등의 전자식 계산기가 연구 개발되면서 컴퓨터로서의 면모를 갖추게 되었다.

1940년대에 개발된 계산기계의 주 부품은 진공관과 전기선이었다. 진공관과 전기선으로 만들어진 1940년대 기계 – ABC, Mark I, ENIAC, EDVAC 등등 – 들은 엄청난 크기와 진공관의 열 발산으로 많은 기계적 오류를 가지고 있었다. 1957년 로버트 노이스(Robert Norton Noyce)의 반도체(semi-conductor) 발명과 1958년 잭 킬비(Jack St. Clair Kilby)의 집적회로(integrated circuits) 발명으로 진공관과 전기선을 대신하여 작고, 빠르면서 더욱 안정적인 기계로 발전하였다.

	1세대	2세대	3세대	4세대	5세대
연도	1946–1957	1957–1964	1965–1974	1975–1990	1991–현재
재료	진공관	트랜지스터	IC	LSI	VLSI
처리속도	$1/10^3$	$1/10^6$	$1/10^9$	$1/10^9$	$1/10^{12}$

기계를 중심으로 발전하고 있는 컴퓨터의 역사를 위의 표로 정리하였다. 1세대부터 5세대로 크게 나누었다. 각 세대별 기계 제작에 사용된 재료와 처리속도를 살펴보면 1세대에는 진공관을 사용하여 만들었으며, 밀리세컨드의 처리속도를

보였다. 진공관의 단점은 크기가 너무 크고, 전력소모가 많으며, 열이 많이 나고, 고장도 잦으며, 불안정하다는 것이었다. 2세대에는 트랜지스터를 사용하여 만들었으며, 마이크로세컨드의 처리속도를 보였다. 트랜지스터 등 반도체 소자로 만들어져 부피가 작아지고, 열 발생과 전력소모가 감소하였다. 3세대에는 집적회로(IC)를 사용하여 만들었으며, 나노세컨드의 처리속도를 보였고, 컴퓨터의 소형화가 가속화되었다. 4세대에는 고밀도 집적회로(LSI)가 사용되었고, 나노세컨드의 처리속도를 보였다. 5세대에는 초고밀도 집적회로(VLSI)가 사용되었고, 피코초 세컨드의 처리속도를 보인다.

3.3 소프트웨어의 시작

앞에서 튜링기계의 정의를 통해 우리는 소프트웨어의 개념과 컴퓨터 기능의 무한한 확장 가능성을 알 수 있었다. 소프트웨어의 개념과 기능 확장은 '폰 노이만 구조'를 통해 다시 한번 정의된다.

ABC나 Mark I, *ENIAC은 기계적인 문제 이외에도 기능 설계에 있어서 문제가 있었다. 기계 자체에 계산 기능이 포함되어 있어 새로운 계산을 하기 위해서는 기계의 전기선을 재배치하여 기계적으로 다시 설계해야 했다. 따라서 한번 전기선을 셋업하고 여러 번 반복적으로 사용할 때는 효율적이지만, 기능을 자꾸 변경해야 할 때는 비효율적이다.

ENIAC의 이러한 문제점을 해결하기 위하여 폰 노이만은 프로그램 내장 방식을 정의하였다. 폰 노이만의 프로그램 내장 방식은 기능을 하는 프로그램을 기계에 저장시키고 명령으로 프로그램을 실행시키도록 설계한 것으로, 기계에 의존적이지 않고, 프로그램과 명령으로 기능의 다양성을 높이도록 하였다. 이는 행동

체크 포인트

ENIAC은 제2차 세계 대전 중 탄도 거리를 계산할 목적으로 개발되었으나 18000여 개의 진공관으로 만들어져 기존의 전기 기계식 계산기보다 약 1000배 빠른 처리속도를 보였다. 하지만 무게가 30톤에 이르렀고, 7분에 한 번 오류가 날 정도로 안정성이 떨어졌다.

표에 따라 기능이 다양해질 수 있는 튜링기계의 특징과 유사하다고 할 수 있다.

튜링기계와 폰 노이만의 프로그램 내장 방식에 대한 정의는 한 가지 목적을 위한 기계가 아닌 저장된 프로그램에 따라 여러 가지 계산을 할 수 있도록 하는 범용적 기계로 발전하는 데 초석이 되었다. 소프트웨어는 튜링기계에서 행동표로 정의되고, 폰 노이만 구조에서 명령어로 수행되는 프로그램으로 정의된다. 따라서 소프트웨어는 기계의 범용성을 실현시키고 발전시키는 중요한 컴퓨터의 요소이다.

3.4 컴퓨터 과학자의 기술

컴퓨터 하드웨어 자원의 유한성

이때 한 가지 중요한 요소가 있다. 컴퓨터 하드웨어 자원의 유한성이다. 하드웨어 자원의 유한성으로 컴퓨터 과학자들은 지금까지는 문제해결보다는 제한된 하드웨어 자원의 효율성을 높이려는 목적을 가지고 컴퓨터를 발전시켜 왔다. 최근에는 컴퓨터 하드웨어의 발전, 즉 계산을 빠르게 할 수 있는 처리장치와 많은 데이터를 저장할 수 있는 저장장치의 발전으로 해결할 수 있는 문제가 급속도로 증가하고 있어 모든 분야에서 많은 사람들의 주목을 받고 있다.

이제 우리는 하드웨어적으로 소형화되고, 빠르고, 안정성을 갖춘 기계를 갖게 되었다. 물론 지금도 더 빠르고, 더 안정적인 하드웨어 기술이 연구되고 있다. 아무리 하드웨어가 발전했다 하더라도 물리적 한계는 남아 있다. 이에 반하여 소프트웨어에 대한 개발은 한계가 없다.

어떤 문제를 해결하는 행동표나 프로그램을 만들고 행동표나 명령어에 따라 수행할 때 수행할 양은 정해져 있지 않다. 읽기, 쓰기, 이동하기를 수천 번, 수만 번 반복하게 되며 얼마나 반복할지 예상할 수 없을 때도 있다. 이러한 반복을 통해 계산 결과를 얻게 된다.

소프트웨어를 개발할 때는 컴퓨터 과학자들에게 이러한 하드웨어의 제한과 시간이라는 조건이 주어지게 된다. 컴퓨터 과학자들은 제한된 하드웨어 안에서 계산을 일정한 시간 안에 끝내야 하며, 정확한 결과를 내야 한다. 컴퓨터 과학자들은 이러한 조건 안에서 문제를 해결하기 위하여 더 빨리 해결하는 소프트웨어, 더 정확하게 해결하는 소프트웨어를 개발하기 위해 연구하고 발전시켜 가고 있다.

	1세대	2세대	3세대	4세대	5세대
연도	1946–1957	1957–1964	1965–1974	1975–1990	1991–현재
응용 분야	과학계산 통계	생산관리 사무통계	의사결정 경영관리	자동생산 데이터베이스 실시간처리	자동설계
특징	기계어 사용	운영체제 개발 고급언어 개발 일괄처리 방식	경영정보 시스템 주변장치의 고속화 멀티프로그래밍 시분할 방식	개인용 컴퓨터 운영체제 발전	인공지능 병렬처리 초고속망 인터넷

컴퓨터의 역사를 기능, 즉 소프트웨어의 발전을 중심으로 살펴보면 위의 표처럼 정리할 수 있다. 1세대부터 5세대까지의 응용 분야와 특징을 살펴보면 1세대에는 과학계산이나 통계를 목적으로 하는 컴퓨터가 개발되었고, 2세대에 들어서는 운영체제가 개발되었고, 기계어가 아닌 고급언어로 프로그래밍 방법이 발전하면서 그 용도도 자연스럽게 일반화되기 시작하였다. 3세대에서는 좀 더 대규모의 응용 소프트웨어가 개발되었고, 운영체제의 발전으로 소프트웨어적으로 기계의 안정성과 속도를 향상시킬 수 있었다. 4세대에는 개인용 컴퓨터가 보급되기 시작하면서 급속도로 일반화되기 시작하였다. 개인이 컴퓨터를 사용하게 되면서 네트워크와 분산처리 기술이 발전되어 컴퓨터 응용프로그램이 기업이나 국가를 기반으로 하는 큰 프로그램에서 개인이나 소규모 사업자들도 사용할 수 있는 작은 응용프로그램으로 개발이 증가하게 되었다. 지금 현재 5세대에는 유비쿼터스, 인공지능, 초고속 인터넷망을 필두로 우리 생활 전반에 컴퓨터의 활용도가 급속도로 높아지고 있다.

잠깐만요

- **파스칼의 계산기:** 프랑스의 수학자 블레즈 파스칼(Blasise Pascal)이 1642년 톱니바퀴를 사용해 개발한 덧셈, 뺄셈, 곱셈, 나눗셈을 할 수 있는 최초의 기계식 계산기
- **라이프니츠의 계산기:** 독일의 수학자 라이프니츠(Gottfried Wilhelm von Leibniz)가 1671년 개발한 제곱근을 구할 수 있는 기계식 계산기
- **차분기관과 해석시관:** 영국의 수학자 찰스 배비지(Charles Babbage)가 1822년 개발한 다량의 함수를 계산할 수 있는 기계식 계산기. 로그함수와 삼각함수의 근사치를 계산할 수 있다.
- **천공카드 시스템:** 미국의 허먼 홀러리스(herman Hollerith)가 1889년 개발한 자료처리 시스템
- **ABC(Atanasoff Berry Computer):** 미국 아이오와 주립대(Iowa State University)의 교수 아타나소프(John Atanasoff)와 베리(Clifford Berry)가 1942년 개발한 최초의 전자식 계산기
- **Mark I:** 미국의 하버드대(Harvard University)의 교수 하워드 에이킨(Howard Aikin)이 1944년 IBM(International Business Machines)의 후원으로 개발한 컴퓨터
- **ENIAC(Electronic Numerical Integrator And Calculator):** 미국 펜실베니아대학(University of Pennsylvania)의 교수 존 모클리(John Mauchly)와 공학자 프레스퍼 에커트(Presper Eckert)가 1946년 개발한 전자식 계산기
- **EDVAC(Electronic Discreate Variable Automatic Computer):** 미국 펜실베니아대학(University of Pennsylvania)의 교수 존 모클리(John Mauchly)와 공학자 프레스퍼 에커트(Presper Eckert)가 폰 노이만 (John von Neumann)의 제안으로 1945년 개발한 프로그램 내장형 컴퓨터

<3 장>

소프트웨어

학습 목표

- 소프트웨어의 중요성을 이해한다.
- 하드웨어와 소프트웨어를 정의한다.
- 소프트웨어의 종류를 이해한다.
- 소프트웨어 개발 과정을 이해한다.
- 소프트웨어 개발 교육의 중요성을 이해한다.

1 〉 소프트웨어

2장에서 우리는 인간의 도구인 컴퓨터를 소개하면서 기계적으로는 빠르고 안정적으로, 기능적으로는 범용성을 갖도록 발전시키는 방향에 대해 설명하였다. 튜링기계와 폰 노이만 구조를 통해 소프트웨어가 컴퓨터 범용성에 필요한 중요한 요소라는 것도 알게 되었다. 컴퓨터의 무한 발전 속에서 컴퓨터 과학자들은 소프트웨어를 발전시키고, 새로운 소프트웨어를 개발하기 위해 어떤 방법을 모색하는지 알아보자.

'컴퓨터 과학자의 기술을 개념화한 것이 컴퓨팅 사고이다'는 컴퓨팅 사고의 정의를 통해 컴퓨터 과학자의 기술은 무엇이고, 그들은 또 기술을 어떻게 개념화하였는지 살펴보자.

1.1 소프트웨어 개요

소프트웨어는 컴퓨터를 사용하는 방법을 의미한다. 컴퓨터는 인간이 사용하는 도구이므로 젓가락을 사용하듯이 세탁기를 작동하고 자동차를 운전하듯이 컴퓨터도 사용하는 방법을 익혀야 한다.

앞에서 소프트웨어를 배운다는 것에는 특정 용도로 만들어진 소프트웨어의 작동법을 배우는 것과 특정 용도의 소프트웨어를 만드는 방법의 두 가지가 있다고 배웠다.

즉, 이미 만들어진 제한된 용도의 컴퓨터를 사용할지, 본인의 분야에 맞는 컴퓨터로 사용할지를 결정하려면 소프트웨어에 대한 이해가 필요하다.

이번에는 소프트웨어를 만드는 방법을 알아보자. 특히 소프트웨어와 소프트웨어 개발이라는 용어를 구분해서 사용해야 하는데, 소프트웨어는 특정 기능을 하는 프로그램이고, 소프트웨어 개발은 특정 기능을 하는 소프트웨어를 만드는 과정을 의미한다.

일반적으로 컴퓨터는 모니터, 키보드, 본체, 프린터 등의 하드웨어와 윈도우, 워드, 크롬, 엑셀, 포토샵 등의 소프트웨어로 이루어져 있는데, 요즘에는 세탁기와 텔레비전에도 컴퓨터가 내장되어 있어 인공지능 세탁기, 인공지능 텔레비전이라고 광고한다.

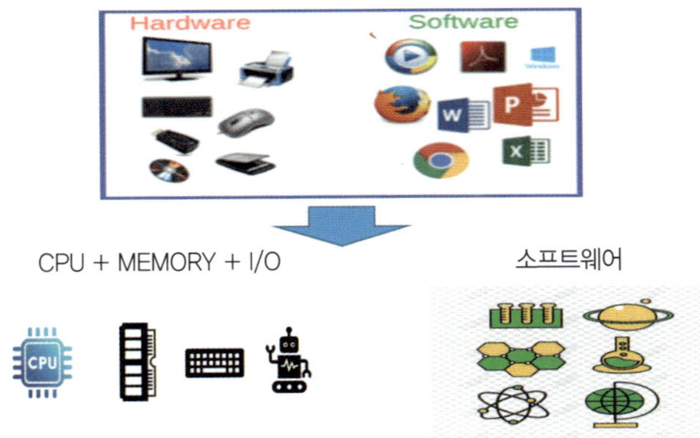

이와 같이 컴퓨터는 기존의 하드웨어와 소프트웨어로만 정의할 수 없으며, 세탁기나 텔레비전에 내장된 컴퓨터는 모니터, 키보드도 없고 워드나 포토샵과 같은 소프트웨어도 없다.

세탁기에는 특정 기능을 수행하는 처리장치와 기능 및 수행 절차를 저장하는 기억장치, 사용자의 요구를 입력받고 결과를 출력할 수 있는 입출력장치가 내장되어 있다. 이 외에도 정해진 기능을 제대로 수행할 수 있도록 읽고, 쓰고, 지우고, 이동하는 순서가 나열된 소프트웨어가 저장되어 있다.

이와 같이 컴퓨터는 하드웨어와 소프트웨어로 이루어져 있다. 하드웨어는 튜링기계에서 소개된 테이프인 메모리와 상태기록기인 처리장치, 헤더의 입출력장치를 말하고, 소프트웨어는 튜링기계의 행동표에 나타나 있듯 읽고, 쓰고, 지우고, 이동하는 기능이 순서대로 잘 정의된 문서라고 재정의할 수 있다.

현재 *우리가 사용하는 컴퓨터에 어떤 하드웨어가 있는지는 윈도우즈의 설정 화면에서 확인할 수 있다. 먼저 **'프로세서'와 '설치된 RAM'의 두 개의 장치와 그래픽카드, 사운드카드, 키보드, 모니터, 카메라, 프린트 등은 모두 인간과 소통하기 위한 주변기기에 해당된다.

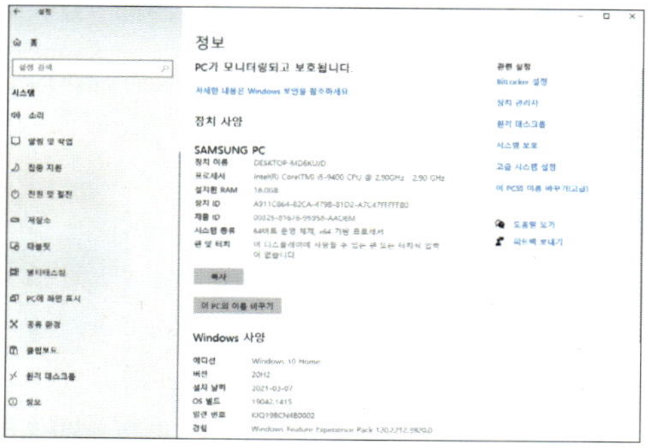

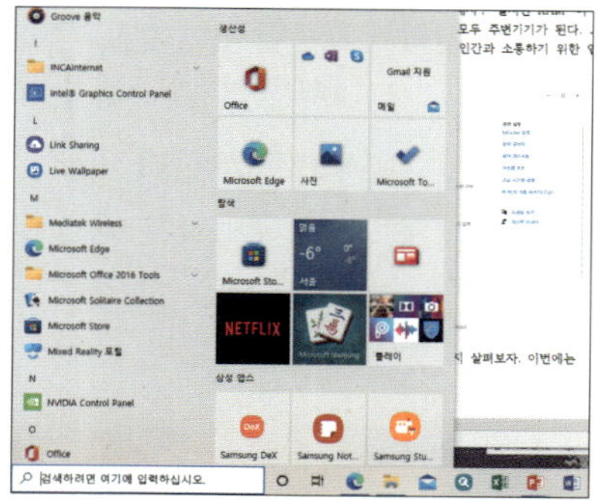

컴퓨터의 소프트웨어는 윈도우즈의 홈키(⊞)를 클릭하면 나타나는 팝업 메뉴로 확인할 수 있다. 여기에 있는 모든 아이콘이 소프트웨어이며, 모니터를 통해 볼 수 있는 모든 화면이 소프트웨어의 결과물이다. 그리고 마우스를 움직이고, 클릭하고, 키보드를 누를 때마다 반응하는 것들이 소프트웨어를 수행한 결과라고 할 수 있다.

소프트웨어가 없는 컴퓨터는 상상할 수 없다. 소프트웨어가 없는 컴퓨터의 본체는 전원을 켜도 모니터에 아무것도 나타나지 않을 것이고, 모니터에 작은 불빛이라도 보인다면 이것은 불빛을 동작시킨 소프트웨어가 실행된 것이라고 할 수 있다.

체크 포인트

* 컴퓨터 사용자는 사람일 수도 있지만 사용하는 기계, 사용하는 프로그램을 지칭할 수도 있다. CPU의 사용자는 컴퓨터에서 수행되는 모든 프로그램을 말하며, 메인메모리의 사용자는 컴퓨터에서 수행되는 모든 프로그램을 의미한다. 즉, 컴퓨터의 입장에서 사용자는 프로그램이 될 수 있는 것이다.

** 프로세서(processor)는 CPU를 지칭한다. CPU는 Central Process Unit의 약어로, 중앙처리장치를 의미하며, 프로세서라고 부른다. RAM은 Random Access Memory의 약어로, 임의의 접근 메모라고 번역해서 사용한다. 사용자가 자유롭게 내용을 읽고 쓰고 지울 수 있는 기억장치로, 램 또는 메인메모리로 부르기도 한다.

1.2 소프트웨어 종류

소프트웨어의 사전적 정의는 '컴퓨터에 동작 방법을 지시하는 명령어 집합의 모임'이다.

결국 소프트웨어가 없는 컴퓨터의 하드웨어는 아무런 동작도 할 수 없기 때문에 처리장치와 기억장치의 동작이나 워드, 엑셀과 같은 작업을 실행할 수 없다. '컴퓨터 동작'이라는 관점에서 장치에 대한 동작과 기능에 대한 동작으로 종류를 나눌 수 있으며, 이들 각각을 시스템 소프트웨어와 응용 소프트웨어라고 말한다.

시스템 소프트웨어는 처리장치와 *기억장치의 동작을 중심으로 개발되었으며, 프로그램의 속도와 여러 사용자가 사용할 수 있는 환경을 만들어주는 것에 목적을 두고 발전해 왔다. 시스템 소프트웨어는 처리장치와 기억장치를 운영할 목적으로 프로그램되어 있으며, 운영체제가 대표적이다. 운영체제는 시스템 소프트웨어 설명에서 보다 자세히 다루도록 한다.

컴퓨터에서 웹서핑을 하고, 음악을 들으면서 줌으로 친구들과 영상으로 미팅을 할 수 있는 모든 것은 운영체제가 여러 가지 일을 동시에 수행할 수 있도록 처리하는 기능을 가지고 있기 때문이며, 이것을 컴퓨터 용어로 '다중 프로그래밍'이라고 한다.

즉, 하나의 프로그램을 수행하기 위해서는 처리장치와 기억장치를 사용하는데 여러 개의 프로그램이 동시에 처리장치와 기억장치를 사용하도록 순서를 정해주는 기능을 운영체제가 갖고 있다.

시스템 소프트웨어에 포함된 데이터베이스 관리 프로그램(DBMS), 언어번역기라고 알려진 컴파일러, 그 외의 유틸리티 등은 모두 처리장치와 기억장치를 효율적으로 관리하고 사용하는 방법을 정의한 소프트웨어이며, 이런 소프트웨어

체크 포인트

컴퓨터에서 기억장치는 메인메모리, 하드디스크, USB 등 여러 가지가 있다. 이 책에서 지속적으로 다루는 기억장치는 메인메모리를 의미한다.

를 개발하는 사람들을 시스템 프로그래머라고 한다.

이에 반에 응용프로그램은 하드웨어와 상관없이 기능에 초점을 맞추어 개발된다. 응용 소프트웨어는 처리장치와 기억장치에 중점을 두지 않고 인간, 즉 사용자와의 인터페이스가 중요하며, 쉽게 사용할 수 있으면서 특정한 기능을 포함하도록 개발된다.

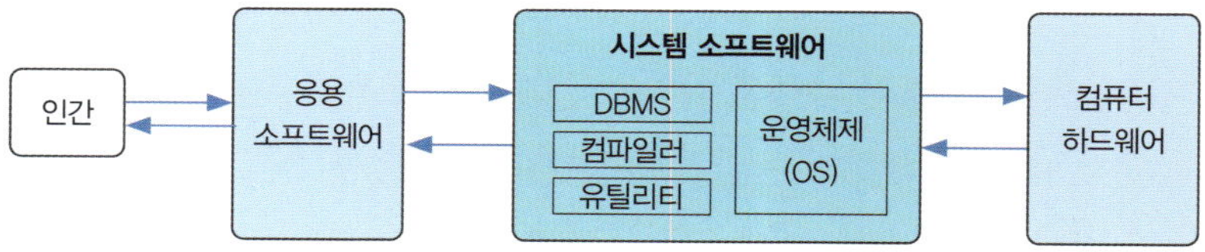

시스템 소프트웨어

시스템 소프트웨어는 응용 소프트웨어를 실행하기 위한 플랫폼을 제공하고 컴퓨터 하드웨어를 동작, 접근할 수 있도록 설계된 컴퓨터 소프트웨어라고 정의할 수 있으며, 시스템 소프트웨어의 역할은 다음 두 가지이다.

시스템 소프트웨어의 역할

- 처리장치, 기억장치, 주변기기장치의 동작을 정의
- 응용 소프트웨어의 동작을 정의

장치를 작동시키는 것, 응용 소프트웨어의 동작을 어떻게 정의할까?

우리는 튜링기계를 통해서 심벌을 정의하고, 심벌을 이용하여 행동표로 작성하면 작동이 가능하다는 것을 알고 있다. 여기서 처리장치와 기억장치 자체를 정의한 행동표가 바로 시스템 소프트웨어이다. 컴퓨터 과학자 가운데 시스템 소프트웨어 개발자는 처리장치와 기억장치의 성능을 최적화하겠다는 목적으로 개발에 임한다. 이뿐만 아니라 컴퓨터 공학의 운영체제 과목에서는 처리장치와 기억장치를 효율적으로 사용할 수 있도록 기술을 체계화하여 가르친다.

장치의 한계

처리장치의 속도가 아무리 빨라도 무한할 수 없고, 기억장치의 크기 역시 무한하지 않으며, 주변기기장치들도 장치의 종류에 따라 그 기능이 제한적이다. 따라서 기계장치의 유한성에서 최대의 성능을 갖도록 해야 한다. 그럼 왜 기계장치의 성능을 높여야 하는지 먼저 생각해보자.

결국 응용 소프트웨어, 즉 어떤 기능을 수행하기 위한 목적으로 개발된 응용 소프트웨어의 동작을 통해 한정된 자원 안에서 최선의 결과를 얻기 위한 '최적화'를 이루기 위해서이다.

예를 들어 워드프로세서를 실행시키는데 어떤 컴퓨터에서는 빨리 실행되고, 어떤 컴퓨터에서는 시간이 좀 오래 걸릴 수 있다. 또 용량이 큰 파일을 저장할 경우 저장이 잘 안 될 수도 있고, 여러 사람이 동시에 한정된 처리장치와 기억장치를 사용하면서 동작이 굼뜨는 현상도 발생할 수 있다.

우리는 종종 '이 소프트웨어는 내 컴퓨터에서 작동되지 않아', '윈도우 업그레이드가 필요해', '시스템이 불안하군', '자꾸만 컴퓨터가 다운된다'와 같은 말을 하곤 하는데, 이러한 문제는 시스템 소프트웨어의 역할에서 그 해결 방법을 찾을 수 있다.

즉, 위와 같은 문제는 처리장치의 처리시간과 기억장치에 접근하는 입출력시간의 차이에서 오는 한계 때문에 발생하는 것이다.

튜링기계에서 보았듯이 상태기록기의 상태 변화는 아주 간단하다. 상태를 b에서 c로 바꾸는 동작은 아주 간단하지만, 그 동작 이후 헤드가 테이프 위를 움직이며 이루어지는 동작은 하나의 상태마다 다르고, 어떤 상태에서는 아주 많은 동작을 해야 하는 경우도 있다. 컴퓨터 하드웨어의 입장에서는 이것을 처리장치의 처리속도와 입출력장치의 처리속도 차이라고 할 수 있다. 처리장치가 상태를 바꾸는 동작을 하고 다음 상태로 바꾸는 동작을 할 때까지 기다리는 시간을 최소화하는 것이 바로 효율성을 높이는 것이라고 말할 수 있다.

기억장치는 어떤가 살펴보자. 운영체제를 비롯한 모든 시스템 소프트웨어와 모든 응용 소프트웨어는 하드디스크에 저장되어 있는데, 하드디스크에 저장된 소프트웨어를 실행하기 위해서는 모두 메인메모리에 데이터를 옮겨 와야 한다.

사용자가 동작을 실행시키고 소프트웨어가 실행되는 잠깐의 기다리는 시간은 *하드디스크의 데이터를 메인메모리로 옮겨 오는 과정이다.

컴퓨터 전원을 처음 켜고 부팅될 때 기다리는 시간도 운영체제 소프트웨어를 메인메모리로 옮겨 오는 데 소요되는 시간이다. 메인메모리에 저장해야 처리장치와 함께 응용프로그램이 실행되기 때문이다.

이때 실제 하드디스크에 저장된 소프트웨어의 용량과 메인메모리의 용량에 차이가 있는데, 제한된 저장 공간에 많은 데이터를 효율적으로 저장하려면 저장장치의 저장 공간을 어떻게 나누어 사용할지, 즉 알파벳 'a'를 저장할 때와 숫자 '1'을 저장할 때 메인메모리의 공간을 얼마만큼 할당해야 하는지를 먼저 생각해야 한다.

다음으로 우리가 알아 두어야 할 것은 메인메모리에 저장된 데이터를 찾는 방법이다. 튜링기계에서는 행동표에 따라 헤드가 움직이며 읽고, 쓰고, 지우는 일을 반복한다. 2+3을 수행한다고 했을 때 '2', '3', '+'를 먼저 메인메모리에 저장하고, '2', '3'. '+'를 읽어 와서 계산한 후 그 결과인 '5'를 다시 메인메모리에 저장하고, '5' 결과를 읽어 와서 우리가 보는 모니터에 나타낸다. 컴퓨터도 모든 동작에서 이와 같은 과정을 거친다. 이때 '2', '3', '+', '5'를 메인메모리의 어디에 저장할지, 어떻게 저장해야 빨리 찾을 수 있을지를 생각해 두어야 한다.

작은 공간에 더 많은 데이터를 저장하고, 저장된 데이터를 빨리 찾는 것은 결국 저장 공간의 효율성을 높이는 일이다. 이렇게 처리장치와 저장장치의 효율성을 높이는 소프트웨어를 개발하는 것이 시스템 프로그래머의 역할이다.

체크 포인트

하드디스크는 대표적인 보조기억장치이다. 하드디스크는 데이터를 저장하는 데 사용하는 기억장치일 뿐이며, 컴퓨터에서 일을 처리하는 과정에는 전혀 관여하지 않는다.

시스템 소프트웨어의 종류

- **운영체제(OS: Operating System):** Windows, Unix, Linux, iOS 등
- **언어번역기:** 컴파일러, 인터프리터, 어셈블러 등
- **유틸리티:** 파일 압축 유틸리티, 파일 관리 유틸리티, 디스크 관련 유틸리티 로더, 링커 등
- **DBMS(DataBase Management System):** 데이터 관리 전용 프로그램

운영체제, 언어번역기, 유틸리티, DBMS 모두 시스템 소프트웨어이기 때문에 *처리장치와 기억장치의 효율성에 중점을 두고 개발되었다. 컴퓨터에서 사용되는 응용프로그램이 다양해지고, 장치의 성능이 점점 좋아지면서 시스템 소프트웨어의 기능과 역할도 다양해지고 있다.

운영체제

운영체제(Operating System)는 약어로 OS라고 하며 Windows, Unix, Linux, iOS와 같이 종류가 다양하다. 운영체제의 사전적인 정의는 '시스템 하드웨어를 관리하고, 응용 소프트웨어를 실행하기 위하여 개발된 시스템 소프트웨어'로, 각각의 운영체제는 처리장치와 기억장치를 관리하며, 각각의 사용 방법도 다르다.

개인이 사용하는 컴퓨터의 처리장치와 기억장치의 운영 방식과 여러 사람이 함께 사용하는 컴퓨터의 처리장치와 기억장치의 운영 방식이 당연히 다르듯이 개인이 사용하는 컴퓨터와 여러 사람이 사용하는 웹사이트를 다루는 컴퓨터의 운영 또한 달라야 한다. 컴퓨터 입장에서 개인이 사용하는 컴퓨터는 개인이 사용하는 환경만 제공해 주면 되지만, 웹사이트로 오픈된 컴퓨터는 여러 사람이 동시에 접속해서 사용하기 때문에 여러 사람이 이용하는 환경에 맞추어야 한다. 즉, 운영체제는 컴퓨터의 사용 목적에 따라 개발되어야 한다.

체크 포인트

컴퓨터를 사용한다는 것은 처리장치와 기억장치를 이용한다는 의미이다.

운영체제가 하는 일을 간단히 정리하면 다음과 같다.

- **응용 소프트웨어 실행 제어:** 응용 소프트웨어로 자원 할당, 스케줄링 입출력 제어, 데이터 관리
- **컴퓨터 주변기기 실행 제어:** 그래픽 카드, 사운드 카드, 모니터, 하드디스크 등

언어번역기

튜링기계에서 심벌을 이용해서 행동표를 테이프에 표현하고자 할 때 심벌들을 정의해 놓은 것이 프로그래밍 언어이다. 처음에는 이것을 숫자로 표현했는데, 이것이 기계어이다. 컴퓨터는 처음부터 이진수를 사용하도록 만들어진 기계이다. 저장장치에 저장할 때 모든 심벌을 이진수로 바꾸어 저장하고, 상태도 모두 이진수로 바꾸어 표현했다. 그리고 더 많은 기능을 더 편리하게 표현하기 위하여 인간이 사용하는 언어를 이용하여 심벌을 정의한 것이 고급언어이다.

고급언어를 기계어로 바꾸어주는 역할을 하는 시스템 프로그램이 언어번역기이다. 우리가 알고 있는 프로그래밍 언어들이 각각의 언어번역기인 것이다. 프로그래밍 언어와 언어번역기는 같은 말이며, 언어번역기에는 *컴파일러, 인터프리터, 어셈블러가 있다. 각각은 번역하는 방법에 따라 구분되며, 프로그래밍 언어에 대한 자세한 내용은 5장에서 다루기로 한다.

유틸리티

**시스템 소프트웨어의 하나인 유틸리티는 운영체제에 포함되어 있을 수도 있고, 독립적으로 각각의 기능을 하도록 개발되기도 한다. 유틸리티도 시스템 소

체크 포인트

* C 언어는 C 컴파일러라고 하고, C++ 언어는 C++ 컴파일러라고 하며, Python 언어는 Python 인터프리터라고 한다. 어셈블리어는 어셈블러라고 한다.

** 시스템 소프트웨어의 유틸리티는 운영체제에 포함되어 운영체제에서 제공되는 응용 소프트웨어라고 생각할 수 있다. 파일 탐색기, 저장소 공간 관리 등 윈도우즈 운영체제의 제어판에서 실행되는 모든 소프트웨어를 말한다.

프트웨어이기 때문에 처리장치와 기억장치의 효율성을 높이기 위하여 개발되는데, 이때 특수한 기능을 갖고 개발되는 시스템 소프트웨어이다.

유틸리티에는 대표적으로 파일 압축 유틸리티, 파일 복사나 삭제 등 파일 관리 유틸리티, 하드디스크를 관리하는 디스크 유틸리티, 로더(Loader), 링커(Linker) 등이 있다.

잠깐만요

링커(Linker): 원시 프로그램의 크기가 너무 커지면 여러 개의 원시 모듈로 나누어 작성되는데, 이 모듈을 실행할 때는 링커로 연결하여 하나의 모듈로 만들어 수행한다.

로더(Loader): 목적 프로그램을 주기억장치에 저장시키는 기능을 한다.

DBMS

DBMS는 DataBase Management System의 약어로, 데이터 관리 전용 프로그램이다. 운영체제에는 이미 데이터 관리 전용 유틸리티인 파일 탐색기가 있다. 이것을 운영체제에서는 파일 시스템이라고 한다. 폴더라는 개념을 가지고 하드디스크에 저장된 데이터를 보여주고, 직접 하드디스크를 관리한다.

일반 컴퓨터 사용자의 데이터는 운영체제의 파일 시스템을 사용하여 데이터를 하드디스크에 저장해도 큰 불편함이 없다. 하드디스크의 용량도 충분하며 부족할 경우에는 보조기억장치를 사용하면 된다. 그렇다면 빅데이터는 어떻게 저장할까?

학교의 학생 데이터, 기업의 직원 데이터, 국가의 국민 데이터와 같이 대용량의 데이터를 저장하여 처리하는 경우에는 운영체제에서 제공하는 파일 시스템을 이용하는 것이 별로 효율적이지 않다. 엄청난 양의 데이터를 저장하고, 그것을 메인메모리에 읽어 와서 한꺼번에 처리하는 데는 또 다른 기술이 필요하다. 이러한 데이터 저장과 처리를 위하여 개발된 시스템 소프트웨어가 우리가 일반적으로 데이터베이스라고 말하는 DBMS이다.

DBMS는 데이터를 하드디스크에 저장하고, 데이터를 메인메모리에 저장하여 처리하는 기능을 중심으로 개발된 시스템 소프트웨어이다.

응용 소프트웨어

응용 소프트웨어는 운영체제에서 실행되는 모든 소프트웨어를 말한다. 애플리케이션(application)이라고 하며, 최근에는 앱(app)이라고 줄여서 말하기도 한다.

응용 소프트웨어는 기능과 사용자 인터페이스(User Interface; UI) 중심으로 개발된다. 운영체제에 의존적이어서 운영체제에 따라 응용 소프트웨어의 사용이 제한되기도 한다.

컴퓨팅 사고를 위한 학습자 소프트웨어 개발 교육은 바로 응용 소프트웨어 개발 교육을 말한다. 지금까지 소프트웨어 개발은 컴퓨터 과학자들에 의한 시스템 소프트웨어 개발과 대규모 응용 소프트웨어를 중심으로 이루어져 왔다. 하지만 최근 응용 소프트웨어의 관심이 높아지고 있어 컴퓨터 과학자뿐만 아니라 비전공자들의 응용 소프트웨어 개발에 대한 관심도 함께 높아지고 있다.

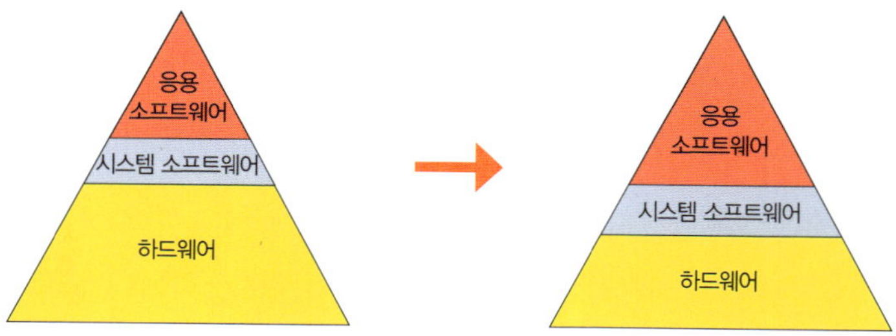

소프트웨어 산업 동향과 기술발전 방향을 살펴보면 2004년부터 운영체제 시장이 위축되는 반면에 응용 소프트웨어의 시장이 고성장을 이루고 있는 연구 발표가 나오고 있다. 특히 우리나라의 경우 중소기업 위주로 응용 소프트웨어 개발이 이루어지고 있으며 실제 우리 생활에서 밀접하게 사용되고 있는 게임, 일정관리, 가계부 등의 응용 소프트웨어들이 많이 개발되고 있다.

2 〉 소프트웨어 개발

컴퓨터 과학자들의 소프트웨어 개발 과정을 정리해보자. 소프트웨어 개발은 설계뿐만 아니라 프로그래밍 언어(programming lagnuage)를 이용한 코딩(coding)과 문제가 생기지 않도록 관리하는 유지보수까지의 모든 과정을 포함한다. 또한 소프트웨어 개발 과정은 매우 체계적이며 구조적으로 안정적이어야 한다.

2.1 소프트웨어 개발 단계

컴퓨터 과학자들은 소프트웨어 개발 과정을 일반적으로 6단계로 구분한다. 각 단계는 그 단계에서 끝나는 것이 아니라 소프트웨어 개발 과정 동안 지속적으로 순환한다.

요구사항 분석

문제분석 단계로, 소프트웨어의 기능과 제약조건, 목표 등을 정의한다. 소프트웨어의 용도를 정확히 이해하고, 개발 방법을 논의한다.

시스템 명세

소프트웨어의 기능별 입력과 처리, 출력을 명확하게 정의한다.

설계

시스템 명세를 기반으로 실제 수행하는 프로그램을 모듈별로 논리적으로 결정하는 단계이다. 이때 프로그래밍 언어 이외에 알고리즘을 이해하기 쉬운 방법으로 표현하여 시뮬레이션해 본다. 사용자 인터페이스 설계와 함께 프로토타입 제작을 한다.

코딩

설계 단계에서 논리적으로 결정한 알고리즘을 프로그래밍 언어를 사용하여 실제로 소프트웨어를 작성하는 단계이다. 사용할 언어를 선택하고 코딩 기법과 스타일, 코딩 순서를 정의한다.

테스트

개발된 소프트웨어가 처음 요구사항에 만족하는지 확인한다. 컴퓨터를 통해 실행된 결과가 처음 예상한 결과와 일치하는지 확인하고 평가한다. 오류를 찾아내어 소프트웨어의 완성도를 높이는 단계이다.

유지보수

소프트웨어가 일반화되고 사용된 후에 발생하는 모든 활동이다. 소프트웨어 오류 수정, 기능 추가, 환경 변화에 따른 수정 등이 모두 포함된다.

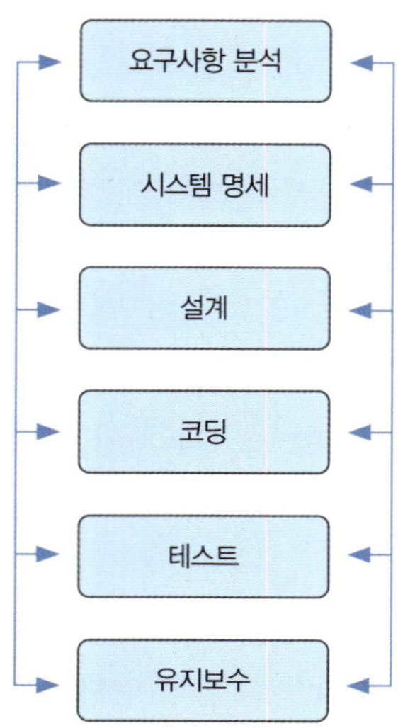

2.2 소프트웨어 개발과 컴퓨팅 사고

앞에서 소개한 소프트웨어 개발 단계를 바탕으로 컴퓨팅 사고의 단계를 정의할 수 있다.

컴퓨터 소프트웨어 개발 과정과 컴퓨팅 사고는 어떤 관계가 있을까? 6단계로 정의된 소프트웨어 개발 단계를 컴퓨팅 사고 과정과 요소로 접목시키면 다음 그림과 같다. 소프트웨어 개발의 요구사항 분석과 시스템 명세 부분은 문제에 대해 정의하는 단계로, 설계하고 코딩하는 단계인 개발 단계는 개념화된 컴퓨팅 사고의 요소들로 정의할 수 있다. 컴퓨팅 사고력을 기반으로 문제를 해결하기 위한 개념적 단계와 소프트웨어의 개발 단계가 비슷하게 맞물려 있는 것을 알 수 있다.

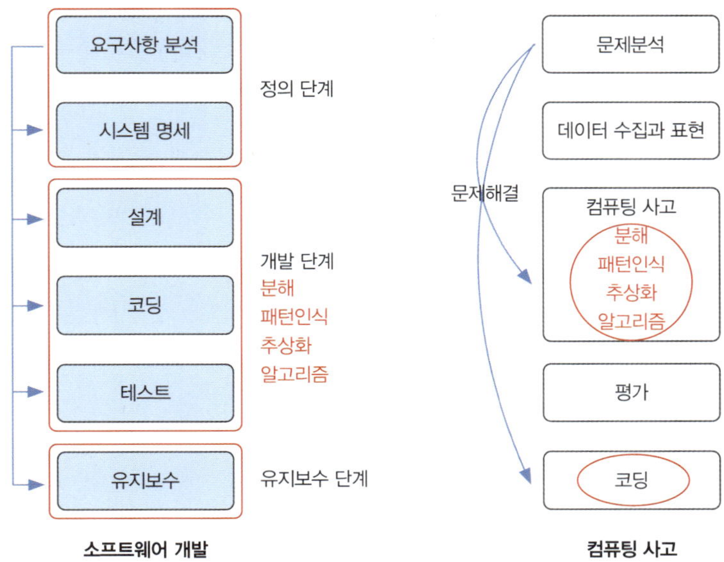

소프트웨어 개발 단계는 앞에서 보았듯이 요구사항 분석 단계를 거치고, 요구사항 단계에서 결정된 기능을 프로그래밍하기 위하여 설계하며, 코딩을 잘 하기 위하여 알고리즘 설계를 하고, 마지막으로 코딩을 하여 소프트웨어를 개발한다. 컴퓨팅적 사고 단계를 이러한 단계에 접목시켜 살펴보면 문제를 분해하고, 문제를 개념화로 재정의하며, 단순화 추상화하여 알고리즘화하는 단계를 거쳐 문제

를 해결하는 방식이다.

문제가 주어졌을 때 문제를 해결하는 방법으로 접근해 보면, 컴퓨터를 이용해서 문제를 해결하는 것은 소프트웨어 개발로 해결하는 것이고, 인간의 생각을 통해 문제를 해결하는 것은 컴퓨팅 사고로 해결하는 것이라고 정의할 수 있다. 따라서 소프트웨어 개발 교육에서 알고리즘 설계 단계와 코딩 단계를 습득하게 되면 컴퓨팅 사고를 이해할 수 있다는 것이다.

소프트웨어는 하드웨어의 기능을 결정한다. 소프트웨어는 작업의 논리적 진행 순서에 따라 만들어지고, 논리적 표현은 명령어들로 이루어져 있다. 이러한 교육을 통해서 컴퓨팅 사고를 익힐 수 있는 것이라고 다시 한번 강조한다.

<4 장>

컴퓨팅 사고 요소

학습 목표

- 컴퓨팅 사고 요소에 대해 이해한다.
- 컴퓨팅 사고 단계와 컴퓨팅 사고 요소에 대해 이해한다.
- 분해, 패턴인식, 추상화, 알고리즘에 대해 이해한다.

1 〉 컴퓨팅 사고의 여러 요소

컴퓨팅 사고력을 향상시키기 위한 학습 방법으로 '소프트웨어 교육', '코딩 교육', '컴퓨팅 사고 요소 교육' 등이 있다. 이번에는 '컴퓨팅 사고 요소 교육'을 통한 컴퓨팅 사고력 학습 방법을 살펴보도록 한다. 컴퓨팅 사고는 컴퓨터 과학자들이 컴퓨터를 통해 문제를 해결할 때 사용하는 기술을 개념화한 것으로, 이때 컴퓨터 과학자가 중요한 기술이라고 생각하는 것을 정리하여 개념화한 것이 컴퓨팅 사고 요소이다. 이런 개념화된 요소들은 아직 공식적으로 정의된 것이 아니므로 지금도 세계 주요 기관과 학자들에 의해 여러 내용으로 다양하게 제시되고 있다. 지금까지 정리된 컴퓨팅 사고의 요소를 기반으로 컴퓨팅 사고와 단계를 구성하는 요소를 알아보자.

1.1 컴퓨팅 사고와 컴퓨팅 사고력

컴퓨팅 사고

컴퓨팅 사고는 문제를 효율적으로 해결하는 사고 능력이며, 복잡한 문제도 일정한 틀에 맞추어 사고하면 매우 효율적이라는 윙 교수의 주장과 컴퓨팅 사고의 정의를 접목해서 다시 한번 생각해보자. 컴퓨터 과학자들이 컴퓨터로 문제를 해결할 때 사용하는 기술을 익히면 문제를 효율적으로 해결할 수 있을 뿐만 아니라 복잡한 문제도 간단하게 해결할 수 있다는 것을 알 수 있다.

물론 복잡한 문제를 효율적으로 해결하는 사람이 컴퓨터 과학자만 있는 것은 아니다. 하지만 현대 4차 산업혁명과 함께 갈수록 높아지는 컴퓨터에 대한 관심은 컴퓨터 사고가 왜 중요한지 알 수 있게 해주는 사회적 요구의 반영이라 할 수 있다.

우리는 컴퓨터 과학자의 기술을 접함으로써 현대에 필수품이 되어버린 컴퓨터를 잘 이해하고 사용할 수 있으며, 나아가 컴퓨터를 다루는 모든 분야에서도 컴퓨터를 교육할 때 컴퓨팅 사고가 주목을 받고 있다.

소프트웨어 개발이나 코딩을 문제해결을 위한 관점에서 교육을 받으면 컴퓨터를 잘 이해하고 사용하는 수준에서 한 발 더 나아가 각 분야에서 컴퓨터를 어떻게 이용할 수 있을지도 결정할 수 있는 능력이 생길 것이다.

컴퓨팅 사고력

컴퓨팅 사고력은 컴퓨터를 이용해 문제를 직접적으로 해결하는 것을 말하는 것이 아니라 컴퓨터를 이용해서 문제를 해결하는 것과 같은 방식으로 여러 문제를 해결하려는 생각의 방식이다.

문제에 대한 정의와 해결은 6장에서 자세히 다루기로 한다.

일반적으로 우리는 어떠한 문제에 직면했을 때 어떻게 하면 문제를 잘 해결할 수 있을지 생각하게 되는데, 이것을 사고력이라 한다. *컴퓨팅 사고력은 비단 컴퓨터와 관련된 것뿐만 아니라 일상 생활에서 문제를 해결하기 위한 사고력에도 영향을 미칠 수 있다.

소프트웨어 개발이나 코딩 교육을 통해서도 컴퓨팅 사고력을 향상시킬 수 있다. 이번 장에서는 좀 더 본질적으로 컴퓨터 과학자가 문제를 해결할 때 사용하는 방법을 개념화하여 정리한 것이 무엇이고, 개념화된 요소들을 어떻게 문제에 적용하여 해결할 수 있는지 알아보자.

소프트웨어 개발이나 코딩 교육을 받지 않아도 컴퓨팅 사고 요소를 잘 이해하고 활용하는 방법을 익혀서 문제에 적용하다 보면 컴퓨팅 사고력을 통해 다양한 문제들을 해결할 수 있을 것이다.

체크 포인트

우리가 수학을 배운다고 모두 수학자가 되는 것은 아니다. 우리가 국어를 배운다고 모두 국문학자나 소설가가 되는 것도 아니다. 이러한 기초 교육은 인간이 가지고 있어야 할 기본적 소양, 사고하는 방법을 배우는 것이다. 이제 우리는 컴퓨팅 사고 교육을 통해 컴퓨팅 사고를 하는 사람이 될 수 있다.

컴퓨팅 사고 요소는 주장하는 사람과 기관마다 내용이 다를 수 있는데, 이번에는 지금까지 주장되고 있는 컴퓨팅 사고 요소 몇 가지를 간략히 소개한다.

1.2 다양한 컴퓨팅 사고 요소

윙 교수의 컴퓨팅 사고 요소

윙 교수는 컴퓨터 과학자의 문제해결 방법에 다음과 같은 5가지 특징이 있으며, 컴퓨터 과학자가 문제를 해결할 때 분해, 개념화, 추상화, 재귀적 사고, 병렬 처리의 5가지 사고 요소를 이용한다고 말한다.

첫 번째 컴퓨팅 사고 요소는 분해이다.

분해는 어려운 문제를 작은 문제로 나누고 다시 정의하여 해결하는 것이다.

컴퓨터 과학자가 컴퓨터를 이용하여 문제를 해결할 때 문제를 최대한 작은 단위로 나누어 해결하는 이 기술을 개념화하여 컴퓨팅 사고의 중요 요소로 정의한 것이다.

Jeannette Wing이 강조한 컴퓨팅 사고의 주요 요소

컴퓨팅 사고의 주요 요소	의미
분해(Decomposition)	어려운 문제를 잘게 쪼개어 분할하여 해결할 수 있는 사고
개념화(Concepualizing)	단순한 시각에서 접근하지 않고, 여러 단계의 추상화 시각에서 접근할 수 있는 사고
추상화(Abstracion)	복잡한 문제를 공통부분의 인식을 통해 핵심을 파악할 수 있는 사고
재귀적 사고(Recursive Thinking)	문제에 대한 해법을 찾고 난 후 그 해법을 문제해결에 지속적이고 반복적으로 적용할 수 있는 사고
병렬 처리(Parallel Processing)	병렬적 해결 방법을 파악하여 문제를 처리할 수 있는 사고

우리는 앞에서 튜링기계에 대해서 살펴보았다. 튜링기계는 읽기, 쓰기, 지우기, 오른쪽으로 한 칸 이동, 왼쪽으로 한 칸 이동 등의 5가지 동작만 하는 아주 단순한 기계이기 때문에 과정이 복잡하고 과제의 크기가 큰 문제를 5가지 동작으로

해결하려면 최대한 단순화시켜야 한다.

이것은 튜링기계를 기반으로 하는 컴퓨터의 특수성에 의해서 생긴 문제해결 방식이며, 이와 같은 방식은 다른 문제를 해결하는 데에도 도움을 줄 수 있다.

두 번째 사고 요소는 개념화이다.

문제 상황을 단순한 시각으로 해결하기 위해서 접근하지 않고, 여러 단계의 다양화 과정을 통해 접근하여 문제를 해결할 수 있는 사고 요소이다.

개념화는 고정관념을 버리고 문제를 바라보면 다양한 관점에서 해결할 수 있는 방법을 찾을 수 있다는 사고 방식이다.

컴퓨터 과학자는 컴퓨터라는 단순한 기계를 통해 문제를 해결하기 위해 여러 가지 방법을 고려해야 한다.

튜링기계를 예로 들면 1을 하나씩 증가시키면서 테이프에 쓰는 문제를 해결하고자 할 때 다음과 같은 방법을 사용할 수 있다.

1. 1을 무조건 하나 쓴다.
2. 헤드를 앞으로 움직여 앞에 쓴 1의 개수만큼 뒤에 1을 쓴다.

위의 두 가지 행동을 반복하면 처음 문제에 해당하는 1을 하나씩 증가시키면서 테이프에 쓰는 동작을 수행하는 튜링기계를 만들 수 있다. 이때 처음에는 1을 하나씩 증가시키는 문제이지만 실제 이를 해결하기 위한 동작은 앞의 1의 개수만큼 복사해서 뒤에 추가하는 것이기 때문에 결국 '증가' 문제를 '복사' 문제로 변형하여 새로운 관점에서 해결하는 것이다. 이와 같이 '증가' 문제를 '복사'라는 관점으로 다시 생각해서 해결책을 찾는 것을 개념화라고 할 수 있다.

세 번째 사고 요소는 추상화이다.

복잡한 문제에 접근해서 해결할 때 공통부분의 인식을 통해 핵심을 파악하는 사고 요소이며, 추상화에서 중요한 것이 바로 핵심을 파악하는 것이다.

추상화는 상상력이라고도 달리 표현할 수 있는데, 튜링기계에서 시작과 멈춤을 표현할 때 $ 심벌을 정의하고, 헤드가 $를 읽을 때 행동표의 첫 번째 상태를 수행하도록 명령하면 $ 심벌이 '시작'을 의미하게 되듯이 컴퓨터 과학자가 시작을 $로 정의하여 컴퓨터에 표현하는 추상화가 컴퓨팅 사고의 또 다른 요소이다.

네 번째 사고 요소는 재귀적 사고이다.

재귀적 사고는 컴퓨터 과학자가 가장 많이 사용하는 기술로, 문제에 대한 해법을 찾은 후 그 해법을 문제해결에 지속적이고 반복적으로 적용하는 사고이다.

앞에서 예로 든 튜링기계에서 1만 쓰는 상태, 오른쪽으로 무조건 두 칸만 움직이는 상태, 0만 쓰는 상태와 같이 단순한 기능을 상태별로 정의하고 반복적으로 재사용하면서 문제를 해결하는 문제해결 방식을 재귀적 사고라고 한다.

다섯 번째 사고 요소는 병렬 처리이다.

병렬적 해결 방법을 파악하여 문제를 처리하는 사고 방식으로, 병렬 처리는 한정된 하드웨어 환경, 즉 한정된 중앙처리장치의 속도와 메인메모리의 용량을 효율적으로 사용하기 위하여 컴퓨터 과학자가 연구해서 개발한 기술이다. 컴퓨터에서 파워포인트 소프트웨어를 실행하면서 이메일 응용 소프트웨어를 실행하고 동시에 SNS 응용 소프트웨어를 실행하여 상대방과 대화를 나눌 수 있는 것은 병렬 처리 기술 덕분이다.

CSTA, ISTE, Google의 컴퓨팅 사고 요소

미국 컴퓨터과학 교사연합인 CSTA, 교육에서의 기술 국제 모임인 ISTE, Google의 컴퓨팅 사고 요소와 특징

개념	정의와 해설
데이터 수집	문제해결에 도움이 되는 관련 정보를 수집한다.
데이터 표현	데이터를 적절한 그래프, 차트, 단어, 영상 등으로 표현한다.
데이터 분석	직관적인 판단이나 데이터를 살펴보며 데이터를 분석한다.
분해	문제나 데이터를 작고 다루기 쉬운 여러 부분들로 나눈다.
패턴인식	면밀하게 살펴 패턴, 경향, 규칙성 등의 패턴을 인식한다.
추상화	통합적으로 파악할 수 있는 중심적인 아이디어나 개념을 추출한다.
알고리즘	문제를 해결하는 일련의 순서화된 명령어인 알고리즘을 만들어낸다.

시뮬레이션	실제와 같은 효과를 내기 위한 시범모델을 만들어 모의실험한다.
병렬화	여러 개의 업무를 나눈 후 동시에 병렬로 처리한다.
자동화	컴퓨터가 반복적인 업무를 자동적으로 수행하게 한다.

컴퓨팅 사고의 중요성과 필요성이 대두되면서 여러 국제 교육단체에서도 컴퓨팅 사고 요소를 개념화하여 정리하였다. 이 가운데 미국 컴퓨터과학 교사연합인 CSTA(Computer Science Teachers Association)와 교육계에서의 기술 국제 모임인 ISTE(International Society for Technology in Education), 그리고 구글(Google)에서 다음과 같이 컴퓨팅 사고 요소와 특징을 정리하였다.

CSTA와 ISTE, 구글에서 정리한 요소는 다음의 10가지이다.

윙 교수는 실제 컴퓨터 과학자의 기술을 컴퓨팅 사고 요소로 정리한 반면, CSTA와 ISTE, 구글에서 정리한 컴퓨팅 사고 요소는 소프트웨어 개발 단계를 바탕으로 정의된 것을 알 수 있다.

CSTA와 ISTE, 구글의 컴퓨팅 사고 요소는 데이터 수집, 데이터 표현, 데이터 분석, 분해, 패턴인식, 추상화, 알고리즘, 시뮬레이션, 병렬화, 자동화의 소프트웨어 개발 단계와 접목시켜 정리하였다.

컴퓨터 과학자들이 소프트웨어 개발할 때 문제에 대한 정당성과 기능을 고려하는 요구사항 분석과 시스템 명세 단계를 컴퓨팅 사고의 데이터 수집, 데이터 표현, 데이터 분석 요소로 정의하였으며, 이것을 정의 단계라고 말한다.

직접적으로 컴퓨터를 이용해 문제를 해결하는 방법을 고려하는 설계, 코딩, 테스트 단계를 컴퓨팅 사고의 분해, 패턴인식, 추상화, 알고리즘 요소로 정의하였으며, 우리는 이것을 컴퓨팅 사고 단계라고 말한다.

그리고 개발된 소프트웨어에 오류가 없는지, 또 다른 해결책은 없는지 확인하는 단계를 컴퓨팅 사고의 시뮬레이션, 병렬화, 자동화 요소로 정의하고, 유지보수 단계라고 말한다.

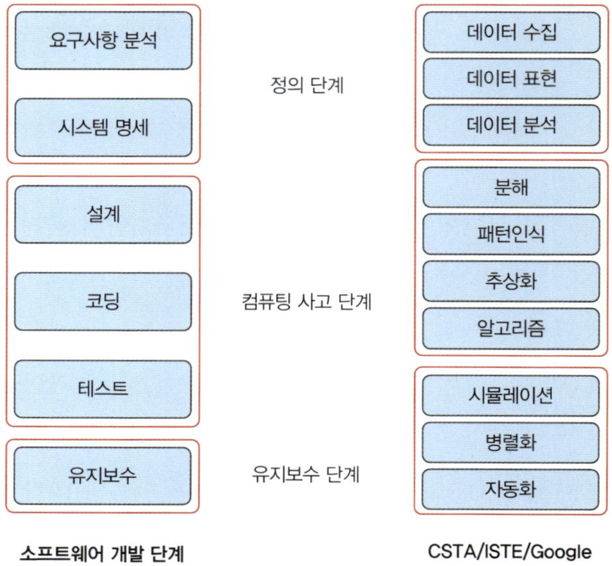

CSTA와 ISTE, 구글에서 정리한 컴퓨팅 사고 요소는 문제해결을 위해 단계별로 해야 하는 일에 대한 명시와 컴퓨팅 사고 요소를 정의하고, 이 가운데 컴퓨팅 사고 단계의 요소로 분해, 패턴인식, 추상화, 알고리즘을 함께 정의하고 있는데, 이 요소는 윙 교수가 정의한 컴퓨팅 사고 요소와 비슷한 것을 알 수 있다.

그 외의 컴퓨팅 사고 요소

2015년 한국교육학술정보원에 의하면 컴퓨팅 사고 요소를 다음의 9가지로 정리하고 있다. 한국교육학술정보원 자료의 컴퓨팅 사고 구성 요소는 자료수집, 자료분석, 구조화, 분해, 모델링, 알고리즘, 코딩, 시뮬레이션, 일반화이다.

컴퓨팅 사고력의 구성요소(교육부 KERIS, 2015)

구성 요소	정의
자료 수집	문제해결에 필요한 자료 모으기
자료 분석	자료의 이해, 패턴 찾기, 결론 도출하기
구조화	문제를 그래프, 차트, 그림 등으로 시각화하기

추상화	분해	문제를 관리 가능한 수준의 작은 문제로 나누기
	모델링	문제해결을 위한 핵심 요소를 추출하고, 모델 만들기
	알고리즘	문제해결을 위한 일련의 단계를 알고리즘으로 표현하기 (절차적 표현)
자동화	코딩	프로그래밍 언어 이용해 문제해결 과정을 자동화하기
	시뮬레이션	프로그램(소프트웨어) 실행하기
일반화		문제해결 과정을 다른 문제에 적용하기

한국교육학술정보원의 컴퓨팅 사고 요소는 CSTA와 ISTE, 구글에서 정리한 것처럼 문제해결을 위하여 단계별로 해야 하는 일에 대한 명시와 함께 컴퓨팅 사고 요소를 정의하고, 그 단계 안에서 컴퓨팅 사고 단계의 요소를 정의하는데, 컴퓨팅 사고 단계에서의 요소 가운데 가장 중요한 요소로 추상화를 정의하고 있으며, 추상화를 위한 세부 요소로 분해, 모델링, 알고리즘을 구분해서 정의하였다.

이와 같이 지금까지 살펴본 여러 컴퓨팅 사고 요소에 대한 정의는 비슷한 맥락에서 다루고 있지만 문제를 해결하는 관점에 대한 차이로 중요한 요소를 다르게 정의하는 것을 알 수 있다. 누가 어떤 요소를 정의했는지보다는 우리가 문제를 해결하는 데 컴퓨팅 사고 요소를 활용할 수 있고, 효율적으로 문제를 해결하는 데에도 분명히 도움을 줄 것이라는 사실이다.

또한 문제해결을 위하여 우리가 무엇부터 배워야 하는지 알 수 있을 뿐만 아니라 어떤 과정을 거쳐야 하는지도 알 수 있는 기준이 될 수 있다.

2 〉 컴퓨팅 사고 단계와 요소

앞서 살펴본 것처럼 컴퓨팅 사고의 단계와 요소는 공식적으로 정의된 것은 아니기 때문에 컴퓨팅 사고 교육의 환경과 필요성에 따라서 얼마든지 다양하게 다시 정의하여 사용할 수 있다.

지금까지 발표되어 정리된 컴퓨팅 사고 요소를 바탕으로 컴퓨팅 사고 단계와 요소에 대해서 살펴보자.

2.1 컴퓨팅 사고의 구분

컴퓨팅 사고 단계를 규정하고 각 단계별로 어떤 컴퓨팅 사고 요소가 있는지 살펴보자.

문제해결을 위해서 필요한 과정을 다음의 3단계로 구분해보자.

문제에 대한 이해와 요구사항을 정리하여 문제해결의 가능성과 필요성을 정의하는 단계를 컴퓨팅 사고 전 단계로 정의하고 실제 문제를 해결하는 과정에서 컴퓨팅 사고 요소를 적용하는 단계를 컴퓨팅 사고 단계, 문제해결 방법을 찾은 후 문제해결 방법을 표현하는 컴퓨팅 사고 후 단계로 나눈다.

컴퓨팅 사고 단계	컴퓨팅 사고 요소	정의
컴퓨팅 사고 전 단계 (문제분석과 자료수집)		문제를 이해하고, 문제의 해결 가능성과 필요성을 정의
컴퓨팅 사고 단계	분해	복잡한 문제를 단순한 문제로, 어려운 문제를 쉬운 문제로 변환
	패턴인식	문제에서 공통적인 유사성이나 특징을 찾아냄
	추상화	중요한 특징을 추출
	알고리즘	문제를 해결하기 위해 규칙을 순서대로 표현
컴퓨팅 사고 후 단계 (평가 (표현))		해결된 문제를 표현하고, 오류를 확인하고, 문제해결을 확인

2.2 컴퓨팅 사고 전 단계

컴퓨팅 사고 전 단계는 컴퓨팅 사고 요소들을 적용하기 전에 반드시 거쳐야 하는 단계이다.

무엇이 문제인지 정확하게 이해해야 문제를 해결할 수 있기 때문이다. 주어진 문제를 분석하고, 문제해결에 필요한 데이터를 수집하고, 문제를 해결해야 하는 필요성과 해결 가능성을 정의하는 단계이다.

문제 이해

예를 들어 주식을 알아야 주식 문제를 해결할 수 있듯이 우리는 문제에 대해 기본적인 지식과 정보를 정확하게 파악하고 있어야 한다.

문제 필요성

꼭 해결해야 하는 문제인지 확인할 수 있다. 자료수집 방법을 이용하여 확인하거나 문제가 해결되었을 때 얼마나 중요한 효과를 얻을 수 있는지도 알 수 있다. 문제를 해결하기 위해 우리의 시간과 노력을 투자해야 하는 만큼 문제해결의 필요성을 미리 점검하는 과정은 중요하다.

문제해결 가능성

현재 우리가 가지고 있는 자원과 기술에 따라 문제를 해결할 수 있는 가능성은 달라질 수 있다. 이 과정에서 문제를 해결하기 위해 필요한 자원과 기술을 확인하고, 문제해결 가능성을 확인할 수 있다.

컴퓨팅 사고 전 단계에서 수행되어야 하는 일은 컴퓨터 과학자가 컴퓨터를 이용하여 문제를 해결할 때 반드시 진행하는 과정이다.

자원의 한계를 갖는 컴퓨터라는 도구를 이용하여 문제를 해결하려면 문제에 대한 이해를 통해 컴퓨터에 어떤 문제인지 표현해야 하며, 컴퓨터를 이용하여 해결할 필요가 있는지 확인하여 문제해결 방법을 찾는 것이다. 또 아무리 좋은 해결 방법이 있다고 해도 컴퓨터로 표현할 수 없거나 결과를 낼 수 없다면 해결할 수 없는 문제라는 것도 알게 된다.

컴퓨팅 사고 전 단계는 문제해결을 위해 사전에 파악해야 하는 중요한 과정이며, 컴퓨팅 사고 전 단계에서도 문제가 해결될 필요가 없다고 판단하여 불필요한 문제로 간주하거나 현재 해결할 수 없는 문제로 판단하여 해결 불가능한 문제라고 결론을 내릴 수 있다.

2.3 컴퓨팅 사고 단계

컴퓨팅 사고 단계는 문제를 해결하는 과정이다.

문제해결 방법을 찾기 위해 정의된 4가지 컴퓨팅 사고 요소를 이용한다.

컴퓨팅 사고 단계에서 적용하는 컴퓨팅 사고 요소는 분해, 패턴인식, 추상화, 알고리즘이다.

분해, 패턴인식, 추상화, 알고리즘의 관계

분해, 패턴인식, 추상화, 알고리즘 요소는 다음 그림과 같은 관계를 갖는다.

'문제가 해결되었다'는 말은 '문제를 해결하는 알고리즘을 찾았다'로 바꾸어 표현할 수 있다. 즉, 문제를 해결한다는 것은 알고리즘을 찾는 것이고, 문제를 해결하는 과정은 알고리즘을 찾기 위한 과정이기 때문에 분해, 패턴인식, 추상화 요소는 알고리즘을 찾기 위해 도움을 주는 문제해결 방법인 것이다.

주어진 문제에 분해 컴퓨팅 사고 요소를 적용하면 알고리즘을 찾을 수 있고 패턴인식 컴퓨팅 사고 요소를 적용하면 알고리즘을 만드는 데 도움을 주고, 추상화 컴퓨팅 사고 요소를 적용하면 알고리즘으로 표현하는 데 도움을 준다.

알고리즘은 문제해결 방법을 찾는 것인데 알고리즘을 찾고, 만들고, 표현한다는 것은 문제해결 방법을 순서대로 표현한다는 것과 같다.

즉, 컴퓨팅 사고 요소를 이용하여 문제해결 방법을 찾을 수 있고, 해결 방법은 알고리즘 형태로 만들어져 최종 알고리즘으로 문제가 해결된다고 말할 수 있다.

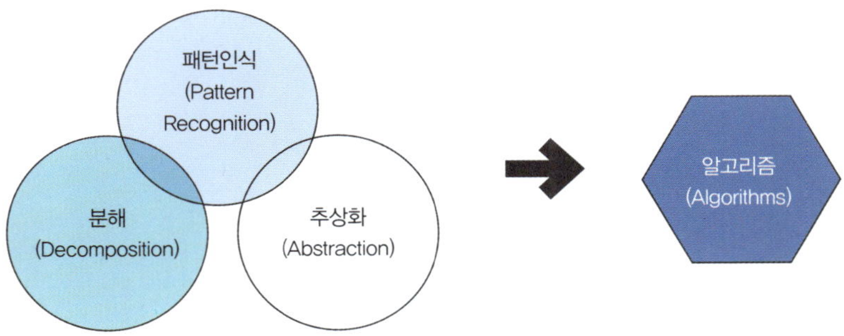

컴퓨팅 사고의 관계

2.4 컴퓨팅 사고 후 단계

컴퓨팅 사고 요소를 이용하여 문제를 해결했다면 결과적으로 우리는 문제를 해결하기 위한 알고리즘을 찾은 것이다. 컴퓨팅 사고 후 단계에서는 문제를 해결하는 데 쓰인 알고리즘을 평가한다. 이 단계는 알고리즘이 올바르게 작동하여 실제 문제에 적용했을 때 문제를 해결하는지 확인하는 단계로, 컴퓨팅 사고 후 단계에서 알고리즘에 대한 다음과 같은 내용을 확인한다.

1. 문제에 대한 정확한 답을 내는가?
2. 정해진 시간 안에 답을 낼 수 있는가?
3. 비슷한 다른 문제에도 적용할 수 있는가?
4. 알고리즘에 오류가 없는가?
5. 다른 해결 알고리즘은 없는가?

컴퓨팅 사고 후 단계에서 해결된 문제의 알고리즘을 바탕으로 실제 컴퓨터에 적용할 수 있는지 확인하고, 결정할 수 있다. 컴퓨터에 적용할 수 있는 알고리즘이라면 코딩 과정을 통해 컴퓨터 소프트웨어로 개발할 수 있으며, 소프트웨어로 개발되면 주어진 문제를 컴퓨터를 이용해 문제를 해결한 것이라고 할 수 있다.

이 모든 과정이 컴퓨터 과학자가 컴퓨터를 이용해 문제를 해결하는 과정이다.

3 〉 컴퓨팅 사고 단계의 4가지 요소

이번 장에서는 컴퓨팅 사고 단계의 4가지 요소 가운데 분해, 패턴인식, 추상화 요소에 대해서 더 자세히 알아보자.

알고리즘은 5장에서 문제해결과 함께 자세히 살펴보도록 한다.

3.1 분해

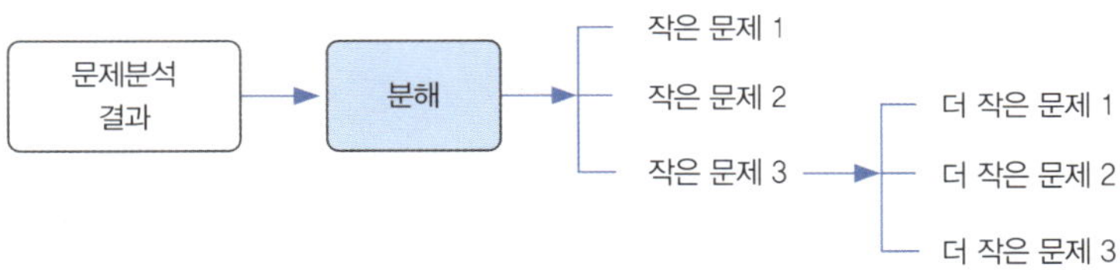

컴퓨팅 사고 단계의 첫 번째 요소인 분해(Decomposition)는 복잡한 문제를 작은 부분들로 나누어 문제를 해결하려는 생각을 개념화한 컴퓨팅 사고 요소이다. 아주 단순하고 당연한 이야기이지만 사실 문제를 어떻게 나누어야 하는지가 큰 문제일 수 있고, 분해의 가장 중요한 부분을 차지한다.

튜링기계를 통해 컴퓨터가 아주 간단한 동작만 하는 기계라는 것을 이해할 수 있었는데, 전체 문제를 해결하기 위해 복잡한 동작을 정의하는 것보다 문제를 단순한 동작으로 해결할 수 있는 문제로 재정의하는 것이 문제를 해결하는 데 도움을 줄 수 있다.

분해된 문제를 하나씩 해결하면 전체 문제가 반드시 해결되어야 하기 때문에 문제를 분해하는 데 있어서 분해 기준이 있어야 한다.

다음에 제시된 문제는 생활 속에서 접할 수 있는 문제로, 여러 가지 해결 방법이 있을 수 있으나 컴퓨팅 사고 요소 가운데 *분해라는 과정을 통해 문제를 해결하는 방법을 제시한다.

아파트에 정원 꾸미는 문제

현재 내가 살고 있는 아파트에는 정원이 없다. 아파트에 정원을 꾸미는 문제를 어떻게 해결할 수 있을까? 분해 컴퓨팅 사고 요소를 적용해 아파트에 정원 꾸미는 문제를 해결해보자.

아파트에 정원을 만드는 문제를 작은 문제로 재정의한다. 컴퓨팅 사고 전 단계인 문제분석과 자료수집을 통해 나온 자료를 중심으로 다음과 같이 네 가지 작은 문제로 나눌 수 있다.

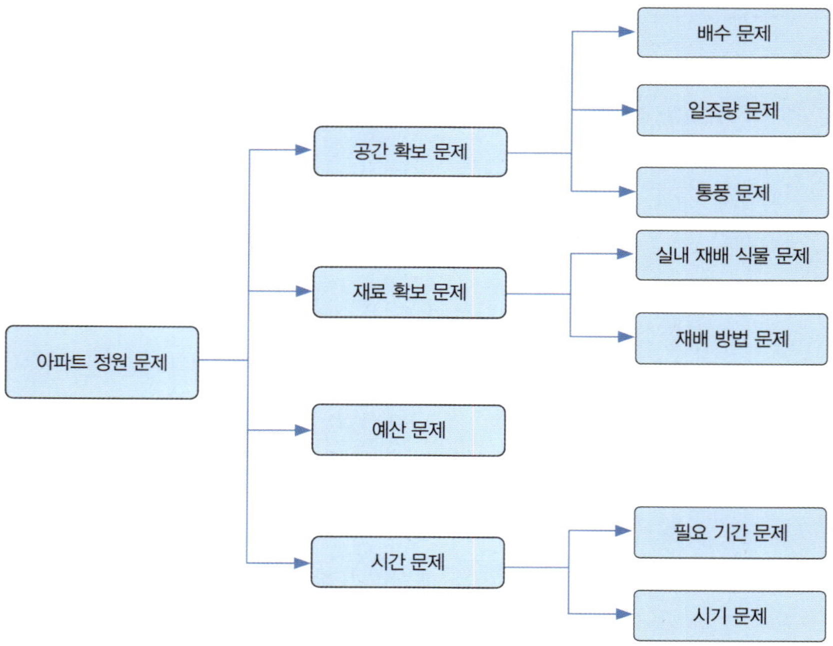

체크 포인트

모든 문제에 분해를 적용한다고 해서 좋은 건 아니다. 컴퓨터 알고리즘에 분해 방법을 이용한 대표적인 알고리즘이 분할정복 알고리즘이다. 피보나치 수 구하는 문제를 분할정복 알고리즘으로 해결하려 하면 좋지 않은 결과를 낸다. *분할정복은 이후에 다룰 것이다.

아파트 정원은 공간 확보, 재료 확보, 예산, 시간 문제로 나눌 수 있고, 각각의 문제를 해결하는 것은 아파트 정원 문제를 해결하는 것보다 구체적이기 때문에 해결하기가 훨씬 더 쉬워진다. 공간 확보 문제를 해결하기 위하여 배수, 통풍, 일조량 문제로 다시 문제를 나눌 수 있으며, 재료 확보는 실내 재배 식물 문제와 재배 방법 문제, 시간을 필요로 하는 기간 계산 문제와 제작 시기 문제로 나눌 수 있다.

이때 어떤 작은 문제를 먼저 해결할 것인지를 생각하고, 순서를 정하여 알고리즘으로 만들면 아파트 정원 문제를 해결할 수 있다.

알고리즘1

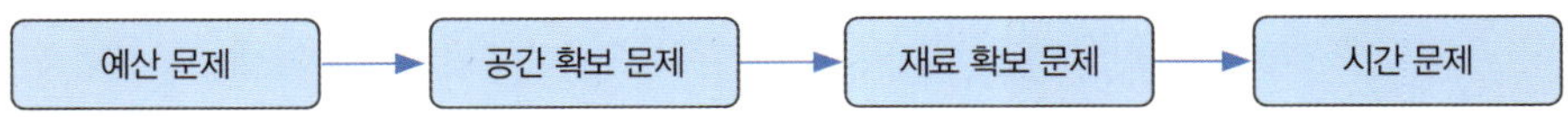

알고리즘2

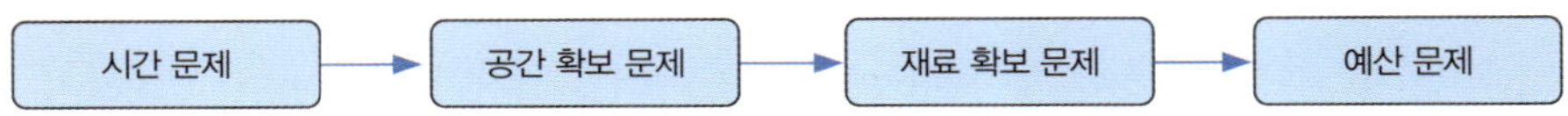

수많은 상황에 따라 알고리즘은 달라질 수 있지만 더 작게 나누어진 문제를 순서대로 해결하면 정원을 만들 수 있다.

효율적인 칫솔질 문제

치아 건강을 위하여 효율적인 칫솔질은 우리의 일상에서 매우 중요하다. 어떻게 하면 치아 건강 유지를 위해 칫솔질을 효율적으로 할 수 있는지 생각해보자.

컴퓨팅 사고 전 단계에서 우리는 효율적인 칫솔질에 대한 문제 이해와 필요성을 인식하고, 방법이 있다는 것을 알게 되었다. 문제를 해결하기 위해 컴퓨팅 사고 요소인 분해 과정을 이용하여 문제를 더 작은 문제로 재정의해보자.

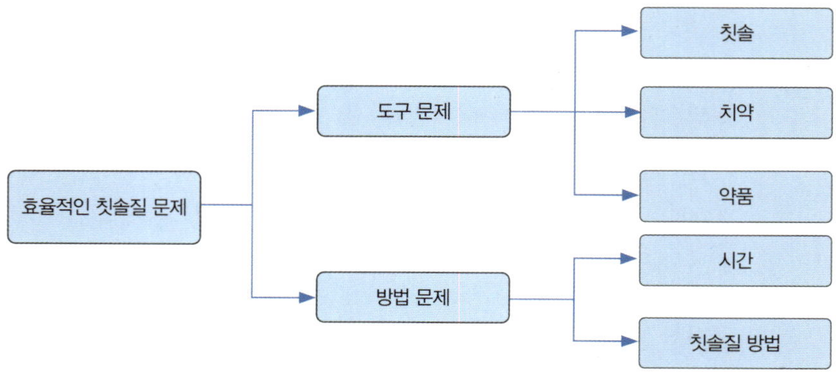

*효율적인 칫솔질 문제를 도구와 방법 문제로 나누어 생각할 수 있다. 또 도구 문제는 사용하는 칫솔, 치약, 약품이라는 더 작은 문제로 나눌 수 있으며, 방법 문제는 칫솔질의 시간과 칫솔질 방법의 문제로 나누어 생각할 수 있다.

효율적인 칫솔질 문제를 작은 문제들로 분해하여 칫솔, 치약, 약품, 시간, 칫솔질 방법 문제를 각각 해결하고 나면 처음에 제기되었던 효율적인 칫솔질 문제도 해결할 수 있다.

데이터 정렬 문제

컴퓨터 과학에서 정렬 문제를 분해 기법을 이용해 해결하는 방법을 살펴보자. 정렬은 자료를 순서대로 나열하는 것을 말한다.

정렬 문제를 컴퓨터로 해결하는 방법은 여러 가지가 있다. 컴퓨터 과학에서 분해 요소를 이용해 문제를 해결하는 방법을 '분할정복'이라고 한다. 분할정복 방법을 이용해 정렬 문제를 해결하는 방법이 '합병정렬'인데, 합병정렬은 분해와 합병의 두 가지 동작으로 이루어진다.

분해동작은 정렬되지 않은 데이터를 나열하고, 무조건 데이터의 수가 반이 되도록

체크 포인트

여러분이 앞으로 사회생활을 하거나 대학생활을 하는 동안 여러 가지 일상적인 문제를 해결해야 할 일이 생길 때, 컴퓨팅 사고 과목을 바탕으로 문제에 접근하면 귀찮고 복잡한 문제도 쉽게 해결할 수 있는 방법을 찾을 수 있다. 경제, 정치뿐만 아니라 우리 생활 속의 모든 문제도 컴퓨터로 해결하려면 어떤 소프트웨어를 만들어야 할지 고민해보자.

두 개로 나누는데 더 이상 나누어지지 않을 때, 즉 데이터가 하나가 될 때까지 분해한다. 합병동작은 가장 작게 나누어진 데이터부터 적용하여 정렬하는 과정이다.

분해동작은 전체 수를 반으로 나누는 계산만 하는 단순한 동작이고, 합병동작도 이미 정렬된 수를 다시 정렬하는 것을 반복하는 단순한 동작이다. 처음 8개의 숫자를 정렬하는 것보다 나누어진 두 수를 정렬하는 것이 훨씬 쉽다는 생각에서 착안해 개발된 방법이다.

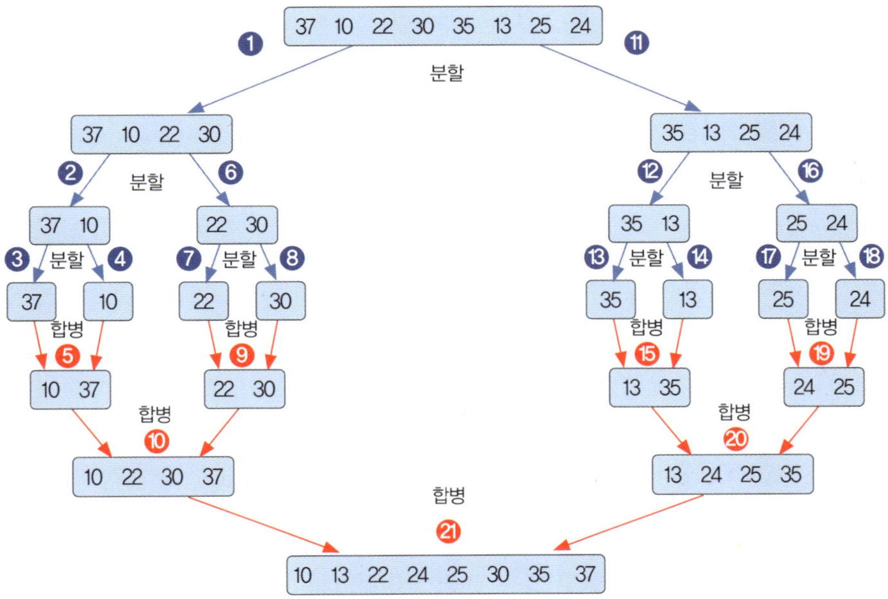

처음 여덟 개의 수를 네 개씩 둘로 분할하고 다시 네 개의 숫자를 두 개씩 분할한 후 마지막 두 개의 숫자를 하나가 되도록 나눈다. 그런 다음 나누어진 두 수끼리 합병하게 되는데, 이때 작은 수는 왼쪽으로, 큰 수는 오른쪽으로 위치하도록 하면 두 개의 수를 가진 첫 번째 합병 결과 집합이 생기며, 두 개의 수를 가진 합병 결과 집합끼리 다시 합병할 때는 각 집합의 수가 이미 정렬된 상태이기 때문에 이전보다 더 쉽게 정렬하면서 합병할 수 있다. 이와 같이 합병정렬은 분해 요소를 사용하여 데이터를 정렬하면서 문제를 해결한다.

소프트웨어 개발 문제

소프트웨어를 개발할 때 분해를 예로 들어 생각해볼 수 있다. 응용프로그램을 하나 개발한다고 가정할 때 소프트웨어 개발자들은 기능, 인터페이스, 데이터 처리, 입출력 설계팀 등으로 분류되어 프로그래밍 작업을 하게 된다. 물론 소프트웨어의 종류에 따라 분류되는 작업이 더 다양하거나 다를 수 있다. 그러면 소프트웨어를 개발하는 부담이 상당히 줄어들게 되고 각자의 역할을 잘 이해하게 되어 서로 맞춰 나가면서 소프트웨어를 더욱 효율적으로 개발할 수 있다.

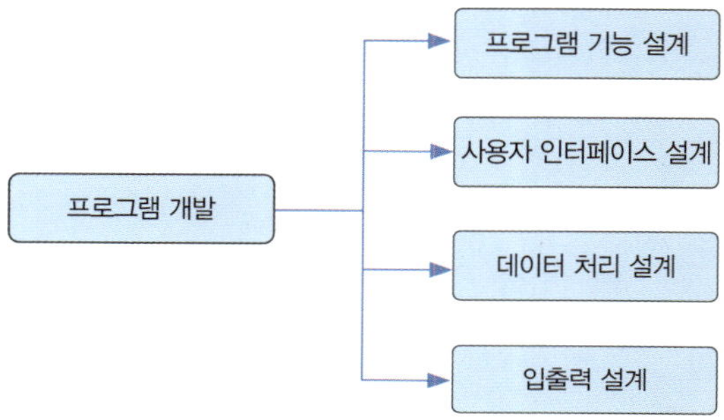

컴퓨터 과학에서 분해는 모든 작업을 할 때 가장 보편적으로 생각하는 과정이며, 중요한 방법이라는 사실을 이해하도록 하자.

분해 요소 표현 기법 - 던커 다이어그램

분해 요소를 문제에 적용하여 해결할 때 사용하는 방법으로 던커 다이어그램(Duncker Diagrams)이 있다. 던커 다이어그램은 문제에 분해 요소를 이용하여 문제를 해결할 때 사용하는 방법으로, 문제에 대한 구체적인 해법을 도표로 표현한 것이다.

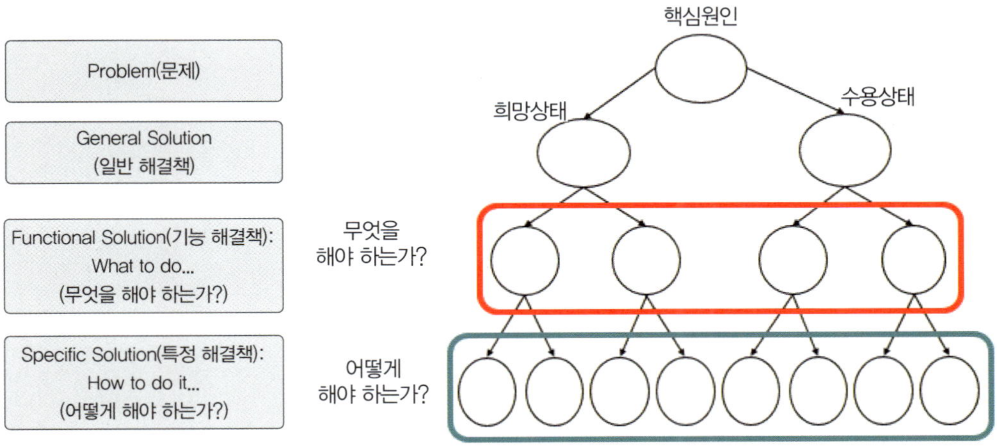

던커 다이어그램 작성 방법은 다음과 같다.

1) 핵심원인을 맨 위에 둔다.
2) 핵심원인을 희망상태와 수용상태로 나눈다.
3) 각 상태별로 무엇을 해야 하는지 기술한다.
4) 어떻게 해야 하는지 방법을 구체적으로 기술한다.

던커 다이어그램은 문제에 대한 핵심원인을 어디에 두는가에 따라 결과가 달라진다. 따라서 핵심원인을 결정짓는 것이 무엇보다 중요하며, 핵심원인을 결정해 다이어그램의 맨 위 상단에 둔 다음 일반 해결책을 희망상태와 수용상태로 나누어 표현한다. 이때 희망상태는 핵심원인을 제거하여 문제를 해결하는 상태라고 정의하고, 수용상태는 핵심원인을 제거하지 않은 상태에서 문제를 해결하는 상태라고 정의한다.

다이어그램 세 번째 단계에서는 각 희망상태와 수용상태의 결과를 위해 각각 무엇을 해야 하는지 기능 해결책을 정의한다.

마지막 단계는 각각 해야 하는 일에 대하여 방법을 구체적으로 기술함으로써 처음에 제시된 문제를 해결하는 방법을 특정 해결책으로 제시한다. 이렇게 작성된 다이어그램을 통해 문제해결 알고리즘을 찾을 수 있다.

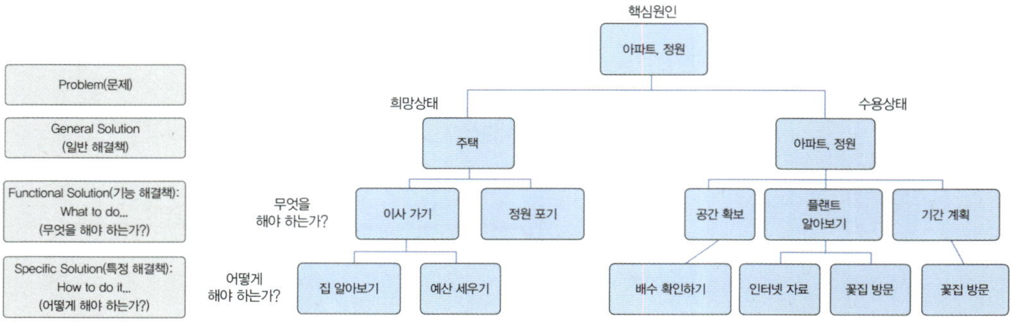

던커 다이어그램 예

앞에서 살펴본 '아파트 정원 꾸미기' 문제를 예로 들어 문제 해결 과정을 던커 다이어그램으로 표현하면 다음과 같이 나타낼 수 있다.

먼저, 문제분석과 자료수집을 통해 핵심 문제를 찾는다.

'아파트 정원 꾸미기' 문제는 아파트에서 정원을 갖고 싶다는 요구로부터 시작된다. 여기에서 우리는 '아파트'라는 삶의 공간과 '정원'이라는 꾸미기 공간의 요구사항으로 핵심 문제를 찾을 수 있다. 즉, 아파트와 정원이라는 핵심 문제를 희망상태와 수용상태의 문제로 나누어 일반적인 해결 방법을 찾을 수 있다.

희망상태는 원인의 취약성을 제거하여 문제를 해결하도록 정의하는 것으로 정원을 꾸미는 데 있어서 아파트라는 공간의 핵심적인 문제를 제거해버림으로써 정원을 꾸미는 문제를 해결할 수 있다. 희망상태는 아파트라는 주거상태를 주택으로 바꾸는 결정, 즉 하나의 일반 해결책으로 정의할 수 있다.

우리가 원하는 형태의 희망상태에 도달하려면 무엇을 해야 할지, 기능 해결책을 생각하여 정리할 수 있다. 주거 문제를 변화시키는 방법으로 문제를 해결하기 위해서는 '이사를 간다'와 '정원을 포기한다'로 해법을 생각할 수 있다.

이렇게 정의된 기능 해결책에 도달하기 위한 구체적인 방법은 특정 해결책이라는 것으로 다시 정의할 수 있다.

이때 정원을 꾸미기 위하여 주거 형태를 아파트 대신 주택으로 '이사를 간다'라고 해결책을 결정하면, 우리는 구체적인 방법으로 '집을 알아본다'와 '예산을 세운다' 등의 구체적인 방법을 다시 생각해 볼 수 있다. 이때 이와 같은 경우는 문제 해결에 대한 분해 과정에 해당하므로 이사할 지역이나 이사라는 새로운 문제에 대한 직접적인 방법을 표현할 필요까지는 없다.

희망상태와 다른 수용상태에 대한 해법을 살펴보면, 수용상태라는 것은 핵심원인이 제거되지 않은 상태, 즉 '아파트'와 '정원'이라는 핵심원인을 유지하면서 문제를 해결할 수 있는 방법을 제시하는 것이다.

수용 가능한 상태에서 우리는 무엇을 할 수 있는지 기능 해결책을 정리하면, 공간확보나 기간, 예산 등 문제해결의 해법을 생각할 수 있다.

공간확보라는 기능 해결 방법에 도달하기 위한 다음 단계의 특정 해결책으로 배수나 일조량이 확보된 공간을 찾아보는 등의 구체적인 방법을 생각할 수 있는 것이다.

아파트 정원 꾸미기 문제를 일반적인 분해의 방법으로 해결할 수도 있고 또 던커 다이어그램의 방법을 이용해서 해결할 수도 있는데, 앞에서 살펴본 것처럼 '분해'라는 요소를 통해 문제상황을 해결할 수도 있고, 알고리즘이라는 문제해결을 위한 절차, 방법, 명령 등으로 구현할 수도 있다.

결국 이와 같은 방법은 문제해결을 위해 좀 더 효율적이고 체계적인 방법을 제시한다. 문제를 한 가지 관점으로만 바라보는 것이 아니라, 여러 가지 관점으로 바라보고 해결할 수 있도록 도와주기 때문에 컴퓨팅 사고 요소를 통해 문제를 해결한다는 것은 문제를 해결하기 전에 여러 가지 목적과 그에 맞는 수단에 대해서도 충분히 생각해야 한다는 것을 의미한다.

3.2 패턴인식

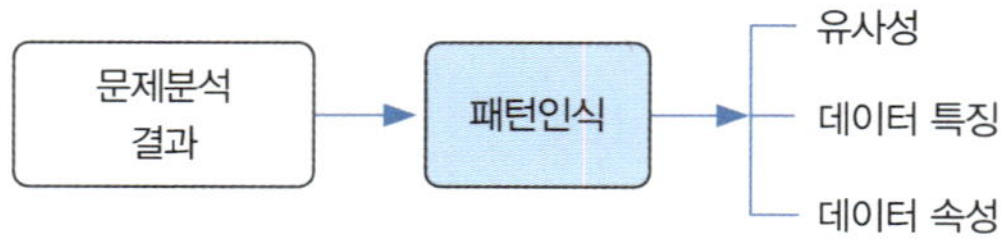

컴퓨팅 사고 4가지 요소인 분해, 패턴인식, 추상화, 알고리즘 가운데 두 번째 요소로 *패턴인식에 대하여 알아보자.

패턴인식 요소는 문제에서 패턴을 찾아 문제를 해결하는 방법이다. 이때의 패턴은 공통적인 유사성이나 특징을 말한다.

패턴은 개별 문제 안에 있을 수도 있고, 서로 다른 문제 사이에 존재할 수도 있기 때문에 패턴을 찾기 위해서는 문제를 다양한 관점으로 바라보는 능력이 필요하다.

패턴을 찾는 이유는 문제를 단순하게 만들기 위해서이다.

앞에서 살펴본 컴퓨팅 사고의 분해 요소도 결국 문제를 작은 문제로 단순하게 만드는 것이 목적이고, 패턴인식은 문제를 크기와 상관없이 패턴을 찾아 단순하게 만든다는 생각을 개념화한 컴퓨팅 사고 요소이다.

아파트 정원 꾸미기 문제

패턴인식은 문제해결 방법을 일반화시키는 데 많이 사용한다. 문제해결 방법의 일반화는 한 가지 문제에만 적용되는 방법이 아닌 비슷한 형태를 가진 문제에도 똑같이 적용하여 문제를 해결하는 것이다. 분해 요소를 통해 문제를 해결한 방법 안에서 패턴인식 요소를 적용해 여러 문제를 해결할 수 있도록 일반화하면 다음과 같이 나타낼 수 있다.

체크 포인트

문제분석 결과를 패턴인식을 통해 문제를 해결할 수도 있고 또 분해 과정을 통해 문제를 작게 만든 후 패턴을 찾는 경우도 있다. 따라서 요소를 하나의 단계로 보는 것이 아니라 문제의 특성에 맞추어 적절한 사고 요소를 사용하여 문제를 해결하는 것이 더 중요하다.

- 일상생활의 문제 생각해보기
  - 우리집에 작은 정원을 만들 수 있을까?
    - 정원을 만들기 위한 필요한 공간은?
      - 배수가 가능한 공간, 햇빛 공급이 원활한 공간, 관리하기 편한 공간
    - 정원을 만들기 위해서는 무엇이 필요한가?
      - 정원의 규모에 따른 필요 요소, 플랜트 종류에 따른 필요 요소, 정원 용도에 따른 필요 요소
    - 정원을 만들기 위한 예산은?
      - 정원 규모에 따른 예산, 플랜트 종류에 따른 예산, 정원 용도에 따른 예산
    - 정원을 만들기 위해 필요한 기간은?
      - 정원 규모에 따른 기간, 플랜트 종류에 따른 기간, 정원 용도에 따른 기간

→ 정원 규모
플랜트 종류
정원 용도

정원 만들기 문제를 분해하여 작은 문제로 나누고 작은 문제들 안에서 반복되는 규칙을 찾을 수 있다. 재료, 예산, 시간 문제를 구체적으로 표현하면 각각 정원의 규모에 따라 재료, 예산, 시간 문제를 해결하는 방법이 달라지고, 식물의 종류에 따라 각각의 문제해결 방법이 달라지는 것을 알 수 있다. 따라서 작은 문제로 분해된 문제들 사이에 규모, 종류, 용도라는 패턴을 찾을 수 있기 때문에 다른 문제에도 적용할 수 있는 방법으로 일반화시킬 수 있다.

집에서 정원이 아니고 아이방이나 서재를 만드는 경우라면 정원 만들기 문제를 해결할 때 사용한 해결 방법을 일반화하여 아이방의 규모, 종류, 용도에 따라 나누어 해결할 수 있다. 그러면 이미 만들어진 패턴에 맞게 문제를 해결하면서 문제를 더욱 효율적으로 해결할 수 있다.

효율적인 칫솔질 문제

- 일상생활의 문제를 해결하기 위해 분해적 사고방식으로 생각해보기
  - 효율적인 칫솔질을 하기 위한 방법은?
    - 어떤 칫솔을 사용할 것인가?
    - 얼마 동안 칫솔질을 할 것인가?
    - 얼마나 세게 이를 닦을 것인가?
    - 어떤 치약을 사용할 것인가?

What (무엇)
(어떤 칫솔, 어떤 치약)
How (방법)
(얼마 동안, 얼마나 세게)

효율적인 칫솔질에 대한 문제에 대해서도 어떤 칫솔, 얼마 동안, 얼마나 세게, 어떤 치약 등을 무엇, 방법 등으로 패턴을 찾아 일반화시켜 해결 방법을 찾을 수 있다.

문제해결을 위한 컴퓨팅 사고 요소인 패턴인식은 문제해결뿐만 아니라 일반화에도 중요한 요소가 될 수 있다. 다시 말해, 패턴인식이라는 것은 문제를 일반화시켜 해결하는 컴퓨팅 사고의 방식인데, 일반화라는 것의 의미는 하나의 문제를 해결하는 방법을 다른 문제를 해결하는 방법으로 적용할 수 있도록 하는 것이며, 우리가 패턴인식을 통해 해결한 문제를 일반화하여 다른 문제를 해결하는 데에도 도움을 줄 수 있다는 것이다.

패턴인식을 통해 문제를 해결하는 컴퓨터 기술

다음은 패턴인식 요소를 문제에 직접 적용하여 문제를 해결하는 방법을 살펴보자.

현재 컴퓨터 공학 분야에서 패턴인식 방법으로 문제를 해결하기 위해 패턴인식에 대한 연구가 실제 활발하게 진행되고 있는데, 이미 좋은 결과를 내는 알고리즘이 많이 발표되었으며 실생활에서도 유용하게 사용되고 있다.

패턴인식을 통해 문제를 해결하는 대표적인 방법으로 클러스터링이라는 것이 있는데, 클러스터링은 입력된 데이터에서 패턴을 추출하여 컴퓨터를 학습시키는 기계학습 문제를 해결하는 데 사용하는 방법이다.

잠깐만요

기계학습(Machine Learning)은 인공지능의 한 분야로, 경험을 통해 자동으로 개선하는 컴퓨터 알고리즘이다. 즉, 컴퓨터를 인간처럼 학습시켜 스스로 규칙을 만들도록 하는 알고리즘과 기술을 개발하는 분야이다. 기계학습의 핵심은 데이터에 대한 평가와 일반화이다.

클러스터링을 이용해 문제를 해결하는 분야는 행동패턴 분석, 진단시스템, 예측시스템 등으로 다양하다.

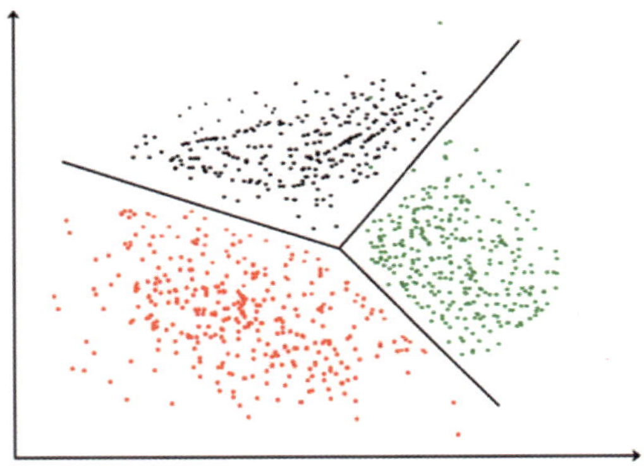

클러스터링 알고리즘 결과 예

위 그림은 클러스터링 방법을 통해 데이터 패턴을 찾은 결과를 그래프로 나타낸 예이다. 데이터를 색깔로 표현하고, 비슷한 패턴을 갖는 데이터끼리 서로 모이게 하여 세 개의 패턴으로 나누어진 결과이다. 세 가지로 나누어진 하나하나를 클러스터라고 부르며, 각 클러스터의 패턴으로 학습이 이루어지면 학습된 후 새로운 데이터가 어느 패턴에 속하는지 자동으로 결정된다.

이러한 방법을 분야별로 응용한 예로, 차량 번호판을 인식하는 시스템에서 문자 패턴을 추출하여 식별하고 웹서핑을 하거나 쇼핑하는 모든 프로그램에서 패턴을 추출해 사용자에게 추천하는 알고리즘을 생각할 수 있다. 침입을 탐지하는 탐지 진단시스템에도 패턴인식 알고리즘을 사용하며, 예측시스템에도 과거의 데이터를 분석하여 패턴을 찾아 미래를 예측할 수 있다.

패턴인식을 통해 해결하는 사고력 문제

이번에는 몇 가지 간단한 사고력에 적용한 패턴인식 문제를 풀어보도록 하자.

다음과 같이 사각형의 개수가 늘어날 때 다음 번에 나타날 도형에서 사각형의 칸은 몇 개일까? 그림만 보고 결과를 낼 수 없다면 수로 표현할 수도 있다. 계산되는 횟수 단계를 순서대로 나열하고 각 단계마다 사각형의 수를 숫자로 표현하면 마지막 5단계에서 그림에 해당하는 사각형의 칸 수를 예측할 수 있다.

- 사고력에 적용한 패턴인식
  - 예제) 다음과 같이 사각형의 개수가 늘어날 때 다음 번에 나타날 도형에서 사각형의 칸은 몇 개일까?

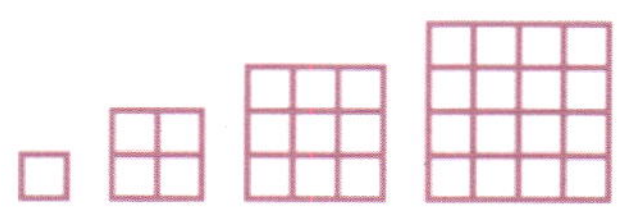

계산되는 횟수(단계)	1	2	3	4	5?
사각형의 수	1	4	9	16	25

다음으로 규칙에 따라 변하는 패턴이 있다고 가정하자. 아래의 물음표에 해당하는 네 번째 패턴을 다음 보기 가운데 찾는 문제로, 패턴을 보면 두 가지 요소가 동시에 한 단계마다 변화하는 것을 알 수 있다. 즉, 빨간색 사각형의 이동, 문자의 이동으로 문자는 회전하면서 이동하고 있다. 이를 바탕으로 마지막 패턴은 빨간색 사각형이 맨 오른쪽 끝에 오고, 문자는 왼쪽 끝으로 이동하는데 문자의 모양이 반시계방향으로 회전되어 보기 가운데 마지막 패턴은 1번의 형태로 나타나는 것을 알 수 있다.

• 예제) 다음과 같은 규칙에 따라 변하는 패턴이 있다.
오른쪽 물음표에 올 네 번째 패턴은?

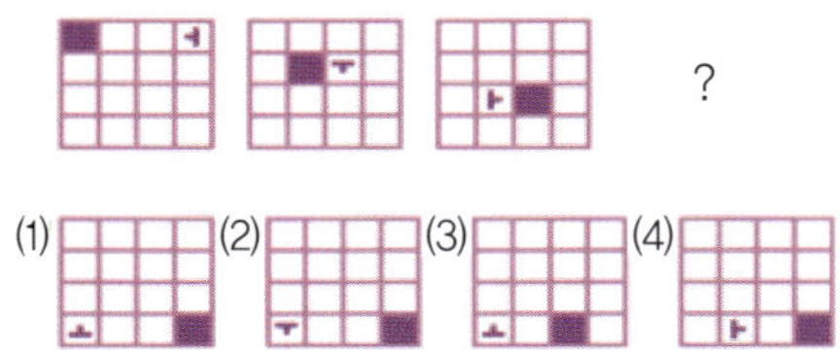

다음의 예는 왼쪽의 세 가지 패턴을 보고 물음표에 들어갈 도형을 찾는 문제이다.

위의 두 도형 그림에서 패턴을 찾은 다음 아래 도형 그림에 같은 패턴으로 적용하면 답을 쉽게 찾을 수 있다.

아래 두 도형 그림에서 빨간색의 바깥쪽 도형이 안에 있는 하얀색 삼각형 도형 안쪽으로 들어가는 패턴을 찾을 수 있는데, 이 패턴을 아래 그림에 그대로 적용하면 바깥쪽 빨간색 도형이 안의 하얀색 원 안으로 들어간 3번이 우리가 찾는 답이라는 것을 쉽게 알아낼 수 있다. 이와 같은 방식으로 다른 샘플에서 패턴을 찾아 새로운 샘플에 적용시키는 방식으로 문제를 해결할 수 있다.

• 사고력에 적용한 패턴인식
예제) 다음 도형의 패턴을 살펴보고 물음표에 들어갈 적당한 도형을 고르시오.

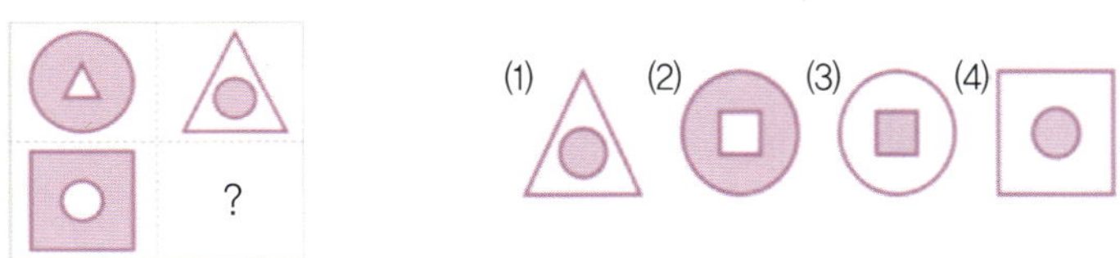

수학에서 우리는 많은 패턴인식 사고를 생각해 볼 수 있다. 수학 공식은 패턴을 찾아 규칙화한 대표적인 패턴인식 사고력의 표현이기 때문에 인수분해 문제를 해결하기 위한 패턴의 이해를 인수분해 공식으로 규칙화하여 표현한 다음의 예제도 한번 살펴보자.

- 예제) 수학에 있어서의 패턴인식

  인수분해 문제를 해결하기 위한 패턴의 이해

  알고 있는 규칙을 떠올리고 선택

$$x^2 + 2xy + y^2 = (x + y)^2$$

$$x^2 - (a + b)x + ab = (x - a)(x - b)$$

$$x^2 - y^2 = (x + y)(x - y)$$

$$abx^2 + (ad + bc)x + cd = (ax + c)(bx + d)$$

3.3 추상화

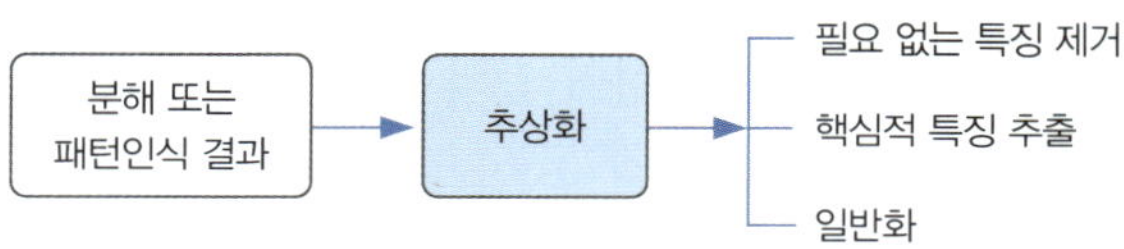

추상화는 불필요한 특징을 제거하고 핵심적인 특징을 추출하여 문제를 해결하는 컴퓨팅 사고 요소이다.

추상화도 분해와 패턴인식처럼 복잡한 문제를 쉬운 문제로 재정의하여 쉽게 이해할 수 있도록 하기 위해 사용하는 방식이다. 추상화 요소도 패턴인식과 같이 문제해결 방법을 일반화하는 데 중요한 기술이다.

컴퓨터 과학과 추상화

*추상화는 컴퓨터 과학 분야에서 가장 많이 사용하는 기술이다. 컴퓨터 과학자

체크 포인트

튜링기계로 숫자나 문자, 지금은 음성, 그림까지 많은 데이터를 단순한 튜링기계에 표현한다고 상상해보자. 추상을 넘어서 상상력을 발휘해야 할 것이다.

들이 컴퓨터로 문제를 해결하기 위해 문제를 컴퓨터에 적용할 수 있도록 재정의하는 데 추상화가 많이 사용된다.

지문인식으로 로그인할 수 있는 기능을 컴퓨터로 만들려면 인간의 지문을 컴퓨터의 데이터로 표현해야 하는데, 이때 지문의 특징을 추출하여 데이터로 표현하는 기술을 추상화라고 한다.

추상화를 적용한 예

추상화를 쉽게 이해하기 위해 몇 가지 예를 들어 살펴보자.

지도 추상화

다음 지도는 각각의 용도에 맞게 지도를 추상화하여 표현한 것이다. 아래에서 첫 번째 지도는 서울 전체를 자세하게 표현한 지도이며, 두 번째는 지하철 노선을 중심으로 표현한 지도이고, 세 번째는 서울의 지역구를 중심으로 추상화한 지도이다. 이처럼 필요한 부분, 중요한 부분을 통합하여 하나로 만드는 추상화는 단순히 간단하게 나타내는 것만을 의미하는 것이 아니라 특징에 맞게 핵심을 부각시키는 방법으로 패턴을 찾고 그 안에서 필요 없는 것을 제외시키면서 표현한 것이다.

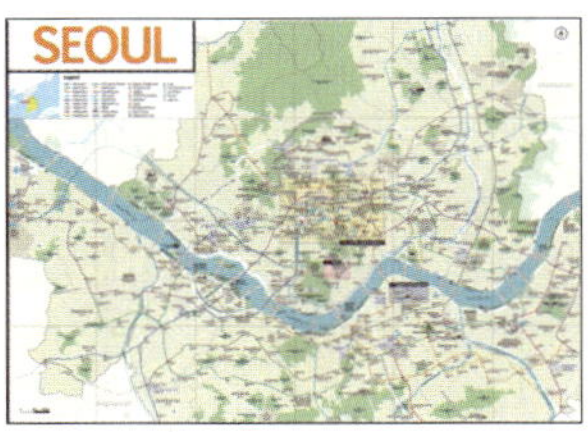

서울 전체를 자세하게 표현

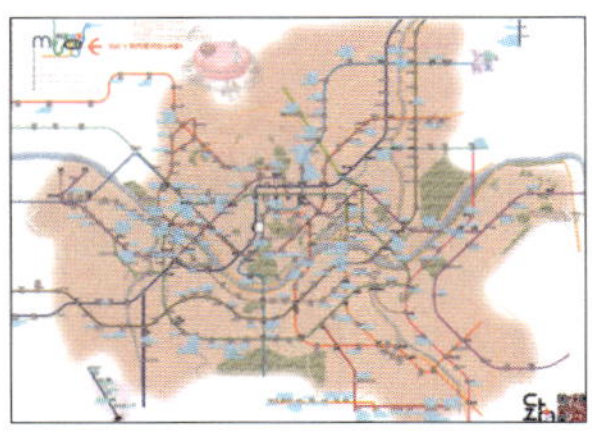

서울 지하철 노선을 중심으로 표현

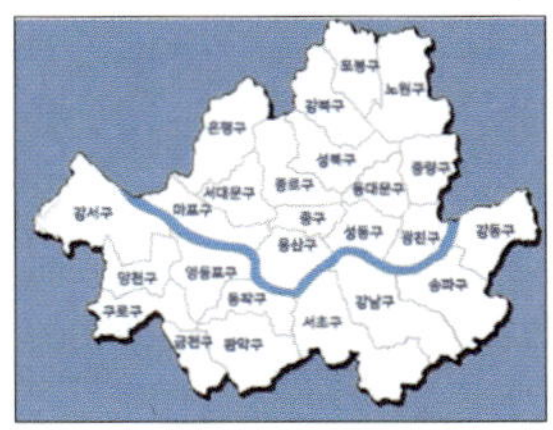

서울 지역구를 중심으로 표현

물체 추상화

여러 단어, 문장, 그림들 가운데 공통된 특징이나 차이점을 찾아내는 방법으로 물체 추상화가 있다. 여러 종류의 새가 있고 새를 모르는 누군가에게 새의 특징을 간략하게 설명해야 한다면 어떻게 해야 할까? 모든 새는 부리와 날개가 있고

다리가 두 개인 것으로 표현할 수 있는데, 이와 같이 새의 핵심적인 특징을 추상화하여 아래의 오른쪽 그림과 같이 표현할 수 있다.

여러 종류의 새

공통된 특징인 부리, 날개, 다리로 표현

수의 추상화

추상화는 관계추론 방법을 이용하여 나타낼 수 있다. 관계추론 방법은 컴퓨터 공학에서 계산한 결괏값을 표현할 때 많이 사용하는 기술로 데이터의 관계를 예측하는 결괏값을 수로 추상화하여 표현하는 기술이다.

다음 그림을 보고 두 수의 관계를 통해 그림의 네 번째 빈 동그라미 속 숫자를 추론해보자. 카드마다 위의 숫자와 아래 숫자는 같은 패턴으로 채워지고 있다. 앞에서 배운 패턴인식과 비슷하지만 아래 두 숫자는 위 숫자의 관계를 통해서 추상적인 숫자로 표현되는 것을 알 수 있다. 아래의 두 숫자 가운데 앞의 숫자는 위의 두 수를 뺀 결괏값을 나타내고, 뒤의 숫자는 위의 두 수를 더한 결괏값을 나타낸 것이다. 따라서 아래의 숫자는 '28'이 아닌 추상화된 '2'와 '8', 즉 어떤 연산을 통해 결과가 나오는 결괏값을 추상적인 숫자로 나타내고 있다.

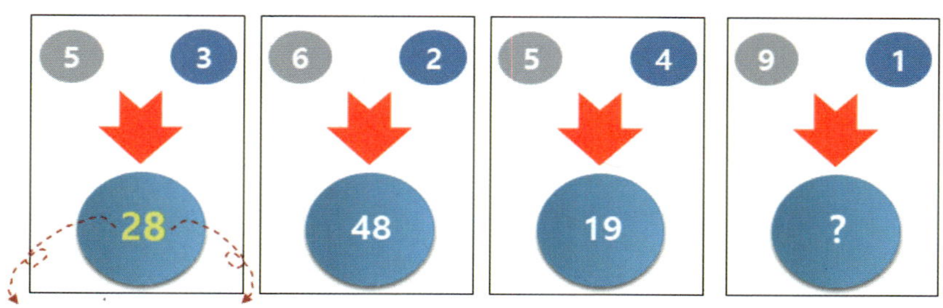

이와 같이 추상화된 일정한 패턴으로 숫자가 만들어지고, 이 패턴을 통해 추상화된 숫자를 찾을 수 있다.

최단거리 찾기 문제의 추상화

실제 컴퓨터를 이용하여 최단거리 찾기 문제를 해결하는 추상화의 예이다. 최단경로를 찾는 문제는 시작 지점에서 목적지까지 가장 빨리 도달하는 길을 찾는 것으로, 아래 왼쪽 그림은 실제 마을 지도를 기반으로 최단거리를 찾는 문제를 제시하고 있다.

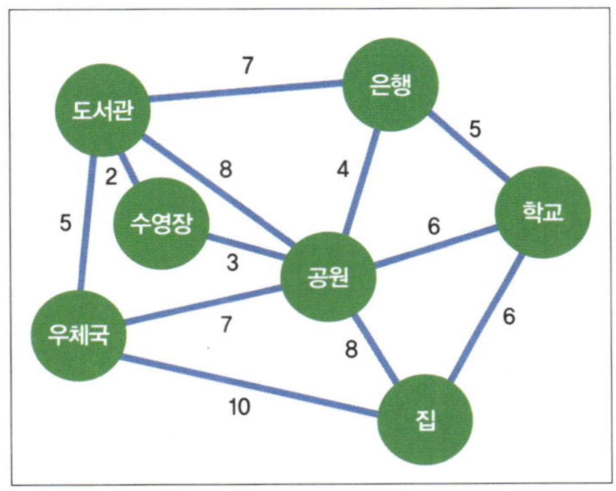

마을의 각 지점, 즉 도서관, 수영장, 은행, 학교 등은 우리가 집에서 도서관까지 간다고 가정했을 때 어떤 경로로 가야 할지 알려주는 역할을 한다. 이 문제의 핵심요소는 경로와 이동시간이다. 지점에 대한 정보와 각 지점끼리의 소요시간 정보를 핵심요소로 추상화하여 오른쪽 그래프로 나타낼 수 있는데, 이때 도서관이나 우체국 등의 지점 이름은 중요하지 않으며 중간에 풀밭이 있는지의 여부도 필요하지 않다.

지도에서 불필요한 부분을 모두 제외하고 꼭 필요한 경로와 시간만으로 추상화할 수 있고, 이것을 컴퓨터에 입력값으로 한 단계 더 추상화시키면 각 지점은 노드로, 경로의 시간은 노드들의 가중치 값으로 추상화하여 문제해결 방법을 찾을 수 있다.

분해, 패턴인식, 추상화의 관계

문제분석과 자료수집을 통해 정의된 문제에 분해, 패턴인식, 추상화를 단계적으로 적용하여 문제를 해결하기도 하지만 모든 단계를 반드시 거쳐야 하는 것은 아니다.

문제분석을 통해 정의된 문제에 패턴인식 요소를 적용해 찾은 패턴 가운데 핵심적인 것을 찾아 문제를 해결할 수도 있고 문제분석과 자료수집을 통해 정의된 문제를 작은 문제로 분해하고, 분해를 통해 작아진 문제를 추상화하여 문제를 해결할 수도 있다.

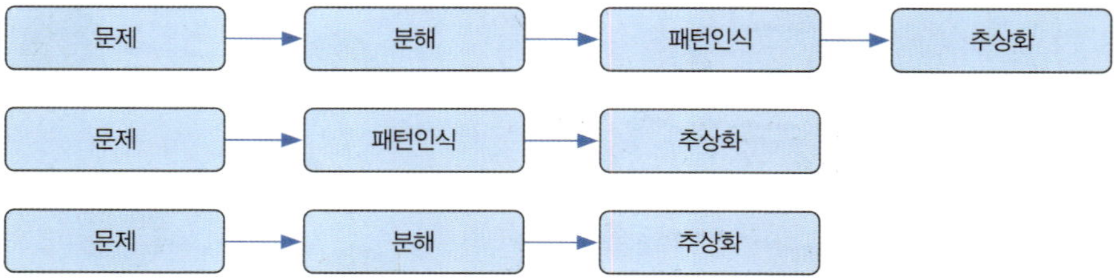

따라서 분해, 패턴인식, 추상화는 단계적인 관계를 갖지 않으며 문제를 해결하기 위해 각 요소를 필요에 따라서 활용하는 것이 중요하다.

<5장>

문제해결과 알고리즘

학습 목표

- 문제에 대해 이해한다.
- 알고리즘의 정의와 표현에 대해 이해한다.
- 알고리즘의 조건을 이해한다.
- 순서도를 이용하여 알고리즘 구조를 표현한다.
- 생활 속 문제를 알고리즘으로 해결한다.

1 〉 문제

지금까지 컴퓨터 과학자가 컴퓨터를 통해 해결하고자 한 문제가 무엇인지, 컴퓨터를 통해 해결된 문제의 결과는 어떠했는지 알아보자. 현재 우리가 사용하는 컴퓨터 기능은 컴퓨터로 해결한 작은 문제라고도 생각할 수 있는데, 앞으로 우리는 컴퓨터를 이용해 또 어떤 문제를 해결할 수 있는지 생각해 보자.

1.1 문제의 정의

문제의 사전적 정의는 다음과 같다.

1. 해답을 요구하는 물음
2. 논쟁, 논의 연구 따위의 대상이 되는 것
3. 해결하기 어렵거나 난처한 대상 또는 그런 일
4. 귀찮은 일이나 말썽
5. 어떤 사물과 관련되는 일

위에 정의된 문제들은 인간의 사고를 통해 해결할 수 있다. 컴퓨터 과학 분야에서 해답을 찾기 위해 논쟁이 되었으며, 해결하기 어려운 문제는 무엇이었을까?

시스템 소프트웨어 개발자들은 이미 소개했던 컴퓨터 하드웨어의 자원적 한계를 극복하기 위해 컴퓨터 하드웨어의 효율성이라는 해답을 찾으려 했다. 이와 관련된 몇 가지 문제를 소개하면 다음과 같다.

1. 제한된 메모리 영역 관리
2. 메모리에 저장된 데이터를 빨리 찾는 문제
3. 처리장치의 처리속도와 메모리 입출력속도의 차이를 줄이는 문제
4. 여러 프로그램을 동시에 실행시키는 문제

응용 소프트웨어 개발자들은 컴퓨터를 이용하여 컴퓨터 문제가 아닌 일상의 문제를 해결하려 했다. 우리가 사용하고 있는 모든 응용 소프트웨어들은 컴퓨터로 문제를 해결한 결과물이다.

온라인 쇼핑몰 프로그램, 열차표 예약 프로그램, 택시 예약 프로그램, 학사관리 프로그램, 지도 프로그램 등 최근에는 실생활의 편의성을 높이는 응용 소프트웨어를 중심으로 활발한 개발이 이루어지고 있다. 이것들은 모두 온라인 쇼핑 문제, 열차표 예약 문제, 택시 예약 문제, 학사관리 문제를 컴퓨터로 해결한 예이다.

컴퓨터 하드웨어의 발전으로 하드웨어의 자원적 한계가 많이 완화됨에 따라 다양한 응용 소프트웨어가 개발될 수 있는 환경이 마련되었다. 이것은 많은 문제를 컴퓨터로 해결할 수 있게 되었다는 의미이다. 여러분이 전공하는 모든 분야에서 컴퓨터를 이용하지 않는 전공은 거의 없을 것이다.

오늘 무엇을 먹을까? 여름에 어디로 휴가를 갈까? 등 일상에서 만나게 되는 모든 문제를 포함하여 전쟁 문제, 식량 문제, 지구 온난화 문제 등 인간에게 생기는 모든 문제를 해결하기 위해 많은 분야에서 연구가 진행되고 있다.

실습 예제

응용 소프트웨어 찾아보기

1. 각 전공 분야에서 사용하고 있는 컴퓨터 소프트웨어를 알아보자.
2. 현재는 없지만 각 전공 분야에 필요한 컴퓨터 소프트웨어를 생각해보자.
3. 현재는 없지만 일상생활에 필요한 컴퓨터 소프트웨어를 생각해보자.

1.2 문제해결

컴퓨터 과학 분야에서 문제를 해결한다는 것은 문제에 대한 알고리즘을 찾는다는 것이다. 주어진 문제를 해결 알고리즘에 입력하면 해결 알고리즘에 의해 나온 결과를 문제의 해로 출력하는 과정을 모두 정의하는 것이다.

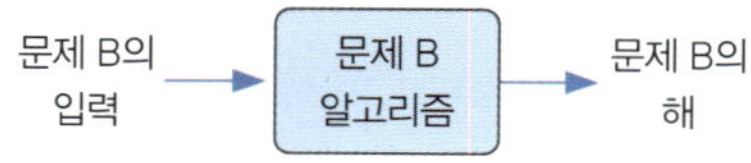

앞에서 우리는 컴퓨팅 사고 단계의 네 가지 요소를 정의하였다. 이때 분해, 패턴인식, 추상화 요소는 문제를 해결하는 알고리즘을 생성하기 위한 과정이며, 알고리즘 생성을 쉽게 하기 위하여 문제를 작게 재정의하고, 단순화시키기 위한 방법이다.

문제의 성격과 종류에 따라 어떤 요소가 필요한지는 각자 선택하여 문제에 적용하면 된다. 이때 문제해결의 결과는 알고리즘이다. 분해된 문제를 해결하는 순서를 정하고, 패턴인식으로 찾은 패턴들을 어떻게 이용할 것인지 그 관계와 순서를 정의하는 것 그리고 추상화된 자료들을 어떻게 이용하여 문제를 해결할 것인가를 정의하는 것이 바로 알고리즘이다. 그렇기 때문에 알고리즘대로 실행한 결과에 의해 문제가 해결되면 비로소 우리는 문제가 해결되었다고 말할 수 있는 것이다. 컴퓨터 과학자들은 모든 문제를 컴퓨터를 통하여 해결하는 방법인 알고리즘을 연구하는 사람들이다.

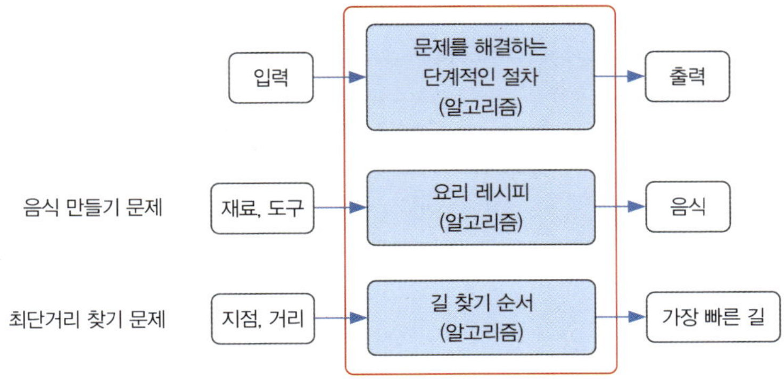

알고리즘의 형식

요리를 만드는 알고리즘은 재료와 도구가 입력으로 들어가고 요리 레시피 알고리즘대로 처리하면 결괏값으로 음식이 나오는 것으로 요리 문제를 해결한다.

가장 빠른 길을 찾는 최단거리 문제는 지점과 거리가 입력으로 들어가고 길을 찾는 정해진 순서대로 실행하면 가장 빠른 길이 결괏값으로 나오게 된다.

2 〉 알고리즘 개요

이번에는 컴퓨팅 사고 단계의 마지막 요소인 알고리즘에 대해 알아보자. 알고리즘이라는 것은 요리를 만들고 길을 찾는 과정과 비슷하다고 할 수 있다. 어떻게 하면 요리를 더 맛있고 간단히 만들 수 있을지 고민하는 과정 또 우리가 찾고자 하는 길을 더 빠르고 쉽게 찾는 과정이 있듯이 컴퓨팅 사고를 통해 문제를 해결하기 위한 여러 방법을 찾는 과정을 알고리즘의 효율성이라고 할 수 있다.

2.1 알고리즘의 정의

알고리즘은 어떠한 문제를 해결하기 위한 일련의 절차를 공식화한 형태로 표현한 것이라고 정의한다. 컴퓨터 과학 분야에서는 어떤 일을 수행할 수 있는 일련의 명령어 또는 규칙의 집합으로 정의한다.

경로를 찾는 일, 맛있는 요리는 만드는 과정, 전자레인지 사용법이나 엘리베이터 가동이 중단된 상황에서 대처하는 방법, 화제 발생 시 비상구로 탈출하는 매뉴얼 등이 우리가 쉽게 접할 수 있는 생활 속 알고리즘이라고 할 수 있다.

알고리즘은 순서가 중요하며 순서대로, 매뉴얼대로 수행했을 때 전자레인지를 사용할 수 있고, 비상구로 탈출할 수 있으며, 요리도 만들 수 있고, 가장 빠른 길을 찾을 수 있게 된다. 문제를 알고리즘으로 해결하려면 일정한 형식과 규칙을 따라야 한다.

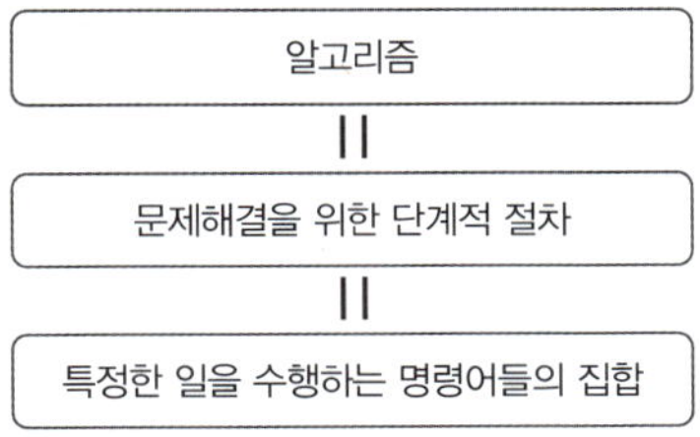

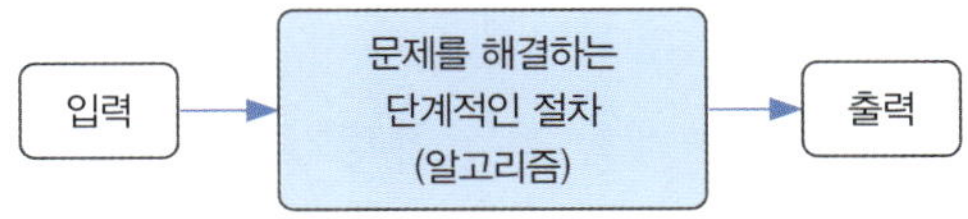

2.2 알고리즘의 효율성

문제를 해결하는 방법에는 여러 가지가 있다. 따라서 문제를 해결하는 알고리즘도 여러 가지가 있을 수 있다.

요리 레시피 알고리즘의 경우 입력되는 재료와 도구에 따라 요리에 영향을 미칠 수 있겠지만 만드는 순서인 알고리즘에 의해 맛있는 요리 또는 맛없는 요리가 될 수 있다. 알고리즘마다 다른 결괏값을 내기도 한다. 길 찾기 알고리즘에 의해 가장 빠른 길을 찾을 수도 있고, 가장 빠른 길이 아닐 수도 있다.

이와 같이 입력값, 출력값에 따라 효율적인 알고리즘, 비효율적인 알고리즘을 구분하며, 이것을 알고리즘의 효율성이라고 한다.

컴퓨터를 이용하여 문제를 해결할 때 효율적인 알고리즘은 알고리즘의 수행시간, 알고리즘을 수행하는 동안 사용되는 메모리 공간의 크기에 영향을 미친다.

아무리 훌륭한 알고리즘을 만들어서 문제를 해결했다고 해도 컴퓨터로 알고리즘을 수행하여 결과를 내는 데 한 달이나 걸리면 아무 의미가 없다. 또 입력 데이터가 너무 많거나 중간에 저장해야 하는 데이터가 너무 많아 메모리의 용량을 초과한다면 아무리 좋은 알고리즘이라도 의미가 없다. 이러한 알고리즘으로 해결된 문제는 컴퓨터 과학 분야에서는 컴퓨터로 해결되지 않는 문제 또는 컴퓨터로 해결할 수 없는 문제라고 정의한다.

다음 몇 가지 알고리즘 예를 통해서 알고리즘의 효율성을 살펴보자.

튜링기계

0, 1, 1을 멈추지 않고 계속 쓰는 튜링기계를 정의해보자. 0, 1, 1을 멈추지 않고 계속 쓰는 튜링기계는 다음과 같이 세 가지 방법으로 정의할 수 있다. 첫 번째 방법은 0, 1 두 개의 심벌을 이용하고 있고, 세 가지 상태를 정의하여 문제를 해결하였다.

두 번째 방법은 0, 1 두 개의 심벌을 이용하고 있고, 두 가지 상태를 정의하여 문제를 해결하였다.

세 번째 방법은 0, 1 두 개의 심벌을 이용하고 있고, 한 가지 상태를 정의하여 문제를 해결하였다.

행동표

해법 1

초기 상태(Configuration)		결과 상태(Behaviour)	
현재 상태 (m-config)	값 (symbol)	조작 (operation)	다음 상태 (final m-config)
A	none	P0, R	B
B	none	P1, R	C
C	none	P1, R	A

필요한 심벌: 0, 1

상태: A, B, C

해법 2

초기 상태(Configuration)		결과 상태(Behaviour)	
현재 상태 (m-config)	값 (symbol)	조작 (operation)	다음 상태 (final m-config)
A	none	P0	A
	0	R, P1	B
	1	R, P0	A
B	1	R, P1	A

필요한 심벌: 0, 1

상태: A, B

해법 3

초기 상태(Configuration)		결과 상태(Behaviour)	
현재 상태 (m-config)	값 (symbol)	조작 (operation)	다음 상태 (final m-config)
b	none	P0	b
	0	R, P1	b
	1	R, P1, R	b

필요한 심벌: 0, 1

상태: A, B

위의 세 가지 해결 방법을 통해서 우리는 정의한 상태의 개수가 각각 다른 것을 알 수 있다.

이때 상태의 수가 알고리즘의 효율성을 나타낸다.

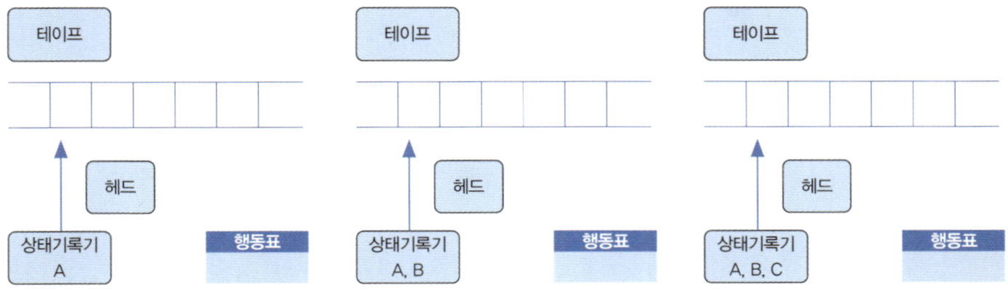

튜링기계에서 상태기록기는 상태를 변화시킬 때 움직인다. A 상태에서 B 상태로 바꾸려면 상태기록기가 A에서 B로 변화되어야 비로소 B 상태의 행동표대로 헤드가 움직인다.

상태가 많으면 많을수록 상태기록기의 변화가 많이 일어나야 한다는 의미이며, 상태기록기의 상태가 변화되는 시간도 알고리즘 수행시간에 영향을 미칠 수 있다. 정의된 상태의 수가 알고리즘의 효율성을 정의하는 기준이라면, 적은 상태로 정의된 튜링기계가 더 효율적이라고 할 수 있다.

게임

노란색 먹깨비가 검은색 공을 모두 찾아서 삭제하도록 해보자. 먹깨비의 이동을 조절하여 검은색 공의 위치를 찾고 삭제할 수 있다.

A 방법으로 먹깨비를 움직여 공을 찾아보자. 아래로 한 칸 내려가서 첫 번째 공을 찾는다. 그런 다음 오른쪽으로 두 칸, 아래로 한 칸, 왼쪽으로 한 칸 이동 후 두 번째 공을 찾는다. 왼쪽으로 한 칸, 아래로 한 칸, 오른쪽으로 두 칸 이동 후 마지막 공을 찾고 끝낼 수 있다.

B 방법으로 먹깨비를 움직여 공을 찾아보자. 아래로 한 칸 움직여 첫 번째 공을 찾고, 아래로 한 칸, 오른쪽으로 한 칸 움직여 두 번째 공을 찾는다. 또 아래로 한 칸, 오른쪽으로 한 칸 움직여 마지막 공을 찾는다.

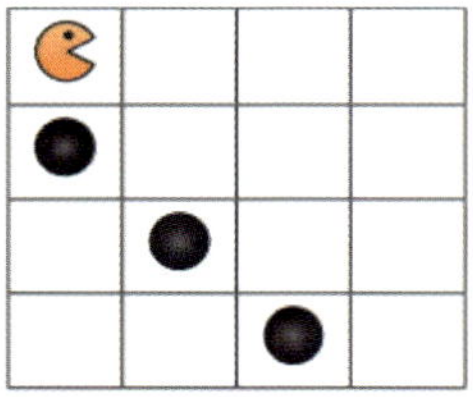

단계	1	2	3	4	5	6	7	8	9	10	11	12
A	↓	●	→	→	↓	←	●	←	↓	→	→	●
B	↓	●	↓	→	●	↓	→	●				

먹깨비가 공을 찾는 과정을 알고리즘이라고 하면, A 알고리즘은 먹깨비가 총 9번 움직여 모든 공을 찾았고, B 알고리즘은 먹깨비가 총 5번 움직여 모든 공을 찾았다. 먹깨비가 움직이는 횟수를 기준으로 효율적인 알고리즘을 정의하면 B 알고리즘이 더 좋은 알고리즘일 수 있고, 효율적인 알고리즘이라고 할 수 있다.

계산

1부터 10까지의 합을 구하는 방법을 생각해보자.

첫 번째 방법은 1부터 10까지 차례대로 하나씩 더해가며 합을 구하는 방법이다. 더하기 연산을 9번 해야 한다.

두 번째 방법은 두 수의 합이 10이 되도록 숫자 그룹으로 만들어 구하는 방법이다. 1부터 10 사이의 숫자들의 조합에서 10을 만드는 숫자의 쌍을 찾는다. 1과 9, 2와 8, 3과 7, 4와 6 총 4개의 숫자 쌍을 찾을 수 있고, 그 합은 40이 되는 것을 알 수 있다. 그리고 숫자 쌍에 포함되지 않은 5와 10을 더해주면 합을 구할 수 있다. 더하기를 하는 횟수를 생각해보자. 10을 만드는 4쌍을 찾은 후 각 쌍은 무조건 10이므로 따로 더하기를 할 필요가 없다. 따라서 각 쌍을 더해주면 되므로 3번의 더하기만 하면 된다. 나머지 5와 10을 더해주면 되므로 총 5번의 더하기 연산으로 합을 구할 수 있다.

세 번째 방법은 1부터 주어진 숫자까지 더하는 수학 공식을 기반으로 합을 구하는 방법이다. 공식을 이용하면 한 번의 더하기와 한 번의 곱하기와 한 번의 나누기 총 3번의 연산으로 합을 구할 수 있다.

연산의 수를 효율적인 알고리즘의 기준이라고 봤을 때, 세 번째 알고리즘이 가장 효율적인 알고리즘이라고 할 수 있다.

1~10까지의 숫자 직접 하나씩 더하기

$$1+2+3+4+5+6+7+8+9+10$$

$$\cdots\ 1+2+3+\cdots=55$$

두 수의 합이 10이 되도록 숫자를 그룹으로 만들어 구하기

$$(1,9)+(2,8)+(3,7)+(4,6)\ +5+10=55$$

수학 공식 기반 합 구하기

$$\sum_{i=10}^{n} 1+2+3+\cdots n \rightarrow \frac{n\times(n+1)}{2}$$

세 가지 예를 통해 알고리즘의 효율성을 살펴보았다. 각각의 예에서 문제를 해결하는 알고리즘은 여러 가지가 있고, 그중에서 더 효율적인 알고리즘이 있다는 것을 알 수 있다. 하지만 이때 효율성을 결정하는 기준이 있어야 한다.

튜링기계에서는 정의된 상태의 수를 기준으로 했을 때, 세 가지 알고리즘 중 효율적인 알고리즘을 결정할 수 있었다.

게임에서는 먹깨비의 움직인 횟수를 기준으로 했을 때, 두 가지 알고리즘 중 효율적인 알고리즘을 결정할 수 있었다.

계산 문제에서는 연산의 횟수를 기준으로 했을 때, 세 가지 알고리즘 중 효율적인 알고리즘을 결정할 수 있었다.

생활 속의 알고리즘에서 효율성이란 무엇일까? 일의 수행시간 또는 일이 진행되는 동안 사용되는 비용이나 노력의 크기가 될 수 있다.

효율적인 알고리즘은 슈퍼컴퓨터보다 더 큰 가치가 있다. 효율적인 알고리즘을 통한 일의 해결은 결과에 대한 확실성과 시간, 비용을 절약할 수 있다.

문제를 해결하는 알고리즘을 찾는 것은 중요하다. 이때, 문제를 해결하는 환경이나 조건 등을 고려하여 여러 가지 알고리즘 중 효율적인 알고리즘을 선택하는 것이 중요하다.

2.3 알고리즘의 조건

컴퓨터 과학 분야에서 컴퓨터를 이용하여 문제를 해결하기 위한 알고리즘은 다음의 5가지 조건을 만족해야 한다.

1. **입력:** 0개 이상의 입력이 반드시 있어야 한다.
2. **출력:** 1개 이상의 출력이 반드시 있어야 한다.
3. **명확성:** 처리에서 정의되는 모든 명령어나 연산은 모호하지 않고 정확히 기술해야 한다.
4. **유한성:** 처리에서 정의되는 모든 명령어나 연산은 반드시 실행 가능한 동작이나 연산이어야 한다.
5. **효과성 :** 알고리즘은 반드시 종료되어야 한다.

위의 5가지 조건은 컴퓨터를 이용하여 문제를 해결할 때의 조건이므로 이것을 일반 문제를 해결하기 위한 *알고리즘을 표현하는 조건으로 다음과 같이 재정의 한다.

1. 문제의 조건(입력)과 결과(출력)가 있어야 한다.
2. 문제를 해결하기 위한 방법을 명확하게 기술해야 한다.
3. 문제를 해결하기 위한 방법은 실행 가능해야 한다.
4. 문제는 반드시 해결되어야 한다.

체크 포인트

컴퓨팅 사고를 통해 문제를 해결한다는 것은 주어진 문제에 컴퓨팅 사고 단계와 요소를 적용시켜 문제를 해결하는 알고리즘을 만드는 것이다. 이 모든 생각은 컴퓨터 과학 분야의 기술을 기반으로 하므로 문제해결을 위한 알고리즘을 표현하는 조건을 컴퓨터 알고리즘의 조건에 기반하여 재정의한 것이다.

3 〉 알고리즘의 표현

문제를 해결하기 위한 알고리즘을 찾았으면 이번에는 알고리즘을 표현하는 방법에 대해서도 생각해보자. 컴퓨터 과학자들이 주로 사용하는 알고리즘 표현 방법은 무엇인지 살펴보고, 그 특징도 살펴보자. 또 유용한 응용프로그램을 통해 알고리즘을 재미있고 쉽게 표현하는 방법에 대해서도 알아보자.

3.1 알고리즘의 표현 방법

알고리즘을 문제해결 순서대로 표현하는 방법이다. 이때 컴퓨터 과학 분야에서 알고리즘을 표현하는 방법에는 자연어, 순서도, 의사코드, 프로그래밍 언어가 있다. 프로그래밍 언어는 기계어만을 이해하는 컴퓨터와 자연어를 구사하는 인간 사이의 의사소통 수단으로, 컴퓨터가 해결한 문제를 인간이 직접 컴퓨터 화면으로 확인하고 싶을 때 활용하는 방법이다. 이번 장에서는 자연어, 순서도, 의사코드 알고리즘 표현 방법을 각각 알아보고, 우리가 해결하고자 하는 문제의 알고리즘을 컴퓨터 과학 분야에서 사용하는 방법으로 표현해볼 것이다.

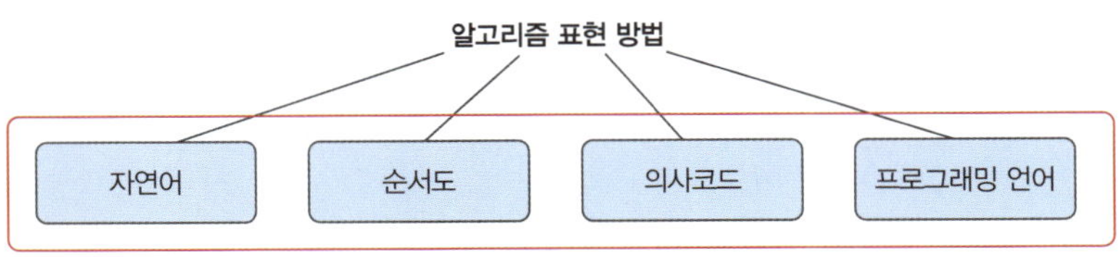

자연어

인간의 언어로 알고리즘을 표현하는 방법이다. 자연어로 알고리즘을 표현하면 특별한 규칙을 가지고 있지 않아 표현이 자유롭고 쉽다. 그러나 자연어가 가지고 있는 함축성과 모호성으로 인해 방법에 대한 정의가 명확하지 않을 수 있다. 또한 용어의 통일성이 떨어져 알고리즘을 일반화하기가 어렵다.

자연어 표현 예

스마트폰에서 앱을 실행하는 문제를 해결하는 알고리즘을 자연어로 표현하면 다음과 같다.

1. 스마트폰 화면을 터치한다.
2. 암호패턴을 입력한다.
3. 해당 앱을 터치한다.

언뜻 보면 알고리즘에 아무 문제가 없어 보인다. 하지만 2번에서 3번으로 넘어가지 못하는 경우가 발생할 수 있다. 암호패턴을 잘못 입력한 경우이다. 그러면 알고리즘을 다음과 같이 변경해야 한다.

1. 스마트폰 화면을 터치한다.
2. 암호패턴을 입력한다.
3. 스마트폰 화면 잠김이 풀렸는지 확인한다.
4. 스마트폰 화면 잠김이 풀리지 않으면 2번으로 돌아간다.
5. 스마트폰 화면 잠김이 풀렸으면 해당 앱을 터치한다.

알고리즘을 자연어로 표현하게 되면 알고리즘의 오류나 알고리즘의 부족한 부분을 찾아내기가 힘들다. 또한 두 번째 방법으로 알고리즘을 수정하여 알고리즘이 복잡해질 때 알고리즘의 진행 순서를 이해하기가 힘들다. 따라서 알고리즘의 표현 조건인, 명확하게 기술하는 조건에 충분히 부합하지 못한다.

자연어로 표현하면 알고리즘의 입력과 출력에 대한 정의가 명확하지 않을 수 있다.

의사코드

의사코드는 슈도코드(pseudo-code)라고 부르기도 한다. 의사코드는 프로그래밍 언어를 흉내내어 알고리즘을 표현하는 방법이다. 실제 컴퓨터에게 명령하는 명령문은 아니지만 인간의 언어로 간단하게 절차를 프로그램 코드와 비슷하게 표현하는 방법이다. 특정 프로그래밍 언어와 관계없이 논리의 명시를 위해 작성한다. 의사코드로 표현된 알고리즘은 컴퓨터에 적용시킬 때 프로그래밍 언어를 이용해 다시 표현하는 데 용이하다. 의사코드 표현 방법은 자연어로 알고리즘을 표현하는 것보다 체계적으로 알고리즘을 표현할 수 있다.

의사코드 표현 예

스마트폰에서 앱을 실행하는 문제를 해결하는 알고리즘을 첫 번째 자연어로 표현한 방식을 의사코드로 표현하면 다음과 같다.

```
input 입력패턴
  화면 잠김 풀기
output 앱 실행
```

자연어로 표현한 방법보다 입력과 출력에 대한 정의가 명확하며, 입력패턴에 대한 화면 잠김 풀림에 대한 문제를 인식할 수 있다. 두 번째 보완한 알고리즘을 의사코드로 다시 표현하면 다음과 같다.

```
input 입력패턴
   while 입력패턴 is 저장패턴
        input 입력패턴
   end while
output 화면 잠김 풀기
output 앱 실행
```

자연어로 표현했을 때보다 알고리즘의 흐름이 조금 더 명확해지고 있음을 볼 수 있다. 또한 컴퓨터에 문제를 적용할 경우 자연어로 표현된 알고리즘보다 쉽게 프로그래밍 언어로 표현할 수 있다.

순서도

순서도는 플로차트(flowchart)라고 한다. 순서도는 알고리즘을 약속된 도형을 이용하여 그림으로 표현하는 방법이다. 순서도로 알고리즘을 표현하면 각 기능을 명확하게 표현할 수 있고, 도형의 의미만 이해하면 알고리즘을 쉽게 이해할 수 있다.

컴퓨팅 사고에서 알고리즘을 순서도로 표현하는 연습을 많이 하면 직접적인 코딩 교육을 받지 않아도 컴퓨팅 사고력을 높일 수 있다.

컴퓨터 과학 분야에서 순서도에서 사용하는 도형은 국제 표준화 기구에서 1965년 표준안으로 결의된 기호를 사용한다. 순서도의 기호를 사용할 때는 다음 규칙을 따라야 한다.

1. 기호의 내부에는 처리해야 하는 내용이 들어가야 한다.
2. 순서는 위에서 아래로, 왼쪽에서 오른쪽을 원칙으로 하며, 그 외의 경우는 화살표를 사용해야 한다.
3. 흐름선은 서로 교차해도 무관하며 서로 영향을 주지 않는다.
4. 흐름선 여러 개가 모여서 하나로 합쳐질 수 있다.
5. 기호의 모형 크기는 정해져 있지 않지만 모양은 잘 구분할 수 있도록 표현해야 한다.

국제 표준으로 정해져 있어 알고리즘을 순서도로 표현하면 누구나 알고리즘을 이해할 수 있다. 컴퓨터 과학 분야에서 사용하는 순서도 도형은 다음과 같다.

ANSI/ISO 형태	명칭	설명
	흐름선	프로세스의 실행 순서를 나타낸다.
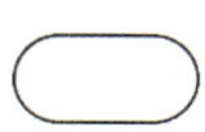	터미널	하위 프로세스나 프로그램의 시작과 끝을 나타낸다.

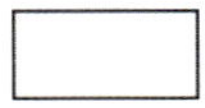	처리	데이터의 값, 형태, 장소를 변경하는 한 세트의 실행을 표현한다.
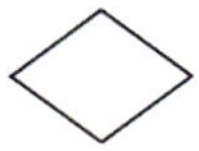	판단	프로그램이 실행되는 두 가지 경로 중 하나를 결정하는 조건부 실행을 나타낸다. 일반적으로 예/아니오를 묻는 질의이거나 참/거짓을 판별하는 검사이다.
	입력/출력	데이터를 입력하거나 결과를 출력하는 경우와 같이 데이터의 입력과 출력을 나타낸다.
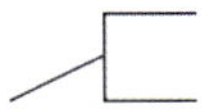	주석(Comment)	
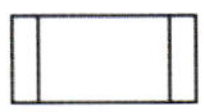	서브루틴	다른 곳에 정의되어 명명된 프로세스를 나타낸다.
	페이지 내 연결자	정보가 기재된 연결자의 쌍은 순서도의 한 페이지에서 길거나 혼란스러운 선을 대체하며, 내부에 글자가 기재된 작은 원으로 표현된다.
	페이지 간 연결자	연결하려는 대상이 다른 페이지에 있을 때 사용하는 연결자로, 내부에 정보가 기재된다.

형태	명칭	설명
	데이터 파일 또는 데이터베이스	실린더로 표현되는 데이터
	문서	단일한 문서
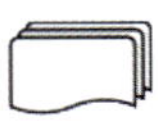		다수의 문서
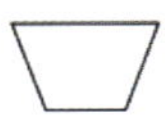	매뉴얼 실행	수동으로만 실행되는 경우
	매뉴얼 입력	
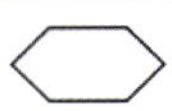	준비 또는 초기화	

국제 표준 기호들 중에서 컴퓨터와 직접적인 관계가 없으며 알고리즘의 흐름만 간단하게 표현할 수 있는 기호들만 따로 사용하여 일반 문제를 해결하는 알고리즘을 표현해보자. 컴퓨팅 사고에서 알고리즘을 순서도로 표현할 때 사용하는 기호를 다시 정리하면 다음 표와 같다. 기호를 사용할 때의 규칙은 국제 표준화 기구에서 정의한 규칙을 따른다.

기호	의미
	알고리즘이 진행하는 방향을 나타냄
	알고리즘의 시작과 끝을 나타냄
	알고리즘의 연산, 처리를 나타냄
	연산에 대한 판단을 수행함
	알고리즘의 입력, 출력을 나타냄

각 기호를 살펴보면 화살표는 알고리즘이 진행하는 방향을 나타낸다. 타원형 모양은 알고리즘의 시작과 끝을 나타내고, 직사각형은 알고리즘의 연산, 처리를 표현할 때 사용한다. 마름모는 연산에 대한 판단을 하여 알고리즘의 진행 방향을 전환하는 일을 수행할 때 사용하고, 기울어진 직사각형은 알고리즘의 입력과 출력을 나타낸다.

처리, 판단, 입출력 처리 기호의 사용 예를 살펴보자.

처리기호는 다음과 같이 사각형 안에서 처리하는 작업을 명시한다. a와 b를 더해서 add라는 값에 저장하고 처리하는 일을 간단하게 처리기호 안에 적는다. 이때 처리기호 앞뒤에 있는 화살표는 일의 진행 방향이고, 위에서 사각형으로 들어오는 화살표는 입력값이며, 사각형 아래쪽 화살표는 처리 후 출력값의 흐름이다. 처리기호는 입력에 대한 계산 내용을 포함하고 있다.

마름모기호는 판단할 때 사용하는 도형이다. a와 b를 비교하는 판단을 하고 그 결과에 따라 일의 흐름이 바뀐다. 흐름만 바뀌는 것이 아니라 이 때는 처리 방식도 바꿀 수 있다.

기울어진 사각형은 입출력 처리를 표현하는 기호이다. 입력이나 출력을 할 때 사용한다.

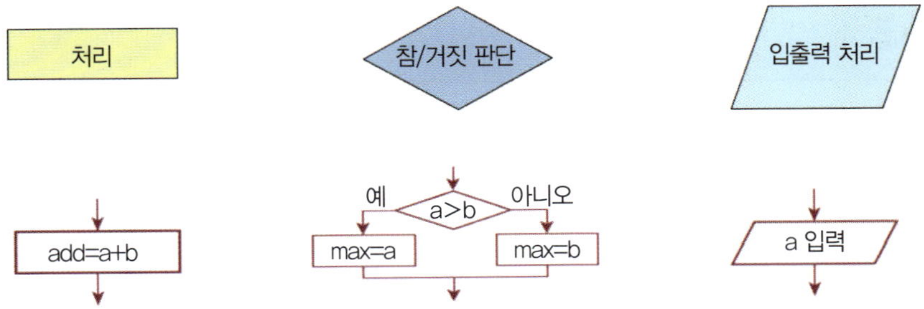

순서도 표현 예

스마트폰에서 앱을 실행하는 문제를 해결하는 알고리즘을 순서도로 나타내 보자.

첫 번째 알고리즘과 두 번째 알고리즘을 순서도로 표현하면 다음 그림과 같다.

그림으로 표현된 알고리즘은 자연어 표현이나 의사코드 표현보다 알고리즘의 처리 순서와 기능을 명확하게 이해할 수 있다.

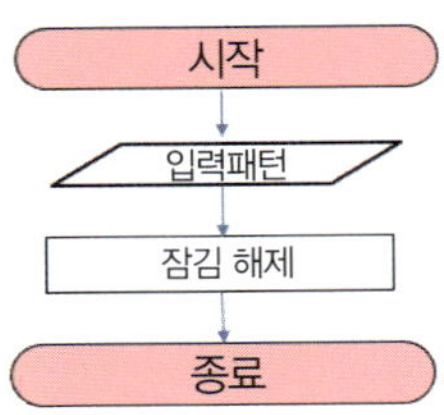

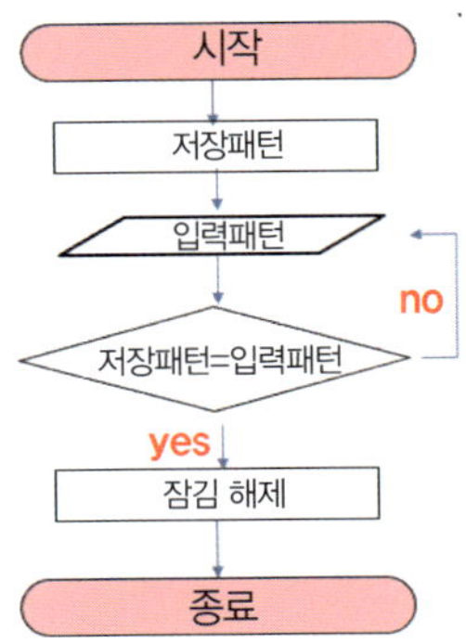

3.2 알고리즘의 구조

간단한 문제를 해결하는 알고리즘은 단순히 일 처리 순서를 나열하면 되지만 복잡한 알고리즘은 하나의 절차로 문제를 해결할 수 없다. 컴퓨터 과학 분야에서 알고리즘 수행을 정의할 때 정해진 흐름 제어 방식을 사용해야 한다. 알고리즘을 표현할 때 정해진 흐름 제어 방식을 알고리즘의 구조라고 하며, 컴퓨터 과학 분야에서는 세 가지 기본 제어구조를 갖는다. 컴퓨터로 해결하는 모든 문제는 이 세 가지 기본 제어구조를 이용한다. 컴퓨터 과학 분야에서 정의한 세 가지 제어구조를 살펴보고, 컴퓨팅 사고 문제해결에 이용하여 알고리즘을 표현하는 데 적용해보겠다.

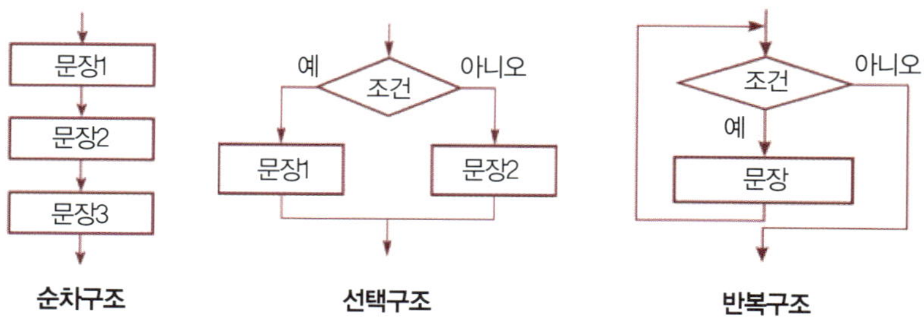

순차구조

순차구조는 시작부터 차례대로 진행되어 끝까지 명령어를 실행하는 구조이다. 알고리즘 수행 흐름이 아래쪽 한 방향으로 진행된다.

선택구조

선택구조는 조건에 따라 실행 흐름이 달라지는 구조이다. 알고리즘 수행 흐름이 여러 방향으로 나뉘어 진행된다.

반복구조

반복구조는 동일한 명령어가 반복되면서 실행되는 구조이다. 알고리즘 수행 흐름이 되돌아가는 방향으로 진행된다.

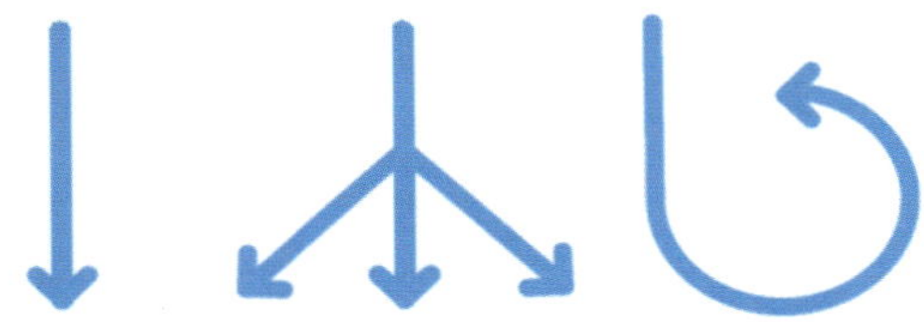

3.3 순서도 그리기 – 플로우고리즘

순서도는 알고리즘의 구조를 쉽게 확인할 수 있어 많이 사용하는 표현 방법이다. 하지만 그림으로 표현해야 하기 때문에 일반 문서 편집기로 작성하는 데 어려움이 있다. 이 장에서는 순서도 그리는 전용 응용 소프트웨어 사용법을 소개한다. 순서도기호를 편리하게 정의할 수 있을 뿐만 아니라 소프트웨어 알고리즘을 순서도로 정의할 수 있는 응용 소프트웨어이기 때문에 알고리즘을 실제 소프트웨어처럼 실행할 수도 있으며, 프로그래밍 언어로 바꾸어주는 기능도 있다.

순서도 작성 응용 소프트웨어인 '플로우고리즘(flowgorithm)'을 소개한다.

플로우고리즘은 http://www.flowgorithm.org/에서 무료로 다운로드하여 사용할 수 있다.

사이트 접속, 다운로드 및 설치

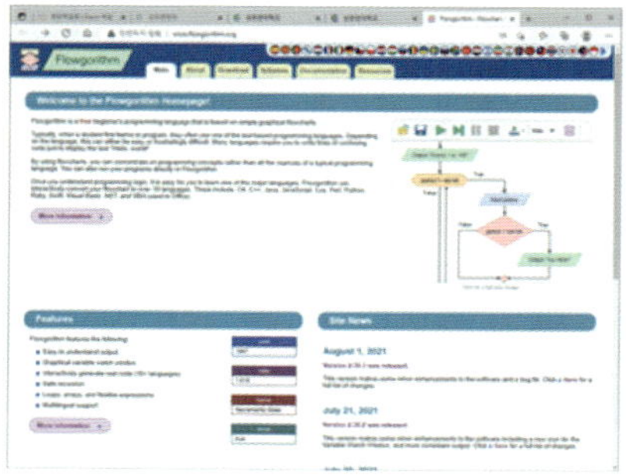

그림 1

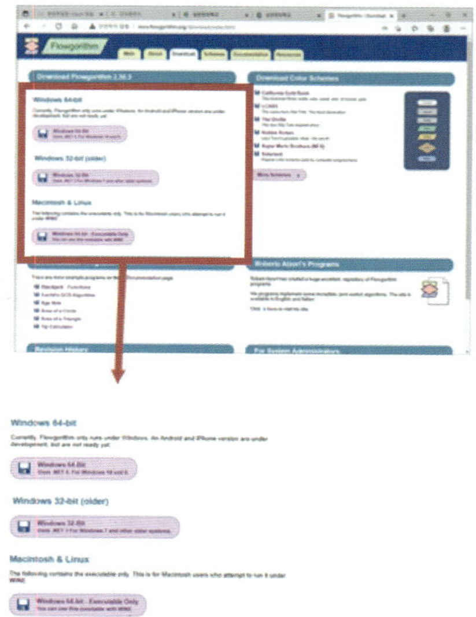

그림 2

사이트에 접속하면 그림 1과 같은 화면이 나타난다. 이때 'download' 탭을 선택하면 그림 2의 화면이 나타난다. 그림 2의 화면에서 컴퓨터 시스템의 종류에 따라 플로우고리즘의 버전을 선택하여 다운로드할 수 있다.

원하는 버전을 선택하면 'Flowgorithm-2.30.3-64-Setup.zip' 파일(다운로드 받을 당시의 버전이므로 시기에 따라 파일 버전은 바뀔 수 있음)이 다운로드된다. 파일을 선택하고, 'flowgorithm setup'을 실행하면 플로우고리즘 설치 프로그램이 실행되어 프로그램을 설치할 수 있다.

잠깐만요

컴퓨터 시스템 정보 알아보기

윈도우즈 '설정' 메뉴에 들어가서 '시스템' → '정보'에서 확인할 수 있다.

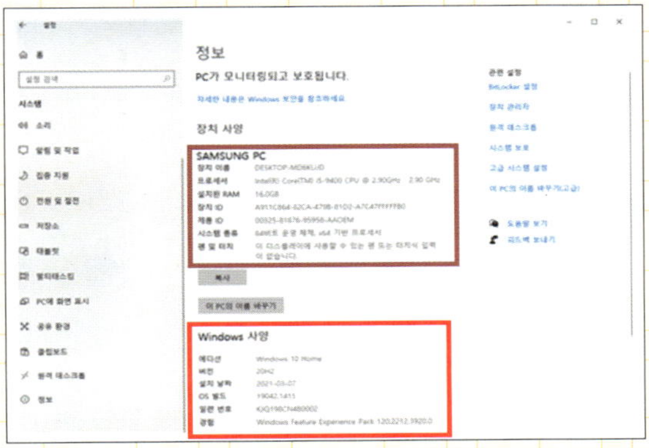

플로우고리즘 실행과 기능

플로우고리즘 실행화면은 다음과 같다. 중앙에 순서도의 시작과 종료를 의미하는 기호가 자동으로 정의되어 실행된다. '파일', '편집', ' 프로그램', '도구', '도움말'은 소프트웨어 자체의 설정이나 편집, 저장 등의 소프트웨어에서 제공하는 기능을 확인할 수 있다.

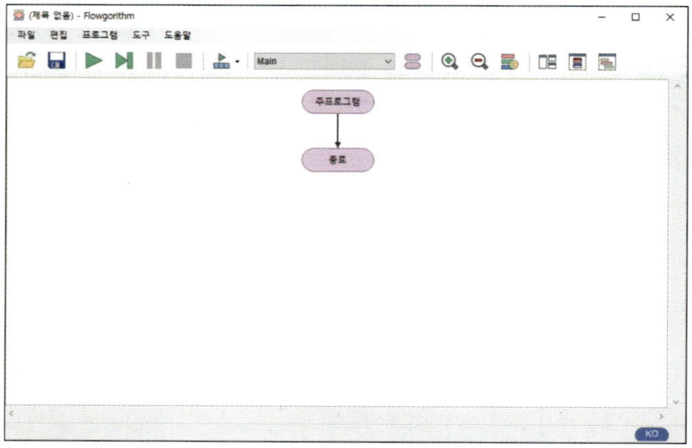

실행화면

다음 아이콘을 살펴보자.

1: 저장된 파일 불러오기

2: 작성한 순서도 저장하기

3: 순서도로 작성된 알고리즘 실행하기

4:순서도로 작성된 알고리즘을 단계적으로 실행하기

5:순서도로 작성된 알고리즘을 실행 중 잠시 멈춤하기

6: 순서도로 작성된 알고리즘의 실행 종료하기

7: 순서도로 작성된 알고리즘의 실행속도 조절하기

8: 여러 개의 순서도(함수)로 작성된 알고리즘일 때 순서도 이름 확인하기

9: 여러 개의 순서도(함수) 작성하기

10: 순서도 작성화면 확대하기

11: 순서도 작성화면 축소하기

12: 순서도 모양(색, 순서도 종류) 바꾸기

13: 순서도 실행 시 화면 레이아웃 선택하기

14: 순서도에서 정의한 변수의 값 확인하기

15: 순서도로 작성된 알고리즘을 프로그래밍 언어로 변환하기

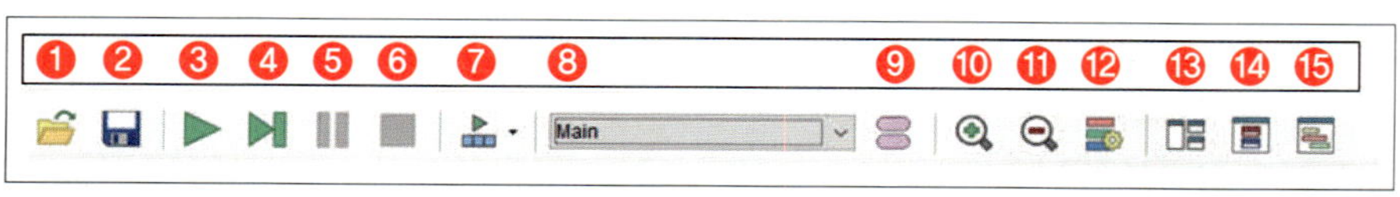

이름을 입력받아 출력하는 알고리즘을 순서도로 작성하고 작성된 순서도의 실행, 변수 확인, 프로그래밍 언어 변환에 대한 예를 다음과 같이 나타내었다.

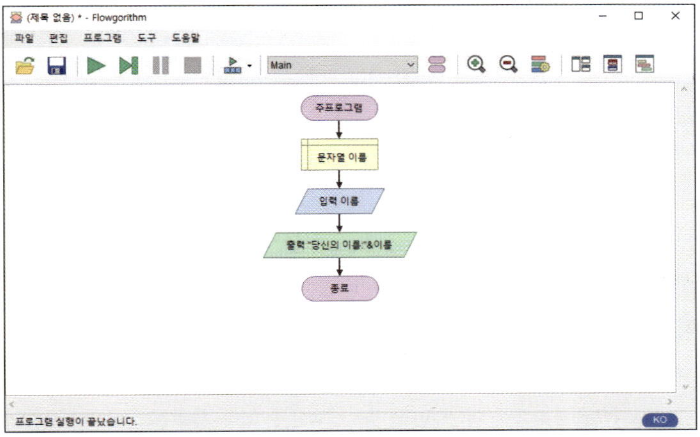

순서도 예

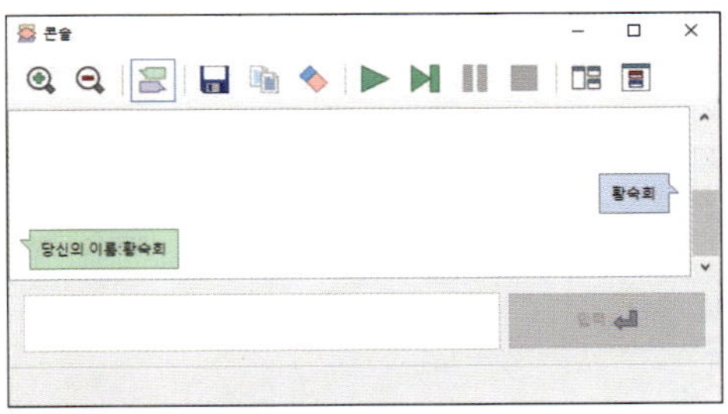

❸번 실행 아이콘 예

⓮번 변수 확인 아이콘 예

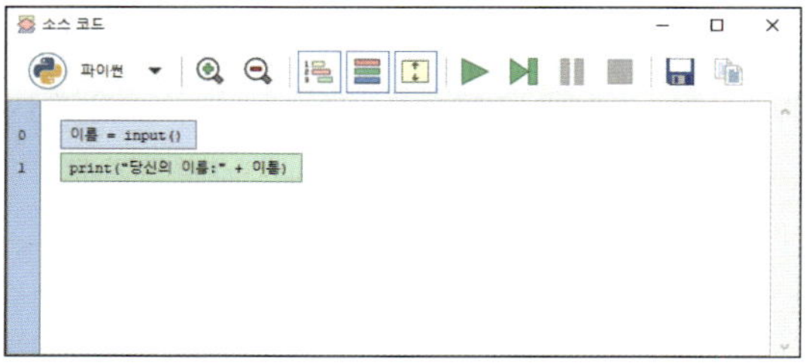

⑮번 프로그래밍 언어 변환 아이콘 예 _ 파이썬

잠깐만요

플로우고리즘 소프트웨어 지원 언어

플로우고리즘을 처음 실행하면 언어를 선택할 수 있다. 플로우고리즘 소프트웨어는 30개국 언어를 지원한다.

순서도 그리기

순서도 그리는 방법을 알아보자. 처음 실행하면 시작과 종료를 나타내는 순서도 기호가 자동으로 설정되어 실행된다. 화면에 나타난 화살표에 마우스를 가져가면 화살표의 색이 바뀌는데, 이때 마우스 왼쪽 버튼을 클릭하면 다음과 같이 여러 가지 순서도에서 사용하는 기호들을 선택할 수 있는 창이 나타난다. 이때 원하는 기호를 선택하여 순서도에 추가할 수 있다.

각각의 기호들을 살펴보자. 입력기호는 사용자로부터 입력받을 때 사용하는 기호이고, 출력은 알고리즘의 결과를 출력하여 보일 때 사용하는 기호이다. 선언기호는 데이터를 입력받아 저장할 때 사용되는 변수를 선언하는 기호이며, 배정은 선언된 변수에 값을 입력받지 않고 알고리즘 안에서 데이터를 지정할 때 사용하는 기호이다. 선택은 알고리즘의 구조 중 선택구조를 표현할 때 사용하며, 세 가지 반복기호는 각각의 조건에 따라 알고리즘의 반복구조를 표현할 때 사용한다. 함수 호출은 함수로 만들어진 알고리즘을 불러올 때 사용하는 기호이다.

변수선언기호 사용 방법

변수선언기호를 선택하면 화살표 사이에 선언기호가 추가된다. 이때 선언기호를 더블클릭하면 선언할 변수의 이름과 변수에 저장할 데이터의 자료형을 정의할 수 있다. 이때 같은 자료형의 변수는 여러 개를 함께 선언할 수 있으며, 자료형이 다른 변수는 변수선언기호를 하나 더 추가하여 선언하여야 한다.

1

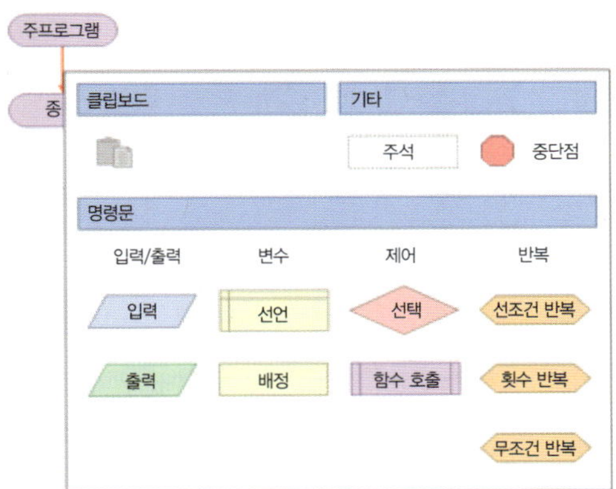

변수선언기호 선택하기

2

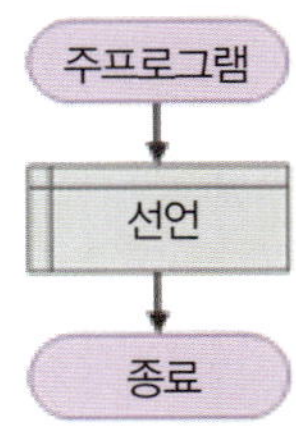

선언기호 더블클릭

3

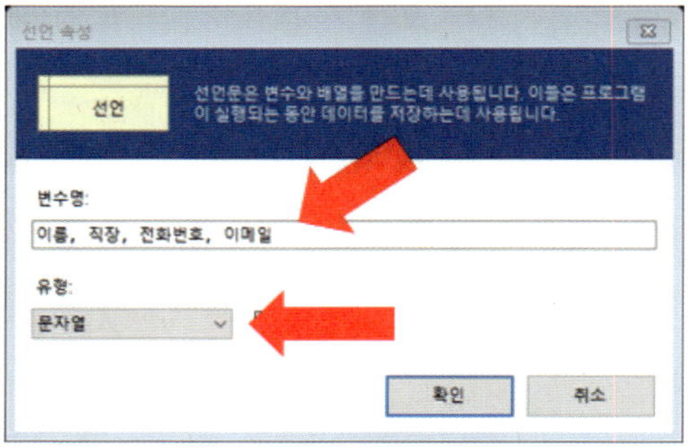

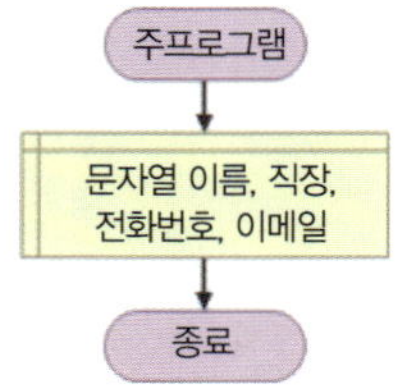

변수명 입력, 문자열 유형 선택

입력기호 사용 방법

입력기호를 선택하면 입력기호가 화살표 사이에 추가된다. 추가된 입력기호를 더블클릭하면 앞에서 선언한 변수들 중에서 입력받은 데이터를 저장할 변수를 하나 선택하여 입력한다.

다음 예제는 '이름', '직장', '전화번호', '이메일' 데이터를 입력받는 알고리즘을 선언과 입력 기호를 사용하여 순서도로 표현하였다.

4

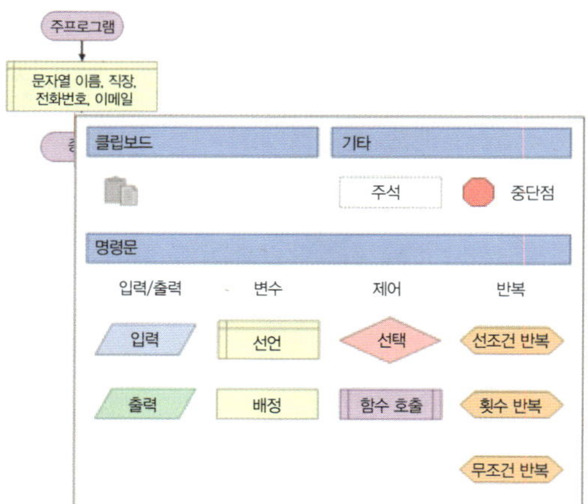

입력기호 선택하기

5

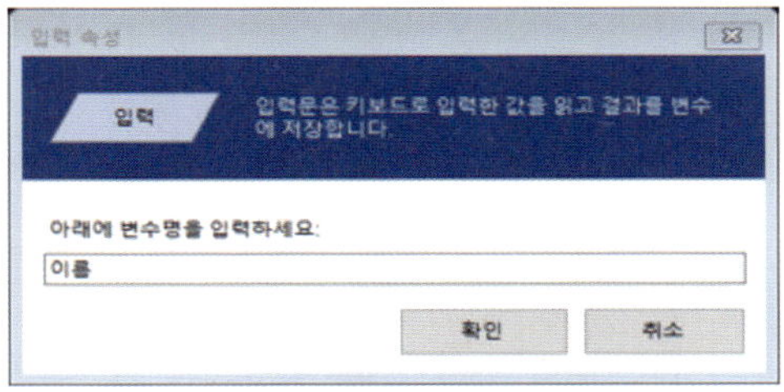

저장할 변수 이름 입력

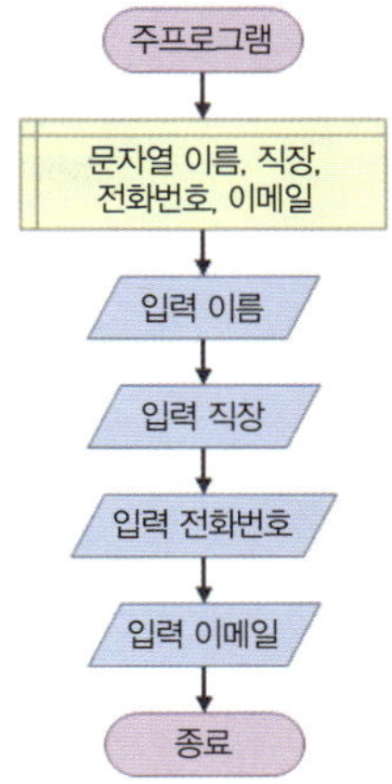

출력기호 사용 방법

출력기호를 선택하면 출력기호가 화살표 사이에 추가된다. 추가된 출력기호를 더블클릭하면 출력창에 표시하고 싶은 메시지나 변수에 저장된 데이터를 출력할 수 있다. 다음은 '이름', '직장', '전화번호', '이메일' 변수에 각각 입력받아 저장된 데이터를 각각의 메시지와 함께 출력하는 알고리즘을 출력기호를 사용하여 순서도로 표현한 예제이다. 출력문을 쓰는 방법은 다음과 같다.

큰따옴표(" ") 안에 출력하고자 하는 문자 메시지를 정의하고, 변수에 저장된 데이터를 출력할 때는 '&' 특수문자와 함께 변수 이름을 정의한다.

6

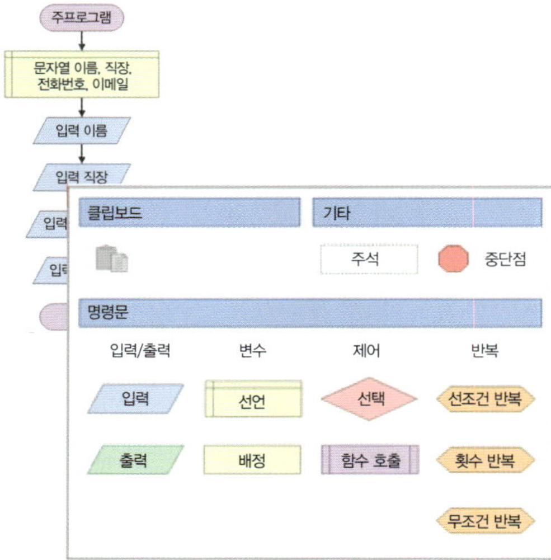

출력기호 선택하기

7

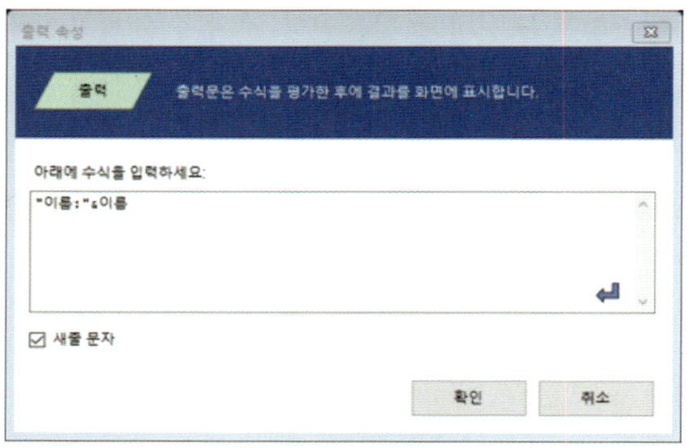

출력문장과 변숫값 출력하기

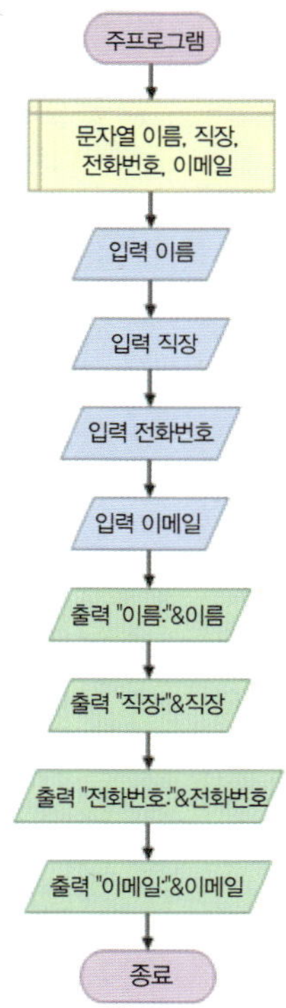

이렇게 순서도로 작성된 알고리즘은 실행 아이콘을 이용하여 실행할 수 있고, 변수 확인 아이콘을 이용하여 각각의 '이름', '직장', '전화번호', '이메일' 변수에 저장된 데이터를 확인할 수 있으며, 코드 변환 아이콘으로 선택된 프로그래밍 언어로 변환하여 볼 수 있다. 각각의 실행화면은 다음과 같다.

변수 확인하기

코드로 변환하기

선택기호 사용 방법

선택기호는 알고리즘의 구조 중 선택 구조를 표현할 때 사용하는 기호이다. 이때는 동작의 흐름을 조건문을 사용해 선택하여 바꿀 수 있다. 이때 조건에 쓰이는 관계 연산자는 다음과 같다. 조건문에 쓰이는 관계 연산자는 항상 참과 거짓의 결과로 나와야 하며, 참일 때 동작의 흐름과 거짓일 때 동작의 흐름을 정의할 수 있다.

구분	연산자	의미	프로그램 표현	결과
항등 연산자	= =	왼쪽이 오른쪽과 같다.	2 = = 4	거짓
관계연산자 (비교연산자)	〉	왼쪽이 오른쪽보다 크다.	3 〉 2	참
	〉=	왼쪽이 오른쪽보다 크거나 같다.	(2 〉 = 3)	거짓
	〈	왼쪽이 오른쪽보다 작다.	4 〈 5	참
	〈 =	왼쪽이 오른쪽보다 작거나 같다.	(4 〈 = 4)	참

- '==' 관계 연산자는 왼쪽과 오른쪽이 같은지 확인하여 참과 거짓으로 결과를 보인다.
- '〉' 관계 연산자는 왼쪽이 오른쪽보다 큰지 확인하여 참과 거짓으로 결과를 보인다.
- '〉=' 관계 연산자는 왼쪽이 오른쪽보다 크거나 같은지 확인하여 참과 거짓으로 결과를 보인다.
- '〈' 관계 연산자는 왼쪽이 오른쪽보다 작은지 확인하여 참과 거짓으로 결과를 보인다.
- '〈=' 관계 연산자는 왼쪽이 오른쪽보다 작거나 같은지 확인하여 참과 거짓으로 결과를 보인다.

선택기호를 선택하여 화살표 사이에 추가한 후 더블클릭하면 조건 논리식을 입력하는 창이 나타난다. 이때 관계 연산자를 사용하여 연산식을 입력한다. 그리고 각각 결과가 참일 때 알고리즘에서 수행하는 출력, 입력, 연산 등을 다시 추가할 수 있고, 결과가 거짓일 때 알고리즘에서 수행하는 출력, 입력, 연산 등을 다시 추가할 수 있다. 다음은 비밀번호를 입력받아 비밀번호가 저장된 비빌번호와 같은지 확인하고 같으면 '로그인'을 출력하고, 다르면 '비밀번호 오류'를 입력하는 알고리즘을 순서도로 표현한 예제이다.

1

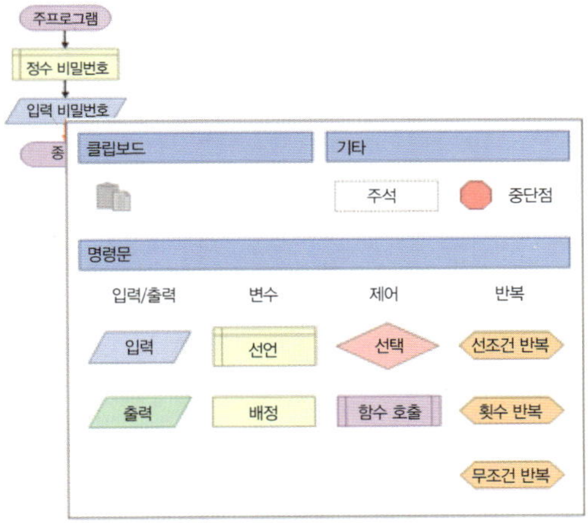

선택기호 선택하기

2

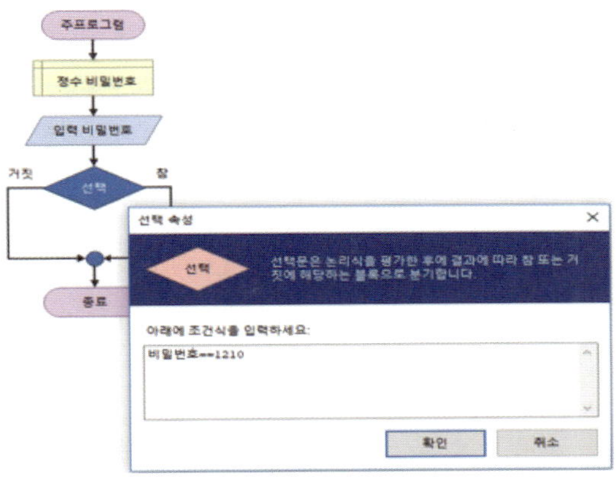

조건 논리식 입력하기

3

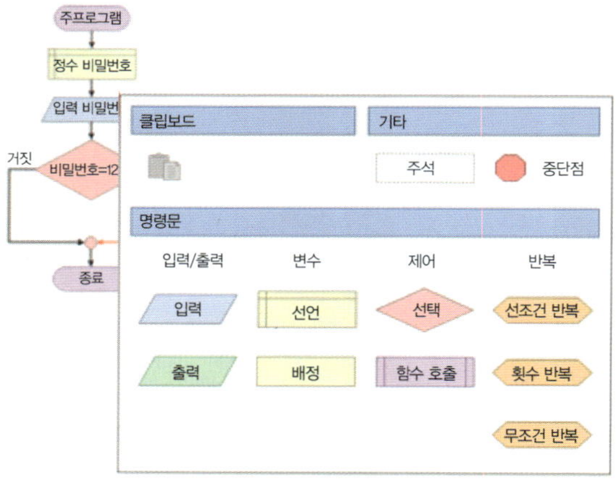

참인 경우 필요한 출력기호 선택하기

4

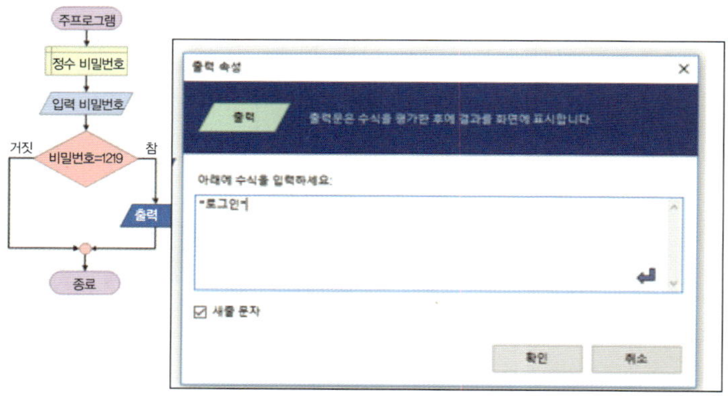

참인 경우 "로그인" 출력하기

5

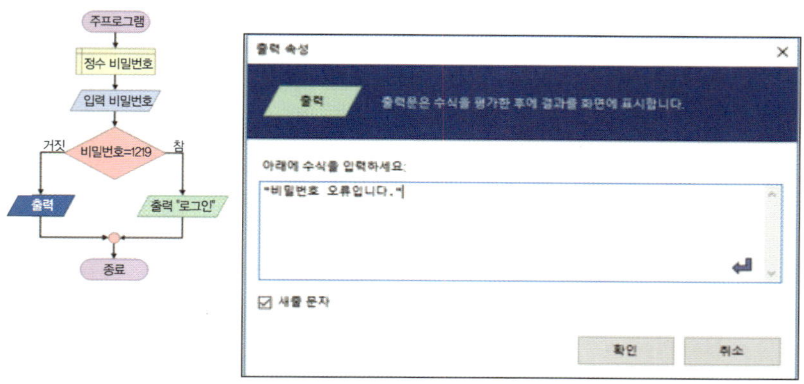

거짓인 경우 "비밀번호 오류" 출력하기

비밀번호 확인 예제의 최종 순서도와 실행, 코드 변환 창이다.

6

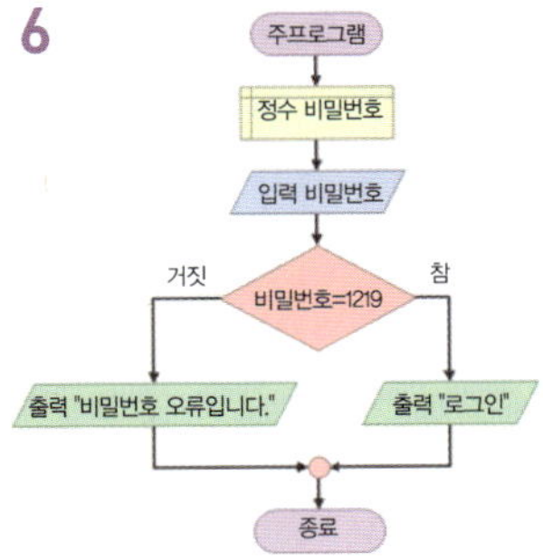

최종 순서도

7

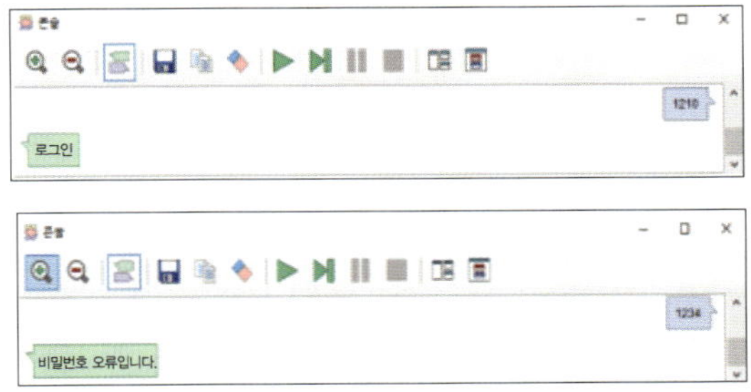

8

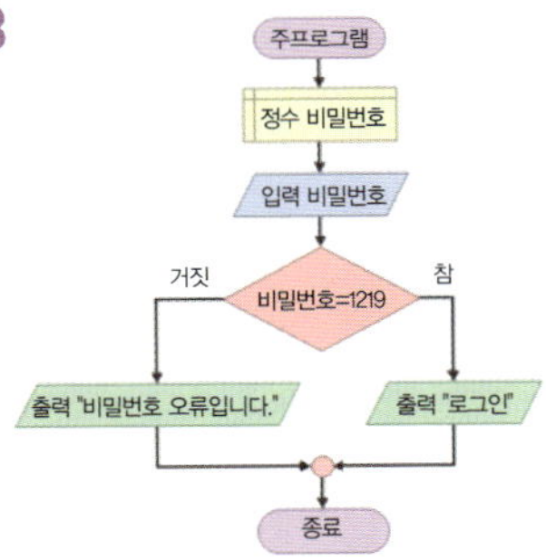

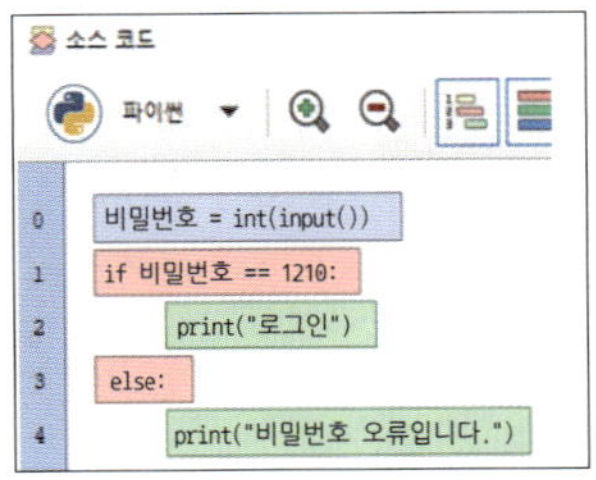

반복기호 사용 방법

반복기호는 알고리즘의 구조 중 반복구조를 표현할 때 사용하는 기호이다. 이때는 얼마나 반복할지 반복 횟수를 정의할 수 있고, 조건이 만족될 때까지 반복하는 반복 조건을 정의하여 반복을 표현할 수 있다. 이것을 횟수 반복, 조건 반복이라고 한다. 다음은 횟수 반복의 예제이다. 앞의 예제인 비밀번호 확인 알고리즘에 비밀번호를 횟수 제한을 두어 로그인할 수 있도록 하는 알고리즘을 순서도로 표현하였다.

1

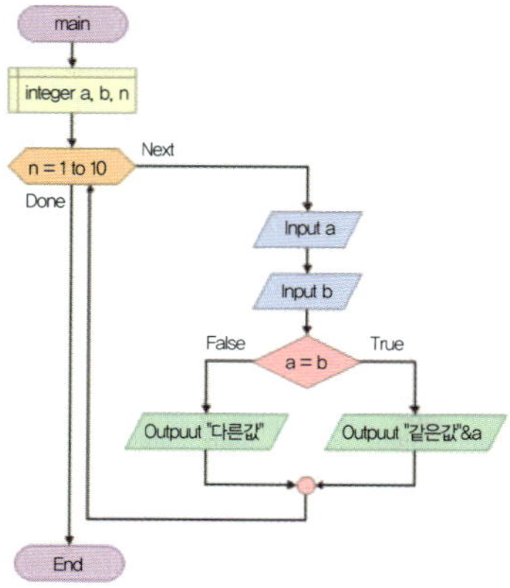
main
integer a, b, n
n = 1 to 10
Next
Done
Input a
Input b
False
a = b
True
Outpuut "다른값"
Outpuut "같은값"&a
End

2

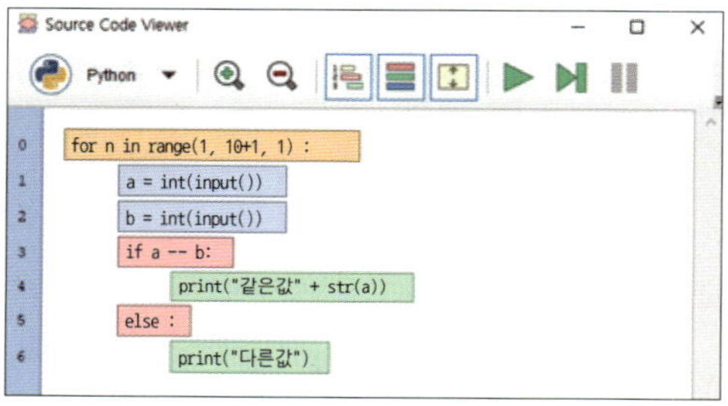
Source Code Viewer
Python
for n in range(1, 10+1, 1) :
a = int(input())
b = int(input())
if a -- b:
print("같은값" + str(a))
else :
print("다른값")

4 〉 생활 속의 알고리즘

이번 장에서는 생활 속의 문제를 해결하고, 알고리즘으로 표현해보자.

횡단보도 건너기

횡단보도를 건너는 방법을 해결하는 문제이다. 내가 횡단보도를 건널 때 또는 다른 사람이 횡단보도를 건너고자 할 때 건너는 방법을 알려주어야 하는 경우를 가정해보자.

컴퓨터가 횡단보도를 건너게 하려면 어떻게 해야 할까? 횡단보도 건너기 문제를 해결하는 알고리즘을 만들기 위해 컴퓨터가 횡단보도를 건너는 것으로 가정하여 해결해보겠다. 컴퓨터를 예로 든 것은 본인의 의지나 생각 없이 알고리즘만 따라서 행동하면 문제 없이 횡단보도를 건널 수 있게 하겠다는 의미이다.

시작과 동시에 컴퓨터는 앞으로 이동한다. 횡단보도가 있는 곳에 도착하면 컴퓨터를 세운다. 그런 다음 컴퓨터로 하여금 불빛을 입력받게 하여 불빛을 판단하도록 한다. 그리고 초록색이면 다시 움직여 횡단보도를 건너게 한다. 만약 이것만 알고리즘에서 정의하면 이 컴퓨터는 초록색이 아닌 상태에서는 다음 초록색이 변화해도 그대로 멈추게 된다. 따라서 이때 변한 불빛을 다시 입력받도록 알고리즘에 추가해야 한다. 즉, 초록색이 될 때까지 반복해서 입력받고, 초록색이 될 때 이동하여 횡단보도를 건널 수 있다. 알고리즘에는 정답이 없다. 여러분에게 다른 방법이 있다면 그것도 하나의 알고리즘이 되며, 다른 순서도로 표현할 수 있다.

횡단보도 문제를 해결한 알고리즘을 자연어, 의사코드, 순서도로 각각 표현하면 다음과 같다.

1. 횡단보도 앞에 정지한다.
2. 신호등을 확인한다.
3. 초록색이면 횡단보도를 건넌다.
4. 빨간색이면 2번으로 되돌아간다.

```
input 불빛
  while 불빛 == 초록색
        else input 불빛
  output 건너기
```

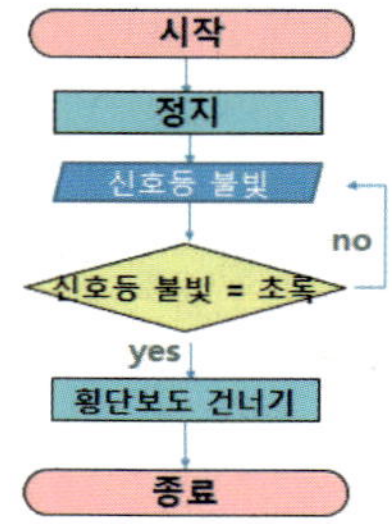

큰 수 찾기 문제

우리가 모르는 어떤 수 두 개가 주어졌을 때 더 큰 수를 찾는 문제이다. 이 문제도 컴퓨터가 찾아주는 방식으로 해결해보자.

우선 컴퓨터에게 두 개의 카드를 보여준다. 그러면 컴퓨터는 그중에서 큰 수가 적힌 카드를 줄 것이라고 가정하자. 이때 문제를 해결하기 위해 내가 하는 일과 컴퓨터가 하는 일을 분해하여 생각해볼 수 있다. 내가 하는 일은 카드를 하나씩 보여주는 일, 즉 입력값을 주는 일이다. 그 다음은 컴퓨터가 모두 해야 하는 일이다. 컴퓨터가 해야 하는 일을 순서대로 표현하는 것이 큰 수 찾기 문제를 해결하는 알고리즘이 될 수 있다.

입력된 값인 카드의 숫자를 하나씩 기억하고, 비교하고, 큰 카드를 출력하는 일을 하게 된다. 이때 입력값인 카드의 개수나 형식은 내가 조절하며, 내가 조절하는 것은 알고리즘에 표현할 필요가 없다. 숫자를 기억하고, 기억된 숫자를 비교하고, 그중에서 큰 숫자를 출력하는 과정이 컴퓨터가 하는 과정이며, 이 순서를 정해주는 것이 알고리즘이다.

큰 수 찾기 문제를 해결한 알고리즘을 자연어, 의사코드, 순서도로 표현하면 다음과 같다.

첫 번째 수를 A에 기억한다.
두 번째 수를 B에 기억한다.
A에 기억된 수와 B에 기억된 수를 비교한다.
A에 기억된 수가 B에 기억된 수보다 큰지 확인한다.
크면 A를 출력한다.
크지 않으면 B를 출력한다.

```
input num_1
input num_2
if num_1 < num_2
  else output num_1
output num_2
```

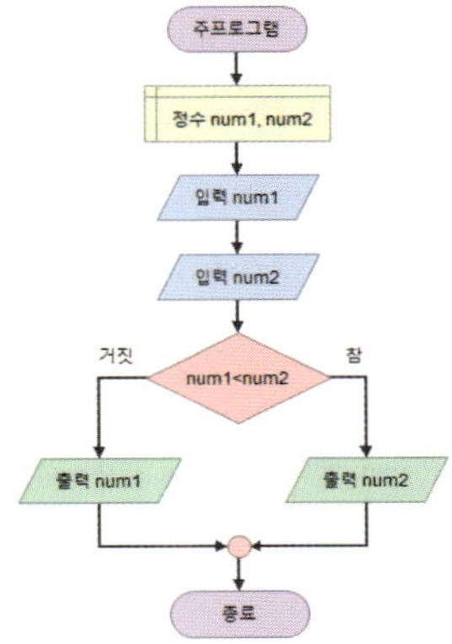

사다리꼴 면적 구하기

사다리꼴 면적 구하는 수학문제를 어떻게 해결할지 살펴보자. 우리는 이미 사다리꼴의 면적 구하는 공식을 알고 있다. 이 공식이 바로 알고리즘이다. 따라서 수학공식으로 구할 수 있는 답은 알고리즘을 다시 생각할 필요가 없는, 이미 알고리즘이 구해져 있는 문제인 것이다.

사다리꼴 면적 구하는 공식은 다음과 같다. 즉, 사다리꼴의 밑변 값과 윗변 값, 높이 값이 주어지면 다음 공식으로 면적을 구할 수 있다.

$$\text{면적} = (\text{밑변} + \text{윗변}) * \text{높이} / 2$$

이제 컴퓨터에게 공식을 순서대로 계산하도록 표현해주면 된다. 이 문제에서도 내가 할 일과 컴퓨터가 할 일로 나누어 생각하면 내가 할 일은 밑변과 윗변, 높이 값을 컴퓨터에게 알려주는 일이고, 나머지는 컴퓨터가 처리해서 결괏값으로 나오는 사다리꼴의 면적을 출력한다.

사다리꼴 면적 구하기 문제를 해결한 알고리즘을 자연어, 의사코드, 순서도로 표현하면 다음과 같다.

```
input 밑변
input 윗변
input 높이
면적 = 0
면적 = 밑변 + 윗변
면적 = 면적 * 높이
면적 = 면적 / 2
output 면적
```

밑변, 윗변, 높이 값을 각각 저장한다.
밑변과 윗변을 더하고 저장한다.
밑변과 윗변을 더한 값에 높이 값을 곱하고 저장한다.
밑변과 윗변을 더한 값에 높이 값을 곱한 값을 2로 나누고 저장한다.
저장된 값을 출력한다.

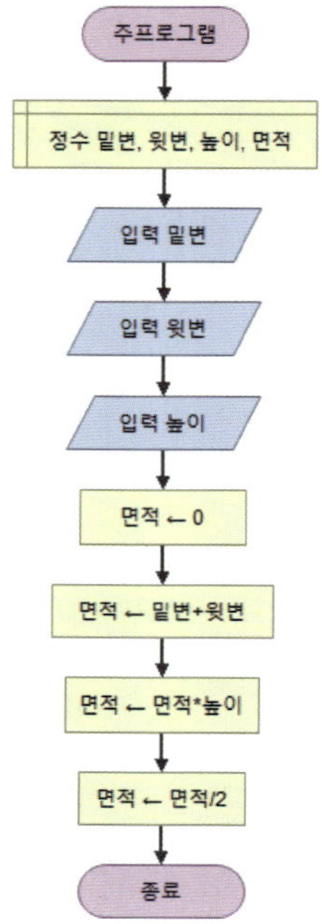

실습 예제

이름과 비밀번호로 로그인하기

다음과 같은 로그인 화면에서 이름과 비밀번호를 입력하면 이름과 비밀번호를 확인한 후 잠금화면이 해제되는 알고리즘을 자연어, 의사코드, 순서도로 표현해보자.

<6 장>

프로그래밍 언어

학습 목표

- 정보와 데이터의 의미를 이해한다.
- 컴퓨터에서 사용하는 데이터의 단위를 이해한다.
- 컴퓨터에서 사용하는 데이터의 변환을 이해한다.
- 프로그래밍 언어의 분류에 따른 종류를 이해한다.
- 프로그래밍 언어의 구성을 이해한다.
- 파이썬 프로그래밍 언어의 특징과 실행환경을 이해한다.

1 〉 데이터의 표현

프로그래밍 언어는 알고리즘을 컴퓨터가 수행할 수 있도록 하기 위한 표현 방법이다. 알고리즘을 컴퓨터가 수행할 수 있도록 하기 위해서는 알고리즘에서 사용되는 정보를 컴퓨터의 저장 방식에 맞추어 변환해야 하며, 변환된 정보에 지정된 알고리즘을 적용하여 수행할 수 있다.

컴퓨터는 저장을 어떤 방식으로 하며, 데이터를 표현하는 방식은 또 어떤지 알아보자.

1.1 데이터와 컴퓨터 기억장치

컴퓨터의 저장 방식에 맞추어 변환된 것을 '데이터'라고 할 수 있다. 컴퓨터를 사용해 알고리즘을 수행하고자 할 때 문제에 대한 입력 정보를 데이터로 변환한 후 입력한다. 컴퓨터를 사용해서 수행된 알고리즘의 결과 데이터는 다시 정보로 변환되어 출력된다.

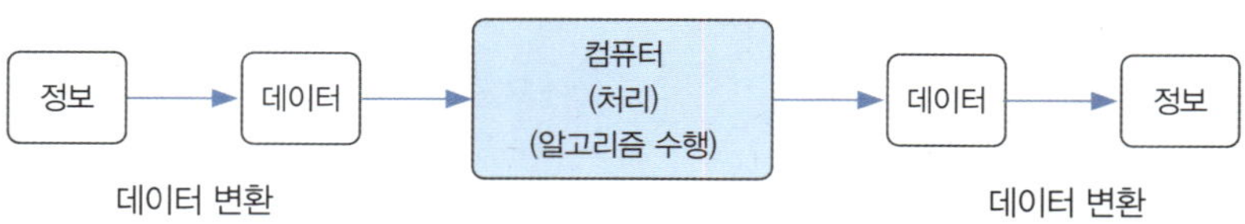

'비밀번호 확인' 문제를 생각해 보자. '비밀번호 확인' 문제를 분석하면 다음과 같은 문제로 재정의할 수 있다.

'입력된 비밀번호가 지정된 비밀번호와 일치하는지 확인하는 문제'

용도에 따라 '비밀번호 확인' 문제의 결과는 다르게 표현될 수 있다. 즉, '문이 열

린다', '화면이 바뀐다', '기계동작' 등으로 결과가 다르게 표현될 수 있는데, 이것이 처리 결과이다. 이때 알고리즘에서 사용되는 입력 정보는 비밀번호가 되고, 출력 정보는 각각의 목적에 따라 '문이 열린다', '화면이 바뀐다', '기계동작'이 된다.

'비밀번호 확인' 알고리즘을 인간이 수행한다고 하면 인간이 기억할 수 있도록 비밀번호를 저장해야 하고, 인간이 입력받을 수 있는 방법으로 입력을 해야 하며, 인간의 뇌에서 저장된 비밀번호와 입력된 비밀번호를 비교하여 인간의 행동으로 출력할 수 있다.

출입확인을 위한 '비밀번호 확인' 알고리즘을 인간을 통해서 처리한다는 것은 문 앞에 문을 열어주는 사람이 있고, 그 사람이 직접 출입하는 사람들을 확인하여 문을 열어줄 수 있도록 한다는 것이다. 비밀번호가 얼굴 모양이라면 출입이 허가된 사람들의 얼굴을 모두 기억해야 할 것이고, 출입을 원하는 사람의 얼굴 모양이 눈을 통해서 입력될 것이다. 이때 눈을 통해서 입력해야 하는데 얼굴을 가리고 말로 얼굴 모양을 설명하는 방법은 사용하지 않을 것이다. 따라서 알고리즘을 수행하기 위해서는 수행하는 주체에 맞게 정확한 데이터로 표현하는 것이 중요하다.

'비밀번호 확인' 알고리즘에서 입력 정보인 비밀번호는 우리가 일반적으로 사용하는 숫자, 문자, 이미지, 소리 정보이다. 컴퓨터를 이용하여 '비밀번호 확인' 문제를 해결하기 위해서는 이러한 정보를 컴퓨터가 처리할 수 있는 데이터 형태로 바꾸어야 한다. 데이터를 이용해서 컴퓨터가 비밀번호를 확인하는 일을 수행한 후 데이터 형태로 출력하면 출력 데이터를 다시 인간이 원하는 결과의 형태인 문이 열리거나 인간이 이해할 수 있는 문자, 숫자, 이미지, 소리 등으로 출력해 주어야 한다.

컴퓨터 기억장치

정보를 데이터로 변환하는 것은 컴퓨터가 저장할 수 있는 방법으로 바꾸어주는 것이다. '비밀번호 확인' 문제에서 처리한다는 것은 이미 알고 있는 비밀번호와 입력된 비밀번호를 비교하는 것을 말한다. 이때 이미 알고 있는 비밀번호와 입력된 비밀번호 모두 저장을 해야 처리장치에서 같은지 비교할 수 있다.

컴퓨터에서 데이터를 기억하는 기억장치에 대해 알아보자.

*기억장치는 저장장치이며, 컴퓨터에는 여러 개의 저장장치가 있다. 메인메모리(Main Memory)는 주기억장치라고 부르며, 컴퓨터가 일을 처리할 때 사용하는 기억장치이다.

주기억장치는 전자회로로 구성되어 있으며, 회로 상태로 데이터를 저장한다. 전자회로에서는 전기의 흐름을 표현하는데, 이때 전기가 흐르면 'ON'으로, 흐르지 않으면 'OFF'로 표현한다. 이와 같이 전자회로는 두 가지 상태를 표현할 수 있으며, 이러한 전자회로를 이용한 컴퓨터 주기억장치는 'on' 상태와 'off' 상태만 저장할 수 있다. 'on' 상태를 표현하는 기호를 1로 정의하고, 'off' 상태를 표현하는 기호를 0으로 정의할 수 있다.

체크 포인트

우리가 일반적으로 알고 있는 하드디스크(Hard Disk Drive-HDD)나 USB, CD-ROM 등의 기억장치는 보조기억장치이다. 주기억장치와 보조기억장치의 저장 방식은 다르다. CPU에서 데이터를 처리하기 위해서는 모든 데이터가 주기억장치에 저장되어야 한다.

주기억장치에 저장할 수 있는 두 가지 상태를 0과 1로 표현한다. 기호를 이용해 다시 정의하면 주기억장치에는 0과 1만 저장할 수 있다. 따라서 모든 정보는 0과 1로 변환되어야 주기억장치에 저장할 수 있고, 컴퓨터로 정보를 처리하려면 0과 1의 데이터로 변환되어 저장해야만 한다. 0과 1로 변환된 데이터를 '2진 데이터'라고 한다.

잠깐만요

플립플롭(flip-flop) 회로는 래치(latch)라고도 하며, 전원이 공급되고 있는 한 상태 변화를 위한 신호가 발생할 때까지 현재 상태를 그대로 유지하는 논리회로이다. 플립플롭은 한 비트의 정보를 데이터가 바뀌기 전까지 계속 유지하는 회로이며 주기억장치, 레지스터, CPU 캐시메모리를 구성하는 회로이다.

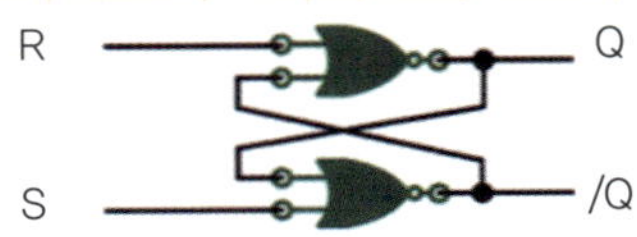

NOR 게이트

입력		출력
A	B	Y
0	0	1
0	1	0
1	0	0
1	1	0

입력		출력
S	R	Q
0	0	불변
0	1	0
1	0	1
1	1	금지

1.2 2진수

컴퓨터는 두 가지 상태만 저장할 수 있기 때문에 두 가지 기호로 모든 것을 표현할 수 있는 수학에서 정의하는 '2진법'을 사용한다. 수학에서 0과 1의 수를 '2진수'라고 한다. '수'의 체계에서 정의하는 '진수'를 알아보자.

잠깐만요

진법은 수를 셀 때 자릿수가 올라가는 단위를 기준으로 하는 셈법을 말한다. 일반적으로는 10진법을 주로 사용하며, 10진수로 표현한다. 시계는 12진법과 60진법의 조합으로 사용되며, 12진수와 60진수로 표현한다.

10진수, 16진수, 2진수

여러 가지 진수 중 10진수, 16진수, 2진수를 알아보자.

10진수는 자릿수가 올라가는 단위가 10이므로 10진수의 각 자리의 단위는 10^0, 10^1, 10^2, 10^3...으로 표현할 수 있다.

10진수 '1534'를 각 자리의 단위로 다시 표현하면 다음과 같다.

$$1534 = 1\times10^3+5\times10^2+3\times10^1+4\times10^0$$

따라서 10진수 '1534'의 크기는 위의 계산 값인 '1,534'라고 말할 수 있다.

16진수는 자릿수가 올라가는 단위가 16이므로 16진수의 각 자리의 단위는 16^0, 16^1, 16^2, 16^3... 으로 표현할 수 있다.

16진수 '3AC7'을 각 자리의 단위로 다시 표현하면 다음과 같다.

$$\text{3AC7} = 3\times16^3+A\times16^2+C\times16^1+7\times16^0$$

따라서 16진수 '3AC7' 의 크기는 위의 계산된 값인 '15,063'이라고 말할 수 있다.

2진수는 자릿수가 올라가는 단위가 2이므로 2진수의 각 자리의 단위는 2^0, 2^1, 2^2, 2^3.. 으로 표현할 수 있다.

이진수 '11011'을 각 자리의 단위로 다시 표현하면 다음과 같다.

$$11011 = 1\times2^4+1\times2^3+0\times2^2+1\times2^1+1\times2^0$$

따라서 2진수 '11011'의 크기는 위의 계산 값인 '27'이라고 말할 수 있다.

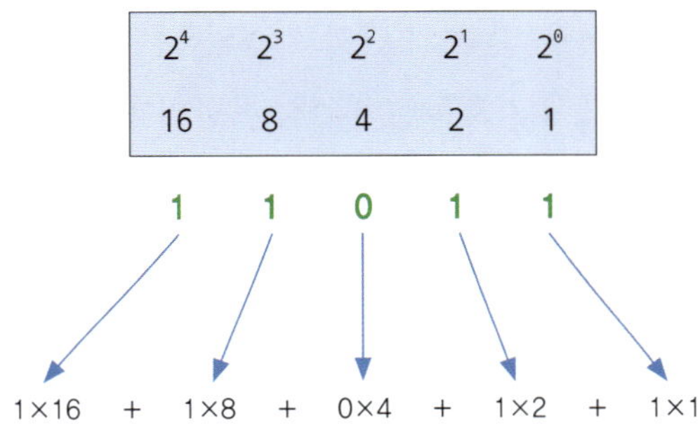

10진수와 16진수, 2진수의 표현된 자릿수별로 표현할 수 있는 수의 크기를 비교해 보면 4개의 자릿수로 표현할 수 있는 수의 크기가 크게 차이 나는 것을 알 수 있다. 10진수는 4개의 자릿수로 1000단위까지 크기를 표현할 수 있고, 16진수는 4개의 자릿수로 10000단위까지 크기를 표현할 수 있다. 2진수는 5개의 자릿수로 10단위까지 크기를 표현할 수 있다.

같은 크기의 수를 표현할 때 2진수로 표현하면 훨씬 많은 자릿수가 필요하다. 큰 수를 표현할 때 2진수로 표현하면 많은 자릿수가 필요하여 비효율적으로 보일 수 있지만 각 자리마다 표현할 수 있는 기호가 두 가지이므로 사용하는 기호를 정의할 때 더욱 간단할 수 있다. 16진수는 적은 자릿수로 큰 수를 표현할 수 있지만 16개의 기호를 정의해서 사용해야 하므로 기호 사용에 있어서는 좀 더 복잡해질 수 있다.

따라서 용도에 따라 더 효율적인 진법 체계를 사용하는 것이 중요하다.

1.3 데이터 단위

비트 / 바이트

컴퓨터 메인메모리에 저장할 수 있는 기호는 0과 1이다. 기호 0은 전자에서 'off'의 상태를 나타내며, 기호 1은 전자에서 'on' 상태를 나타낸다고 앞에서 설명하였다. 기호들을 몇 개의 단위로 정의하는지에 따라 표현할 수 있는 상태가 다르다. 컴퓨터에서 기호들을 정의하는 단위에는 *비트, 바이트, 워드가 있다.

0 또는 1을 하나 저장하는 단위 '비트(bit)'

1비트에는 0 또는 1 한 가지 기호만 저장할 수 있으므로 두 개의 상태만 저장할 수 있다.

2비트에는 00, 01, 10, 11 네 가지 기호를 저장할 수 있으므로 네 가지 상태를 저장할 수 있다.

3비트에는 000, 001, 010, 100, 011, 101, 110, 111 여덟 가지 기호를 저장할 수 있으므로 여덟 가지 상태를 저장할 수 있다.

...

이렇게 비트의 수가 증가함에 따라 표현할 수 있는 상태가 증가하는 것을 알 수 있다.

체크 포인트

256컬러 지원이라는 말을 들어봤을 것이다. 이것은 한 가지 색상을 8비트로 표현했을 때 가능한 색상의 수이다.

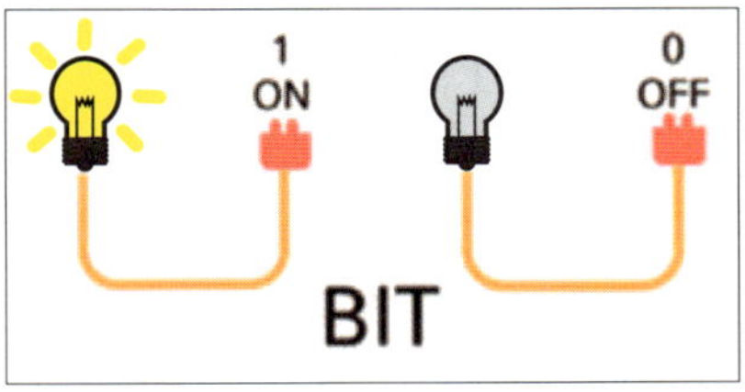

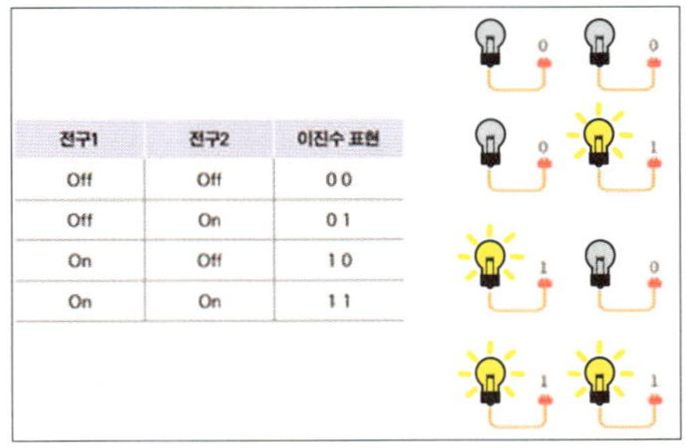

0 또는 1을 8비트로 저장하는 단위를 '바이트(byte)'라고 한다.

기술이 발전함에 따라 컴퓨터로 표현하고자 하는 일들이 증가하면서 비트의 수가 증가하게 되었다. 그래서 8개의 비트를 하나의 상위 단위로 정의한 것이 바이트(byte)이다. 컴퓨터에서 일반적으로 8개 단위의 비트를 하나의 그룹(8bit = 1byte)으로 사용한다.

10진수를 바이트 단위로 표현하면 다음과 같다. 10진수 0은 2진수 1비트로 표현할 수 있지만 이것을 8비트로 표현하면 '0000 0000'로 표현할 수 있다. 즉, 1바이트는 8개의 0과 1을 조합하여 나타낼 수 있는 상태의 수이며 2^8인 256가지의 상태를 표현할 수 있다. 따라서 8비트로 표현할 수 있는 10진수는 0부터 255까지 가능하다.

8 bit	
2진수	10진수
0000 0000	0
0000 1111	15
1111 1111	255

비트(binary digit, bit)	바이트(Byte)
0과 1, 두 가지 값만 가질 수 있는 측정 단위	여덟 개의 비트로 구성된 데이터의 양을 나타내는 단위
0 OFF FALSE 1 ON TRUE	1 바이트 0 1 1 0 1 1 0 1 1 비트

컴퓨터 저장장치에 저장하는 최소 단위는 비트이며, 정보를 데이터로 변환할 때 변환 데이터의 최소 단위는 바이트이다. 모든 숫자, 문자, 이미지, 소리, 정보들이 이진 데이터로 변환될 때 1바이트 단위로 변환된다.

컴퓨터에 저장된 데이터 크기를 바이트 개수에 따라 단위를 정의하는데, 이때 다음과 같이 단위를 정의할 수 있다.

바이트가 1024개 모이면 킬로바이트

킬로바이트가 1024개 모이면 메가바이트

메가바이트가 1024개 모이면 기가바이트

기가바이트가 1024개 모이면 테라바이트

...

1024는 2^{10}의 값으로, 2^{10} 단위로 정의한다.

단위	기호	값	bit값
비트	Bit		
바이트	Byte		8bit
킬로바이트	KB(KiloByte)	1024Byte	8*1,024 bit
메가바이트	MB(MegaByte)	1024KB	8*1,024^2 bit
기가바이트	GB(GigaByte)	1024MB	8*1,024^3 bit
테라바이트	TB(TeraByte)	1024GB	8*1,024^4 bit
페타바이트	PB(PetaByte)	1024TB	8*1,024^5 bit
엑사바이트	EB(ExaByte)	1024PB	8*1,024^6 bit
제타바이트	ZB(ZetaByte)	1024EB	8*1,024^7 bit
요타바이트	YB(YotaByte)	1024ZB	8*1,024^8 bit

잠깐만요

각 데이터의 단위별로 실제 저장할 수 있는 데이터를 예로 들어 보았다.
여러분이 작성한 몇 개의 문단을 저장하기 위해서는 약 1킬로바이트가 필요하고, 1분 길이의 MP3 노래를 저장하기 위해서는 약 1메가바이트, 30분 길이의 HD 영화를 저장하기 위해서는 약 1기가바이트가 필요하다.

데이터 단위

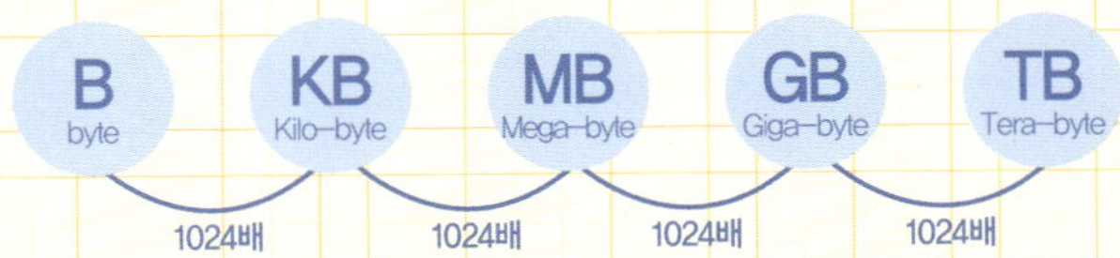

단위	정의	저장공간 크기
비트(bit)	0 또는 1	예 / 아니오
1바이트(Byte)	8 bit	알파벳과 숫자 한 개
1킬로바이트(KB)	1024 Byte	몇 개의 문단
1메가바이트(MB)	1024 KB	1분 길이의 MP3 노래
1기가바이트(GB)	1024 MB	30분 길이의 HD 영화
1테라바이트(TB)	1024 GB	약 200편의 FHD 영화

컴퓨터 설계 시 설정되는 처리 단위는 워드(Word)

워드는 컴퓨터마다 다르게 설정된다.

처리를 8비트 단위로 하는 8비트 컴퓨터에서는 1바이트가 1워드이다.

처리를 16비트 단위로 하는 16비트 컴퓨터에서는 2바이트가 1워드이다.

처리를 32비트 단위로 하는 32비트 컴퓨터에서는 4바이트가 1워드이다.

처리를 64비트 단위로 하는 64비트 컴퓨터에서는 8바이트가 1워드이다.

비트 / 바이트

현재 우리가 컴퓨터로 처리할 수 있는 정보는 숫자, 문자, 그림, 소리 등이다. 이러한 정보들을 2진 데이터로 변환하는 방법을 알아보자.

숫자 변환

숫자 정보를 2진 데이터로 변환하는 방법은 수리 영역에서 진법 변환 계산법을 이용하여 간단하게 변환할 수 있다. 우리가 사용하는 수의 체계는 10진수를 사용하므로 10진수로 표현된 수를 2진수로 바꾸어주는 진법 변환 계산법을 이용한다.

2진수를 10진수로 변환하는 방법은 2진수의 크기를 계산하는 방법과 같다. 각 자릿수마다 자리의 단위를 곱한 후 더해주면 된다. 이때 0인 값은 자릿수를 곱해도 0이 나오므로 1이 표현된 자릿수를 곱한 값만 더해주면 쉽게 변환된 10진수를 구할 수 있다.

2진수 '1011000'을 10진수로 변환하면 다음과 같다.

64+16+8= 88

2진수	0	1	0	1	1	0	0	0
자릿수	2^7	2^6	2^5	2^4	2^3	2^2	2^1	2^0
10진수	128	64	32	16	8	4	2	1

10진수를 2진수로 변환하는 방법은 각 자리가 2의 크기로 바뀌므로 2로 지속적으로 나누게 된다. 2로 나누었을 때 나머지 값을 조합하면 변환된 2진수를 구할 수 있다. 10진수 '88'을 2진수로 변환하면 다음과 같다.

88=1011000

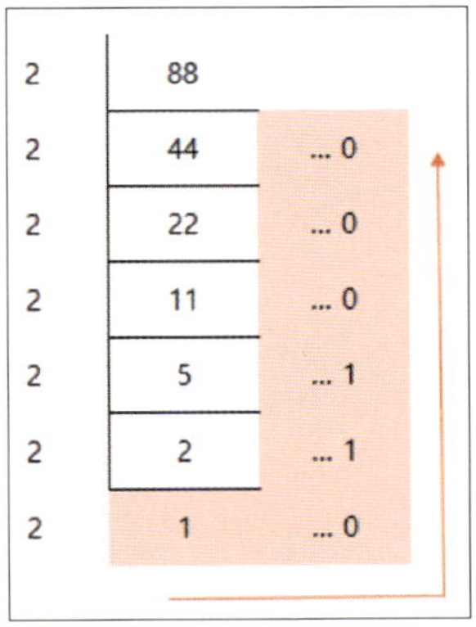

문자 변환

컴퓨터에서 문자 정보를 사용하려면 각 문자를 모두 2진 데이터로 변환해야 한다. 컴퓨터에서 문자는 모두 이미지로 저장하여 이미지로 출력된다. 우리가 'A'라는 문자를 키보드로 입력하면 'A' 이미지에 지정된 2진 데이터로 바뀌어 메인 메모리에 저장되고, 메인메모리에 저장된 2진 데이터를 이용하여 'A' 이미지의 2진 데이터를 찾아 이미지를 모니터에 출력한다.

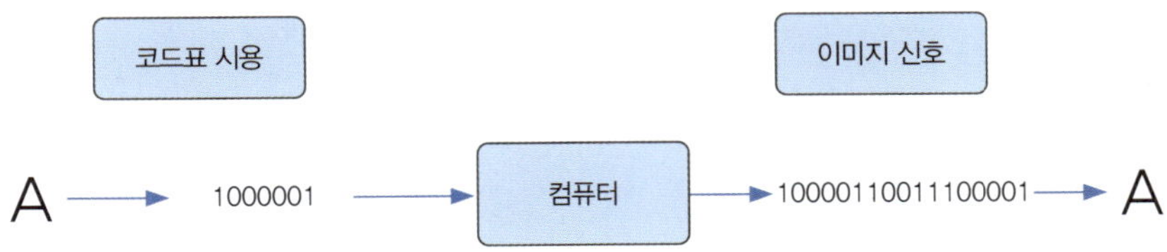

컴퓨터에서 자주 사용하는 문자 이미지를 미리 만들어서 각 이미지별 10진수와 2진수로 변환하는 규칙을 정의하여 코드표로 제공하고 있다. 지금 현재 사용하는 코드표에는 아스키(ASCII) 변환코드표와 유니코드(Unicode) 변환코드표가 있다.

아스키코드(ASCII code)

아스키(ASCII)는 미국정보교환표준부호(American Standard Code for Information Interchange)의 약자로, 영문 알파벳을 사용하는 대표적인 문자 변환 코드이다. 아스키는 7비트로 변환하며, 33개의 제어문자들과 공백을 비롯한 95개의 문자를 2진 데이터로 변환한다. 이때 제어문자는 출력장치로 출력되는 문자가 아니라 컴퓨터 내부에서 수행되는 명령어 기능을 하는 문자들이다.

아스키는 각 문자를 10진수, 16진수, 8진수, 85진수로 각각 정의하고 있으며, 7비트의 2진수로 표현하는 규칙을 정하고 있다.

다음 *표를 보면 '#' 특수문자는 8진수로 '043', 10진수로 '35', 85진수로 '2'로 각각 변환된다.

이진법	팔진법	십진법	십육진법	모양	85 진법 (아스키 85)	이진법	팔진법	십진법	십육진법	모양	85 진법 (아스키 85)
0100000	040	32	20	sp		1000000	100	64	40	@	31
0100001	041	33	21	!	0	1000001	101	65	41	A	32
0100010	042	34	22	"	1	1000010	102	66	42	B	33
0100011	043	35	23	#	2	1000011	103	67	43	S	34
0100100	044	36	24	$	3	1000100	104	68	44	D	35
0100101	045	37	25	%	4	1000101	105	69	45	E	36
0100110	046	38	26	&	5	1000110	106	70	46	F	37
0100111	047	39	27	'	6	1000111	107	71	47	G	38
0101000	050	40	28	(	7	1001000	110	72	48	H	39
0101001	051	41	29	)	8	1001001	111	73	49	I	40
0101010	052	42	2A	*	9	1001010	112	74	4A	J	41
0101011	053	43	2B	+	10	1001011	113	75	4B	K	42
0101100	054	44	2C	,	11	1001100	114	76	4C	L	43
0101101	055	45	2D	–	12	1001101	115	77	4D	M	44
0101110	056	46	2E	.	13	1001110	116	78	4E	N	45

체크 포인트

아스키코드 변환표를 보면 0부터 9까지의 숫자도 변환표에 포함된 것을 알 수 있다. 이때 0부터 9까지는 숫자가 아니라 문자로 수를 표현한 것이므로 숫자를 문자 형태로 저장하면 일반적인 수치연산의 결과를 얻을 수 없다.

1+2를 수로 표현하여 더하기 연산을 하면
0000001 + 0000010 = 0000011
2진수 0000011을 10진수로 변환한 3을 결괏값으로 출력한다.

1+2를 문자로 표현하여 더하기 연산을 하면 아스키코드에 기반한 2진수의 더하기 결과를 나타낼 수 있어 다음과 같은 결과를 출력한다.
0110001 + 0110010 = 1100011
1100011의 아스키코드를 가진 'c'를 출력한다.

ASCII Table					000	001	010	011	100	101	110	111
b4	b3	b2	b1	상위 3비트 / 하위 4비트	0	1	2	3	4	5	6	7
0	0	0	0	0	NUL 0	DKE 16	SP 32	0 48	@ 64	P 80	' 96	p 112
0	0	0	1	1	SOH 1	DC1 17	! 33	1 49	A 65	Q 81	a 97	q 113
0	0	1	0	2	STX 2	DC2 18	" 34	2 50	B 66	R 82	b 98	r 114
0	0	1	1	3	ETX 3	DC3 19	# 35	3 51	C 67	S 83	c 99	s 115
0	1	0	0	4	EOT 4	DC4 20	$ 36	4 52	D 68	T 84	d 100	t 116
0	1	0	1	5	ENQ 5	NAK 21	% 37	5 53	E 69	U 85	e 101	u 117
0	1	1	0	6	ACK 6	SYN 22	& 38	6 54	F 70	V 86	f 102	v 118
0	1	1	1	7	BEL 7	ETB 23	' 39	7 55	G 71	W 87	g 103	w 119
1	0	0	0	8	BS 8	CAN 24	(40	8 56	H 72	X 88	h 104	x 120
1	0	0	1	9	HT 9	EM 25	) 41	9 57	I 73	Y 89	i 105	y 121
1	0	1	0	A	LF 10	SUB 26	* 42	: 58	J 74	Z 90	j 106	z 122
1	0	1	1	B	VT 11	ESC 27	+ 43	; 59	K 75	[91	k 107	{ 123
1	1	0	0	C	FF 12	FS 28	, 44	〈 60	L 76	\ 92	l 108	| 124
1	1	0	1	D	CR 13	GS 29	- 45	= 61	M 77	] 93	m 109	} 125
1	1	1	0	E	SO 14	RS 30	. 46	〉 62	N 78	^ 94	n 110	~ 126
1	1	1	1	F	SI 15	US 31	/ 47	? 63	O 79	_ 95	o 111	DEL 127

이때, '#' 특수문자는 10진수로 35이므로 간단하게 진법 계산 방법을 통해 '100011'로 변환할 수 있다. 하지만 모든 문자를 지정된 크기인 7비트로 변환하기 위하여 2진수 변환 규칙을 따라야 한다. *아스키코드에서 문자를 2진수로 변환할 때 7비트로 표현하는데, 7비트는 각각 3비트는 '상위비트'로, 4비트는 '하위비트'로 나누어 다음과 같은 2진수 변환표를 제공하고 있다.

변환표에서 '#'을 찾아보면 상위비트 010과 하위비트 0011에 위치해 있다. 따라서 특수문자 '#'은 7비트 2진수 '0100011'로 변환된다.

체크 포인트

아스키코드는 7비트로 표현하고, 다국어를 지원하기 위해 마지막 1비트를 사용하였다. 1비트로 다른 언어를 구분해서 사용할 때 다른 언어로의 호환이 정확하게 이루어지지 않았다.

실습 예제

다음 아스키코드표를 참조하여 'computational thinking'을 2진 데이터로 변환해 보자.

ASCII Table					000	001	010	011	100	101	110	111
b_4	b_3	b_2	b_1	상위 3비트 / 하위 4비트	0	1	2	3	4	5	6	7
0	0	0	0	0	NUL 0	DKE 16	SP 32	0 48	@ 64	P 80	' 96	p 112
0	0	0	1	1	SOH 1	DC1 17	! 33	1 49	A 65	Q 81	a 97	q 113
0	0	1	0	2	STX 2	DC2 18	" 34	2 50	B 66	R 82	b 98	r 114
0	0	1	1	3	ETX 3	DC3 19	# 35	3 51	C 67	S 83	c 99	s 115
0	1	0	0	4	EOT 4	DC4 20	$ 36	4 52	D 68	T 84	d 100	t 116
0	1	0	1	5	ENQ 5	NAK 21	% 37	5 53	E 69	U 85	e 101	u 117
0	1	1	0	6	ACK 6	SYN 22	& 38	6 54	F 70	V 86	f 102	v 118
0	1	1	1	7	BEL 7	ETB 23	' 39	7 55	G 71	W 87	g 103	w 119
1	0	0	0	8	BS 8	CAN 24	(40	8 56	H 72	X 88	h 104	x 120
1	0	0	1	9	HT 9	EM 25	) 41	9 57	I 73	Y 89	i 105	y 121
1	0	1	0	A	LF 10	SUB 26	* 42	: 58	J 74	Z 90	j 106	z 122
1	0	1	1	B	VT 11	ESC 27	+ 43	; 59	K 75	[91	k 107	{ 123
1	1	0	0	C	FF 12	FS 28	, 44	< 60	L 76	\ 92	l 108	| 124
1	1	0	1	D	CR 13	GS 29	− 45	= 61	M 77	] 93	m 109	} 125
1	1	1	0	E	SO 14	RS 30	. 46	> 62	N 78	^ 94	n 110	~ 126
1	1	1	1	F	SI 15	US 31	/ 47	? 63	O 79	_ 95	o 111	DEL 127

유니코드(Unicode)

유니코드(Unicode)는 유니코드협회(Unicode Consortium)가 제정한 표준 부호 변환표이다. 유니코드에는 문자뿐만 아니라 문자 정보 데이터베이스나 문자를 다루는 알고리즘 등이 포함되어 유니코드의 목적은 더 많은 문자를 정의하고 표현하기 위하여, 또 다국어 표현을 유연하게 하기 위하여 설계되었다.

유니코드는 현재 사용되는 대부분의 문자들을 정의하고 있고, 언어를 표기할 때 사용하는 문제 이외에도 악보기호, 이코지, 태그, 마작, 도미도 기호 등도 포함된다. 유니코드는 문자를 표현할 수 있는 상태가 *아스키코드보다 훨씬 많아 앞으로 새로운 문자를 정의할 때 유용하게 사용할 수 있다.

잠깐만요

유니코드의 표기법

문자를 유니코드를 통해 변환할 때 U+(16진수 숫자)로 표기한다. 예를 들어 '가' 문자는 유니코드 16진수로 AC00(10진수로 44032)이라는 코드번호를 가지는데, 이것을 U+AC00이라고 적는다.

이미지 변환

앞에서 모든 문자는 이미지로 저장된다고 설명했다. 이미지로 저장되기 위해서는 2진 데이터로 표현되어야 한다. 키보드로 입력된 문자는 아스키코드나 유니코드로 변환되어 저장된다. 입력받은 문자의 이미지를 저장된 이미지 중에서 찾아 모니터 같은 출력장치에 표시한다. 이때 이미지를 2진 데이터로 변환하여 저장하는 방법에 대해 알아보자.

이미지를 이루는 가장 작은 단위는 '픽셀(picxel)이다. 픽셀을 이미지를 이루는 점들이라고 생각할 수 있다. 점들이 모여서 선이 되고 선이 모여서 평면이 되는 방법으로 이미지를 표현할 수 있다. 흑백 이미지를 생각해 보면 한 픽셀에는 검정과 흰색 두 가지를 표현할 수 있고, 각각을 1과 0으로 표현할 수 있다. 표현하고자 하는 이미지가 들어갈 공간을 픽셀 단위로 쪼개어 각각의 픽셀을 0 과 1로 표현하여 원하는 이미지를 표현할 수 있다.

잠깐만요

모니터 해상도를 말할 때 640×480으로 표현한다. 이 해상도는 픽셀의 개수를 의미하며, 640×480에서 640은 가로 픽셀의 개수를, 480은 세로 픽셀의 개수를 의미한다. 따라서 640×480 해상도 모니터에서는 총 640×480=307200개의 픽셀로 이미지를 표현한다.

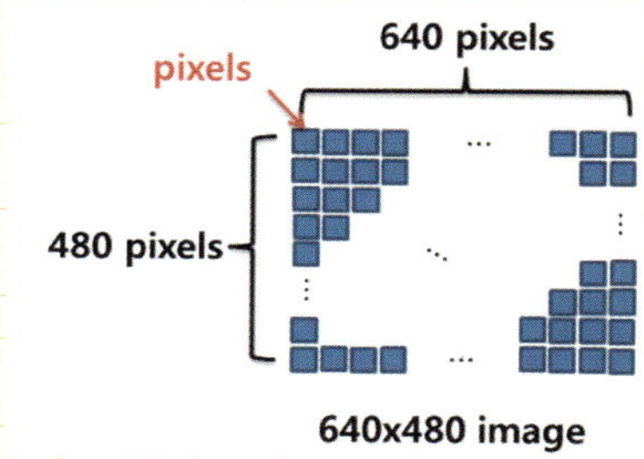

흑백 이미지는 각 픽셀의 밝기 값을 0-255 사이의 값으로 표현한 이미지이다. 이때 한 픽셀의 밝기 값을 8비트로 표현할 수 있으므로 밝기 값은 0-255 사이의 값으로 표현할 수 있다.

아래 위쪽 그림은 사과 이미지를 0과 1로만 표현한 예이고, 아래쪽 그림은 사과 이미지를 흑백으로 표현한 예이다.

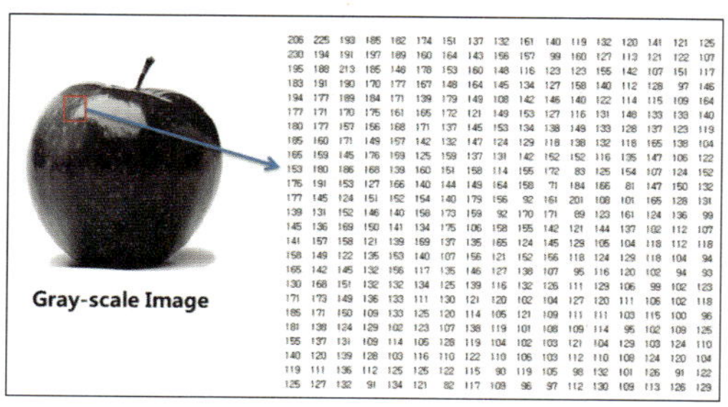

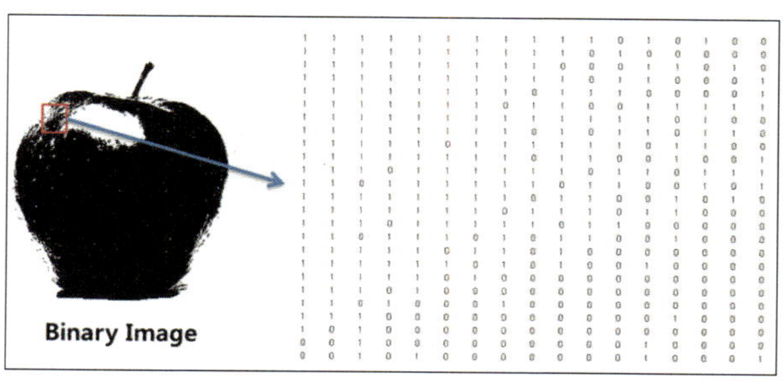

컬러 이미지는 3개의 컬러 요소로 표현된다. 빛의 3원색인 빨강(Red), 녹색(Green), 파랑(Blue)이다. 각 요소는 8비트로 다시 표현되어 각각 0-255까지의 밝기 정도를 표현할 수 있다. 따라서 컬러 이미지에서는 세 개의 기본 컬러를 조합하여 다양한 색깔을 만들어 낼 수 있는데, 각각 8비트의 밝기 정도를 조합하여 256×256×256=16,777,216가지의 컬러를 만들어 낼 수 있다. 아래 그림에서 색을 표현할 때 R, G, B 값의 변화를 보면 빨간색을 RGB 중 R을 표현하는 비트만 가장 밝은 값인 '11111111'로 표현하고 나머지는 0으로 표현하는 것을 알 수 있다. 또한 노란색은 색의 삼원색이 아니므로 R과 G가 합쳐져서 나온 색임을 알 수 있다.

	R	G	B	저장되는 2진수
	255	0	0	11111111 00000000 00000000
	0	255	0	00000000 11111111 00000000
	0	0	255	00000000 00000000 11111111
	255	255	0	11111111 11111111 00000000
	255	255	255	11111111 11111111 11111111
	0	0	0	00000000 00000000 00000000

소리 변환

현재 컴퓨터를 이용해 소리를 저장하고, 소리를 편집하는 기술이 많이 사용되고 있다. 디지털 음악이 보편화되어 제공되고 있고, 온라인으로 디지털 음악을 제공받으며, 휴대폰에서 목소리는 디지털로 부호화되어 상대방에게 전달된다.

소리는 공기의 변화를 통해서 전달되는 물리적 현상이다. 이러한 물리적 현상을 아날로그라고 하며, 이러한 아날로그 신호를 컴퓨터에 저장하기 위해서는 2진 데이터로 변환해야 한다. 아날로그를 2진 데이터로 변환한 것이 디지털 신호이다.

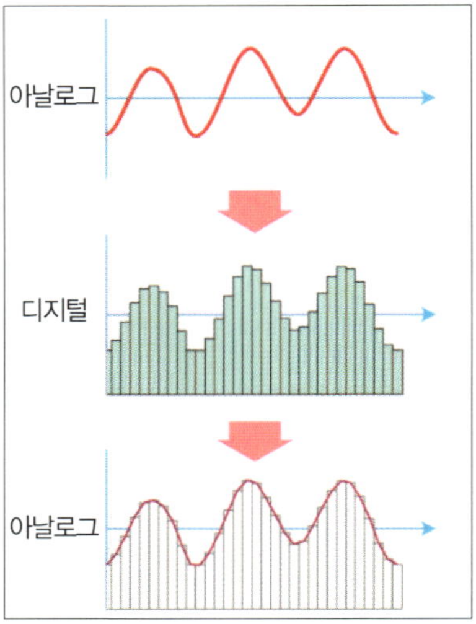

아날로그 → 디지털 → 아날로그

소리 정보를 처리하기 위해서도 입력받은 아날로그 신호를 디지털로 변환하여 컴퓨터에 저장하고, 다시 아날로그 신호로 변환하여 출력하는 과정을 거쳐야 한다.

샘플링

아날로그 신호는 연속된 값이므로 무한대의 값을 갖는다. 아날로그 신호를 디지털 신호로 변환할 때 전체를 분석하여 변환하는 것은 불가능하다. 그래서 이때 샘플링 기법을 사용한다.

샘플링은 아날로그 신호에서 일부를 추출하는 것을 말하며, 특정 지점의 진폭 값들을 추출하여 디지털 신호로 변환한다.

잠깐만요

진폭은 주기적으로 진동하는 파의 진동 폭을 의미한다. 최대치 - 최소치의 값으로 표현할 수 있다.

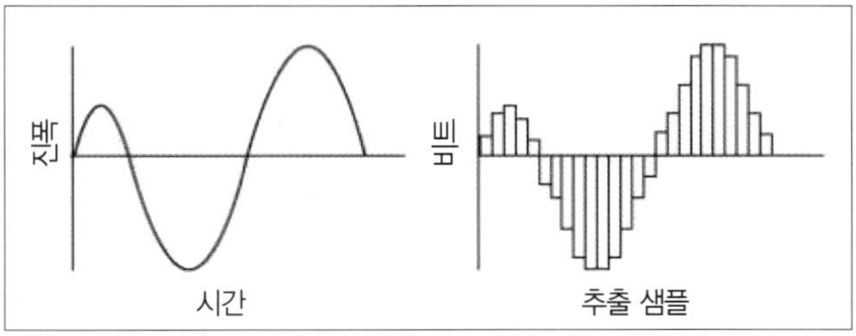

1초 동안 샘플링한 횟수를 샘플링 레이트(Sampling Rate)라고 한다. 단위는 Hz를 쓰며, 400Hz는 1초에 400개의 샘플을 추출한 것을 의미한다. 샘플링 레이트는 소리의 질을 결정한다. 샘플링 레이트가 높으면 아래 그림처럼 샘플링을 일정 시간 동안 훨씬 많이 한 것이므로 더욱 정확한 분석을 통해 디지털 신호로 변환할 수 있지만 효율성과 연산속도가 떨어질 수 있다. 하지만 샘플링 레이트가 낮으면 효율성과 연산속도는 높아지지만 원본 아날로그 데이터의 분석 정확도는 떨어진다.

따라서 소리 정보 변환에서는 적절한 샘플링 레이트가 중요하다.

2 〉 프로그래밍 언어

이 장의 프로그래밍 언어에서는 알고리즘의 마지막 표현 방법인 프로그래밍 언어를 소개하고자 한다. 7장부터 소개되는 파이썬 프로그래밍 언어의 사용 방법을 학습하기 전에 컴퓨터 과학 분야에서 정의하는 프로그래밍 언어의 의미와 특징 그리고 종류를 알아보자.

'알고리즘을 찾았다', '알고리즘을 만들었다'는 말은 '문제가 해결되었다'라는 말과 같은 의미이다. 알고리즘대로만 따라 해야 문제가 해결되고, 답을 알 수 있다. 앞에서 소개한 알고리즘의 표현 방법들은 알고리즘을 보기 쉽게, 이해하기 쉽게 표현한 방법이다. 알고리즘을 수행할 주체자나 방법은 아무 상관이 없다. 요리하는 알고리즘을 자연어, 의사코드, 순서도로 표현하면 요리하는 방법을 이해할 수는 있지만 요리를 사람이 할지 기계가 할지는 알 수 없다.

프로그래밍 언어는 알고리즘을 수행할 방법을 '컴퓨터'라는 도구로 결정했다면 컴퓨터가 수행할 수 있도록 컴퓨터의 방식대로 표현하는 방법이다.

소프트웨어, 프로그램, 코딩

우리는 소프트웨어와 프로그램을 같은 의미로 사용한다. 또 프로그래밍과 코딩도 같은 의미로 사용하기도 한다.

소프트웨어, 프로그램. 코딩, 소프트웨어 개발, 프로그램 개발에 대한 용어를 정리해보자.

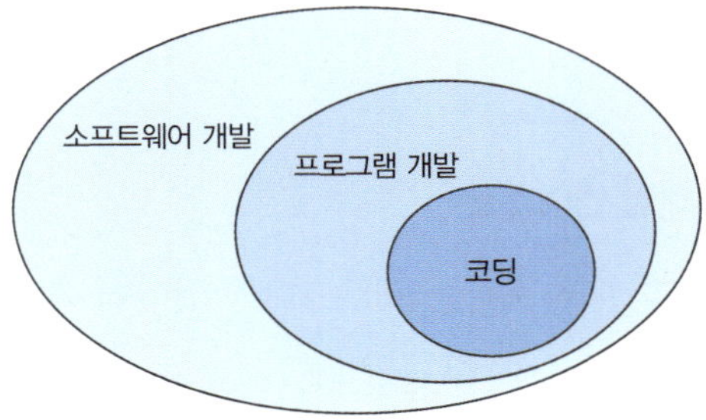

위의 그림을 보면 소프트웨어 개발은 프로그램 개발과 코딩을 모두 포함하고 있으며, 프로그램 개발에는 코딩이 속해 있도록 표현하였다. 소프트웨어 개발이라고 하면 소프트웨어의 기능을 정의할 때 어느 분야에서 어떤 용도로 사용할 것인지 그리고 소프트웨어로 가능한 기능의 한계까지도 정의해야 한다. 그리고 정의된 기능을 설계하고 프로그래밍하며 테스트, 유지보수까지 모든 일련의 과정을 포함한다. 따라서 소프트웨어 개발이라고 하면 프로그램 개발을 포함한 일련의 모든 개발 과정을 정의한다고 할 수 있다.

소프트웨어 개발에서 가장 중요한 요소는 실제 컴퓨터에서 수행할 기능을 정의하는 것이다. 이와 같이 실제로 컴퓨터를 실행시키는 방법을 개발하는 것이 프로그램 개발이라고 재정의할 수 있다. 따라서 프로그램을 개발할 때는 기능과 컴퓨터에서 실제로 실행할 수 있는 알고리즘을 중심으로 개발해야 한다.

코딩은 컴퓨터가 실행할 수 있도록 절차와 규칙에 맞게 코드를 작성하는 일이다. 코딩은 프로그래밍 언어와 밀접한 관계가 있으며, 지금까지 개발되어 알려진 언어들 중에서 개발하고자 하는 프로그램을 표현하는 데 적합한 언어를 사용하는 것이 중요하다. 또한 같은 알고리즘이라도 코딩으로 어떻게 표현하느냐에 따라 프로그램 성능이 달라질 수 있다.

정리하면, 코딩은 소프트웨어 개발의 마지막 단계라고 할 수 있으며 코딩을 하기 위해 우리는 프로그램 개발 단계에서 기능 설계와 기능에 알맞은 알고리즘을 잘 개발해야 한다는 것을 잊지 말아야 한다.

소프트웨어 개발은 문제를 해결하기 위해 모든 과정을 정의하는 것을 말하고, 프로그램 개발은 실제로 컴퓨터를 통해 해결될 문제들을 설계하는 것을 말한다.

이때 컴퓨터가 실행할 수 있는 명령어로 표현하는 과정이 코딩이다.

프로그래밍 언어

코딩을 할 때 사용하는 프로그래밍 언어에 대하여 살펴보자.

프로그래밍 언어는 컴퓨터 시스템을 구동시키는 프로그램을 작성하기 위한 형식 언어이다. 여기에서 잊지 말아야 할 것은 프로그래밍 언어도 소프트웨어이며, 지금도 좀 더 쉽고, 편리하게 프로그래밍을 할 수 있도록 하는 프로그래밍 언어가 지속적으로 개발되고 있다는 것이다. 또한 앞서 소개한 튜링기계에서 정의했듯이 소프트웨어 안에서 소프트웨어가 수행되고 있음을 잊지 말기 바란다.

그렇다면 프로그래밍 언어는 또 무슨 언어로 프로그래밍되어 있을까? 가장 초기에는 시스템을 직접 구동하는 기계어로 만들어졌으나 후에는 모두 C 언어로 변환되었으며, 현재의 모든 언어는 C 언어로 프로그래밍되어 있다.

프로그래밍 언어들은 모두 같은 목적, 즉 인간이 컴퓨터에게 어떠한 일을 하도록 명령하고 싶을 때 사용하는 언어이다. 컴퓨터의 기능이 다양해지고 보편화되면서 전문가가 아닌 일반인들도 컴퓨터를 도구로 사용할 수 있도록 여러 가지 언어들이 개발되었다. 컴퓨터에 대한 전문 지식이 없어도 컴퓨터를 좀 더 다양하게 도구로 사용할 수 있도록 직접적인 영향을 준 것이 바로 프로그래밍 언어의 발전이다. 프로그래밍 언어의 종류와 특징을 살펴보자.

2.1 프로그래밍 언어 분류

프로그래밍 언어는 세 가지 기준에 따라 분류할 수 있다.

언어의 표현 방법에 따라 저급언어(Low level Language)와 고급언어(High level Language)로 분류된다.

고급언어는 프로그램 실행 방법에 따라 컴파일(Compile) 방법으로 실행되는 컴파일러(Compiler)와 인터프리트(Interpret) 방법으로 실행되는 인터프리터

(Interpreter) 로 분류된다.

또한 고급언어는 프로그래밍 설계 방법에 따라 절차적 언어와 객체지향 언어로 분류된다.

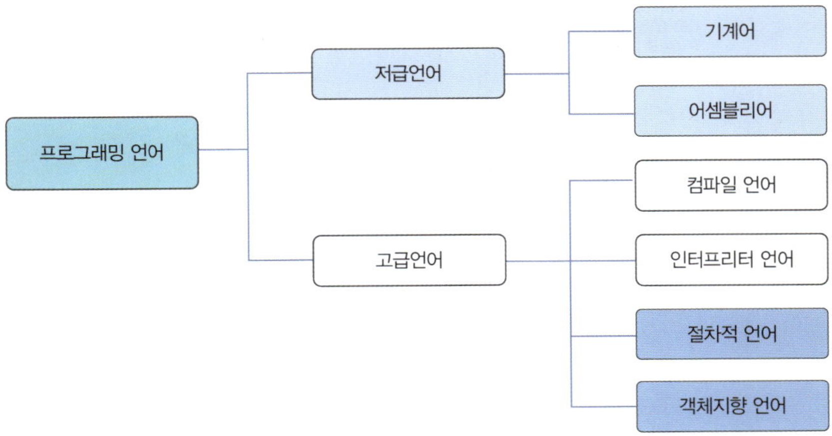

(1) 표현 방법에 따른 분류: 저급언어/고급언어

저급언어는 기계어와 어셈블리어가 있다.

프로그래밍 언어는 저급언어에서 고급언어로 발전하였다. 저급언어는 컴퓨터가 이해하기 쉽게 작성된 프로그래밍 언어이고, 반대로 고급언어는 인간이 이해하기 쉽게 작성된 프로그래밍 언어이다. 컴퓨터에 대한 학문의 기초와 기반이 미국과 영국에 있기 때문에 고급언어는 영어 문자와 문법에 기인한다.

저급언어에 속하는 기계어는 2진수 또는 16진수로 구성된 언어이며, 어셈블리어는 기계어 명령을 간단한 기호로 바꾸어 표현한 프로그래밍 언어이다. 컴퓨터는 결국 기계어로 표현해야만 명령어를 수행한다. 따라서 고급언어는 인간이 쉽게 이해할 수 있고, 작성하기 편한 표현 방법으로 알고리즘을 표현할 수 있도록 도와주며, 이렇게 표현된 알고리즘을 기계어로 변환해주는 역할을 한다. 이러한 관점에서 봤을 때 어셈블리어도 고급언어라고 할 수 있고, 전에는 고급언어에 포함시켜 소개하였다. 하지만 컴퓨터 입장에서 봤을 때 어셈블리어는 인간보다는 컴퓨터 입장에서 이해하기 쉬운 언어로 판단되어 저급언어로 분류되고 있다.

다음 그림은 피보나치 수 구하는 프로그램을 기계어, 어셈블리어, 고급언어 중 C++로 표현한 예이다.

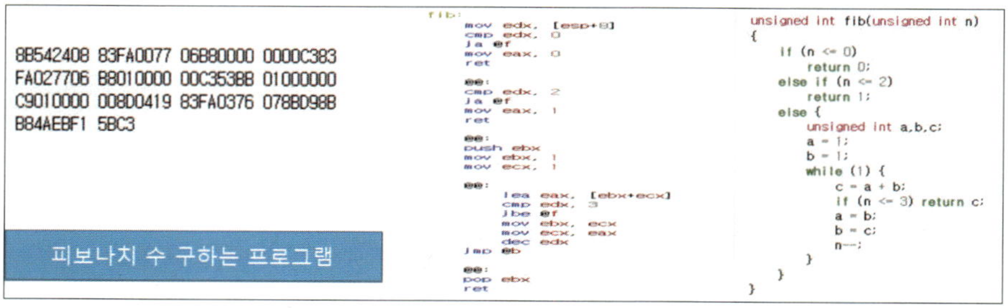

(2) 프로그램 실행 방법에 따른 분류: 컴파일러/인터프리터

최근에 개발된 언어들을 포함한 고급언어를 살펴보자. 고급언어는 인간이 이해하기는 편하지만 반드시 기계어로 변환시켜야 하는 불편함이 있다. 고급언어는 인간이 쉽게 이해할 수 있고, 작성하기 편한 방법으로 알고리즘을 표현할 수 있도록 표현 형식을 지원하고, 작성된 알고리즘을 기계어로 변환해야 실행된다. 이때 변환하여 실행하는 방법이 컴파일 방식을 따르는지, 인터프리터 방식을 따르는지에 따라 각각 컴파일 언어, 인터프리터 언어로 구분한다.

컴파일러

컴파일 방법은 프로그래밍 언어에서 제공되는 형식으로 표현된 알고리즘을 처음부터 끝까지 기계어로 모두 바꾼 후 실행하는 방법이다. 이때 기계어로 바뀐 알고리즘을 목적코드(object code)라고 부른다. 따라서 컴파일 방법을 사용해 기계어로 변환되고 실행되는 프로그래밍 언어는 반드시 목적코드가 만들어진 후 실행하게 된다. 이러한 특징을 갖는 프로그래밍 언어를 컴파일러라고 하며, C 언어는 컴파일 방법을 사용하는 언어이므로 C 컴파일러라고 부른다. 컴파일 방법을 사용하는 언어로는 C++, JAVA 등이 있다. C++ 언어는 C++ 컴파일러라고 하며, JAVA 언어는 JAVA 컴파일러라고 한다.

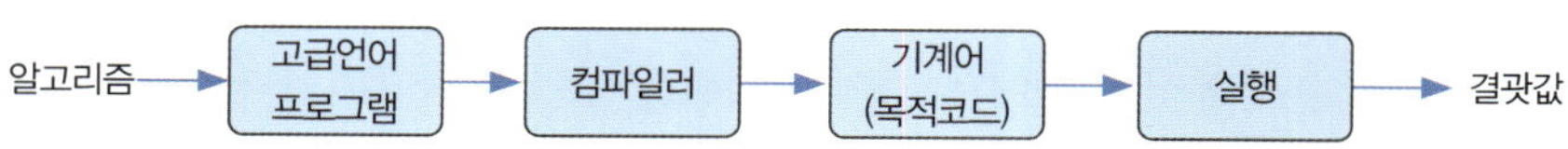

인터프리터

인터프리트 방법은 프로그래밍 언어에서 제공되는 형식으로 표현된 알고리즘을 기계어로 변환할 때 명령어 한 줄씩 변환하고 바로 실행하는 방법이다. 따라서 인터프리트 방법을 사용하는 프로그래밍 언어는 실행할 때마다 기계어로 변환해야 한다. 인터프리트 방법을 사용하는 프로그래밍 언어를 인터프리터라고 부르며, 대표적인 언어에는 파이썬(python) 언어가 있다. 따라서 파이썬 언어를 파이썬 인터프리터라고 한다.

컴파일러 언어 다음에 인터프리터 방식이 소개되어 더 발전된 방식으로 오해할 수 있지만 인터프리터 방식이 더 좋은 방식이라고는 할 수 없으며, 각각의 장점과 단점을 가진다.

컴파일러와 인터프리터

컴파일러 언어는 한꺼번에 기계어로 바꾸어주기 때문에 한번 프로그래밍되면 변화가 자주 일어나지 않는 완성된 소프트웨어를 개발할 때 적합한 언어이다. 인터프리터 언어는 수행할 때마다 기계어로 바뀌어 수행되기 때문에 교육용이나 테스트용 프로그램을 만들 때 적합한 언어이다.

프로그램이 완성되기 전에 수정이 많이 필요할 경우 컴파일러 언어는 매번 목적코드를 생성해야 하므로 오히려 번거로울 수 있다. 따라서 테스트할 때는 인터프리터 언어로 코딩하고, 마지막 전체 프로그램을 작성할 때는 컴파일러 언어로 다시 코딩할 수 있다. 이렇게 컴파파일러 언어와 인터프리터 언어는 교차 사용이 가능하다.

여러분이 사용하는 대부분의 응용프로그램은 컴파일 방식을 사용하는 프로그래밍 언어로 작성되어 있다. 이미 기계어로 변환된 목적코드를 실행하기 때문에 작성한 프로그래밍 언어가 컴퓨터에 없어도 실행할 수 있는 것이다.

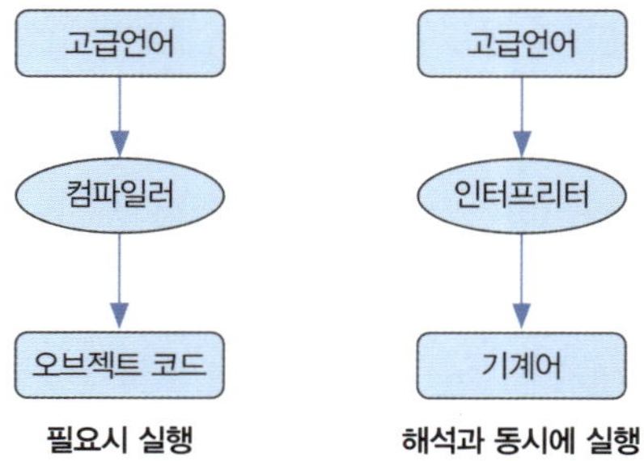

*컴파일러와 인터프리터의 장점과 단점을 비교해보자. 컴파일러 언어는 프로그램을 개발할 때 코드를 수정하고 나면 수정한 내용을 실행할 때마다 목적코드를 생성해야 하므로 불편할 수 있다. 실행속도에 있어서 인터프리터는 매번 기계어로 변환해서 실행해야 하므로 느리다. 컴파일러 언어는 배포용 소프트웨어 작성에 유리하고, 인터프리터 언어는 교육용과 테스트용으로 많이 사용된다. 보안상으로는 컴파일러 언어로 작성된 프로그램은 기계어로 변형된 목적코드를 제공하므로 소스코드 유출을 방지할 수 있지만, 인터프리터 언어로 작성된 프로그램은 프로그램을 실행하기 위해 **소스코드를 제공해야 하므로 코드가 유출되기 쉽다.

프로그램을 개발할 때는 이러한 특징을 고려하여 적합한 프로그래밍 언어를 선택해야 한다.

	컴파일러	인터프리터
개발	코드 수정하고 실행할 때마다 목적코드 생성	코드 수정 즉시 실행 가능
실행속도	빠름	느림
용도	배포용 소프트웨어	교육용, 테스트용
보안	좋음(코드 유출 방지)	나쁨(코드 유출 가능)

체크 포인트

* 예를 들어 C는 대표적인 컴파일러 언어이고, 파이썬은 대표적인 인터프리터 언어이다. C로 표현된 아래아 한글 프로그램과 파이썬으로 표현된 아래아 한글 프로그램을 수행할 경우 C로 표현된 프로그램은 C 컴파일러를 통해 기계어로 변환된 아래아 한글 프로그램을 받아서 수행하므로 수행하는 컴퓨터 안에 C 컴파일러가 없어도 된다. 하지만 파이썬으로 표현된 프로그램은 실행할 때마다 기계어로 변환해주어야 하므로 수행하는 컴퓨터 안에 파이썬 프로그램이 꼭 있어야 아래아 한글을 수행할 수 있다. 따라서 여러분이 컴퓨터에서 사용하는 모든 응용프로그램들은 C나 자바로 코딩되어 있다.

** 특정 프로그래밍 언어로 작성된 프로그램을 소스코드라고 한다.

프로그래밍 설계 방법에 따른 분류: 절차적 언어/비절차적 언어

고급언어를 프로그래밍 설계 방법에 따라 절차적 언어와 비절차적 언어로 분류할 수 있다. 이 분류는 표현하는 방법에 따른 분류라고 할 수 있다.

절차적 언어

절차적 언어는 '90년대 이전에 나온 프로그래밍 언어의 설계 방법으로, 알고리즘을 프로그래밍 언어로 표현할 때 알고리즘의 순서에 따라 차례대로 표현해준다.

대표적인 절차적 프로그래밍 언어로 C 언어, 파스칼, 코볼 등이 있다. 알고리즘 순서에 의존하여 설계하는 방법은 복잡한 알고리즘을 설계하는 데 문제가 발생할 수 있어 구조적인 설계 방법을 도입하게 되었다.

더하기 문제를 해결하는 알고리즘을 절차적 프로그래밍 언어로 표현하면 다음과 같다.

첫 번째 수를 입력받는다.
첫 번째 수를 저장한다.
두 번째 수를 입력받는다.
두 번째 수를 저장한다.
첫 번째 저장된 수와 두 번째 저장된 수를 더한다.
더한 수를 출력한다.

```
a=int(input())
b=int(input())
c=a+b
print(c)
```

비절차적 언어

비절차적 언어는 알고리즘을 프로그래밍 언어로 표현할 때 알고리즘의 순서와 상관없이 표현하는 방법이다.

더하기 문제를 해결하는 알고리즘을 비절차적 프로그래밍 언어로 표현하면 다음과 같다.

더하기 기능

출력 기능

입력 기능

입력 기능을 호출한다.

입력 기능을 호출한다.

더하기 기능을 호출한다.

출력 기능을 호출한다.

```
def add(a,b) :
  return a+b
def out_put(a) :
  print (a)
def in_put() :
  return int(input())

f_num=in_put()
s_num=in_put()
sum=add(f_num,s_num)
out_put(sum)
```

비절차적 언어로 알고리즘을 표현할 때 알고리즘의 순서가 중요한 것이 아니라 알고리즘 안에서 수행하는 기능이 중요하며, 각 기능을 순서와 상관없이 표현하고 각 기능들을 조합하여 알고리즘을 완성한다.

간단한 예를 통해 보았듯이 절차적 언어로 표현된 알고리즘이 훨씬 이해하기 쉽다. 간단한 예지만 절차적 언어로 표현된 알고리즘이 더 간단해 보이기도 한다. 하지만 절차적 언어에서 사용하는 더하기, 입력, 출력은 알고리즘을 표현할 때마다 똑같이 작성해야 하는 반면에 비절차적 언어에서 사용하는 더하기, 입력, 출력 기능은 다른 알고리즘에서도 사용할 수 있으며, 똑같은 표현을 매번 반복할 필요도 없다.

'입력한다', '출력한다', '더한다'와 같은 기능 위주로 프로그램을 나누어 개발하면 입력하는 부분 따로, 출력하는 부분 따로, 더하는 부분 따로 각각 개발하여 합치는 방법을 지원하는 언어가 프로그램을 개발하는 데 훨씬 편할 수 있다. 따라서 고급언어는 절차적 언어에서 비절차적 언어 방향으로 발전하고 있고, 이러한 비절차적 언어를 객체지향 언어라고 한다.

프로그램의 기능이 많아지면서 프로그램을 개발할 때 여러 사람이 함께 하나의 프로그램을 개발하는 경우가 빈번해지고 있다. 이러한 경우에도 객체지향 언어를 많이 사용하게 되는데, 새로운 기능을 추가할 때도 절차적 언어보다는 객체지향 언어가 훨씬 효율적이다.

객체지향 언어

*객체지향 언어는 '90년대 이후에 등장한 개념으로, 원하는 기능 및 데이터를 묶어 캡슐화시킨 후 필요할 때마다 부품처럼 가져다 쓰는 언어이다. 비절차적 언어 표현에서 보았듯이 각 기능별로 표현된 것을 캡슐이라는 개념으로 정의하여 사용한다.

대표적인 객체지향 언어에는 C++ 언어와 JAVA 언어가 있다. 객체지행 언어의 장점으로는 기능의 재사용이 가능하고, 여러 사람이 함께 개발할 때 효율적이며, 유지보수가 용이하다는 점 등을 들 수 있다. 하지만 개발속도와 실행속도가 느리고, 프로그래밍 언어에서 제공하는 표현 방법이 어려워 쉽게 배울 수 없다는 단점도 있다.

프로그래밍 언어는 분명히 고급언어 위주로 발전하고 있고, 표현 방법에 있어서도 절차적 언어에서 객체지향 언어의 방향으로 발전하고 있다.

보편적인 고급 프로그래밍 언어의 네 가지 특징을 다음과 같이 표로 정리해보았다. C 언어는 대표적인 컴파일 방식으로 실행하는 컴파일러 언어이며, 대표적인 절차적 언어이다. C++ 언어는 C의 확장 언어라고도 하는데 똑같이 컴파일 방식으로 실행하는 컴파일러 언어이며, 객체지향 언어이다. JAVA 언어는 컴파일 방식으로 실행하는 컴파일러 언어이며, 대표적인 객체지향 언어이다. JAVA는 절차적 언어 설계 방식을 지원하지 않아 절차적 방식으로는 설계할 수 없다. 파이썬은 인터프리트 방식으로 실행하는 인터프리터 언어이고, 절차적 설계 방식과 객체지향적 설계 방식을 모두 지원한다.

	컴파일 언어	인터프리터 언어	절차적 언어	객체지향 언어
C	O		O	
C++	O		O	O
JAVA	O			O
Python		O	O	O

체크 포인트

클래스, 상속, 추상화, 캡슐화, 다형성 등 객체지향 언어에서는 기능의 특징에 따라 다양한 개념들을 정의하고 있다. 이때, 각각의 개념들은 여러 개의 기능을 모아 놓은 것인가, 기능의 용도가 어떠한가, 기능을 어떻게 사용할 것인가에 따라 용어들을 정의한 것이다. 각각에 대한 이해보다는 각 용어들이 결국 알고리즘에서 기능별로 따로 표현된 것이라고 이해하면 된다.

2.2 프로그래밍 언어 문법

모든 프로그래밍 언어는 알고리즘을 표현할 때 정해진 구조와 문법을 가지고 있다. 우리가 영어, 중국어, 일본어, 한국어 등 다른 나라의 사람들과 소통할 때 사용하는 각 언어의 문법이 다르듯이 프로그래밍 언어들도 각각 다른 문법을 가지고 있다. 하지만 인간이 사용하는 언어에도 문자, 주어, 동사, 목적어, 보어 등 공통된 요소가 있듯이 프로그래밍 언어들도 모두 공통적으로 가지고 있는 알고리즘 표현에 꼭 필요한 요소들이 있다.

프로그래밍 언어는 입력과 출력하는 방법, 언어마다 사용 방법이 다를 수 있지만 반드시 정의되어야 하는 것이 문법 요소이다.

변수를 어떻게 사용하는지 그리고 자료형, 즉 숫자, 문자, 음성, 그림 등의 자료를 표현하고 정의하는 방법과 언어마다 어떤 연산을 제공하는지 등이 반드시 정의되어 있어야 한다. 자료형과 자료구조는 소프트웨어에서 사용하는 모든 데이터를 저장하는 방법을 제공하는 중요한 요소이다. 예를 들어, 파이썬에서는 파이썬에서 제공하는 자료형과 자료구조를 이용하여 데이터를 저장해야 하며, C, C++, JAVA 등 모든 프로그래밍 언어는 각각 지원하는 형식의 자료형과 자료구조가 있기 때문에 각자가 사용하는 프로그래밍 언어에 따라 제공되는 자료형과 자료구조의 종류와 사용법을 익혀야 한다.

프로그래밍 언어는 여러 가지 다양한 형태의 연산자를 제공하여 여러 식이나 값에 수학적, 논리적인 움직임을 지시하여 사용할 수 있도록 한다. 연산자는 알고리즘을 수행할 때 저장된 데이터에 적용되는 연산의 종류를 말하며, 프로그래밍 언어를 작성하거나 컴퓨터로 문제를 해결할 때 사용하는 연산은 산술식을 구성하는 산술 연산, 크기를 비교하는 관계 연산, 참과 거짓을 판단하는 논리 연산과 같이 기본적인 연산으로 이루어진다. 연산자를 잘못 사용하면 프로그램이 오류를 발생할 수 있기 때문에 연산자의 의미를 바로 알고 사용해야 한다.

알고리즘의 제어를 표현하기 위한 제어문에 대한 문법도 각 언어마다 다른 문법으로 정의된다. 선택문과 반복문이 있는데 이러한 제어문은 프로그램으로 문제를 해결할 때 반드시 필요한 요소이므로 모든 언어가 각자의 문법으로 제공하고 있으므로 각각의 사용법을 익혀야 한다.

객체지향 언어에서 각 기능을 정의하는 가장 작은 단위를 함수라고 하는데, 각 프로그래밍 언어마다 함수의 정의 방법과 사용법이 다르다.

'프로그래밍 언어를 배운다'라고 하면 앞에서 소개한 필요 요소인 입·출력 방법, 변수 할당 방법, 자료형 표현 방법, 연산자 사용 방법, 제어문 사용 방법, 함수 사용 방법 등을 배우는 것을 말한다. 각각이 무엇을 하는지, 어떻게 사용하는지, 결과가 어떻게 보이는지 배우게 된다.

이때 언어마다 꼭 지켜야 하는 약속이 있다. 즉, 들여쓰기, 문장의 콜론과 세미콜론 같은 특수문자를 사용하는 방법과 용도, 문장의 끝처리, 괄호의 사용, 대소문자 등 각 프로그래밍 언어마다 정해진 규칙을 알아야 한다.

프로그래밍 언어별 문법 비교

	자료형	자료구조(자료형)	연산자	제어문	객체(테크닉)
C	문자형 숫자형 불린형 (논리형)	array pointer	산술 연산자 대입 연산자 논리 연산자 비교 연산자	if switch do ~ while for ~ while go to	함수
C++	문자형 숫자형 불린형 (논리형)	list stack queue vector	산술 연산자 대입 연산자 논리 연산자 비교 연산자	if switch for do while while	함수 클래스
JAVA	문자형 숫자형 불린형 (논리형)	class interface	산술 연산자 대입 연산자 논리 연산자 비교 연산자	if switch for while	함수 클래스
Python	문자형 숫자형 불린형 (논리형)	string list tupple set dictionary	산술 연산자 대입 연산자 논리 연산자 비교 연산자	if for while	함수 클래스 모듈

3 〉 파이썬 프로그래밍 언어

파이썬은 1991년 네덜란드 출신의 귀도 반 로썸(Guido van Rossum)이 개발한 프로그래밍 언어이다. 파이썬이라는 이름은 반 로썸이 좋아하는 코미디 프로인 'Monty Python's Flying Circus'의 제목에서 가져온 것이라고 한다. 반 로썸은 2005년부터 2012년까지 구글에서 근무했으며, 2013년부터는 드롭박스의 수석 개발자로 일하였다. 파이썬은 여러 개발자가 함께 참여하는 오픈소스 프로젝트의 일환으로 시작되었다.

3.1 파이썬 프로그래밍 언어 특징

파이썬 프로그래밍 언어는 여러 개발자가 공동으로 개발하는 프로젝트였기 때문에 프로젝트를 제대로 개발하기 위해서는 공동체 모두가 동의하고 따를 수 있는 확고한 개발 철학이 필요했다. 그것이 바로 더 젠 오브 파이썬(The zen of Python)이다.

그중 다음과 같은 5가지 철학이 잘 알려져 있다.

- 아름다운 것이 추한 것보다 낫다.
- 명시적인 것이 암시적인 것보다 낫다.
- 단순함이 복잡함보다 낫다.
- 복잡함이 난해한 것보다 낫다.
- 가독성은 중요하다.

The Zen of Python

Beautiful is better than ugly.
Explicit is better than implicit.
Simple is better than complex.
Complex is better than complicated.
Flat is better than nested.
Sparse is better than dense.
Readability counts.
Special cases aren't special enough to break the rules.
Although practicality beats purity.
Errors should never pass silently.
Unless explicitly silenced.
In the face of ambiguity, refuse the temptation to guess.
There should be one— and preferably only one —obvious way to do it.
Although that way may not be obvious at first unless you're Dutch.
Now is better than never.
Although never is often better than "right" now.
If the implementation is hard to explain, it's a bad idea.
If the implementaion is easy to explain, it may be a good idea.
Namespaces are one honking great idea — let's do more of those!

The Zen of Python

아름다움이 추함보다 좋다.
명시가 암시보다 좋다.
단순함이 복잡함보다 좋다.
복잡함이 꼬인 것보다 좋다.
수평이 계층보다 좋다.
여유로운 것이 밀집한 것보다 좋다.
가독성은 중요하다.
특별한 경우라는 것은 규칙을 어겨야 할 정도로 특별한 것이 아니다.
그러나 실용성은 순수성을 이긴다.
오류는 절대 조용히 지나가지 않는다.
명시적으로 오류를 감추려는 의도가 아니라면.
모호함을 앞에 두고 이를 유추하겠다는 유혹을 버려라.
어떤 일에든 명확한– 바람직하며 유일한– 방법이 존재한다.
비록 그대가 우둔하여 그 방법이 처음에는 명확해 보이지 않을지라도
지금 하는 게 아예 안 하는 것보다 낫다.
아예 안 하는 것이 지금 당장보다 나을 때도 있지만.
구현 결과를 설명하기 어렵다면 그 아이디어는 나쁘다.
구현 결과를 설명하기 쉽다면 그 아이디어는 좋은 아이디어일 수 있다.
네임스페이스는 대박 좋은 아이디어다. 더 적극적으로 이용해라.

파이썬 프로그래밍 언어는 19가지 철학을 바탕으로 개발된 언어로, 다음과 같은 특징을 갖는다.

- 구체적이다.
- 표현이 간결하다.
- 가독성이 높다.
- 모호성을 배제한 언어이다.

가독성은 파이썬 언어의 특징 중 가장 손꼽히는 특성 중 하나이다. 파이썬은 읽기 편하고, 작성하기 쉬우며, 이해하기 쉽다. 따라서 배우기 쉬운 언어로, 교육

용 프로그래밍 언어로 적합하며 프로그램의 유지보수에 유리하다. 간결한 언어로 프로그램의 개발속도가 빠르고 프로그램의 길이가 짧다. 파이썬은 초기 프로토타입을 개발할 때 유용한 프로그래밍 언어이다.

파이썬 프로그래밍 언어의 장점은 이미 가독성이 좋다는 것으로도 충분히 그 특징이 잘 나타났지만 개발자 입장에서 볼 때 다음 두 가지 장점을 더 어필할 수 있다. 풍부한 외부 *라이브러리 모듈을 보유하고 있어 빅데이터 분석이나 인공지능, 자연어처리, 이미지 인식, 딥러닝 소프트웨어 개발에 유리하다. 다른 언어들에서 인공지능이나 자연어처리 등의 소프트웨어를 개발할 경우 인공지능 알고리즘이나 자연어처리 모듈을 모두 개발자가 개발해야 했다면, 파이썬은 이런 유용한 모듈을 이미 제공하고 있기 때문에 간단한 사용법만 익히면 누구나 쉽게 빅데이터 분석이나 인공지능, 자연어처리, 이미지 인식, 딥러닝 소프트웨어를 개발할 수 있다.

3.2 파이썬 프로그래밍 언어 실행환경

이번에는 파이썬 개발환경을 소개한다. 파이썬은 다양한 개발환경을 제공한다. 파이썬의 개발환경은 크게 두 가지 방법으로 나눌 수 있다. 여러분이 사용하는 PC에서 환경을 설정하여 사용하는 방법과 구글 클라우드 환경을 이용하는 방법이다.

내 PC 환경

내 PC에서 파이썬을 사용하는 방법에는 세 가지가 있다.

체크 포인트

파이썬 라이브러리는 여러 사람들이 파이썬 프로그래밍 언어를 이용해 여러 가지 기능을 프로그래밍 언어로 표현하여 제공하는 프로그램이다.

파이썬 인터프리터를 바로 실행하는 방법과 에디터를 사용하는 방법, 가상환경을 만들어 사용하는 방법이다.

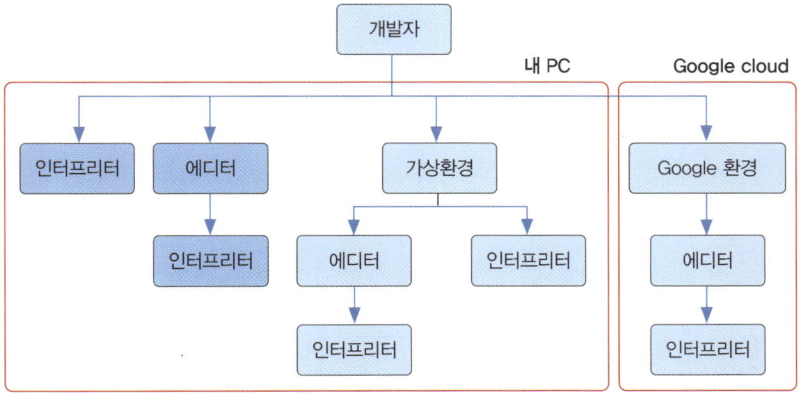

파이썬 인터프리터 환경

파이썬 인터프리터를 다운로드한 후 바로 실행해서 사용할 수 있다. 다음 그림과 같은 인터프리터 화면이 나타나면 인터프리터 환경에서 프로그래밍할 수 있는데, 다음과 같은 불편한 점이 있다.

파이썬 인터프리터 환경에서는 여러 줄의 복잡한 프로그램을 만들 때 불편하다.

파이썬 인터프리터 환경은 종료하면 작성했던 프로그램을 저장할 수 없기 때문에 파이썬 프로그래밍 언어를 사용할 때는 에디터를 사용해야 한다.

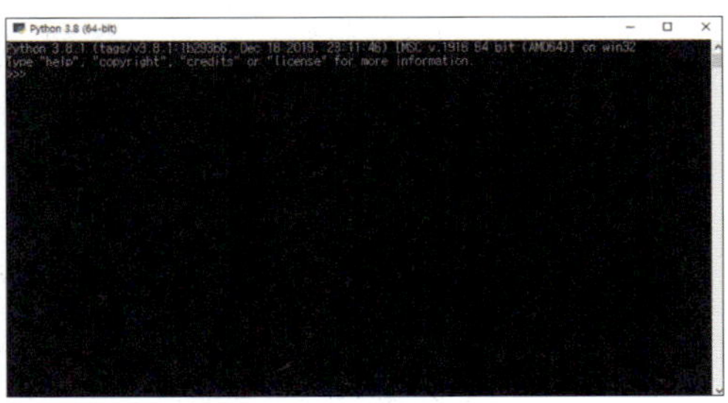

인터프리터 환경

하지만 이것이 파이썬 인터프리터이기 때문에 이 환경을 사용하지 않는 것이지, 인터프리터 프로그램 자체가 없어도 된다는 것은 아니다. 인터프리터가 인스톨

되어야만 파이썬 프로그래밍을 할 수 있다.

에디터 환경

텍스트 베이스 파이썬 인터프리터를 그래픽 인터페이스 베이스로 만들어 놓은 환경이 에디터이다. 에디터는 파이썬 인터프리터를 실행시켜주는 응용프로그램으로, 프로그래밍 언어의 문법을 쉽게 작성할 수 있도록 도와주는 역할을 한다. 파이썬 인터프리터를 실행시켜주는 에디터 응용프로그램은 여러 가지가 있다. 파이썬 인터프리터와 함께 포함된 기본 에디터 응용프로그램은 아이들(IDLE)이다. 아이들 이외에 비주얼스튜디오 코드(Visual Studio Code), 파이참(PyCharm) 에디터 등이 있다.

다음은 아이들과 파이참 에디터를 실행한 화면이다.

화면 구성과 제공하는 기능들만 다를 뿐 파이썬 인터프리터를 실행하는 것은 똑같고, 파이썬 문법으로 코딩할 수 있으며, 결과를 볼 수 있다.

아이들 에디터는 아래 화면에서 볼 수 있듯이 코딩창과 실행창이 분리되어 있다. 파이참은 한 화면에 코딩창과 아래쪽에 실행창을 함께 제공하는 환경을 제공하는 에디터이다.

에디터에서 코딩을 하면 코딩을 저장하여 다시 실행시킬 수 있으며, 코드에 문제가 있을 때는 빨리 확인할 수 있다는 장점이 있다.

아이들 환경

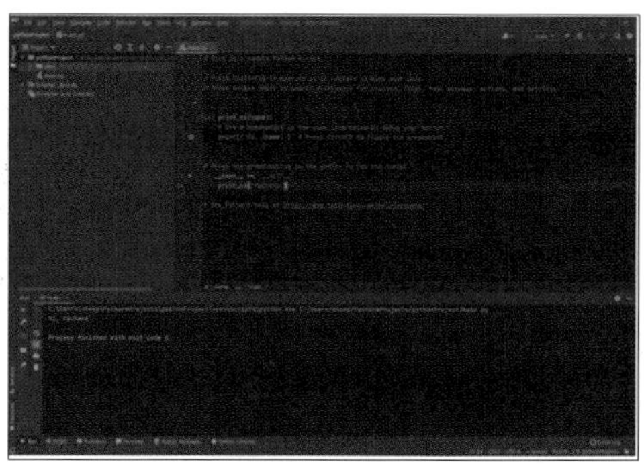

파이참 환경

가상환경

파이썬 프로그래밍 언어는 다양한 버전을 제공하며, 지금도 계속 업데이트가 이루어지고 있는 프로그래밍 언어이다.

여러분 PC에 파이썬 3.7 버전을 인스톨했다고 가정하자. 그러면 여러분은 다음에 업데이트된 3.8 버전을 다시 인스톨할 수 없다. 3.7 버전을 지우고 3.8을 인스톨해야 한다. 파이썬 프로그래밍 언어는 다양한 라이브러리를 제공하고 있고, 다양한 라이브러리를 사용할 수 있다는 것이 큰 장점이다. 그런데 파이썬 인터프리터 버전과 라이브러리 버전이 잘 맞아야 라이브러리를 사용할 수 있다.

예를 들어 파이썬 3.7 버전에서는 잘 사용되는 라이브러리가 파이썬 3.4에서는 사용할 수 없는 경우가 있다. 이럴 때마다 개발자 입장에서 여러 개의 버전과 라이브러리를 한 PC에 인스톨할 수 있도록 환경을 만들어주는 것이 바로 가상환경이다. 따라서 가상환경 응용프로그램을 설치하면 가상환경 응용프로그램 안에는 여러 버전의 파이썬을 인스톨할 수 있고, 각 버전마다 라이브러리 환경을 제공해주므로 다양하게 프로그램을 개발할 수 있는 환경이 구축된다.

가상환경 응용프로그램은 일반 PC에서 사용하기에는 용량이 큰 프로그램이다. 여러분 개개인의 PC 사양에 따라서는 불가능할 수도 있고, 인스톨했다고 해도 가상환경의 파이썬 인터프리터를 실행시키면 다른 프로그램이 실행되지 않을 수 있다. 따라서 가상환경을 이용한 파이썬은 신중히 선택해야 한다. 가상환경만 설정해 놓으면 그 안에서는 단순한 인터프리터 환경이나 에디터 환경과 똑같이 실행시킬 수 있다.

가상환경을 제공하는 응용프로그램으로 아나콘다 내비게이터(Anaconda Navigator)가 있다. dl 환경을 아나콘다 환경이라고 부른다. 아나콘다 응용프로그램을 인스톨하면 다음과 같은 화면이 나타나는데, 이 안에서 가상 컴퓨터 시스템을 생성하고 컴퓨터 시스템마다 파이썬 프로그래밍 언어를 인스톨하여 사용할 수 있다. 이때 아나콘다 내비게이터에서 제공하는 에디터들로는 쥬피터노트북(Jupyter Notebook), 스파이더(Spyder) 등이 있다.

 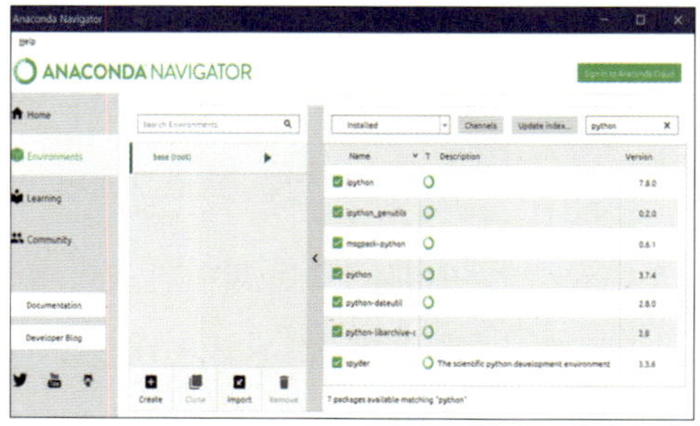

아나콘다 환경

구글 클라우드 환경

구글 클라우드 환경은 내 PC에 프로그램을 인스톨하지 않고, 구글 사이트로 접속하여 구글 클라우드 환경에서 제공하는 에디터 프로그램을 통해 파이썬 인터프리터를 실행시키는 환경이다. 따라서 구글 클라우드 환경은 웹 브라우저로 구글에 접속하여 프로그래밍을 하고, 결과를 내 PC의 모니터를 통해 볼 수 있다. 이때 구글에서 제공하는 에디터 환경이 코랩(Colab)이다.

다음 화면은 웹 브라우저에서 코랩으로 접속한 환경이다. 코랩 환경의 장점은 파이썬의 버전과 라이브러리의 버전을 생각할 필요가 없다는 것이다. 또한 라이브러리를 사용하기 위해서는 각각 라이브러리를 인스톨해야 하는데 코랩에서는 그럴 필요가 없다. 모든 라이브러리를 제공할 뿐만 아니라 모든 적합한 파이썬 버전을 제공하기 때문에 환경에 신경 쓸 필요 없이 코딩할 수 있다. 또한 여러분이 다른 사람들과 함께 협업해서 코딩할 때도 유용하며, 다른 사람의 코드나 여러분의 코드를 공유할 수도 있다. 하지만 코랩 환경을 사기업의 서비스에 의존하는 환경이므로 교육용으로는 적합하지 않다. 파이썬 프로그래밍 언어는 오픈소스로 제공되는 프로그래밍 언어이므로 자유롭게 다운로드하여 사용할 수 있지만 사기업에서 제공하는 환경은 완벽한 무료 서비스가 아니기 때문에 신중히 사용해야 한다. 계정 가입과 로그인을 강요하므로 완전 무료 서비스라고 할 수 없다.

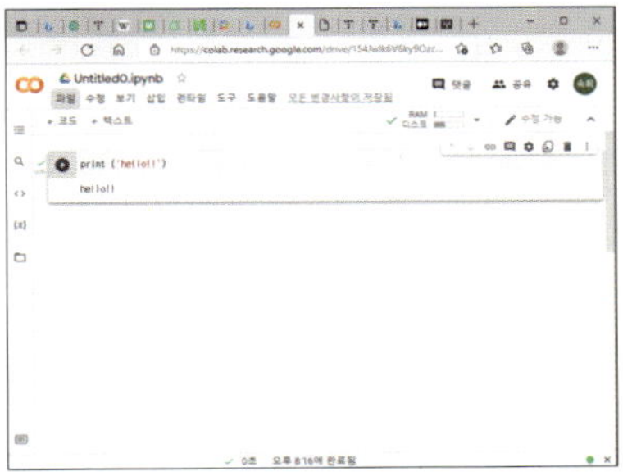

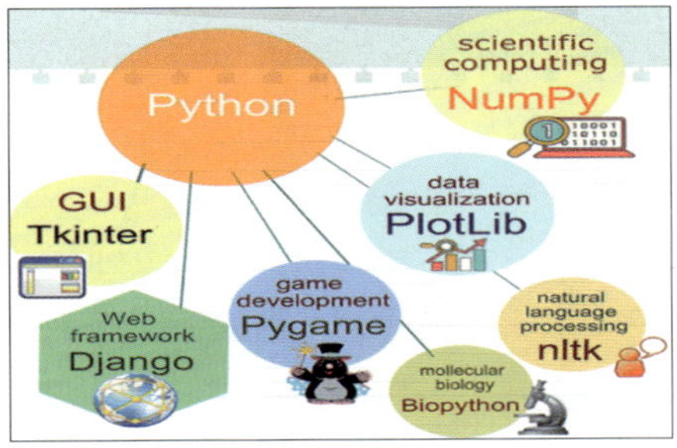

코랩 환경

파이썬 라이브러리

모든 프로그래밍 언어들은 표준 라이브러리(Standard Library)를 제공한다. 파이썬 프로그래밍 언어는 표준 라이브러리 외에 다양한 외부 라이브러리를 사용할 수 있다. 라이브러리는 프로그램 개발 시 유용하게 사용할 수 있는 기능을 미리 프로그래밍하여 다른 프로그램에서 사용할 수 있도록 제공해주는 기능이다.

프로그래밍 언어에서 제공하는 표준 라이브러리는 프로그래밍 언어와 함께 제작사에서 제공되는, 기본적으로 가지고 있는 라이브러리를 의미한다. 표준 라이브러리는 각 프로그래밍 언어에서 기본으로 제공하기 때문에 별도의 파일 설치 없이 사용할 수 있는 기능이다.

외부 라이브러리는 누구나 개발하여 사용하고 공유할 수 있으며, 인터넷 등을 이용하여 공유되는 기능이다. 파이썬 프로그래밍 언어를 기반으로 개개인이 다양한 기능 프로그램을 개발하여 공유하고 있다. 파이썬 프로그래밍 언어에서 사용할 수 있는 외부 라이브러리는 패키지로 제공되며, 이 패키지를 다운로드하여 사용할 수 있다.

- **넘파이(numpy) 패키지:** 파이썬에서 수치해석, 특히 선형대수 계산 기능을 제공한다. 수학연산에서 가장 기본적이고 중요한 기능을 포함하고 있다.
- **사이파이(scipy) 패키지:** 고급 수학 함수, 수치적 미적분, 미분 방정식 계산, 최적화, 신호처리 등에 사용하는 다양한 과학기술 계산기능을 제공한다.
- **판다스(pandas) 패키지:** 테이블 형태의 데이터를 다루는 데이터 프레임 자료형을 제공한다. 자료 탐색과 정리에 아주 탁월하여 데이터 분석에 유용하게 사용할 수 있다.
- **사이킷런(scikit-learn) 패키지:** 기계학습 교육을 위한 패키지이다. 다양한 기계학습 모형을 모두 제공하고 있어, 쉽게 기계학습 모형을 만들어 볼 수 있다.

3.3 파이썬 프로그래밍 언어 설치

이번에는 파이썬 인터프리터를 설치해보자.

파이썬 프로그래밍 언어는 인터프리트 방법을 사용하는 고급언어이다. 따라서 프로그래밍한 코드를 기계어로 번역해주는 파이썬 인터프리터를 인스톨 해야 한다.

파이썬 홈페이지 (www.python.org)에 접속하면 최신 버전을 비롯해 필요한 버전을 다운로드할 수 있다. 이때 인스톨하려는 시스템 운영체제의 종류에 따라 적합한 파이썬 인터프리터를 다운로드해야 한다.

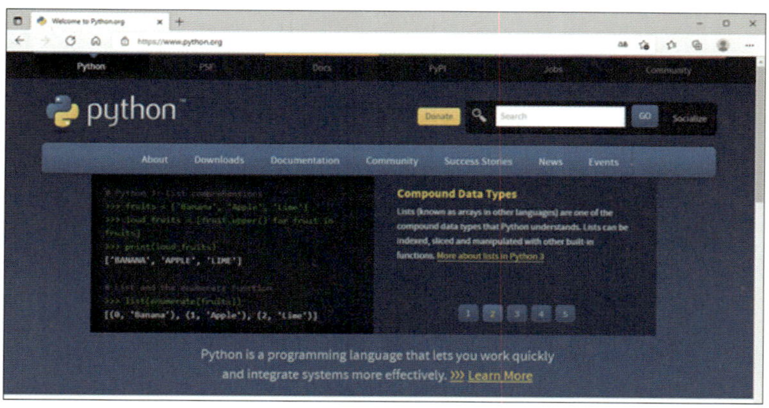

파이썬 홈페이지 화면

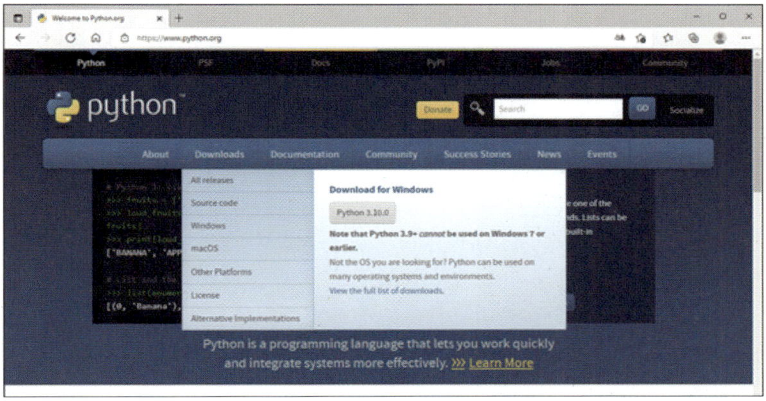

파이썬 다운로드 화면

다운로드한 파일(python-3.xx.xx-amd63.exe)을 실행시키면 바로 설치 마법사 창이 나타난다. 설치 마법사 창에서 아래쪽 두 개의 콤보박스를 선택한 후 인스톨을 시작한다.

파일 탐색기의 다운로드 폴더로 이동하여 방금 다운로드한 파일을 선택하고 실행한다. 그러면 다음과 같은 인스톨 화면이 나타나는데 이때 아래쪽 두 개의 버튼 창을 모두 클릭한 후 'Install Now'를 클릭해서 설치한다. 이 두 개의 옵션은 파이썬 인터프리터가 설치 경로를 자동으로 지정하도록 하는 옵션이다.

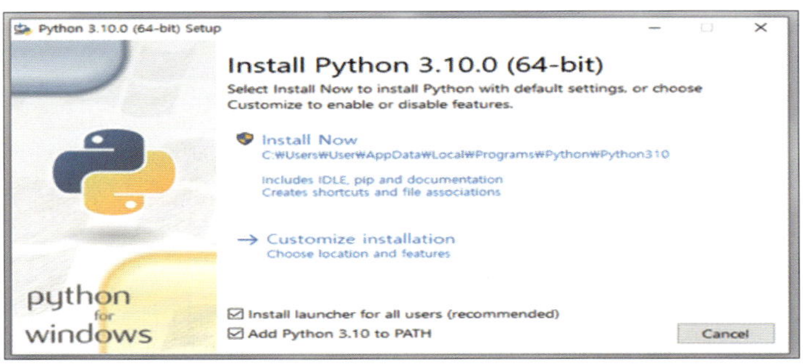

파이썬 인스톨 화면

인스톨이 끝나면 윈도우즈 홈키(⊞)를 클릭하여 응용프로그램 리스트에 파이썬 인터프리터가 응용프로그램처럼 추가되어 있는지 확인한다. 네 가지가 인스톨 되어 있으며, 첫 번째는 파이썬 인터프리터를 실행시킬 수 있는 기본 에디터인

IDLE이 함께 설치되어 있는 것을 확인할 수 있다. 두 번째는 파이썬 인터프리터이며, 세 번째는 파이썬 사용자 메뉴얼, 네 번째는 모듈에 대한 설명 문서이다.

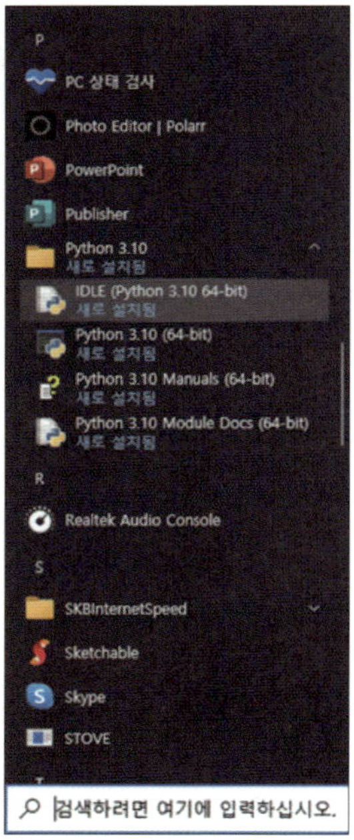

파이썬 설치 확인 화면

<7장>

변수와 연산

학습 목표

- 데이터와 정보에 대한 개념을 이해한다.
- 컴퓨터 프로그램 속 데이터와 메모리에 대한 개념을 이해한다.
- 상수와 변수의 차이점을 파악한다.
- 입력과 출력 방식을 배운다.
- 산술, 대입, 복합대입 연산자를 사용하여 표현하는 방식을 배운다.

1 〉 데이터와 정보

데이터는 무엇이고 정보는 무엇일까? 얼핏 보면 같은 단어라고 생각할 수 있지만 그 의미를 자세히 살펴보면 매우 다르다는 것을 알 수 있다.

이번 장에서 우리는 데이터와 정보의 개념을 각각 살펴보고, 컴퓨터 프로그램 속의 데이터는 메모리와 어떤 관계가 있는지도 살펴본다.

더 나아가 변수는 무엇이고 상수와는 또 어떤 차이점이 있는지 알아보고, 변수를 이용해 입력하고 출력하는 방식과 연산을 이용해 데이터를 다양하게 표현하는 방식도 배워보자.

1.1 데이터와 정보의 개념

데이터의 정의

데이터는 영어로 'data'이다. 이것을 번역하면 '컴퓨터에 저장된 데이터 또는 자료, 정보'이다. 사전적 의미로는 '관찰이나 조사에서 얻은 사실을 말한다. 즉, 무엇을 하기 위한 바탕이 되는 재료로, 특정 주제에 대한 단순한 사실을 모으거나 어떤 물체 또는 현상을 측정하거나 관찰하여 얻는 수치, 값 등을 숫자, 문자(글), 기호, 영상, 사진 등으로 표현한 것이다.

일상생활에서 보면 기상청의 날씨, 도시별 인구조사, 알람시계 시간 등과 같은 것들이 데이터에 해당한다. 사실 그대로를 수치(값)로 나타낸 것으로, 이 자체만으로는 단지 수치적인 것을 모아 놓은 것이라 큰 의미는 없다.

요즘과 같이 데이터 사이언스나 인공지능과 같은 단어가 우리 일상에 밀접하게 자리잡고 있는 시대에 데이터는 많으면 많을수록 좋다. 그런데 이렇게 데이터를 모아 놓은 것은 수치(값)를 나타낼 뿐 큰 의미는 없다고 했는데, 그렇다면 데이터를 모으는 것은 정말 별 의미가 없을까? 결론부터 말하면 의미는 있다. 왜냐하면 가장 기본적인 단계가 데이터 수집과 분석인데, 이때 수집된 데이터가 쓸모가 없거나 데이터 수집 과정이 적절하지 않으면 결국 이렇게 수집한 데이터를 신뢰할 수 없기 때문이다. 그렇다면 데이터를 더욱 가치 있게 만드는 무엇이 필요한데, 그 무엇에 해당하는 것이 바로 정보이다.

정보의 정의

정보는 영어로 'information'이며, 사전적 의미는 실제로 문제를 해결하는 데 도움이 될 수 있도록 여러 가지 사실이나 데이터를 이용하여 '어떤 목적에 맞게 의미 있고 관리하기 쉬운 형태로 정리된 것'이다.

사람마다 관심을 갖는 정보가 각각 다르고, 접할 수 있는 종류도 다르므로 세상의 모든 정보를 다 판단하는 것은 불가능하다. 따라서 많은 정보 가운데 나에게 필요한 정보가 무엇인지를 잘 파악하고, 이에 맞는 정보를 적절하게 수집할 수 있어야 한다.

인공지능과 함께 빼놓을 수 없는 단어인 빅데이터(big data)도 데이터에서 가치가 있는 정보들을 추출하여 이를 비즈니스에 활용한 것이라고 볼 수 있다.

요즘 심각하게 대두되는 문제 중 하나로 인구 감소를 들 수 있는데, 이와 관련된 내용을 예로 들면서 어떤 것이 데이터이고 어떤 것이 정보인지, 그 의미를 한번 살펴보자.

공공데이터포털(www.data.go.kr) 또는 캐글(www.kaggle.com) 등과 같은 곳에서 수집한 대한민국 도시별 인구 수, 도시별 남녀 인구 수, 도시별 인구 밀도, 도시별 출생아 수, 도시별 사망자 수, 도시별 고령자 수, 도시별 혼인 건수, 도시별 내·외국인의 남녀별 인구 수와 가구 수 등과 같은 것은 데이터(data, 자료)에 해당한다. 왜냐하면 이 자체만으로는 수치를 나타내는 것일 뿐 큰 의미는 없기 때문이다. 그러나 이런 데이터를 이용하여 도시별 인구 밀도가 작년과 비교해 몇

% 증가했는지, 어느 지역의 인구 수가 몇 % 증가했고 몇 % 감소했는지, 출생률은 3년 전과 비교해 몇 % 감소했는지 등을 한눈에 파악할 수 있다면 이것이 바로 정보(information)가 된다.

1.2 컴퓨터 속의 데이터

컴퓨터 메모리가 저장하는 다양한 데이터

컴퓨터 속의 데이터는 숫자, 기호, 문자와 같은 단순한 데이터부터 사진(이미지, 영상), 소리(음원) 등의 복합 데이터까지 그 종류가 매우 다양하다. 데이터는 사용 목적에 따라 다른 형태로 가공할 수 있어야 하며, 무엇보다 데이터가 정확해야 신뢰성을 얻을 수 있고, 언제든지 필요할 때에는 데이터를 수정하거나 업데이트할 수 있어야 한다.

그럼 데이터는 컴퓨터의 어디에 저장되는 걸까? 바로 메모리(memory)라는 곳이다. 사용자가 입력한 데이터나 인터넷(네트워크)으로 얻은 데이터를 저장하려면 컴퓨터를 사용하여 처리하는데, 이때의 모든 데이터는 컴퓨터 안의 메모리라는 곳에 저장된다.

PC용 메모리카드

메모리를 쉽게 이해하기 위해 컴퓨터 안의 메모리를 우리가 사는 아파트라고 가정해보자. 한 개의 동을 102동이라고 하면 102동에는 101호, 102호, 103호 등과 같이 많은 가구가 살고 있다. 이때 한 개 동은 하나의 메모리이고 101호, 102호 등과 같은 각각의 호는 각각의 데이터를 의미한다.

하나의 메모리에는 수많은 데이터 값이 저장될 수 있는 공간이 있고, 이 공간 하나하나에 각각 하나의 데이터를 저장할 수 있으며, 이때 데이터는 숫자, 문자, 이미지(사진), 영상, 소리 등 다양한 형태가 될 수 있다.

안녕	3.14				
		1.5			
				1	2
3	4	5	6	7	8
9	10		a	b	c
d	e	f			

메모리 구조 예시

또한 이러한 데이터들은 주어진 상황에 따라 언제든지 만들 수 있고 추가, 변경, 복사, 삭제도 할 수 있다.

1.3 상수와 변수

상수와 변수의 기본 개념

컴퓨터 프로그램에서 데이터는 상수(constant)와 변수(variable)로 나누어진다. 상수와 변수는 어떻게 다를까?

상수는 정해진 값을 나타내며, 항상 같은 값을 저장한다. 즉, "PI(파이)는?"이라는 질문을 받으면 우리는 너무나 당연히 3.14라고 생각하듯이 특정 데이터의 값을 고정하여 항상 같은 값을 저장하는 것을 *상수라고 하는 것이다.

변수를 이해하기에 앞서 메모리 주소라는 것을 살펴보자.

체크 포인트

파이썬에서는 상수를 대문자로 표현한다. 예를 들면 PI=3.14와 같은 식으로 표현한다.

메모리 주소(memory address)는 우리가 컴퓨터에게 일을 시키기 위해 명령어를 입력하는 프로그래밍 작업을 할 때 저장된 데이터가 어디에 있는지 바로 찾을 수 있는 '메모리 위치 식별 주소'이다.

그런데 실제 메모리의 물리적 주소를 있는 그대로 사용한다면 메모리 주소가 아파트 동호수처럼 간단히 표현되는 것이 아니라, 긴 숫자(예: 1654789)나 문자(예: 0x035687)를 섞어 표현되기 때문에 우리가 기억하거나 메모리 주소를 사용할 때 매우 복잡할 수 있다.

따라서 이를 좀 더 편하게 사용하기 위해 이름을 따로 부여하는데, 우리는 이것을 변수(variable)라고 한다. 즉, 변수는 값을 저장하는 공간의 이름을 나타내며, 컴퓨터 프로그래밍을 하는 동안 수시로 변하는 값들을 언제든지 새로운 값으로 만들고, 쉽게 변경, 삭제, 복사할 수 있게 해준다.

다음의 예를 통해 변수에 대해 알아보자.

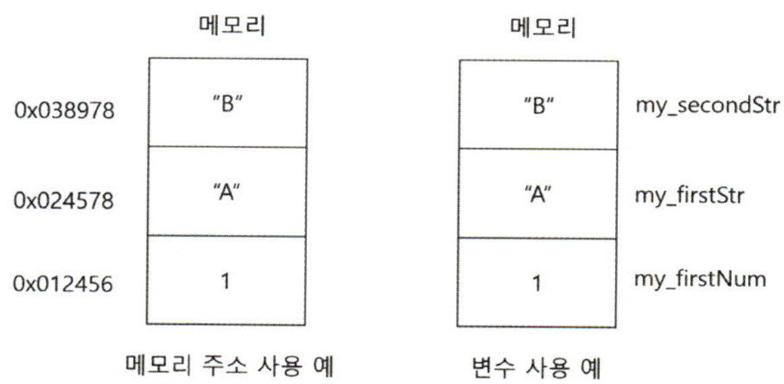

변수 사용 예

물리적 값을 나타내는 메모리 주소를 직접 사용하는 것보다 직관적으로 이해하기 쉬운 변수를 사용함으로써 훨씬 기억하기 쉽고, 편하게 저장된 값을 불러와 저장, 변경, 삭제, 복사를 할 수 있다.

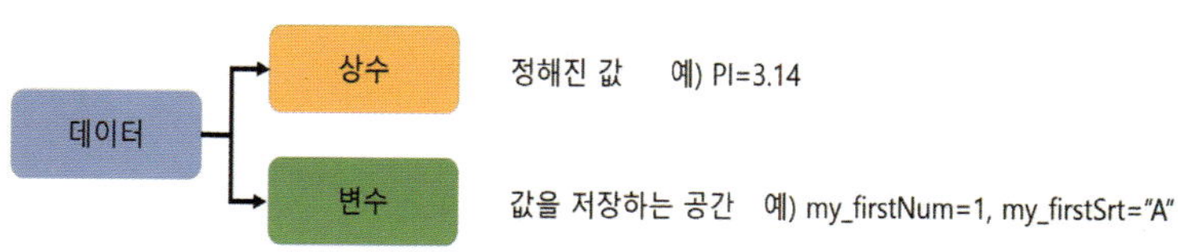

상수와 변수의 개념

파이썬에서의 변수 개념

파이썬에서는 변수에 저장된 값을 파이썬 개발 언어가 어떤 유형의 데이터인지 스스로 판단한다. 즉, 프로그램에 선언된 변수에 값이 할당되면 파이썬은 자동으로 변수의 값이 문자인지, 정수인지, 실수인지 등을 알아서 확인하여 변경해준다.

따라서 해당 변수를 사용하기 위해 다른 프로그래밍 언어를 사용할 때처럼 따로 변수에 대한 형태를 나타내는 자료형(int, float, str 등)이라는 것을 선언해줄 필요가 없다.

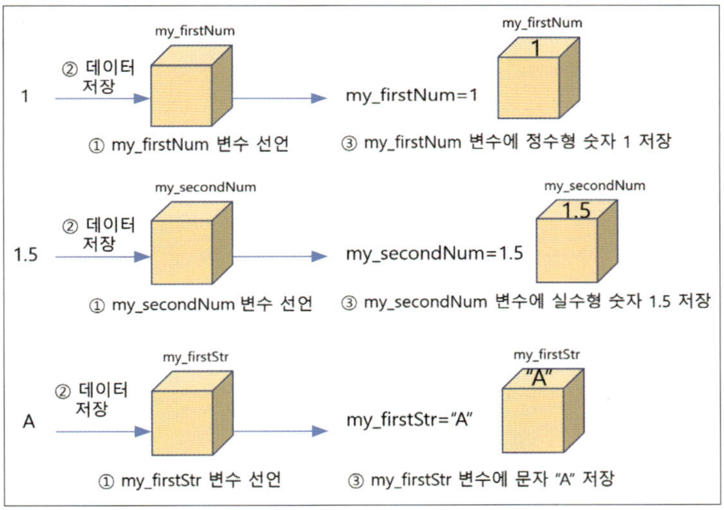

파이썬에서의 변수 초기화 과정

이때 만든 변수에 데이터를 저장하는 과정을 '변수 초기화'라고 하며, 데이터를 저장하려면 대입 연산자(=, 할당 연산자라고도 함)라는 것을 이용해 대입 연산자를 기준으로 왼쪽에는 변수, 오른쪽에는 값, 수식 또는 다른 변수를 위치시킨다.

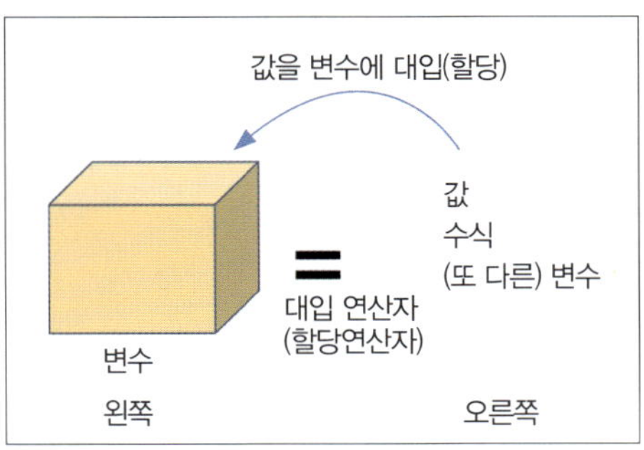

변수에 값 할당하는 방식

변수에 새로운 데이터가 저장되면 이전에 입력한 데이터는 사라진다.

아래 그림과 같이 my_firstNum이라는 변수에 '1'이라는 값을 저장한 후 다시 같은 변수에 '2'라는 값을 저장하면 기존의 '1'이라는 값 대신 '2'라는 값으로 바뀌어 저장된다.

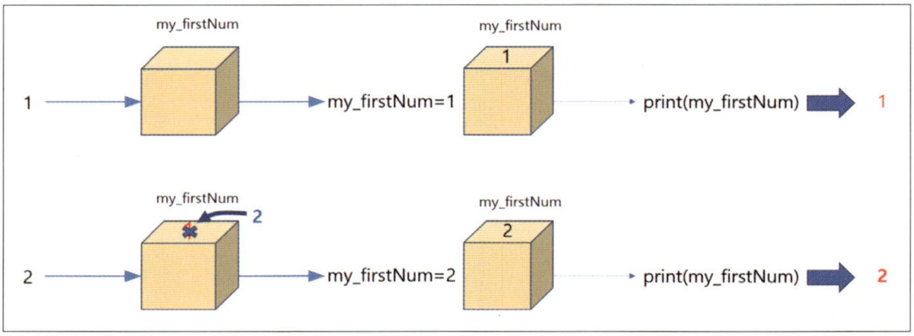

변수의 데이터 값

파이썬에서는 한 번에 여러 개의 변수를 만들 수 있다. 이때 조심해야 하는 것은 변수의 개수와 값의 개수가 항상 같아야 한다는 것이다. 이것만 유의한다면 좀 더 쉽게 변수를 사용할 수 있다.

```
num1, num2 = 1, 2
ptint(num1, num2)
```

〈실행결과 예〉

```
1 2
```

파이썬을 이용하여 변수의 값을 교환하려고 하는 경우는 다음과 같이 두 가지 방법을 이용할 수 있다.

방법 1	방법 2
num1, num2 = 1, 2 print("기존 변숫값=",num1, num2) temp = num1 num1 = num2 num2 = temp print("교환에 의한 변숫값=",num1, num2)	num1, num2 = 1, 2 print("기존 변숫값=",num1, num2) num1, num2 = num2, num1 print("교환에 의한 변숫값=",num1, num2)
〈실행결과 예〉 기존 변숫값= 1 2 교환에 의한 변숫값= 2 1	**〈실행결과 예〉** 기존 변숫값= 1 2 교환에 의한 변숫값= 2 1

방법 1의 경우는 임시로 변수의 값을 저장할 수 있는 변수(temp)를 두고 이를 이용하여 교환해서 표현하는 방법이라면 방법2는 직접적으로 교환해서 표현하는 방법이다. 방법2의 경우는 파이썬에서만 사용이 가능한 또 하나의 매력이다.

플로차트와 알고리즘을 합한 의미로 쓰이는 플로우고리즘(Flowgorithm)이라는 도구를 이용해 플로차트로 알고리즘을 만들면 파이썬과 같은 소스코드를 자동으로 만들어주는데, 이때 플로차트에서 변수를 선언하는 방법은 다음과 같다.

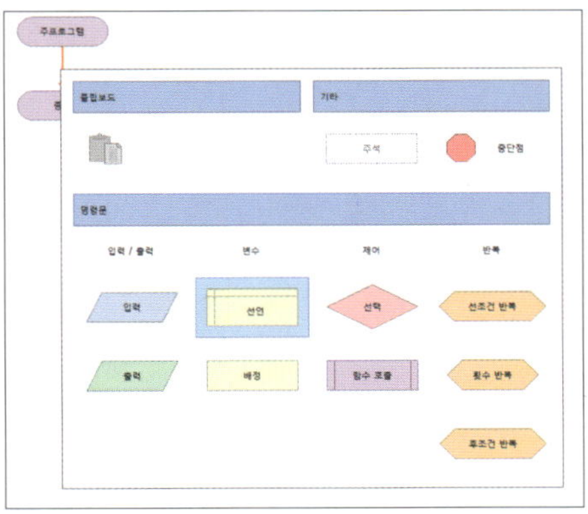

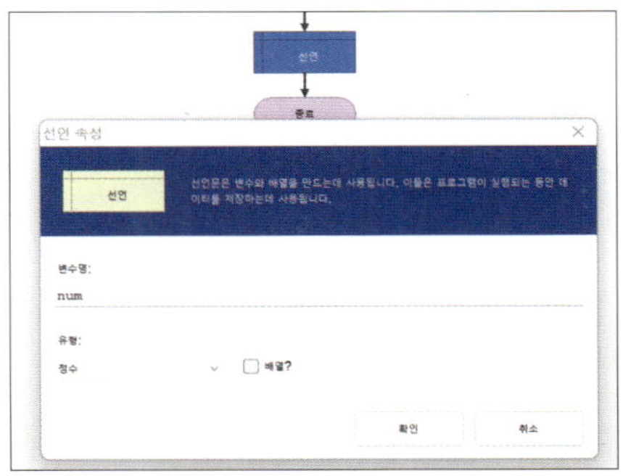

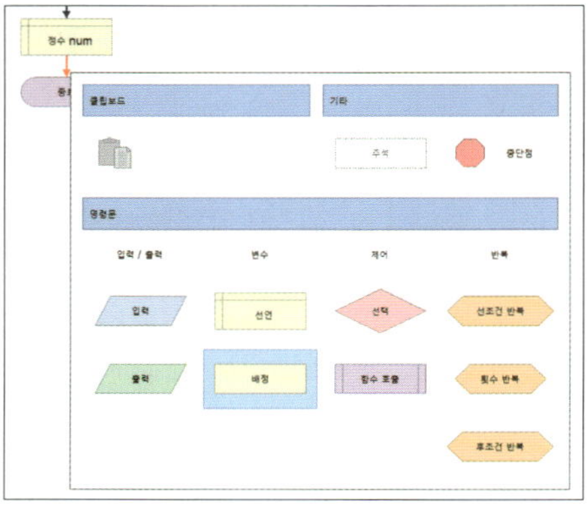

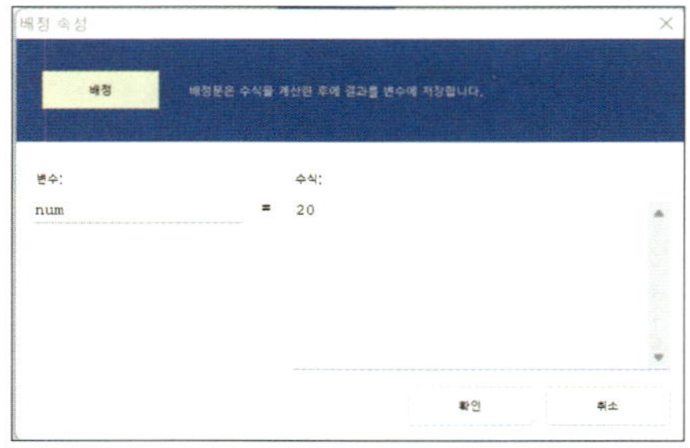

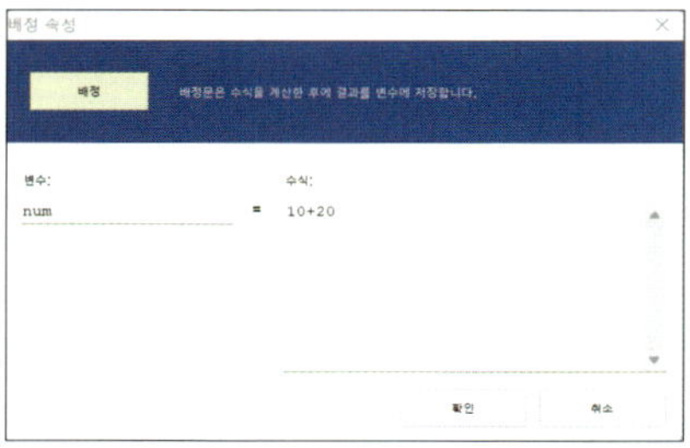

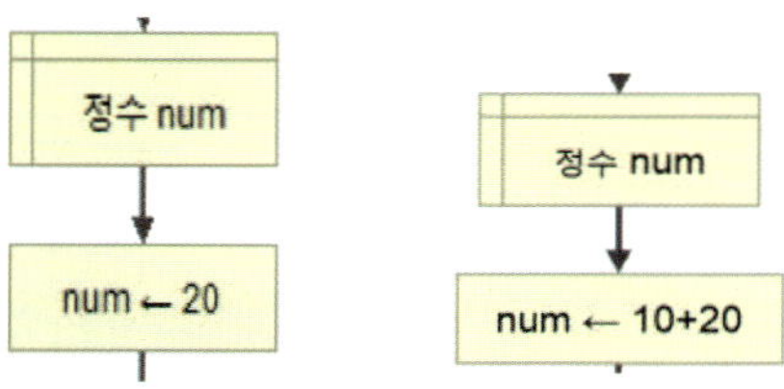

(a) (b)

플로우고리즘으로 변수 선언하기

(a)는 변수 num을 정수형으로 선언한 후 num에 20을 저장한다.

(b)는 변수 num을 정수형으로 선언한 후 num에 10+20의 값을 저장한다.

메모리가 담기는 주소를 편하게 부를 수 있는 또 다른 이름, 변수에 저장될 수 있는 데이터의 유형은 다음의 세 가지이다.

- **수치형:** 유한한 자릿수의 숫자를 표시하는 방식으로 크게 정수형과 실수형으로 나누어진다.
  - **정수형(integer type):** 자연수(양수)를 포함한 정수로 한정된 값이다.

    예) 1, 2, 3, 4, −1, −2 → x=1, y=−2와 같은 형식으로 선언
  - **실수형(float type):** 소수점이 포함된 값이다.

    예) 1.2, 2.34 → z=1.2와 같은 형식으로 선언
- **문자형(string type):** 문자로 출력되며 따옴표(" "또는 ' ') 안에 들어가 있는 문자 값이다.

  예) 22학번, OO대학교 → school="OO대학교", 학번="22학번"과 같은 형식으로 선언
- ***논리형(boolean type):** 참(True) 또는 거짓(False)을 이용해 표현하는 값이다.

  예) True, False → apple==banana의 결과는 False(0)과 같은 형식으로 선언

그 밖에 다음 유형들도 표현할 수 있다. 이 유형들은 다음 장에서 더 자세히 다룬다.

예) 복소수형, 리스트, 튜플, 딕셔너리(dictionary, 사전), 세트(set)

```
#복소수형 변수 선언
a_comp=3+3j
print(a_comp)
type(a_comp)
```

<실행결과 예>

```
(3+3j)
complex
```

```
#리스트: 순서가 있는 데이터 모음(집합)
b_list=[1,2,3,4,5]
print(b_list)
type(b_list) #변수형 유형 확인
```

<실행결과 예>

```
[1, 2, 3, 4, 5]
list
```

```
#튜플: 수정할 수 없는 데이터 모음(집합)
c_tu=(1,2,3,4,5)
print(b_tu)
type(c_tu) #변수형 유형 확인
```

<실행결과 예>

```
(1, 2, 3, 4, 5)
tuple
```

체크 포인트

참고로 논리형에서 참(True), 거짓(False)은 숫자로 참→1, 거짓→0으로도 표현한다.

```
#딕셔너리: 키와 값을 하나의 쌍으로 이룬 데이터 모음(집합)
d_dic={1:"python", 2:"java"}
print(d_dic)
type(d_dic) #변수형 유형 확인
```

<실행결과 예>

```
{1: 'python', 2: 'java'}
dict
```

```
#세트: 중복을 허용하지 않는 데이터 모음(집합)
e_set={1,2,3,4,5,1,2,6}
print(e_set)
type(e_set) #변수형 유형 확인
```

<실행결과 예>

```
{1, 2, 3, 4, 5, 6}
set
```

잠깐만요

변수에 저장된 데이터가 어떤 유형의 자료인지 알고 싶을 때, type()이라는 명령을 이용해 변수에 저장된 데이터가 어떤 자료형인지 확인할 수 있다.

사용 형식: type(변수명)

사용 예:

```
school_name="00대학교"
type(school_name)          str   ← 문자형

학번=2022123456
type(학번)                  int   ← 정수형

x=183.3
type(x)                    float ← 실수형
```

변수를 사용할 때 다음과 같은 오류가 발생할 수 있다. 그 이유는 변수인 메모리 주소는 사용하고 있지만, 메모리 안의 값을 채워주는 '초기화'라는 과정을 거치지 않았기 때문이다.

초기화되지 않은 변수

```
num=num+1
print(num)
```

```
NameError
Traceback(mostrecentcalllast)
<ipython-input-1-e3eef4b2b8f1>in <module>()
----> 1 num=num+1
      2 print(num)

NameError: name 'num' is not defined
```

즉, 프로그램에 num=num+1이라고 'num' 변수를 선언해서 사용하지만, 'num'이라는 변수에 어떤 값이 있는지 '초기화'가 되어 있지 않아 발생하는 오류이다.

위의 프로그램에서 초기화 오류를 해결하려면 num=num+1 위에 num=1과 같이 변수 'num'에 값 '1'을 지정해주는 초기화를 반드시 거쳐야 한다.

변수를 선언해서 사용할 때는 반드시 변수를 초기화해야 한다는 것을 잊지 말자.

변수 초기화

```
num=1
num=num+1
print(num)
```

변수의 이름을 만들 때도 나름의 규칙이 있다. 물리적인 메모리 주소를 알기 편한 이름인 변수로 만들었지만 my_firstNum, my_secondNum, my_firstStr, num과 같이 각 변수 안에 어떤 값들이 들어올지 예측할 수 있다면 좋은 이름이 될 수 있다.

다음과 같이 변수 이름을 만드는 규칙 몇 가지를 잘 활용하면 의미 있는 변수 이름을 쉽게 만들 수 있다.

1. 한 프로그램에서 변수 이름은 유일하다.
2. 알파벳 대 · 소문자, 한글, 숫자, 특수기호로는 밑줄(_,언더바)만 사용한다.
3. 첫 문자는 반드시 알파벳, 한글, 밑줄(_,언더바)을 사용한다.
4. 숫자는 첫 문자로 사용이 불가하다.
5. 변수 이름으로 공백 문자는 사용이 불가하다.
6. 변수 이름에서는 대문자와 소문자를 구별한다.
7. 컴퓨터 프로그래밍 언어에서 이미 문법적인 용도로 사용하는 예약어(키워드, keyword)는 사용이 불가하다.

실습 예제

올바른 변수 이름 찾기

다음 중 올바른 변수 이름은 무엇인가요?

aBC	Ab_$	aB_1	1ab
_abc	AB C	1_	에이플러스

정답 및 설명:

aBC (O)	Ab_$	aB_1 (O)	1ab
_abc (O)	AB C	1_	에이플러스 (O)

'Ab_$'와 같은 특수기호는 _(밑줄, 언더바) 외에는 쓸 수 없으므로 안 된다.
'1ab'와 '1_'의 경우는 숫자를 첫 문자로 사용할 수 없으므로 안 된다.
'AB C'의 경우는 AB와 C 사이에 공백 문자가 있어서는 안 된다.

잠깐만요

예약어(키워드, keyword)는 미리 특별한 의미를 부여하여 사용하기로 약속해 놓은 단어이다. 이는 변수 이름으로 사용할 수 없으며, 파이썬에는 다음과 같은 예약어가 있다.

```
import keyword
print(keyword.kwlist)

['False', 'None', 'True', 'and', 'as', 'assert', 'async',
'await', 'break', 'class', 'continue', 'def', 'del', 'elif',
'else', 'except', 'finally', 'for', 'from', 'global', 'if',
'import', 'in', 'is', 'lambda', 'nonlocal', 'not', 'or', 'pass',
'raise', 'return', 'try', 'while', 'with', 'yield']
```

1.4 입력과 출력

키보드로 사용자 입력값 받기

지금까지 변수에 입력되는 값은 항상 숫자나 문자와 같이 고정된 값이었으나 사용자로부터 값을 입력받아 변수에 저장하는 경우도 생길 수 있다.

input()이라는 명령어를 이용하여 사용자가 키보드에 입력하는 값을 변수에 저장한 다음 출력해보자.

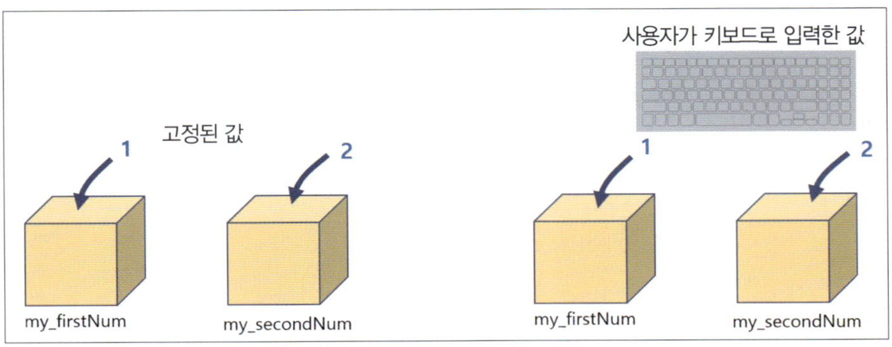

입력값 방식: 고정된 값 vs 사용자가 키보드로 입력한 값

'greeting'이라는 변수에 input() 함수를 사용해 사용자로부터 '안녕하세요'라는 입력값을 받아서 저장한 다음 print() 함수를 사용해 변수에 저장된 사용자 입력값을 출력해보자.

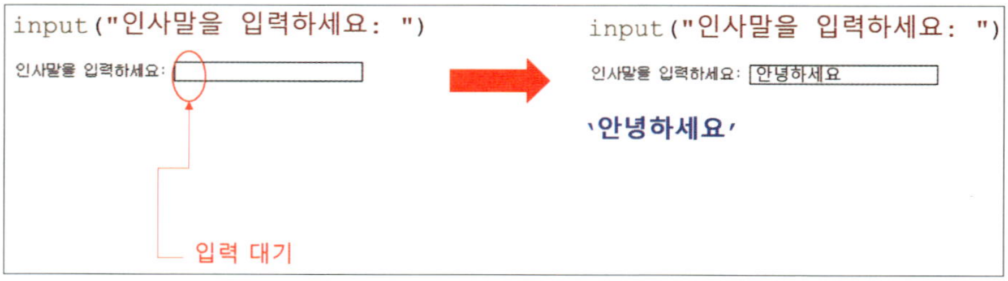

input( ) 사용 방법

```
greeting=input("인사말을 입력하세요: ")
print(greeting)
```

input()은 사용자가 입력한 값을 무조건 문자열 형태로 인식한다.

따라서 사용자가 숫자(정수, 실수)를 입력해도 항상 문자열로 인식한다.

```
#사용자로부터 입력받기
string=input("입력: ")

#출력하기
print("자료: ", string)
print("자료형: ", type(string))
```

〈실행결과 예〉

입력: 2022

자료: 2022

자료형: 〈class 'str'〉

앞의 예제를 통해 사용자로부터 숫자를 입력받았지만 자료형을 확인한 결과, 'str'이라는 문자열인 것을 확인할 수 있다.

사용자로부터 입력받은 값을 더하는 경우와 같이 숫자(정수, 실수)로 표현하려면 어떻게 해야 할까?

```
#사용자로부터 입력받은 수를 더하기
string=input("입력: ")

#출력하기
print("입력 + 100: ", string+100)
```

〈실행결과 예〉

```
입력: 100
---------------------------------------------------------------
TypeError                          Traceback(most recent call last)
<ipython-input-12-b32e22cf0910>in<module>()
        3
        4 #출력하기
---->   5 print("입력 + 100: ", string+100)

TypeError: canonlyconcatenatestr(not"int") to str
```

위의 예제와 같이 사용자로부터 문자열 형태로 입력받은 '100'을 아무리 더해도 이 값은 숫자가 아니기 때문에 연산이 이뤄지지 않는다. 위와 같이 타입 오류가 발생하는 것을 알 수 있다.

사용자가 입력한 문자열 형태의 값을 연산하기 위해 숫자로 변환할 수 있는데, 문자열을 숫자로 바꾸려면 int()와 float()를 사용하여 문자열을 각각 정수와 실수인 숫자 형태로 변환해야 한다.

- int(): 사용자가 입력한 문자열 숫자를 정수형의 숫자로 변환
- float() : 사용자가 입력한 문자열 숫자를 실수형(소수점)의 숫자로 변환

다음과 같이 사용자가 입력한 문자열 값을 input()과 int()로 감싸주어 문자열 형태의 숫자를 정수형 숫자로 변환한다.

float()로 감싸는 경우에는 문자열 숫자를 실수형(소수점)으로 변환한다.

문자열 숫자를 숫자형(정수, 실수)으로 바꾸기

print()를 사용하여 다음과 같은 결과를 출력할 수 있다.

형식	출력결과
print("안녕")	안녕
print("안녕","하세요")	안녕 하세요
print("안녕"+"하세요")	안녕하세요 ← 문자열끼리 연결해 줌
print("안녕""하세요")	안녕하세요 ← 문자열끼리 연결해 줌
print("안녕",end="") print("하세요")	안녕하세요 ← 하나의 문장으로 연결해 줌

실습 예제

사용자로부터 입력받기

다음의 결과는 어떻게 나오는가?

```
#사용자로부터 입력받기
#문자열(1)
f_strnum=input("첫 번째 수 입력 1>")
s_strnum=input("두 번째 수 입력 1>")

#정수(2)
f_num=int(input("첫 번째 수 입력 2>"))
s_num=int(input("두 번째 수 입력 2>"))

#출력하기
print("문자열 자료 1: ", f_strnum + s_strnum)
print("숫자 자료 2: ", f_num + s_num)
```

〈실행결과 예〉

```
첫 번째 수 입력 1〉 12
두 번째 수 입력 1〉 34
첫 번째 수 입력 2〉 56
두 번째 수 입력 2〉 78
문자열 자료 1: 1234
숫자 자료 2: 134
```

잠깐만요

결과를 화면에 출력하기 위해 사용하는 print() 함수를 이용하다 보면 출력된 값을 하나의 라인에 연속적으로 나타내고자 할 때 end()를 사용하면 앞의 출력문에 이어서 다음의 출력문 결과를 한 줄로 나타낼 수 있다.

```
print("현재 여러분이 듣고 있는 수업은? ", end=" ")
print("컴퓨팅적 사고")
```

〈실행결과 예〉

현재 듣고 있는 수업은? 컴퓨팅적 사고

"%형식 지정문자"를 이용하여 결과를 출력할 때 다음과 같이 정수, 실수, 문자열을 출력할 수 있다.

<table>
<tr><th>%형식 지정문자</th><th>출력내용</th><th>설명</th></tr>
<tr><td>%d</td><td>정수</td><td>%d : 정수 출력
%04d : 정수를 오른쪽 기준으로 맞추고 앞의 빈 칸은 0으로 출력
예) 80을 %04d로 표현하면
| 0 | 0 | 8 | 0 |</td></tr>
<tr><td>%f</td><td>실수</td><td>%f : 소수점 출력
%6.3f : 소수점 숫자를 전체 6칸에 소수 이하 3칸에 맞춰서 출력
예) 80을 %6.3f로 표현하면
| 8 | 0 | . | 0 | 0 | 0 |</td></tr>
<tr><td>%s</td><td>문자열</td><td>%s : 문자열 출력</td></tr>
</table>

이 외에도 파이썬3 포맷팅 방식인 format 형식으로도 표현할 수 있다. 이 방식의 기본 형태는 "출력형식.format{ }"과 같은 형식으로 나타내며, { } 안에 출력 대상이 변수 또는 값과 1:1로 매칭하여 출력한다.

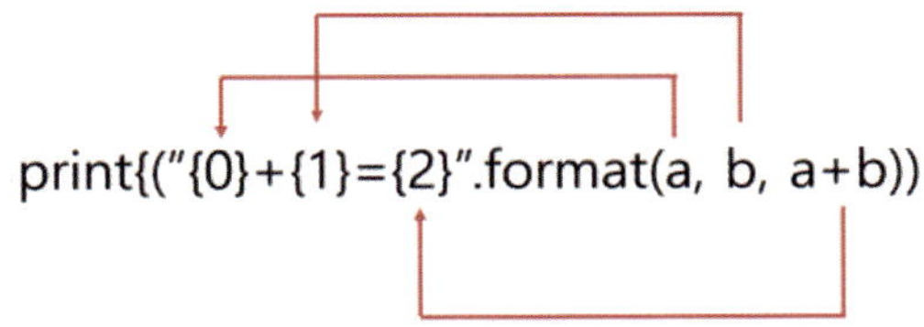

format 형식 매칭

다음 예제를 통해 format 방식을 알아보자.

```
이름="건덕이"
나이=20
학번=2022
학과="컴퓨팅적사고 "

print("안녕하세요! {}님".format(이름))
print("당신은 올해 {0}학번이고, {1}세이네요.".format(학번,나이))
print("{}학과 학생이군요!!".format(학과))
print("한 학기 동안 서로 열심히 하자고 격려하는 차원에서 모두 박수!")
print("{0}!{1}!{2}!".format("짝","짝"*2,"짝"*3))
```

〈실행결과 예〉

```
안녕하세요! 건덕이님
당신은 올해 2022학번이고 20세이네요.
컴퓨팅적사고학과 학생이군요!!
한 학기 동안 서로 열심히 하자고 격려하는 차원에서 모두 박수!
짝!짝짝!짝짝짝!
```

실습 예제

%형식 지정문자 및 format 형식 출력하기

다음의 결과는 어떻게 나오는가?

```
name="만쥬"
score1, score2 = 90, 98
avg=(score1+score2)/2

print("**형식 지정문자와 format 형식 출력하기**")
#%형식 지정문자 중 문자열과 정수를 사용하기
print("%s님 컴사의 중간과 기말 성적은 각각 %d,%03d입니다."%(name,score1,
score2))

#형식 지정문자 중 문자열과 실수를 사용하기
print("%s님 컴사 과목 시험 평균은 %6.2f 입니다."%(name, avg))

#format 형식 이용해 표현하기
print("{}님의 컴사 중간과 기말 성적은 각각 {},{}입니다.".format
(name,score1,score2))
print("{0}님의 컴사 중간과 기말 성적은 각각 {1},{2}입니다.".format
(name,score1,score2))
print("{0}님 컴사 과목 시험 평균은 {1}입니다.".format(name,avg))
```

〈실행결과 예〉

```
**형식 지정문자와 format 형식 출력하기**
만쥬님 컴사의 중간과 기말 성적은 각각 90,098입니다.
만쥬님 컴사 과목 시험 평균은  94.00 입니다.
만쥬님의 컴사 중간과 기말 성적은 각각 90,98입니다.
만쥬님의 컴사 중간과 기말 성적은 각각 90,98입니다.
만쥬님 컴사 과목 시험 평균은 94.0입니다.
```

1.5 산술, 대입, 복합대입 연산자

파이썬 연산자 사용

파이썬에서 이용하는 산술 연산자는 다른 언어에서 사용하는 산술 연산자와 대부분 형태와 쓰임새가 같다. 여기에서는 몇 가지 다른 표현 방법만 간단히 살펴보자.

파이썬 산술 연산자 표현

의미	산술 연산자	사용 예
덧셈	+	2 + 5 ⇒ 8
뺄셈	–	2 – 5 ⇒ –3
곱셈	*	2 * 5 ⇒ 10
나눗셈	/ (나누기) // (몫)	3 / 5 ⇒ 0.6 (소수점) 7 // 3 ⇒ 2 (정수)
나머지	%	7 % 3 ⇒ 1
지수(제곱)	**	3 ** 2 ⇒ 9

프로그램에서 대입 연산자는 '='를 기준으로 왼쪽에는 변수, 오른쪽에는 값을 저장 또는 할당하라는 의미이다.

- count=1 ← count 변수에 1을 저장(할당)한다.
- count=count+1 ← count 변수에 count+1의 값을 계산해 저장(할당)한다.

잠깐만요

일반적인 수학 표현과의 차이점은 무엇인지 확실히 짚고 넘어가자.

- = : 대입 연산자 예) num=1 → num 변수에 1을 저장(할당)한다.
- == : 수학에서 "같다"와 같은 의미 예) num==1 → num 변수의 저장된 값은 1과 같다.

산술 연산자 중 '+' 연산자를 이용하면 문자열과 문자열을 연속으로 붙여서 출력할 수 있다.

```
print("안녕" + "파이썬")
```

〈실행결과 예〉

안녕파이썬

문자열과 문자열을 연속으로 출력할 때 중간에 띄어쓰기를 하려면 공백 문자(" ")를 이용해 두 문자열 사이에 공간을 띄어서 나타낼 수 있다.

```
print("안녕 " + "파이썬")    또는    print("안녕" +" "+ "파이썬")
```

〈실행결과 예〉

안녕 파이썬

'+' 연산자를 이용하면 숫자 형태로 된 두 문자열도 붙여서 출력할 수 있다.

```
print("10" + "20")
```

〈실행결과 예〉

1020

'+' 연산자로 문자열과 숫자를 붙여서 출력하고자 하는 경우에는 서로 자료형이 다르기 때문에 오류(error)가 발생한다.

```
print("10" + 20)
```

〈실행결과 예〉

```
---------------------------------------------------------------
TypeError                     Traceback(most recent call last)
<ipython-input-1-474e84ae834f>in<module>()
----> 1 print("10" + 20)

TypeError: can only concatenate str (not "int") to str
```

산술 연산자 가운데 '*' 연산자를 이용하면 문자열을 연속으로 출력할 뿐만 아니라 특정 문자열을 반복해서 출력할 수 있다.

```
print("안녕 " * 3)
```

〈실행결과 예〉

```
안녕 안녕 안녕
```

실습 예제

본인의 학과, 학번, 이름을 문자 데이터로 출력하기

산술 연산자 중 '+' 연산자를 이용해 본인의 학과, 학번, 이름을 연결하여 출력하시오.

〈실행결과 예〉

학과:OOOO학과, 학번: 202212345, 이름: 건덕이

학과:XXXX학과, 학번: 202245678, 이름: 만쥬

```
print("학과:0000학과"+", "+"학번: 202212345"+", "+"이름: 건덕이")
print("학과:XXXX학과"+", "+"학번: 202245678"+", "+"이름: 만쥬")
```

실습 예제

산술 연산자 '+'와 '*' 이용해 출력하기

산술 연산자 중 '+' 연산자와 '*' 연산자를 이용하여 다음의 실행결과를 작성하시오.

```
print("반갑습니다. "*2, end=" ")
print("컴퓨팅적 사고"+" "+"수업 시간입니다.")
print((96+12+10)/3)
print("Hello Python World!!", 2022)
```

〈실행결과 예〉

반갑습니다. 반갑습니다. 컴퓨팅적 사고 수업 시간입니다.

39.333333333333336

Hello Python World!! 2022

*복합대입 연산자는 대입 연산자(=)와 산술 연산자를 함께 이용하여 구성한 것이다. 프로그램을 작성할 때 좀 더 빠르고 간결하게 표현할 수 있다.

체크 포인트

복합대입 연산자는 간결하게 표현할 수 있는데, 이는 프로그래머가 코드를 작성할 때 다른 사람들에게 멋있게 보이려는 의도에서 만들어졌다는 이야기가 있다.

파이썬 복합대입 연산자 표현

의미	연산자	설명	사용 예
복합대입 연산자	+=	숫자 덧셈 후 대입	a+=b (a=a+b의 의미)
	-=	숫자 뺄셈 후 대입	a-=b (a=a-b의 의미)
	*=	숫자 곱셈 후 대입	a*=b (a=a*b의 의미)
	/=	숫자 나눗셈 후 대입	a/=b (a=a/b의 의미)
	%=	숫자의 나머지를 구한 후 대입	a%=b (a=a%b의 의미)

실습 예제

복합대입 연산자

복합대입 연산자를 사용하여 최종값은 얼마인지 나타내시오.

num이라는 변수를 생성하고 이 변수의 초깃값은 100이라고 하자. 이 값에 10을 더하여 계산하고, 계산된 값에 다시 20을 더하여 계산하고, 계산된 값에 다시 30을 더했을 때 최종값은 얼마인가?

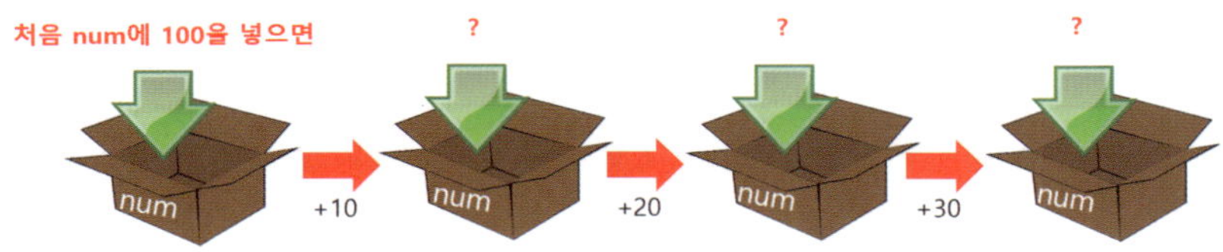

〈실행결과 예〉

숫자는 160

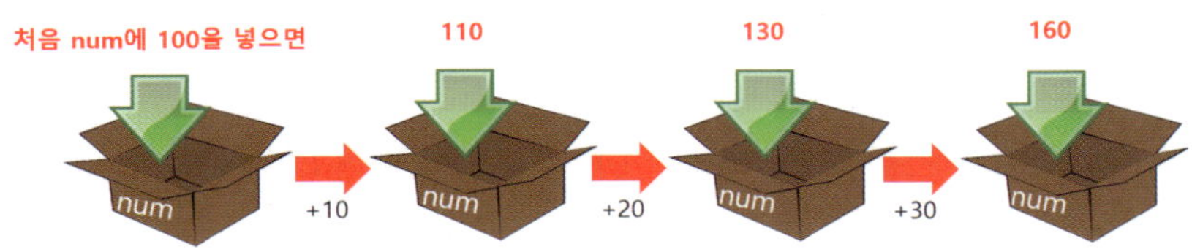


```
num=100
num += 10              # 100+10=110과 같은 의미
num += 20              # 110+20=130과 같은 의미
num += 30              # 130+30=160과 같은 의미
print("숫자는 ", num)        # 누적된 합 160을 출력
```

연습 문제

연습 01 데이터와 정보에 대해 간단히 설명하시오.

연습 02 상수와 변수의 차이점을 설명하시오.

연습 문제

연습 03 이름(name)과 전화번호(phone), 이메일 주소(email)를 각각 변수로 생성하고 사용자로부터 값을 입력받아 이를 출력하시오. 이때 플로우고리즘(Flowgorith)으로 작성된 순서도의 빈 칸을 채워서 완성하고 이 순서도에 따라 파이썬 빈 칸(가, 나, 다, 라, 마)을 채워서 완성하시오.

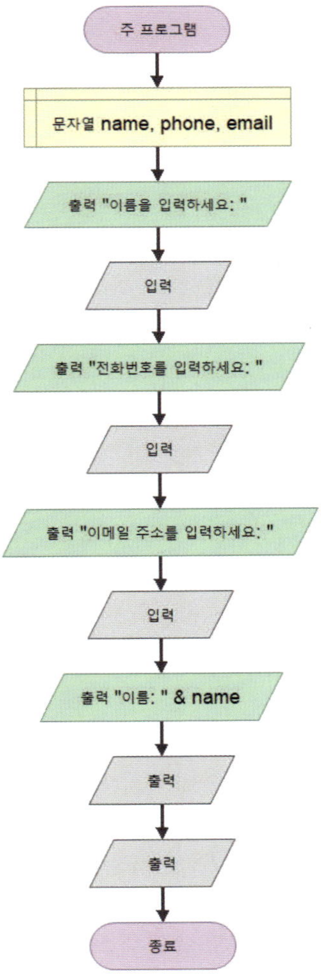

〈실행결과 예〉

```
이름을 입력하세요: 건덕이
전화번호를 입력하세요: 010-1234-5678
이메일 주소를 입력하세요: kon@abc.co.kr
이름: 건덕이
전화번호: 010-1234-5678
이메일 주소: kon@abc.co.kr
```

〈코드〉

```
( 가 )=input("이름을 입력하세요: ")
( 나 )=input("전화번호를 입력하세요: ")
( 다 )=input("이메일 주소를 입력하세요: ")
print("이름: ", name)
print(        라        )
print(           마           )
```

연습 문제

연습 04

카페에서 각각 주문받은 음료수(차 또는 커피)의 개수와 빵의 개수를 나타내고 전체 금액을 계산해서 나타내주는 프로그램을 작성하시오. 이때 플로우고리즘으로 순서도를 완성하고, 사용자로부터 개수를 입력받고, 출력할 때 format 형태로 표현해 결과물을 출력하시오.

〈쿠도 카페 메뉴〉

커피 : 1500원

녹차 : 1000원

빵 : 1500원

〈실행결과 예〉

주문하실 커피의 개수를 입력해 주세요: 2

주문하실 녹차의 개수를 입력해 주세요: 0

주문하실 빵의 개수를 입력해 주세요: 3

총 주문하신 메뉴는 커피 2잔, 녹차 0잔, 빵 3개이며, 전체 금액은 7500원입니다.

순서도	파이썬

<8장>

데이터의 종류

학습 목표

- 파이썬에서 사용하는 데이터 종류를 살펴본다.
- 문자열의 개념과 문자열을 이용해 표현하는 방법을 배운다.
- 리스트와 튜플의 개념과 차이점을 배운다.
- 딕셔너리의 개념과 표현 방법을 활용해 주어진 문제를 해결한다.
- 세트의 개념과 세트의 활용도를 이해한다.

1 〉 파이썬 데이터의 종류

파이썬에서 사용하는 데이터의 종류는 어떤 것들이 있을까?

앞 장에서 배운 정수, 실수, 문자형, 논리형(부울형) 외에도 파이썬에서 데이터를 표현하고 처리하는 방법은 다양하다.

파이썬 데이터의 종류는 크게 기본 자료형과 컬렉션 자료형으로 나누어진다.

기본 자료형은 앞 장의 변수와 연산에서 배웠던 수치형(정수형, 실수형)과 논리형(부울형)이 있다. 예를 들면 다음과 같다.

유형		사용 방법	예시
수치형	정수형 (int)	자연수(양수)를 포함한 정숫값 예) −2, −1, 0, 1, 2, 3, 4	num=-3 num2=1
	실수형 (float)	소수점이 포함된 값 예)−1.2, 1.34	flot_num=3.14
논리형	부울형 (boolean)	참(True)/거짓(False)을 이용하여 표현 예) True, False	"apple"=="banana"의 결과→False

컬렉션(Collection) 자료형은 입력되는 데이터가 들어가는 순서가 중요한지(Sequence), 중요하지 않은지(mapping, set)에 따라 *문자열, 리스트, 튜플, 딕셔너리(사전), 세트로 구분할 수 있다. 예를 들어 “abc”라는 문자열과 “cba”라는 문자열이 있다고 하자. 이는 같은 문자열일까?

체크 포인트

문자열은 기본 자료형에 속하지만 문자열도 문자가 서로 연결된 시퀀스 형태이기 때문에 여기에서는 컬렉션 자료형에서 우선순위에 포함해 설명한다.

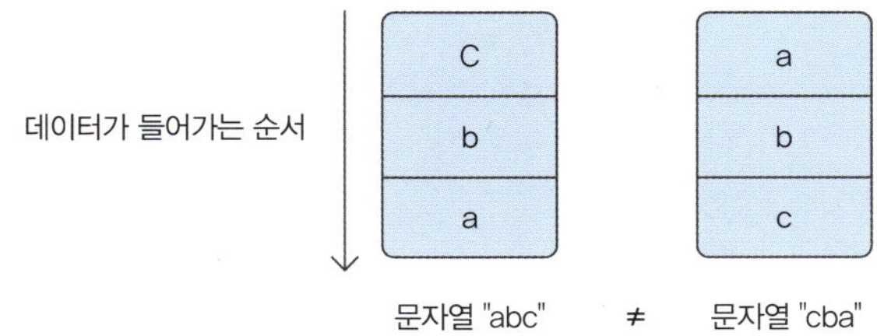

데이터가 들어가는 순서에 따른 결과

입력되는 데이터가 들어가는 순서를 보면 a→b→c가 되면 "abc"가 되고, 입력되는 데이터가 c→b→a가 되면 "cba"가 된다. 이를 통해 문자열 "abc"와 "cba"는 같지 않다는 것을 알 수 있다. 이처럼 입력되는 데이터의 순서가 중요한지 아닌지에 따라 구분을 한다.

순서	유형	간단한 설명	사용 예시
중요 O	문자열	큰따옴표("") 또는 작은따옴표('') 안에 들어가 있는 값 예) "apple", "사과", "123"	학번="2022학번" 과일='apple'
중요 O	리스트	대괄호[] 안에 여러 개의 값을 한꺼번에 묶어서 표현	학번=[20221001, 20221002, 20221003] 과일=["사과","바나나","포도","망고"]
중요 O	튜플	읽기 전용 리스트 소괄호() 안에 여러 개의 값을 한꺼번에 묶어서 표현	num=(1,2,3,4,5) text=("가", "나", "다", "라")
중요 X	딕셔너리(사전)	중괄호{} 안에 키와 값을 하나의 쌍으로 구성하여 표현	d_str={"apple":"사과", "banana":"바나나"} d_num={1:"a", 2:"b", 3:"d"}
중요 X	세트	집합과 비슷한 개념 중괄호{} 안에 여러 개의 값을 한꺼번에 묶어서 표현 중복되는 값을 허용하지 않음	s_num={1,2,3,4,3,5} print(s_num) → {1,2,3,4,5}

파이썬 데이터의 종류를 정리하면 다음과 같다.

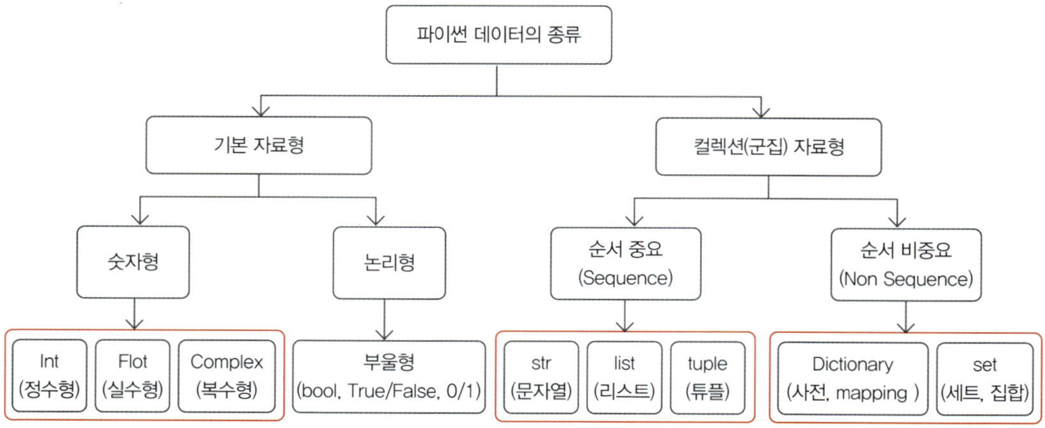

파이썬 데이터 종류

2 〉 컬렉션 자료형

순서에 따른 구분

컬렉션(Collection) 자료형은 군집 자료형이라고도 하며, 입력받는 데이터가 들어가는 순서가 중요한지, 중요하지 않은지에 따라서 입력된 데이터를 묶어서 처리한다.

구분	특징
순서가 있는 경우 시퀀스(sequence) 형태	순서가 중요하며, 데이터가 정렬되어 있음 인덱스를 통해 각각의 개별 데이터에 접근이 용이함 문자열, 리스트, 튜플이 대표적임
순서가 없는 경우 *매핑(mapping)과 집합(set) 형태	순서가 중요하지 않으며, 데이터가 정렬되어 있지 않음 매핑 형태는 개별 데이터마다 값을 가리키는 키가 존재함 집합 형태는 반복 가능하며 중복 요소가 없음 딕셔너리(매핑 형태)와 세트(집합 형태)가 대표적임

지금부터 순서가 중요한 데이터와 순서가 중요하지 않은 경우의 데이터를 표현하는 형태를 하나씩 살펴보자.

체크 포인트

매핑은 하나의 값이 다른 하나의 값을 가리키도록 하는 것으로, 여기서는 하나의 키(key)와 연관된 값(value)을 연결시켜주는 것을 의미한다. 예를 들어 "apple":"사과"처럼 영어 apple을 한글 "사과"로 표현하는 것처럼 하나의 키(key)와 하나의 값(value)을 연결해 정의하는 것이다. 세트는 집합과 같은 개념으로 특정 조건에 맞는 데이터들을 모아놓은 것으로, 하나의 데이터가 모아놓은 범위 안에 속하는지의 여부가 명확해야 하고, 순서는 중요하지 않다.

2.1 문자열

문자가 연결된 문자열

문자열은 서로 연결된 형태(시퀀스, sequence)이므로 순서가 중요하다.

"mask"라는 단어는 하나의 단어처럼 보이지만 m, a, s, k 문자가 하나씩 연결된 것이고, 순서가 바뀌어 a, k, m, s로 연결되면 "akms"와 같이 다른 의미의 문자열이 된다.

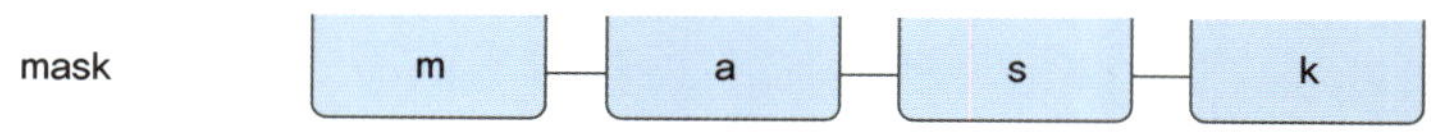

문자열 개념

문자열의 시작과 끝

컴퓨터는 수많은 종류의 데이터 가운데 따옴표를 사용해 문자열을 구분할 수 있다. 즉, 큰따옴표(" , ")와 작은따옴표(' , ')를 사용해서 문자열의 시작과 끝을 인식한다. 이때 큰따옴표로 문자열을 시작했으면 큰따옴표로 문자열을 마쳐야 하고, 작은따옴표를 사용했으면 문자열의 처음과 끝을 작은따옴표로 묶어야 한다. 큰따옴표와 작은따옴표를 혼용해서 사용하지 않도록 주의한다.

실습 예제

문자열 표시

```
# 큰따옴표(" ") 사용 예
print("python은 한글로 파이썬이라고 씁니다.")
print("3.14")

# 작은따옴표(' ') 사용 예
print('안녕하세요!')
print('python은 한글로 파이썬이라고 씁니다.')
print('3.14')
```

〈실행결과 예〉

```
python은 한글로 파이썬이라고 씁니다.
3.14

안녕하세요!
python은 한글로 파이썬이라고 씁니다.
3.14
```

파이썬은 큰따옴표(")나 작은따옴표(')로 문자열을 표현한다. 그런데 3.14라는 숫자를 문자처럼 표현하려면 어떻게 해야 할까? 숫자형 문자열이라는 것은 3.14라는 숫자를 문자형으로 표시하는 것을 말하며, 숫자형 데이터와 구분한다. 즉, 괄호 안의 내용을 출력하는 print문에서 따옴표가 없는 3.14는 숫자를 표현하지만, 따옴표가 있는 "3.14", '3.14'는 문자형이라는 것을 알 수 있다.

잠깐만요

메모리 공간 크기를 알고 싶다면?

일반적으로 문자열을 저장할 때 영문자 한 글자는 1바이트의 메모리 공간을 사용한다. 입력된 값이 문자열, 숫자형, 실수형인지에 따라 메모리 공간을 차지하는 크기가 각각 다르기 때문에 저장된 값이 차지하는 실제 메모리 공간의 크기를 알고 싶다면 다음과 같이 getsizeof() 함수를 이용해 숫자형 문자열과 숫자형의 크기를 확인할 수 있다.

```
import sys
print(sys.getsizeof('3.14'))    #숫자형 문자열
print(sys.getsizeof(3.14))      #숫자
```

〈실행결과 예〉

```
53
24
```

특수문자의 사용

특수문자는 이스케이프 문자(escape character)라고도 하며, 대부분 문자열에 기능을 주거나 대화체를 표현하고, 어퍼스트로피(') 문자를 표현할 때 *역슬래시(₩ 또는 \) 기호와 함께 조합해서 사용한다.

체크 포인트

역슬래시는 키보드에 표현되는 방식에 따라 \ 또는 ₩로 표시된다. 여기서는 \로 통일해서 표시한다.

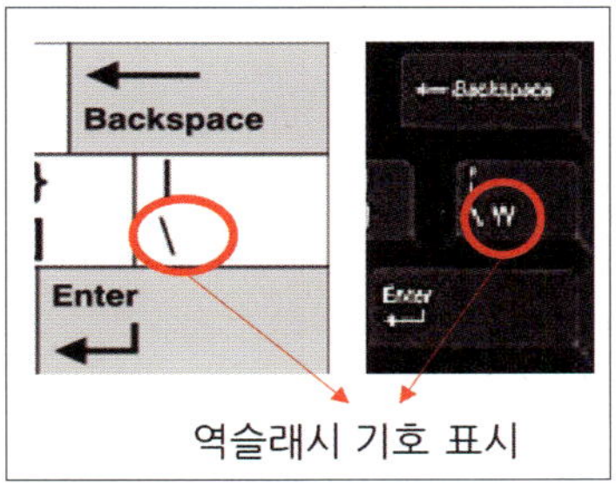

키보드마다 조금씩 다른 역슬래시 기호 표시

특수문자	내용	사용 예시	출력결과
\n	줄바꿈	print("컴퓨팅적\n사고")	컴퓨팅적 사고
\t	탭(키보드 Tab 만큼 공간 띄움	print("컴퓨팅적\t사고")	컴퓨팅적　　　사고
\' \"	문장 내에서 작은따옴표(' ') 출력 문장 내에서 큰따옴표(" ") 출력	print("It\'s OK") print("어린왕자가 \"안녕\"이라고 말했다.")	It's OK 어린왕자가 "안녕"이라고 말했다.
\\	역슬래시(\) 자체 출력	print("컴퓨팅적\\사고")	컴퓨팅적\사고

여러 줄의 문자열 출력

큰 단락의 한 문장을 깔끔하게 표현하고 싶을 때 보통은 줄바꿈(\n)을 하거나 매 문자열마다 print()를 따로 입력해서 출력해야 했지만, 파이썬은 큰따옴표(")나 작은따옴표(')를 연속 3개 사용하여 여러 줄의 문자열을 한 번에 출력할 수 있다.

일반적인 방법으로 여러 줄의 문자열 출력	큰따옴표 연속 3개 사용해 여러 줄의 문자열 출력
print('It\'s OK!!') print('I\'m Happy!') print('See you')	print(""" It's OK!! I'm Happy! See you """)
<실행결과 예> It's OK!! I'm Happy! See you	<실행결과 예> It's OK!! I'm Happy! See you

앞의 예에서 실행결과는 같지만 큰따옴표를 연속해서 3개(""") 사용한 것이 여

러 줄의 문자열을 출력할 때 훨씬 편하다는 것을 알 수 있다. 작은따옴표를 연속해서 3개(''') 사용해도 같은 결과를 나타낸다. 이때에도 큰따옴표로 시작했으면 마무리도 큰따옴표를 이용하고 작은따옴표로 시작했으면 작은따옴표로 마무리한다는 것에 주의하자.

실습 예제

여러 줄의 문자열 한번에 출력하기

각자 코로나로 3행시 또는 오미크론으로 4행시를 만들어서 이 문장들을 큰따옴표 연속 3개(""") 또는 작은따옴표 연속 3개(''')를 이용하여 한 번에 출력해보자.

〈실행결과 예〉

코: 코로나가 사라지면 마스크 벗고, 꼭 비행기 타고 국내/외
로: 로 어디든지 훌쩍 예고 없이 여행 갈 거야.
나: 나 그동안 진짜 많이 참았다. 그러니 어느 누구도 나를 말리지 마라!

```
#작은따옴표(''') 이용
print('''
코:코로나가 사라지면 마스크 벗고, 꼭 비행기 타고 국내/외
로:로 어디든지 훌쩍 예고 없이 여행 갈 거야.
나:나 그동안 진짜 많이 참았다. 그러니 어느 누구도 나를 말리지 마라!
''')

#큰따옴표(""") 이용
print("""
코:코로나가 사라지면 마스크 벗고, 꼭 비행기 타고 국내/외
로:로 어디든지 훌쩍 예고 없이 여행 갈 거야.
나:나 그동안 진짜 많이 참았다. 그러니 어느 누구도 나를 말리지 마라!
""")
```

문자열의 인덱싱과 슬라이싱

문자열에서 내가 원하는 위치의 문자를 가져오는 것을 인덱싱(indexing)한다고 하며, 각 문자의 순서를 세는 것을 인덱스(index)라고 한다. 인덱스는 0부터 시작하며, 다음과 같이 문자가 위치하는 순서를 센다.

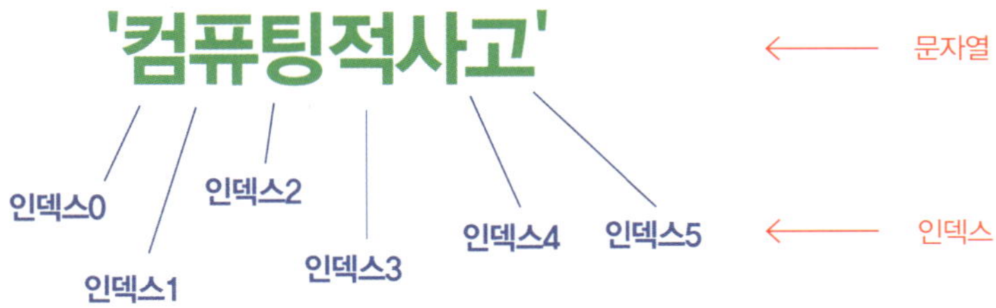

인덱스 개념

문자열을 인덱싱하는 방법은 문자열[인덱스] 또는 변수를 정하고, '변수이름[인덱스]'와 같은 형태로 표현하여 문자의 특정 위치로 접근할 수 있다.

문자열 직접 접근	변수를 이용해 문자열 접근
"컴퓨팅적사고"[1] #index1의 원소를 찾으라는 뜻	text="컴퓨팅적사고" text[1]
<실행결과 예> 퓨	<실행결과 예> 퓨

실행결과는 같지만, 문자열에 직접적으로 인덱스를 붙인다는 것과 변수를 하나 만들어 변수에 인덱스를 지정하여 저장한 문자열의 위치에 접근한다는 차이가 있다.

인덱스의 양수와 음수

인덱스는 0부터 시작해 1, 2, 3, 4 ... 와 같이 양의 값으로 표현하지만 −1, −2, −3, −4와 같이 음의 값으로도 표현할 수 있다. 음의 값으로 표현하는 것을 리버스 인덱스(reverse index)라고 부른다.

컴	퓨	팅	적	사	고	
index[0]	index[1]	index[2]	index[3]	index[4]	index[5]	←양의 값으로 표현
index[-6]	index[-5]	index[-4]	index[-3]	index[-2]	index[-1]	←음의 값으로 표현

인덱스에서 음의 값은 '뒤에서 몇 번째 값'인지를 나타낸다. 즉, index[-1]은 뒤에서 첫 번째의 문자를 찾으라는 것으로, 여기서는 문자열 가운데 '고'의 위치를 나타낸다.

따라서 '고'는 인덱스가 양의 값일 때는 index[5], 음의 값일 때는 index[-1]로 표현할 수 있다.

문자열의 공백도 인덱싱

문자열에서 각 문자에 접근할 때 공백(space)도 하나의 문자로 취급하기 때문에 문자열에서 문자를 찾을 때 공백문자에도 인덱스가 부여된다는 점을 꼭 기억하자.

컴	퓨	팅	적		사	고
index[0]	index[1]	index[2]	index[3]	index[4]	index[5]	index[6]
index[-7]	index[-6]	index[-5]	index[-4]	index[-3]	index[-2]	index[-1]

실습 예제

인덱싱

다음 문장에서 실행결과의 예와 같은 결과가 나올 수 있도록 인덱싱을 통해 글자를 추출해보자. 이때 양의 값 또는 음의 값 중 하나를 선택하여 표현한다.

text="AI와 컴퓨팅적 사고"

〈실행결과 예〉

컴 사

```
text="AI와 컴퓨팅적 사고"
print(text[4],text[9])   #text변수의 4번째, 9번째 위치 값 출력
print(text[-7],text[-2]) #text변수 뒤에서 -7번째, -2번째 위치 값 출력
```

잠깐만요

문자열 수를 넘는 경우를 선택할 경우에는 오류(error)가 발생한다. 따라서 문자열 수가 넘지 않는지를 확인해야 한다.

```
s_text="우리학교가 최고!!"
print(s_text[10])
```

```
---------------------------------------------------------------
IndexError                            Traceback (most recent call last)
<ipython-input-17-d8acf4dc9040> in <module>()
      1 s_text="우리학교가 최고!!"
----> 2 print(s_text[10])

IndexError: string index out of range
```

문자열 중 일부의 범위만 추출

문자열 중 일정 범위의 문자를 인덱싱하여 출력할 수 있다. 이를 슬라이싱(slicing)이라고 부르며, 사용 방법은 문자열[인덱스 시작 범위 : 인덱스 종료 범위] 또는 변수를 이용한 변수 이름[인덱스 시작 범위 : 인덱스 종료 범위]와 같다.

문자열 직접 접근	변수를 이용해 문자열 접근
"I can do it"[0:5]	text_1="우리학교 최고!!!" text_2="컴퓨팅사고 재미있어" print(text_2[0:5]+"가 "+text_1[5:10]) print(text_1[0:4],text_2[-4:])
<실행결과 예> I can	<실행결과 예> 컴퓨팅사고가 최고!!! 우리학교 재미있어

이때 인덱스 종료 범위가 예상과 달리 1씩 더 계산되어 표현된 것을 알 수 있다.

"우리 학교"는 인덱스[0]부터 인덱스[4]까지가 맞을 것 같은데 [0:5]까지 표현된 이유는 뭘까?

```
text_1="우리학교가 최고!!!"
text_2="컴퓨팅사고 재미있어"
print(text_2[0:5]+"가"+(text_1[5:10]
```

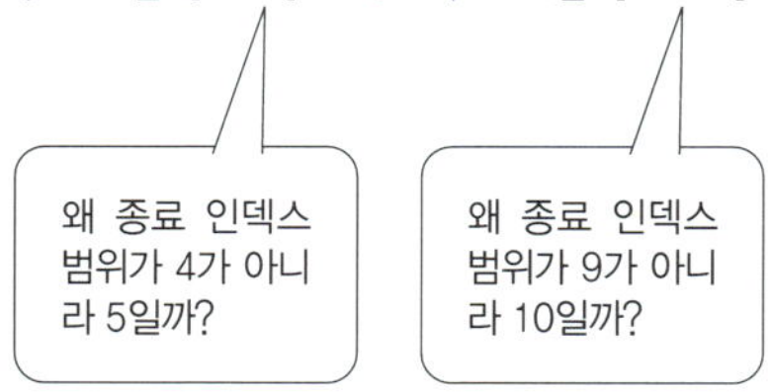

인덱스 범위 지정

위의 예에서 왜 종료 인덱스 범위가 [4]가 아닌 [5]일까? 그 이유는 슬라이싱 종료 인덱스 범위는 "미만"으로 읽기 때문에 [4]가 아닌 [5]로 읽는 것이다. 즉, 슬라이싱 인덱스 '[0:5]'는 "인덱스 0부터 인덱스 5 미만의 범위(=0, 1, 2, 3, 4까지)로 표현하라."는 의미이다.

따라서 종료 인덱스는 반드시 '종료 인덱스 범위+1'의 값으로 작성해야 한다.

컴	퓨	팅	사	고		재	미	있	어
[0]	[1]	[2]	[3]	[4]	[5]	[6]	[7]	[8]	[9]

인덱스 시작 범위와 종료 범위

실습 예제

인덱싱과 슬라이싱

다음은 오희창 시인의 코스모스 중 일부이다.

"해맑은 얼굴 활짝 열어 하늘을 담은 청춘이여!"

이 문장에서 슬라이싱을 이용하여 《실행결과 예》처럼 출력결과가 똑같이 나타날 수 있도록 해보자.

〈실행결과 예〉

하늘을 담은

```
시="해맑은 얼굴 활짝 열어 하늘을 담은 청춘이여!"
print(시[19:27])
```

잠깐만요

우리가 원하는 특정 범위를 출력하기 위해 [인덱스 시작 범위 : 인덱스 종료 범위]와 같이 슬라이싱을 사용한다고 배웠다. 특정 범위를 출력하면서 다음과 같은 경우로도 표현할 수 있다.

```
text_1="우리학교 최고!!!"
text_2="컴퓨팅사고 재미있어"
print(text_1[0:4],text_2[-4: ])
```

〈실행결과 예〉

우리학교 재미있어

[-4:]와 같은 경우는 인덱스[-4]부터 인덱스 범위의 끝까지 출력하라는 의미이다. 뒤쪽에 아무것도 표시하지 않은 경우는 주어진 범위부터 끝까지라고 인식한다.

그렇다면 다음의 경우는 무엇을 의미할까?

`print(text_1[ : ])`	우리학교 최고!!!
`print(text_1[-50:50])`	우리학교 최고!!!

출력결과는 똑같다. 그러나 표현 방법이 다르다. 첫 번째는 text_1의 처음부터 끝까지를 출력하라는 의미이고, 두 번째는 text_1의 범위를 넘어가면 자동으로 최대 범위를 지정한다는 의미이다.

2.2 리스트

리스트(list)도 순서가 중요한 컬렉션 자료형이다.

리스트라는 말은 목록을 의미하는데, 여러 개의 데이터를 한꺼번에 묶어서 저장하고 관리하기 위해 필요한 자료형이다. 지금부터 여러 개의 데이터를 묶는 경우를 살펴보자.

효율적인 변수 관리를 위한 리스트

컴퓨팅 사고라는 과목을 가르치는 교수가 학생의 성적을 관리한다고 가정하자.

학생의 성적을 일일이 입력해야 하는데, 학생이 1명이면 단 하나의 변수만 만들어서 성적을 입력하면 되지만 학생 수가 15명, 100명, 500명 단위로 커지면 변수도 500개로 입력해 학생 정보를 저장해야 하기 때문에 많이 번거로울 것이다. 이때 변수를 한꺼번에 묶어 저장하고 관리하기 위해 리스트라는 것을 사용한다.

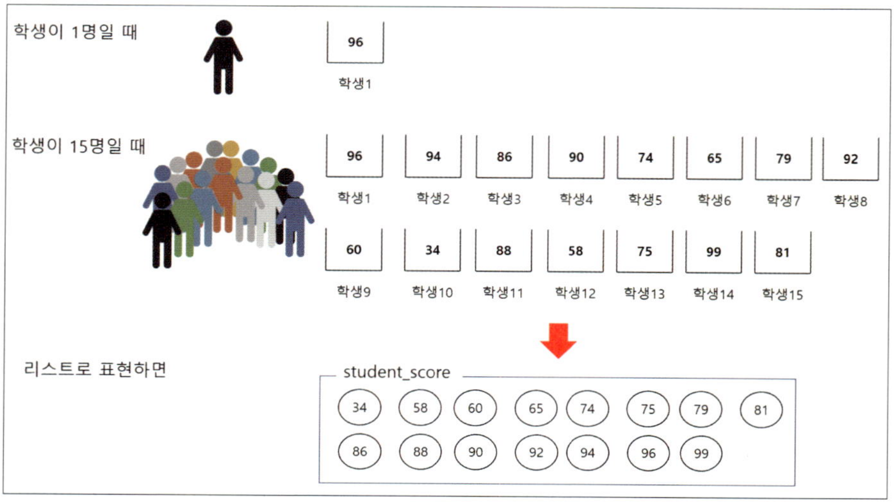

리스트의 필요성

리스트는 하나의 변수에 여러 개의 값을 묶어서 표현할 수 있다. 이때 학생 정보의 순서를 지켜 데이터를 저장해야 하기 때문에 시퀀스 형태로 값을 나열해야 한다.

리스트는 여러 개의 데이터를 묶는 데 대괄호 '[ ]'를 이용한다. 이때 데이터는 수치형(정수형, 실수형), 문자열 등 형태가 다른 자료형도 하나로 함께 묶어서 나타낼 수 있다. 이뿐만 아니라 리스트 안에 또 다른 리스트를 넣어서 표현할 수도 있다.

리스트는 다양한 형태의 데이터를 포함하기 때문에 이를 구분하기 위해 콤마(,)를 사용한다.

실습 예제

리스트

다음의 리스트 예제 결과를 살펴보자.

```
#리스트 안에 정수형
num=[1, 2, 3, 4, 5]

#리스트 안에 실수형
f_num=[3.14, 1.245, 8.8]

#리스트 안에 문자열
s_list=["가", "나", "다", "라"]

#리스트 안에 정수형, 실수형, 문자열, 다른 리스트를 넣을 수 있음
mix_list=[1, 2, 3.14, "가", [7, 8, 9], ["가", 3.14]]

print(num)
print(f_num)
print(s_list)
print(mix_list)
```

〈실행결과 예〉

```
[1, 2, 3, 4, 5]
[3.14, 1.245, 8.8]
['가', '나', '다', '라']
[1, 2, 3.14, '가', [7, 8, 9], ['가', 3.14]]
```

리스트의 인덱싱과 슬라이싱

문자열과 마찬가지로 리스트도 인덱스(index)를 이용하여 원하는 위치에 접근할 수 있다.

인덱스의 시작은 양의 값으로 표현할 때는 0부터 시작하고, 음의 값으로 표현할 때는 뒷부분부터 [−1]로 시작한다. 문자열에서와 마찬가지로 리스트의 뒷부분부터 음의 값으로 표현하는 것을 리버스 인덱스(reverse index)라고 부른다.

문자열과 마찬가지로 리스트도 존재하지 않는 인덱스 범위를 요청할 때는 인덱스 오류(list index out of range)가 발생하기 때문에 인덱스의 범위를 잘 확인해서 지정해주어야 한다.

잠깐만요

다음의 예시를 자세히 살펴보면 리스트에서 데이터 값을 추가하거나 삭제할 때 인덱스도 자동으로 변경되는 것을 알 수 있다.

s_list =	"가"	"나"	"다"	"라"
index →	[0] [-4]	[1] [-3]	[2] [-2]	[3] [-1]

"마"가 리스트에 추가된 경우

s_list =	"가"	"나"	"다"	"라"	"마"
index →	[0] [-5]	[1] [-4]	[2] [-3]	[3] [-2]	[4] [-1]

"나"가 리스트에서 삭제된 경우

s_list =	"가"	"다"	"라"	"마"
index →	[0] [-4]	[1] [-3]	[2] [-2]	[3] [-1]

인덱스를 이용한 리스트 데이터 값 변경

문자열은 인덱스를 이용해 원하는 위치의 데이터 값을 변경하는 것이 불가능하지만 리스트에서는 인덱스를 이용하여 다음과 같이 내가 원하는 위치의 데이터 값을 변경할 수 있다.

리스트이름[인덱스]=변경할 데이터 값

문자열의 데이터 값 변경하기→불가능(×)	리스트의 데이터 값 변경하기→가능(○)

`#문자열 데이터 값 변경 불가`
`s_text="킹받네"`
`s_text[0]="열"`
	`#리스트 데이터 값 변경 가능`
	`s_list=["킹받네",2022]`
	`s_list[0]="열받네"`
	`print(s_list)`

`-----------------------------------------------`
`TypeError          Traceback (most recent call last)`
 	
`<ipython-input-10-39a3271f914e> in <module>()`
`      1 #문자열 데이터 값 변경 불가`
`      2 s_text="킹받네"`
`----> 3 s_text[0]="열"`
 	
`TypeError: 'str' object does not support item assignment`
	`['열받네', 2022]`

문자열에서처럼 리스트도 슬라이싱을 통해 특정 범위의 값을 모두 가져올 수 있다. 문자열 슬라이싱과 마찬가지로 '[시작 인덱스 범위 : 종료 인덱스 범위+1]' 형태로 작성할 수 있다.

_2_list =	"가"	2022	3.14	[" 파이썬" , "코딩"]	"strawberry"
index→	[0] [-5]	[1] [-4]	[2] [-3]	[3] [-2]	[4] [-1]

```
_2_list=["가",2022,3.14,["파이썬","코딩"],"strawberry"]
print(_2_list)
print(_2_list[2])
print(_2_list[-2])
print(_2_list[-50:50])
print(_2_list[2: ])
print(_2_list[-3:-1])
```

〈실행결과 예〉

```
['가', 2022, 3.14, ['파이썬', '코딩'], 'strawberry']
3.14
['파이썬', '코딩']
```

```
['가', 2022, 3.14, ['파이썬', '코딩'], 'strawberry']
[3.14, ['파이썬', '코딩'], 'strawberry']
[3.14, ['파이썬', '코딩']]
```

여기서 슬라이싱한 데이터는 슬라이싱을 하기 이전 데이터의 자료형을 그대로 가져오는 특징이 있다는 것을 알 수 있다. 즉, 문자열을 슬라이싱하면 문자열로 슬라이싱되고, 숫자는 숫자대로, 리스트는 리스트대로 슬라이싱한 결과가 출력된다.

리스트도 문자열에서처럼 *+(더하기) 연산자와 *(곱하기) 연산자를 사용하여 리스트 자체의 연산을 수행할 수 있다.

```
s_list=["가","나","다","라"]
s_list2=[1,"b","c",[2,3]]
print(s_list, s_list2)
print(s_list+s_list2)            # +(더하기) 연산자 사용
print(s_list[0]+s_list2[1])      # +(더하기) 연산자 사용하여 단어 조합하기
print(s_list[0:2]*2)             # *(곱하기) 연산자 사용하여 단어 반복하기
```

〈실행결과 예〉

```
['가', '나', '다', '라'] [1, 'b', 'c', [2, 3]]
['가', '나', '다', '라', 1, 'b', 'c', [2, 3]]
가b
['가', '나', '가', '나']
```

체크 포인트

문자열 산술 연산자에 대해서는 7장 변수와 연산의 산술 연산자 중 문자열 연산 내용을 참조한다.

실습 예제

리스트 인덱싱과 슬라이싱

게임에서 내가 가지고 있는 아이템과 친구의 아이템을 합치면 엄청난 파워가 생길 수 있다. 또한 추가적으로 특정 아이템(예: 도토리)을 반복하면 효과도 훨씬 좋다고 한다. 리스트의 인덱싱과 슬라이싱을 이용하여 어떻게 하면 다음과 같은 결과가 나올 수 있는지 빈 칸 (가), (나)에 들어갈 코드를 완성해보자.

```
내아이템=["영롱한","다이아몬드","도토리","반짝반짝"]
친구아이템=["날카로운","골드","번쩍번쩍","날렵한"]
```

〈실행결과 예〉

```
나의 아이템= ['영롱한', '다이아몬드', '도토리', '반짝반짝']
내 친구의 아이템= ['날카로운', '골드', '번쩍번쩍', '날렵한']
영롱한골드도토리도토리
```

```
내아이템=["영롱한","다이아몬드","도토리","반짝반짝"]
친구아이템=["날카로운","골드","번쩍번쩍","날렵한"]
print("나의 아이템=",내아이템)
print("내 친구의 아이템=",친구아이템)
power=(                가                )
perfect_power=(             나            )
print(power+perfect_power)
```

리스트에서 데이터 값 추가, 삭제, 정렬

리스트에서는 새로운 데이터 값을 추가, 삭제, 정렬하는 것이 가능하다.

뿐만 아니라 리스트 안에서 찾고자 하는 특정 데이터 값도 검색하고 해당하는 데이터 값이 몇 개 있는지도 확인할 수 있다.

```
music=[ ]  #빈 리스트
print(music)

music.append("dance")
print(music)

music.append("AI")
print(music)
```

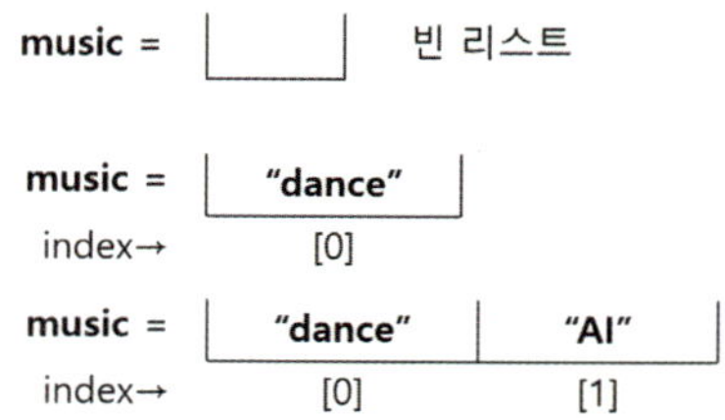

〈실행결과 예〉

```
[ ]     ← 빈 리스트 출력
['dance']
['dance', 'AI']
```

```
music.insert(1,"level")
print(music)
```

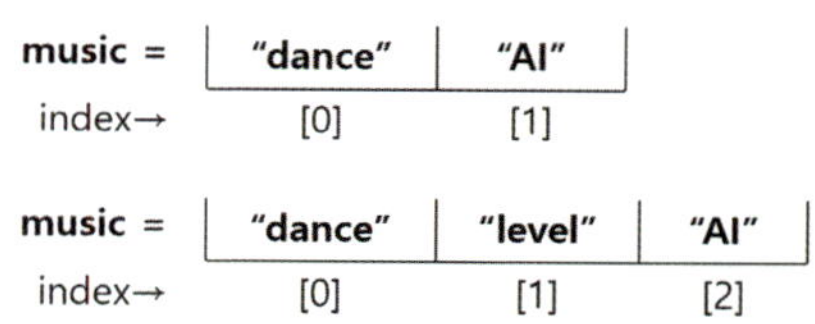

〈실행결과 예〉

```
['dance', 'level', 'AI']
```

```
music.remove("level")
print(music)
```

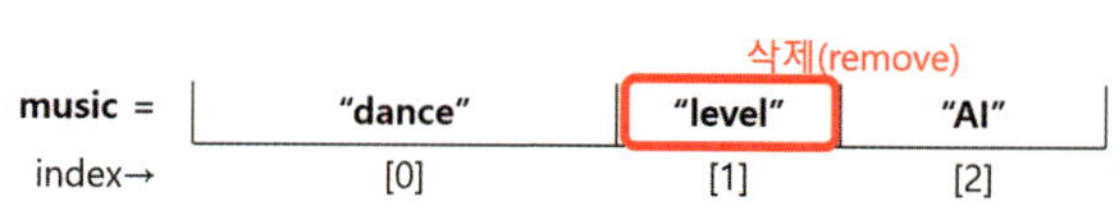

〈실행결과 예〉

```
['dance', 'AI']
```

```
delet_list=music.pop()
print(music)
print(delet_list)
```

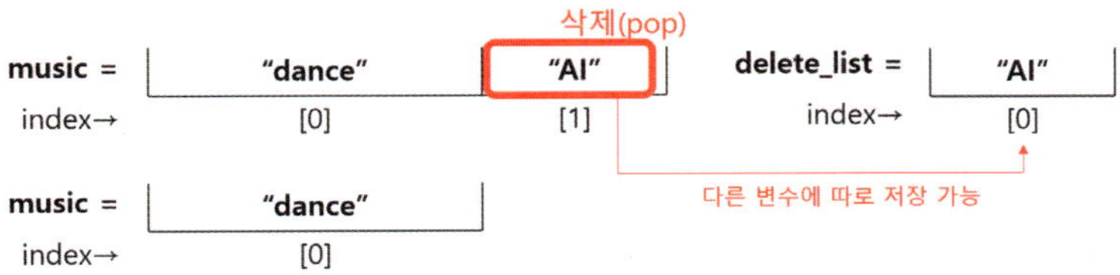

〈실행결과 예〉

['dance']

AI

```
delete_list=music.pop(0)
print(music)
print(delete_list)
```

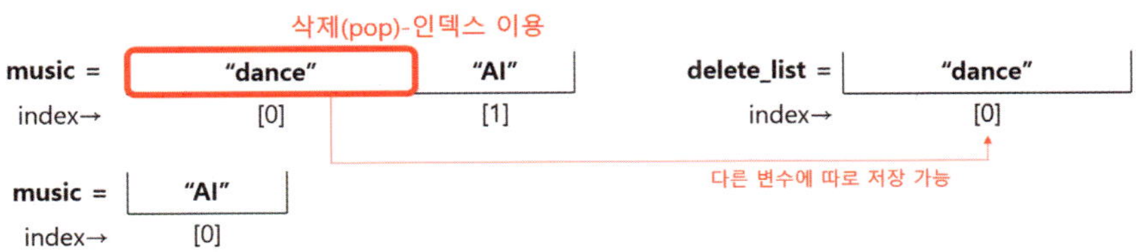

〈실행결과 예〉

['AI']

dance

```
del(music[0])
print(music)
```

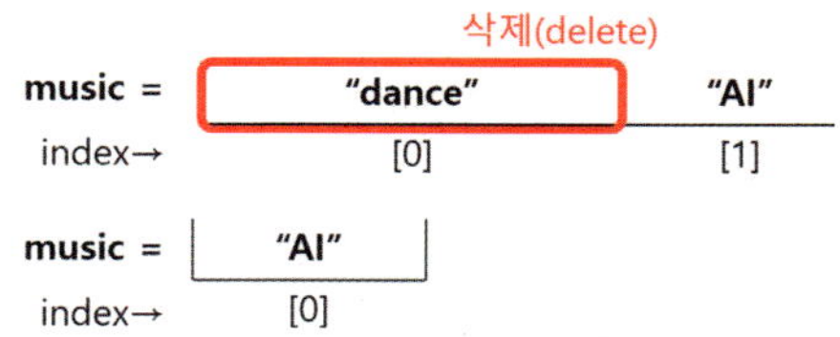

〈실행결과 예〉

['AI']

```
test_list=[1,2,["가","나"],3.14]
print(test_list)
test_list.clear() #모든 데이터 값 삭제
print(test_list)
```

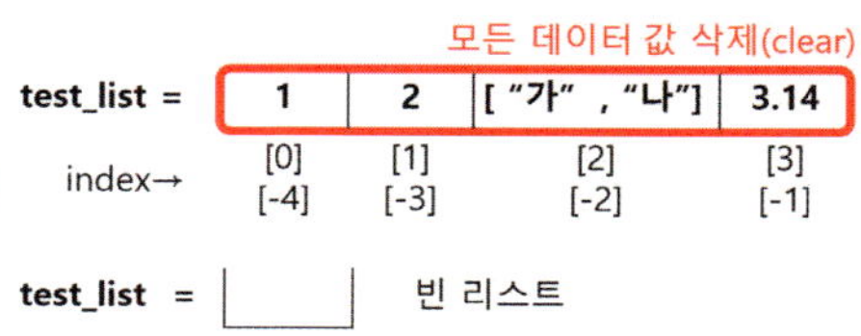

〈실행결과 예〉

[1, 2, ['가', '나'], 3.14]

[ ] ← 빈 리스트가 됨

```
subject=["컴퓨팅적 사고","프로그래밍을 통한 문제해결", "인공지능과 공존
하기","정보보안 첫걸음","심층신경망 개론"]
num_list=[96,12,10,7,25,1,26]
subject.sort()                    #오름차순으로 정렬
num_list.sort(reverse=False)      #오름차순으로 정렬
print(subject)
print(num_list)
```

〈실행결과 예〉

['심층신경망 개론', '인공지능과 공존하기', '정보보안 첫걸음', '컴퓨팅적 사고', '프로그래밍을 통한 문제해결']

[1, 7, 10, 12, 25, 26, 96]

```
subject=["컴퓨팅적 사고","프로그래밍을 통한 문제해결", "인공지능과 공존하기","정보보안 첫걸음","심층신경망 개론"]
num_list=[96,12,10,7,25,1,26]
subject.sort(reverse=True)   #내림차순으로 정렬
num_list.sort(reverse=True)  #내림차순으로 정렬
print(subject)
print(num_list)
```

〈실행결과 예〉

['프로그래밍을 통한 문제해결', '컴퓨팅적 사고', '정보보안 첫걸음', '인공지능과 공존하기', '심층신경망 개론']
[96, 26, 25, 12, 10, 7, 1]

```
text_list2=["strawberry","banana","apple","pear","grape"]
s_list=sorted(text_list2)
print(text_list2)  #정렬되지 않은 text_list2 원본 리스트
print(s_list)      #정렬된 결과를 반영한 복사본 리스트
```

〈실행결과 예〉

['strawberry', 'banana', 'apple', 'pear', 'grape']
['apple', 'banana', 'grape', 'pear', 'strawberry']

잠깐만요

sort()는 리스트에 같은 유형의 자료만 오름차순 또는 내림차순으로 정렬할 수 있다. 리스트에 문자열과 수치형이 섞여 있는 경우 문자열과 수치형을 서로 비교해서 어느 것이 크고 작은지 판단할 수 없기 때문에 sort()를 이용해 데이터를 정렬할 수 없다.

```
example_list=["사과","비트","apple",1,2]
example_list.sort()
print(example_list)
```

〈실행결과 예〉

```
TypeError                                 Traceback (most recent call last)

<ipython-input-8-0018a245a6cd> in <module>()
      1 example_list=["사과","비트","apple",1,2]
----> 2 example_list.sort()
      3 print(example_list)


TypeError: '<' not supported between instances of 'int' and 'str'
```

```
num_lists=[123,456,789,101,234,345,456,567,678,234,789,890]
print(num_lists.index(234)) # 234라는 값이 몇 번째 위치에 있는지를 인덱스 번호로 알려줌
text_lists=["가","나","다","라","마","바","마","사"]
print(text_lists.index("나")) # "나"라는 값이 몇 번째 위치에 있는지를 인덱스 번호로 알려줌
```

〈실행결과 예〉

```
4
1
```

```
num_lists=[123,456,789,101,234,345,456,567,678,234,789,890]
print(num_lists.count(234)) #234라는 값이 몇 개 있는지 찾아줌
text_lists=["가","나","다","라","마","바","마","사"]
print(text_lists.count("마")) #"마"라는 값이 몇 개 있는지 찾아줌
```

〈실행결과 예〉

```
2
2
```

리스트의 추가, 삭제, 정렬, 검색 기능을 표로 정리하면 다음과 같다.

종류		내용	사용 방법 예시
추가	append()	리스트 맨 뒤에 추가: 새로운 값을 기존 리스트의 맨 끝에 추가	리스트이름.append(데이터 값) 예) music.append("AI")
	insert()	특정 위치(인덱스)에 추가: 기존 리스트의 i번째 인덱스에 새로운 값을 추가, i번째 인덱스를 기준으로 뒤쪽의 인덱스가 하나씩 밀림	리스트이름.insert(인덱스번호,추가하고 싶은 데이터 값) 예) music.insert(1,"level")
삭제	remove()	리스트 내의 특정 값을 삭제	리스트이름.remove(삭제하고 싶은 데이터 값) 예) music.remove("level")
	pop()	괄호 안에 아무것도 없는 경우: 맨 뒤의 데이터 값 하나를 삭제할 수 있으며, 삭제한 값은 다른 변수에 저장하여 따로 관리가 가능	리스트이름.pop() 예) delet_list=music.pop()
		괄호 안에 삭제할 특정 위치(인덱스)를 적은 경우: 특정 위치의 값을 삭제할 수 있으며 삭제한 값은 다른 변수에 저장하여 따로 관리가 가능	리스트이름.pop(삭제하고 싶은 인덱스번호) 예) delete_list=music.pop(0)

	del()	특정 위치(인덱스)의 값을 삭제	del(리스트이름[삭제하고 싶은 인덱스번호]) 예) del(music[0])
	clear()	모든 데이터 값을 삭제	리스트이름.clear() 예) test_list.clear()
정렬	sort()	오름차순으로 정렬	리스트이름.sort() 또는 리스트이름.sort(reverse=False) 예) subject.sort() num_list.sort(reverse=False)
		내림차순으로 정렬	리스트이름.sort(reverse=True) 예) subject.sort(reverse=True) num_list.sort(reverse=True)
	sorted()	기존 리스트는 놔두고 복사된 리스트를 정렬하여 결과 저장 후 반환	sorted(리스트이름) 예) s_list=sorted(text_list2)
검색	index()	특정 값의 위치 찾기	리스트이름.index(찾고자 하는 특정 값) 예) num_lists.index(234) text_lists.index("나")
	count()	찾고자 하는 특정 값이 몇 개인지 찾기	리스트이름.count(찾고자 하는 특정 값) 예) num_lists.count(234) text_lists.count("마")

이 외에도 리스트나 문자열 등에는 여러 방식(extend, uppper, lower, find 등)이 있다.

종류		내용	사용 방법 예시
리스트	extend()	새로운 리스트를 기존 리스트에 추가	text=["사과","딸기"] text.extend(["포도","망고","배"]) print(text) → ["사과",'딸기","포도","망고","배"]
문자열	upper()	대문자로 변환할 수 있음	title="I Love K-pop" title.upper() → ' I LOVE K-POP '
문자열	lower()	소문자로 변환할 수 있음	title="I Love K-pop" title.lower() → ' i love k-pop '
문자열	find()	왼쪽부터 시작하여 몇 번째인지 찾아서 인덱스 위치를 알려줌	title="I Love K-pop" title.find(" L ") → 2

실습 예제

리스트 추가, 삭제, 정렬하기

요즘 코로나와 오미크론으로 인해 일상생활에서 많은 대외활동에 어려움을 겪고 있다. 현재 엔데믹(endemic)으로 전향되고 있는 시점에서 그동안 하고 싶었던 여러 가지 일들을 리스트로 작성해보고자 한다. 마스크를 벗고 일상생활에서 하고 싶은 일들이 무엇인지를 "나만의 버킷리스트"로 만들어보자. 리스트에 추가/변경/삭제/정렬까지 해보자.

기본 리스트는 다음과 같다.

```
# 나만의 버킷리스트 만들기:추가/변경/삭제/정렬
bucket_list=["여행하기","콘서트가기","뮤지컬보러가기"]
```

```
# 나만의 버킷리스트 만들기:추가/변경/삭제/정렬
bucket_list=["여행하기","콘서트가기","뮤지컬보러가기"]
# 1.추가하기
bucket_list.append("노래방가기")
bucket_list.append("마스크 벗고 일상생활하기")
bucket_list.append("친구들과 밤 12시까지 놀기")
print(bucket_list)
# 2.변경하기
bucket_list[3]="코노(코인노래방)가기"
```

```
print(bucket_list)
#3.삭제하기: (1) pop
d_list=bucket_list.pop(4)
print("삭제된 내용은=", d_list)
print(bucket_list)
#3.삭제하기:(2) remove
bucket_list.remove("친구들과 밤 12시까지 놀기")
print(bucket_list)
#4.정렬하기
bucket_list.sort()  # 오름차순
print(bucket_list)
bucket_list.sort(reverse=True)  # 내림차순
print(bucket_list)
```

〈실행결과 예〉

['여행하기', '콘서트가기', '뮤지컬보러가기', '노래방가기', '마스크 벗고 일상생활하기', '친구들과 밤 12시까지 놀기']
['여행하기', '콘서트가기', '뮤지컬보러가기', '코노(코인노래방)가기', '마스크 벗고 일상생활하기', '친구들과 밤 12시까지 놀기']
삭제된 내용은= 마스크 벗고 일상생활하기
['여행하기', '콘서트가기', '뮤지컬보러가기', '코노(코인노래방)가기', '친구들과 밤 12시까지 놀기']
['여행하기', '콘서트가기', '뮤지컬보러가기', '코노(코인노래방)가기']
['뮤지컬보러가기', '여행하기', '코노(코인노래방)가기', '콘서트가기']
['콘서트가기', '코노(코인노래방)가기', '여행하기', '뮤지컬보러가기']

2.3 튜플

튜플은 읽기 전용 리스트

튜플(tuple)은 리스트처럼 여러 개의 데이터를 저장할 수 있는 자료형이다. 소괄호( )를 이용하여 나타내며, 리스트와 다른 점은 '읽기 전용 리스트'라는 것이다. 즉, 데이터 값을 읽기만 할 뿐, 추가하거나 변경하는 등의 동작은 불가능하다는 것이다.

[리스트]	[튜플]
읽기 O	읽기 O
추가 O	추가 X
변경 O	변경 X
삭제 O	삭제 X 단, 전체 삭제는 O
정렬 O	정렬 X

리스트와 튜플의 차이점 비교

```
#튜플 추가 X
num_list=(1,2,3,4,5)
num_list.append(6)
print(num_list)
```

<실행결과 예>

```
---------------------------------------------------------------
AttributeError                    Traceback (most recent call last)

<ipython-input-11-7e5430bde078> in <module>()
      1 num_list=(1,2,3,4,5)
----> 2 num_list.append(6)
      3 print(num_list)

AttributeError: 'tuple' object has no attribute 'append'
```

```
#튜플 변경 X
num_list=(1,2,3,4,5)
num_list[2]=30
print(num_list)
```

〈실행결과 예〉

```
---------------------------------------------------------------------------
TypeError                                 Traceback (most recent call last)

<ipython-input-12-b2b3b6c7e43d> in <module>()
      1 #튜플 변경 X
      2 num_list=(1,2,3,4,5)
----> 3 num_list[2]=30
      4 print(num_list)


TypeError: 'tuple' object does not support item assignment
```

```
#튜플 삭제 X
num_list=(1,2,3,4,5)
del(num_list[1])
print(num_list)
```

〈실행결과 예〉

```
---------------------------------------------------------------------------
TypeError                                 Traceback (most recent call last)
```

```
<ipython-input-13-636a1074cf42> in <module>()
      1 #튜플 삭제 X 단, 전체 삭제 O
      2 num_list=(1,2,3,4,5)
----> 3 del(num_list[1])
      4 print(num_list)


TypeError: 'tuple' object doesn't support item deletion
```

```
#튜플 전체 삭제 O
num_list=(1,2,3,4,5)
del(num_list)
```

잠깐만요

튜플은 소괄호()를 이용하지 않아도 상관없다.

튜플을 소괄호()를 이용해 표현하는 경우	튜플을 소괄호() 없이 표현하는 경우
이름=("건덕이","쿠도","만쥬","고푸덕","레오") print(이름) print(type(이름))	이름="건덕이","쿠도","만쥬","고푸덕","레오" print(이름) print(type(이름))
<실행결과> ('건덕이', '쿠도', '만쥬', '고푸덕', '레오') <class 'tuple'>	<실행결과> ('건덕이', '쿠도', '만쥬', '고푸덕', '레오') <class 'tuple'>

단, 여기서 조심해야 할 것은 튜플의 값이 1개일 때는 항상 콤마(,)를 표시해주어야 한다는 것이다.

튜플처럼 보이나 실제는 일반 값(수치형)	하나의 데이터 값을 가진 튜플
num_list=(1) print(num_list) print(type(num_list)) print() num_list=1 print(num_list) print(type(num_list))	num_list2=(1,) print(num_list2) print(type(num_list2)) print() num_lis2t=1, print(num_list2) print(type(num_list2))
<실행결과> 1 <class 'int'> 1 <class 'int'>	<실행결과> (1,) <class 'tuple'> (1,) <class 'tuple'>

튜플의 인덱싱과 슬라이싱

튜플도 문자열, 리스트처럼 인덱싱과 슬라이싱을 이용해 내가 원하는 위치의 값에 접근할 수 있다. 튜플의 인덱싱과 슬라이싱 방법은 다음과 같이 문자열, 리스트의 인덱싱, 슬라이싱 방법과 같다.

```
#특정 데이터 값에 접근하기
t_list=("가","나",2,2022)
a=t_list[-1]
print(a)
#특정 범위에 접근하기
b=t_list[1:3]
c=t_list[-50:50]
print(b,c)
```

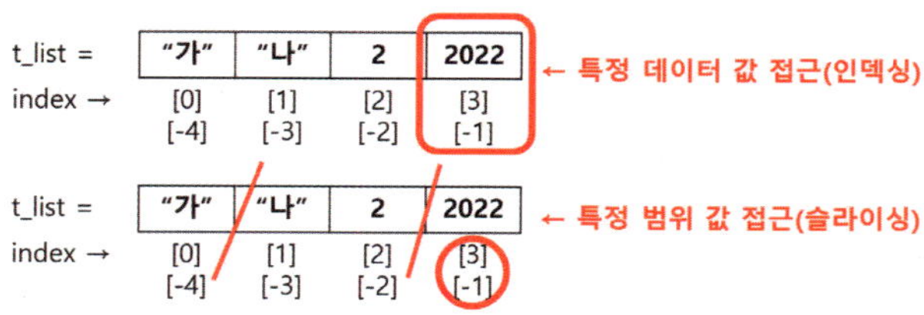

〈실행결과 예〉

```
2022
('나', 2) ('가', '나', 2, 2022)
```

```
_1=2022,1,26
_2="파이썬","코딩","컴퓨팅적 사고"
_3="재미있다",
print(_1+_2) #+연산자로 연결하기
print(_3*2)  #*연산자로 반복하기
```

〈실행결과 예〉

```
(2022, 1, 26, '파이썬', '코딩', '컴퓨팅적 사고')
('재미있다', '재미있다')
```

튜플 길이, 데이터 값 위치, 최솟값, 최댓값, 총합

튜플의 전체 크기(길이)를 확인할 수 있으며, 튜플 안에서 최댓값, 최솟값 그리고 총합을 구할 수 있다. 또한 튜플 안에서 내가 찾는 데이터 값의 인덱스 번호가 무엇인지도 확인할 수 있다. 단, 튜플은 리스트에서 정렬하는 것과 같은 기능은 불가능하다.

```
#튜플 전체 크기(길이)
튜플목록="가","나","라","다"
print("튜플의 크기(길이): ",len(튜플목록))

#튜플 안에서 최대값과 최소값
print("튜플에서 가장 큰 값: ", max(튜플목록))
print("튜플에서 가장 작은 값: ", min(튜플목록))
```

```
#튜플 안에서 내가 찾는 데이터 값 인덱스 번호 확인하기
print("다의 인덱스 번호는? ", 튜플목록.index("다"))
```

〈실행결과 예〉

```
튜플의 크기(길이): 4
튜플에서 가장 큰 값: 라
튜플에서 가장 작은 값: 가
다의 인덱스 번호는? 3
```

```
숫자목록=9,2,1,8
print("숫자목록 중 가장 큰 값: ", max(숫자목록))
print("숫자목록 중 가장 작은 값: ", min(숫자목록))
print("숫자목록의 총합은: ",sum(숫자목록))
```

〈실행결과 예〉

```
숫자목록 중 가장 큰 값: 9
숫자목록 중 가장 작은 값: 1
숫자목록의 총합은: 20
```

```
숫자목록=9,2,1,8
print(숫자목록.sort())
```

〈실행결과 예〉

```
---------------------------------------------------------------------------
AttributeError                            Traceback (most recent call last)
```

```
<ipython-input-33-17e8c5dc4458> in <module>()
----> 1 print(숫자목록.sort())


AttributeError: 'tuple' object has no attribute 'sort'
```

튜플과 리스트의 상호 변환

다음과 같이 튜플을 리스트로, 리스트는 튜플로 변환할 수 있다.

```
my_tuple=1,2,3,4,5          #튜플로 선언
print("튜플 :", my_tuple)
print("my_tuple 자료형: ", type(my_tuple))

my_list=list(my_tuple)      #튜플을 리스트로 변환
print("my_list 자료형: ", type(my_list))
my_list.append(6)
print(my_list)

my_tuple2=tuple(my_list)    #리스트를 튜플로 변환
print(my_tuple2)
```

〈실행결과 예〉

```
튜플 : (1,2,3,4,5)
my_tuple 자료형: <class 'tuple'>

my_list 자료형: <class 'list'>
[1,2,3,4,5,6]

(1,2,3,4,5,6)
```

실습 예제

튜플 활용하기

다음의 튜플 크기(길이)와 인덱싱, 슬라이싱을 이용하여 일부 범위와 인덱스 번호를 찾고, 튜플 연산자(+,*)를 이용하여 나타내시오. 또한 튜플 최댓값, 최솟값, 총합을 구하시오.
그리고 튜플을 리스트로 변환하고 다시 튜플로 변환해보시오.

```
#튜플 선언
example=10,20,30,40
example2=50,60,70,80,90
```

〈실행결과 예〉

튜플 크기: 4
인덱스 0부터 3번 미만의 범위는 (10,20,30)
40의 인덱스 번호는 3
+연산자로 연결하기: (10,20,30,40,50,60,70,80,90)
*연산자로 반복하기: (10,20,30,40,10,20,30,40)
최댓값= 90
최솟값= 10
총합= 100
〈class 'list'〉
튜플을 리스트로 변환하면: [50,60,70,80,90,100]
〈class 'tuple'〉
리스트를 다시 튜플로 변환하면: (50,60,70,80,90,100)

```
#튜플 선언
example=10,20,30,40
example2=50,60,70,80,90
#튜플 크기
print("튜플 크기:", len(example))
#튜플 범위, 인덱스 번호 찾기
print("인덱스 0부터 3번 미만의 범위는", example[0:3])
print("40의 인덱스 번호는", example.index(40))
```

```
#튜플 연산자 이용하기
ex2=example+example2
print("+연산자로 연결하기:", ex2)
ex3=example*2
print("*연산자로 반복하기: ", ex3)
#튜플 최댓값,최솟값, 총합 구하기
print("최댓값=", max(ex2))
print("최솟값=", min(ex3))
print("총합=",sum(example))
#튜플 리스트로 변환하기
my_example=list(example2)
print(type(my_example))
my_example.append(100)
print("튜플을 리스트로 변환하면: ", my_example)
#리스트를 다시 튜플로 변환하기
my_example2=tuple(my_example)
print(type(my_example2))
print("리스트를 다시 튜플로 변환하면: ", my_example2)
```

2.4 딕셔너리

딕셔너리(사전)의 키:값

리스트 다음으로 많이 사용하는 기능이 딕셔너리(dictionary) 기능이다. 사전에서 하나의 단어를 찾으면 옆에 뜻이 설명되어 있는 것처럼 키(key)와 값(value)이 중괄호{ } 안에 하나의 묶음 형태의 쌍으로 구성되어 있다.

영어사전	strawberry:딸기
딕셔너리(dictionary)	{ 키(key):값(value) }

딕셔너리는 탐색속도가 빠르고 사용이 편리해서 많이 사용되며, 순서는 중요하

지 않다(non sequence)는 특징이 있다. 또한 딕셔너리는 하나의 변수로 표현할 수도 있고 키와 값을 정수, 문자열, 리스트, 튜플 등을 이용해 표현할 수도 있다.

```
#딕셔너리
dict={"AI": "파이썬","코딩": "입문", 1: "B", 2: [5, 6, 7]}
print(type(dict))
print(dict)
```

〈실행결과 예〉

```
<class 'dict'>
{'AI': '파이썬', '코딩': '입문', 1: 'B', 2: [5, 6, 7]}
```

키(key)	값(value)
"AI"	"파이썬"
"코딩"	"입문"
1	"B"
2	[5,6,7]

키:값으로 정의되는 딕셔너리

키(key)로 특정 데이터 값 접근

리스트는 인덱스(index)를 이용해서 특정 위치의 데이터 값에 접근하지만 딕셔너리는 키(key)를 이용해서 값에 접근한다.

```
dict={"AI":"파이썬","코딩":"입문", 1:"B", 2:[5, 6, 7]}
print(dict[2])
print(dict["코딩"])
```

〈실행결과 예〉

```
[5, 6, 7]
입문
```

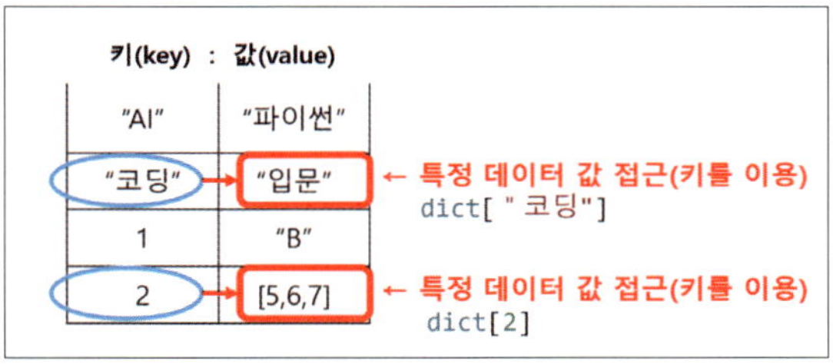

키(key)를 이용해 값(value)에 접근

딕셔너리의 추가, 변경, 삭제

딕셔너리도 리스트처럼 추가, 변경, 삭제하는 것이 가능하며, 사용 방법은 다음과 같다.

키(key)	값(value)
"인턴사번"	20221004
"이름"	"건덕이"
"부서"	"K-POP"

```
#빈 딕셔너리에 추가하기
intern={}    # 또는 intern=dict()으로 표현 가능
print(intern)

intern={"인턴사번": 20221004,"이름" :"건덕이","부서": "K-POP"}
print(intern)

intern["연락처"]="010-1234-5678"   # 딕셔너리이름[키]=값으로 딕셔너리 추가
print(intern)
```

<실행결과 예>

```
{}
{'인턴사번': 20221004, '이름': '건덕이', '부서': 'K-POP'}
{'인턴사번': 20221004, '이름': '건덕이', '부서': 'K-POP', '연락처': '010-1234-5678'}
```

```
#딕셔너리 추가 시 기존 키가 존재하는 경우는 값 변경 가능
intern["부서"]="케이팝"
print(intern)
```

<실행결과 예>

```
{'인턴사번': 20221004, '이름': '건덕이', '부서': '케이팝', '연락처': '010-1234-5678'}
```

```
#기존에 없는 키를 사용하여 새롭게 추가
intern["이메일"]="kon@pythouniv.ac.kr"
print(intern)
```

<실행결과 예>

```
{'인턴사번': 20221004, '이름': '건덕이', '부서': '케이팝', '연락처': '010-1234-5678', '이메일':
'kon@pythouniv.ac.kr'}
```

```
#값을 삭제할 때 리스트나 튜플처럼 del(딕셔너리이름[키]) 이용
del(intern["이메일"])
print(intern)
```

〈실행결과 예〉

{'인턴사번': 20221004, '이름': '건덕이', '부서': '케이팝', '연락처': '010-1234-5678'}

```
#키를 이용해 값 참조 시 잘못된 키는 오류 발생
print(intern["인턴"])
```

〈실행결과 예〉

```
-----------------------------------------------------------------
KeyError                                  Traceback (most recent call last)

<ipython-input-55-cd7199e834be> in <module>()
      1 #키를 이용해 값 참조 시 잘못된 키는 오류 발생
----> 2 print(intern["인턴"])


KeyError: '인턴'
```

딕셔너리에서 키(key)는 중복되면 안 되지만 값(value)은 중복되어도 상관없다. 만약 키(key) 값이 중복되는 경우에는 마지막에 적용한 키(key)가 적용된다.

```
# 키(key) 중복 X, 값(value) 중복 OK
test_dict={1: "가",2: "나",3: "더",3: "다", 4: "가"}
print(test_dict)
```

〈실행결과 예〉

{1: '가', 2: '나', 3: '다', 4: '가'}

딕셔너리 크기(개수) 확인은 len(딕셔너리이름)을 이용한다. 딕셔너리는 하나의 쌍으로 구성되어 있으므로 "키:값"을 하나로 간주하여 개수를 계산한다.

```
#딕셔너리 크기(개수)
test_size=len(test_dict)
print(test_size)
```

〈실행결과 예〉

```
4
```

키(key)를 이용해 다음과 같이 값(valye)을 출력할 수 있다.

```
print(test_dict[1], test_dict[2], test_dict[3], test_dict[4])
```

〈실행결과 예〉

```
가 나 다 가
```

```
city={1:"서울", 2:"대전", 3:"대구", 4:"부산", 5:"전주", 6:"광주", 7:"제
주"}
#딕셔너리의 모든 키만 뽑아 출력하기
print(city.keys())
list(city.keys()) #출력결과에 dict_keys가 붙지 않음
```

〈실행결과 예〉

```
dict_keys([1, 2, 3, 4, 5, 6, 7])
[1, 2, 3, 4, 5, 6, 7]
```

```
#딕셔너리의 모든 값을 리스트로 만들어서 출력하기
print(city.values())
list(city.values()) #출력결과에 dict_values가 붙지 않음
```

〈실행결과 예〉

```
dict_values(['서울', '대전', '대구', '부산', '전주', '광주', '제주'])
['서울', '대전', '대구', '부산', '전주', '광주', '제주']
```

```
#딕셔너리를 튜플 형태로 나타내기
print(city.items())
list(city.items())
```

〈실행결과 예〉

```
dict_items([(1, '서울'), (2, '세종'), (3, '대구'), (4, '부산'), (5, '전주'), (6, '광주'), (7, '제주'), (8, '대전')])

[(1, '서울'),
 (2, '세종'),
 (3, '대구'),
 (4, '부산'),
 (5, '전주'),
 (6, '광주'),
 (7, '제주'),
 (8, '대전')]
```

```
#딕셔너리는 한꺼번에 여러 데이터의 갱신이 가능
city.update({2: "세종", 8: "대전"})
print(city)
```

〈실행결과 예〉

{1: '서울', 2: '세종', 3: '대구', 4: '부산', 5: '전주', 6: '광주', 7: '제주', 8: '대전'}

```
#딕셔너리의 키를 잘못 참조하면 오류가 발생하기 때문에 in 연산자 또는 get()으로 키가 있는지 확인
print(1 in city)         #결과는 True/False로 나옴
test=city.get(1)
print(test)             #결과는 해당 값(value)을 보여줌
test2=city.get(9)       #해당 키가 없는 경우 오류가 발생하지 않음
print(test2)
```

〈실행결과 예〉

True

서울

None

실습 예제

딕셔너리 활용하기

만쥬약국은 코로나와 오미크론의 확산으로 인해 자가키트와 마스크의 재고를 관리하는 코드를 작성하려고 한다. 사용자가 물품이름과 재고량을 입력하면 딕셔너리의 키:값에 "물품이름:재고량"의 형태로 저장된다. 이 결과를 출력해보자.

〈실행결과 예〉

```
**자가키트와 마스크 재고량 입력하기**
자가키트와 마스크 중 어떤 것을 입력하시겠습니까? 자가키트
해당 재고량을 입력해주세요: 40
자가키트와 마스크 중 어떤 것을 입력하시겠습니까? 마스크
해당 재고량을 입력해주세요: 20

***자가키트와 마스크 재고량***
{'자가키트':40, '마스크':20}
```

```python
약국={}
print("**자가키트와 마스크 재고량 입력하기**")
item=input("자가키트와 마스크 중 어떤 것을 입력하시겠습니까?")
number=int(input("해당 재고량을 입력해주세요: "))

약국[item]=number

item=input("자가키트와 마스크 중 어떤 것을 입력하시겠습니까?")
number=int(input("해당 재고량을 입력해주세요: "))

약국[item]=number

print("***자가키트와 마스크 재고량***")
print(약국)
```

2.5 세트

세트의 특징

세트(set)는 수학 시간에 배운 집합과 비슷한 개념이다. 데이터 값의 순서가 정해져 있지 않아, 특히 순서가 상관없는(non sequence) 데이터를 관리할 때 매우 유용하다.

하지만 중복된 값이 있는 경우에는 오직 한 개만 갖기 때문에 세트를 이용해서 데이터 값 중 중복된 값을 제거하는 데 이용하기도 한다. 세트 역시 중괄호{ }를 이용해 표현한다.

```
my_set={1, 2, 3, 5, 4, 5, 6, 7}
print(my_set)
```

〈실행결과 예〉

```
{1, 2, 3, 4, 5, 6, 7}
```

```
my_list=[1,"가","apple",6]
my=set(my_list)     #리스트를 세트(set)로 변경 가능
print(type(my))
print(my)
```

〈실행결과 예〉

```
<class 'set'>
{'가', 1, 'apple', 6}
```

```
text="가" in my
text2=1 not in my
print(text, text2)
```

〈실행결과 예〉

True False

세트는 연산이 가능하고, 데이터를 한 개씩 또는 여러 개를 동시에 추가하고 삭제하는 것이 가능하다.

```
#세트 연산
set_A={1, 2, 3, 4, 5}
set_B={1, 3, 5, 7, 9}
교집합=set_A & set_B
print("교집합: set_A & set_B=",교집합)
합집합=set_A | set_B
print("합집합: set_A | set_B=",합집합)
차집합=set_A - set_B
차집합2=set_B - set_A
print("차집합: set_A - set_B=",차집합)
print("차집합: set_B - set_A=",차집합2)
```

〈실행결과 예〉

교집합: set_A & set_B= {1, 3, 5}

합집합: set_A | set_B= {1, 2, 3, 4, 5, 7, 9}

차집합: set_A – set_B= {2, 4}

차집합: set_B – set_A= {9, 7}

```
#세트 추가
my_set={"파이썬", "자바", "C", "인공지능", "문제해결"}
my_set.add("컴퓨팅적 사고")
print(my_set)
```

〈실행결과 예〉

{'파이썬', 'C', '인공지능', '컴퓨팅적 사고', '문제해결', '자바'}

```
#여러 개의 값을 한 번에 올리기
my_set.update({"코딩", "프로그램", "정보보안", "로봇"})
print(my_set)
```

〈실행결과 예〉

{'로봇', '파이썬', 'C', '코딩', '인공지능', '컴퓨팅적 사고', '문제해결', '정보보안', '자바', '프로그램'}

```
my_set.remove("C") #하나의 값 삭제하기
print(my_set)
```

〈실행결과 예〉

{'로봇', '파이썬', '코딩', '인공지능', '컴퓨팅적 사고', '문제해결', '정보보안', '자바', '프로그램'}

```
my_set.clear()  #전체 삭제
print(my_set)
```

〈실행결과 예〉

set()

실습 예제

세트 활용하기

다음은 세트를 이용하여 작성한 내용이다. 결과가 어떻게 나올지 생각해보자.

```
example_set={1, 2, 3, 4, 5, 3, 6, 4, 5, 6, 7}
print(example_set)

#추가하기:add()
example_set.add(8)
print(example_set)

#여러 개의 값 한 번에 올리기:update()
example_set.update({9, 10, 11})
print(example_set)

#한 개의 값 삭제하기:remove()
example_set.remove(3)
print(example_set)

#전체 삭제하기:clear()
example_set.clear()
print(example_set)
```

〈실행결과 예〉

{1, 2, 3, 4, 5, 6, 7}

{1, 2, 3, 4, 5, 6, 7, 8}

{1, 2, 3, 4, 5, 6, 7, 8, 9, 10, 11}

{1, 2, 4, 5, 6, 7, 8, 9, 10, 11}

set()

연습 문제

연습 01 컬렉션 자료형에 대해 설명하시오.

연습 문제

연습 02 **다음은 에이브라함 링컨의 명언이다.**

```
명언="""
I am for those means which will give the greatest good to the greatest number.
Whatever you are, be a good one.
Truth is generally the best vindication against slander.
You cannot escape the responsibility of tomorrow by evading it today.
Always bear in mind that your own resolution to succeed is more important than any one thing.
I have always found that mercy bears richer fruits than strict justice.
Most people are about as happy as they make up their minds to be.
In this sad world of ours, sorrow comes to all.
Perfect relief is not possible, except with time.
You cannot now realize that you will ever fell better.
And yet this is a amistake.
You are sure to be happy again.
No man is good enough to govern another man without that other's consent.
"""
```

사용자로부터 검색할 단어를 입력받아 그 검색할 단어가 총 몇 번 나오는지를 카운트하는 프로그램을 작성하려고 한다. 이때 슬라이싱을 통해 일정 범위를 지정하고 이 안에서 사용자가 검색하는 단어가 몇 번 카운팅될 수 있도록 코드를 작성해보자.

〈실행결과 예〉

I am for those means which will give the greatest good to the great

...중략...

검색할 단어 입력:

예를 들어 will을 입력했다면 'will'이라는 단어가 사용된 횟수 = 2

〈코드〉

연습 문제

연습 03

가훈 리스트 추가/변경/삭제/정렬하기

우리집 가훈과 친구집 가훈을 물어보고 이를 추가, 변경, 삭제하고 마지막으로 작성된 가훈을 정렬해보자.

```
#가훈 리스트 추가/변경/삭제/정렬하기
가훈=["가화만사성","진실 성실 겸손","지성감천"]
```

〈실행결과 예〉

```
['가화만사성', '진실 성실 겸손', '지성감천', '역지사지', '문학필근', '외강내유']
['가화만사성', '진실 성실 겸손', '지성감천', '역지사지', '문학필근', '외유내강']
삭제된 내용은= 진실 성실 겸손
['가화만사성', '지성감천', '역지사지', '문학필근', '외유내강']
['가화만사성', '지성감천', '문학필근', '외유내강']
['가화만사성', '문학필근', '외유내강', '지성감천']
['지성감천', '외유내강', '문학필근', '가화만사성']
```

〈코드〉

연습 문제

연습 04

딕셔너리 추가, 값 찾기

딕셔너리를 이용하여 사용자로부터 자신이 좋아하는 가수의 노래를 입력받아서 추가하고 딕셔너리에 사용자가 입력한 값이 있는지 확인해보자.

〈실행결과 예〉

```
**딕셔너리 이용하여 가수의 노래 입력하기**
자신이 좋아하는 가수의 이름을 입력하세요: 퀸
자신이 좋아하는 가수의 노래를 입력하세요: 보헤미안 랩소디
자신이 좋아하는 가수의 이름을 입력하세요: 바흐
자신이 좋아하는 가수의 노래를 입력하세요: 바이올린 협주곡
자신이 좋아하는 가수의 이름을 입력하세요: 엔리오 모리꼬네
자신이 좋아하는 가수의 노래를 입력하세요: 시네마 천국 OST

***자신이 좋아하는 가수와 그 노래 입력 결과***
{'퀸': '보헤미안 랩소디', '바흐': '바이올린 협주곡', '엔리오 모리꼬네': '시네마 천국 OST'}

***자신이 좋아하는 가수의 노래 찾기***
당신이 좋아하는 가수의 이름을 입력하세요: 퀸
보헤미안 랩소디 이/가 있습니다.
```

〈코드〉

도전 문제

도전 01 딕셔너리 이용해 사전 만들기

영한(eng→kor) 사전을 만들려고 한다. 이때, 번역 가능한 단어는 다음과 같다.

```
['apple', 'age', 'agree', 'assign', 'air', 'airplane']
```

영어 단어를 딕셔너리를 이용하여 한글로 번역해보자.

〈실행결과 예〉

```
번역 가능한 단어: ['apple', 'age', 'agree', 'assign', 'air', 'airplane']
다음의 단어 중 번역하고 싶은 단어를 입력하세요: apple
apple : 사과
```

〈코드〉

도전 문제

도전 02 딕셔너리 이용해 회사의 매출 정리하기

고푸덕 회사의 2017년부터 2022년까지의 매출액을 정리하려고 한다.

연도별 매출액을 딕셔너리로 생성하면 다음과 같다.
{2017:1210, 2018:2796, 2019:970, 2020:1500, 2021:500}

이를 통해 매년 매출액이 얼마만큼 증가했는지 감소했는지를 확인하고 다음의 내용을 출력해보자.

1) 2020년 매출액을 출력해보자.
2) 2022년 매출액인 3500원을 추가해보자.
3) 2019년 매출액이 970원으로 잘못 입력된 것을 확인했다. 매출액을 1970원으로 변경해보자.
4) 전체 연도별 총 매출액이 얼마인지 계산해보자.

〈실행결과 예〉

1500
{2017: 1210, 2018: 2796, 2019: 970, 2020: 1500, 2021: 500, 2022:3500}
{2017: 1210, 2018: 2796, 2019: 1970, 2020: 1500, 2021: 500, 2022:3500}
10976

〈코드〉

<9 장>

제어문(1)

학습 목표

- 컴퓨터 프로그램에서 세 가지 실행 순서의 제어 방식을 배운다.
- 조건문의 개념과 필요성에 대해 배운다.
- 조건문을 표현하기 위해 관계 연산자와 논리 연산자의 이용 방법을 배운다.
- 다양한 조건문을 이용해 순서도와 파이썬 코드로 표현하는 방법을 배운다.

1 〉 제어문

제어문을 이용하면 컴퓨터 프로그램에서 실행 순서를 제어할 수 있다. 명령문의 순서를 바꾸어 실행하는 것을 제어(control)라고 하는데, 파이썬 프로그램에는 다음과 같이 기본 제어구조라고도 하는 세 가지 방식이 있다.

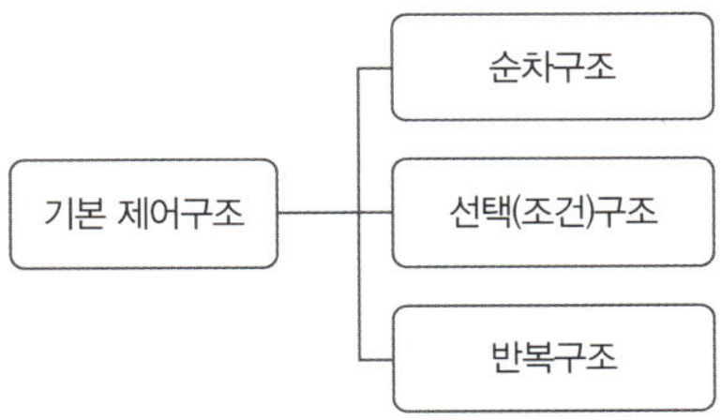

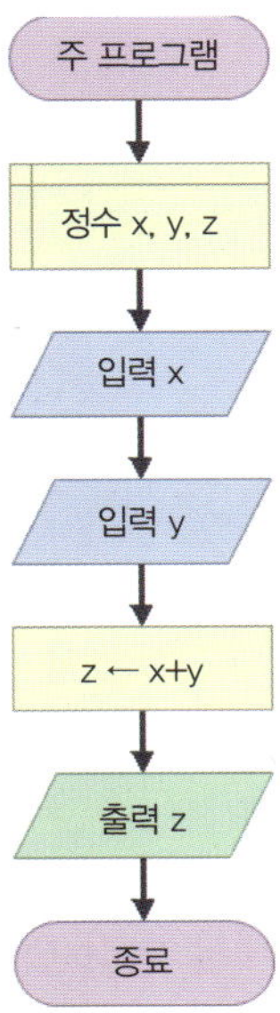

순차구조는 순서 · 순차적으로 명령어를 실행하는 것으로, 시작부터 끝까지 차례대로 실행되는 구조이다. 일반적으로 가장 간단한 구조이지만 일상생활에서 실제로 많이 사용되는 구조이다.

하나의 예를 들어보자. 사용자로부터 x와 y의 값을 각각 입력받아 이를 더한 값을 z가 받아 이를 최종 출력한다고 하자. 이를 순서도로 표현하면 왼쪽 그림과 같다. 이 과정을 순서대로만 따라서 진행한다면 어떤 숫자의 값을 입력받아도 두 수 x와 y의 더한 값을 결과 z로 표현할 수 있다.

이렇듯 순서대로 차근차근 진행하는 과정을 **순차구조**라고 한다.

모든 프로그램이 순차적으로만 진행하면 좋겠지만 실제로는 그렇지 못하다. 상황에 따라서는 선택해야 하는 경우와 반복해야 하는 경우 등 다양한 경우가 생긴다.

실행 순서를 제어하는 또 다른 방법의 하나인 **선택구조**는 말 그대로 선택을 위한 조건 상황에 따라 결과가 달라진다. 선택구조는 선택한 상황의 조건을 만족하면 이에 맞는 방향으로 실행한다.

하나의 예를 들어보자. 만약 오늘 날씨가 비 올 확률이 50% 이상이라면 우산을 챙겨 나가야 하지만 그렇지 않다면 우산을 챙기지 않아도 된다고 생각한다. 이처럼 50% 이상이라는 조건을 만족하면 참(True)이 되고 이를 통해 "우산을 가지고 나가기"의 결과를 선택하는 반면에 50% 이상이라는 조건을 만족하지 못하면 거짓(False)이 되고 이를 통해 "우산 없이 나가기"라는 결과를 선택하게 된다. 이처럼 조건을 만족하는지 만족하지 않는지에 따라 선택 결과가 달라지는 것을 선택구조라 하고, 조건의 선택에 따라 결과가 달라지기 때문에 조건문이라고도 한다.

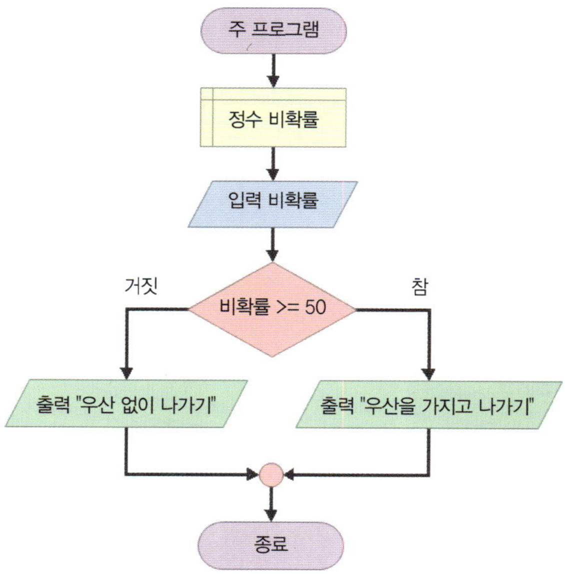

또 다른 실행 순서 제어 방식 중 어떤 상황을 계속해서 여러 번 반복해야 하는 경우가 있는데, 이를 **반복구조** 또는 반복문이라고 한다.

이때 선택구조에서처럼 조건을 제시하고 조건을 만족하는 동안 계속해서 반복할 수 있다. 이때 내가 원하는 만큼의 횟수를 정하거나 또는 이미 횟수를 알고 있는

만큼 반복할 수도 있고, 조건을 만족할 때까지만 반복할 수도 있고, 무한대로 반복할 수도 있다.

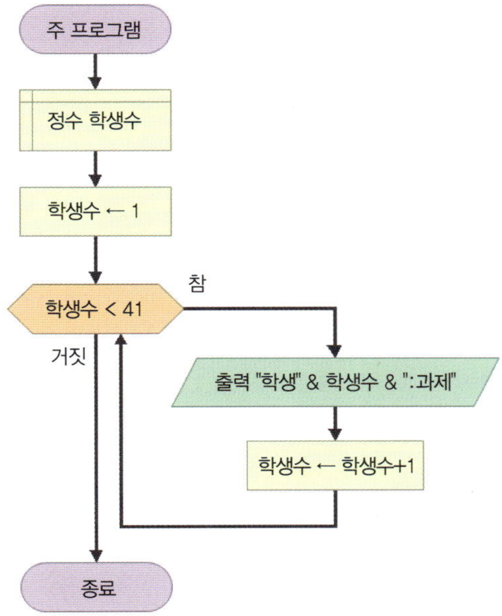

하나의 예를 들어보자. 한 클래스에 40명의 학생이 있다고 하자. 이 학생들이 과제를 제출했는지의 여부에 따라 점수를 부여하려고 한다. 이를 다음과 같이 표현할 수 있다.

학생수가 40명이 될 때까지는 조건을 만족하기 때문에 계속 반복하면서 출력하지만 만약 41명이 되면 더 이상은 "학생수 < 41"이라는 조건을 만족하지 않기 때문에 반복문을 빠져나오게 된다.

이 과정을 그림으로 정리하면 다음과 같이 표현할 수 있다.

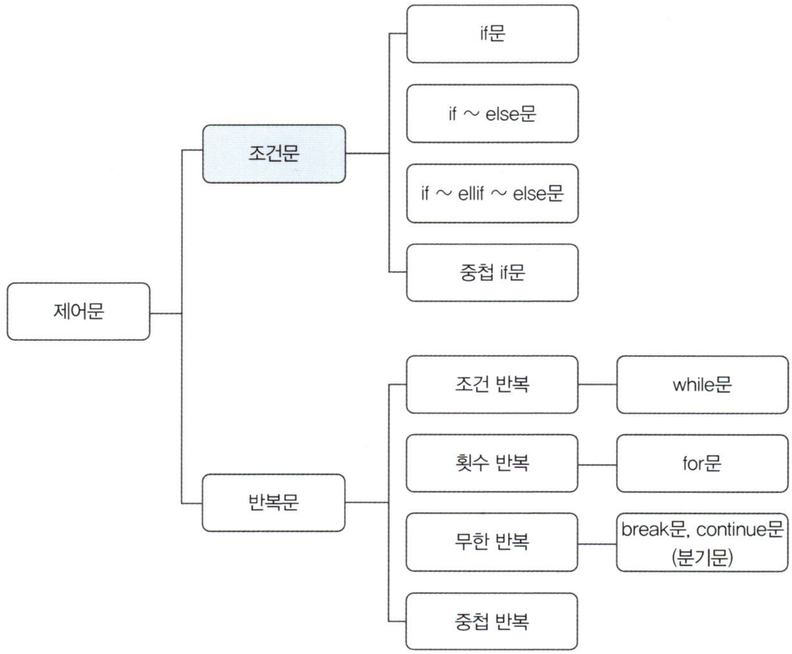

다음 절에서는 제어문 중 선택한 조건에 따라 결과가 달라지는 조건문을 살펴볼 것이다.

2 〉 조건문

우리는 일상생활에서 선택이라는 것을 수시로 하게 되는데, 프로그램에서도 선택을 표현하기 위한 방법으로 조건문을 활용한다. 조건문은 선택문 또는 선택구조라고도 한다. 작업 과정을 일목요연하게 나타내주는 플로차트와 문제해결을 위해 절차와 방법, 명령어의 집합을 나타내주는 알고리즘이라는 단어의 합성어인 플로우고리즘이라는 도구를 이용한 순서도와 파이썬 프로그래밍 코드에서는 조건문을 어떻게 표현하는지 살펴보자.

2.1 조건문의 필요성

일상생활에서 우리는 무언가를 끊임없이 선택하면서 살아가야 한다. 그런 선택의 순간은 어떤 것이 있을까? 배달앱을 이용해 맛있는 것을 주문할 때도 우리는 선택이라는 것을 해야 한다. 여러 종류의 음식 가운데 어떤 메뉴를 고를 것인지, 또 토핑을 추가할지 말지를 고민해야 하는 경우이다. 음식을 배달하는 일 외에도 다양하게 주어진 상황에서 각각 다른 선택을 해야 하는 경우가 있고, 선택된 상황에 따라 실행되는 흐름이 달라질 수도 있으므로 주어진 특정 조건을 어떻게 선택하느냐에 따라 다른 실행으로 연결될 수 있도록 해주어야 하는 등 많은 이유로 조건(선택)은 다양한 문제를 해결하는 데 있어서 반드시 필요하다.

만약 실수로 선택을 잘못했다면 어떨까? 배달앱으로 잘못 주문해서 우리가 먹기 싫은 음식을 먹게 될 때도 있지만 업무를 처리하는 프로그램의 중요한 동작 과정에서 주어진 조건을 잘못 선택할 경우에는 예상하지 못한 결과를 초래할 수도 있을 것이다. 따라서 하나의 프로그램 내에서 조건을 잘 다루는 것은 중요하다.

또 조건을 부여하지 않을 경우 같은 내용을 표현하는 코드 내용이 훨씬 더 길어질 수도 있기 때문에 적재적소에 조건문을 잘 다루는 것 또한 매우 중요하다.

배달앱 이용 시 조건(선택)에 따라 주문 결과가 달라짐

2.2 조건문의 개념

선택한 조건에 대해서만 동작

조건은 말 그대로 크고 작은 다양한 조건들 중 무엇을 선택하는지에 따라 행동이나 결과가 달라질 수 있는데, 이것을 프로그램에서 표현하는 방식이 바로 조건문이다.

예를 들어 지금 학교에 가야 하는데 밖에는 비나 눈이 오고 있는 상황을 가정해 보자. 우리는 다음 그림처럼 비교적 간단한 형태의 조건에 맞는 선택을 할 수 있을 것이다.

조건문 개념

만약 앞의 그림과 같이 비 또는 눈이 올 경우 어떻게 할 것인지에 대한 조건이라는 것이 주어지지 않는다면 우리는 모든 일어날 수 있는 상황을 가정하여 표현할 수 있는 내용을 모두 표현해야 하기 때문에 문제해결을 위한 프로그래밍을 하는 데 있어서 코드가 길어질 수밖에 없다.

따라서 간결하면서도 선택에 맞는 행동(결과)을 결정할 수 있도록 표현해주는 조건문을 활용하는 것이 좋다.

다음과 같이 친구를 만나기 위해 외출을 한다고 하자. 외출 복장은 바깥 날씨에 따라 달라질 것이고, 이를 프로그램 코드로 모든 상황을 고려해 표현하면 다음과 같을 것이다.

```
print("외출하기 위해 준비하려고 한다.")
weather=input("날씨가 더운가요? (예, 아니오로 입력)")
print("입력된 답변: ", weather)
print("입력된 답이 \"예\"라면")
print("날씨가 덥다면 반팔 옷을 입는다.")
print("날씨가 덥다면 시원한 샌들을 신는다.")
print("날씨가 덥다면 시원한 얼음물을 텀블러에 들고 간다.")
print("준비가 끝났다 외출을 한다.")
print("입력된 답이 \"아니오\"라면")
print("날씨가 춥다면 긴팔 옷을 입고, 두꺼운 외투를 입는다.")
print("날씨가 춥다면 따뜻한 어그부츠를 신는다.")
print("준비가 끝났다 외출을 한다.")
```

〈실행결과 예〉

```
외출하기 위해 준비하려고 한다.
날씨가 더운가요? (예, 아니오로 입력) :예
입력된 답변: 예
입력된 답이 "예"라면
날씨가 덥다면 반팔 옷을 입는다.
날씨가 덥다면 시원한 샌들을 신는다.
날씨가 덥다면 시원한 얼음물을 텀블러에 들고 간다.
```

준비가 끝났다 외출을 한다.

입력된 답이 "아니오"라면

날씨가 춥다면 긴팔 옷을 입고, 두꺼운 외투를 입는다.

날씨가 춥다면 따뜻한 어그부츠를 신는다.

준비가 끝났다 외출을 한다.

위의 코드를 실행하면 사용자가 '예'라고 답을 입력해도 '예'에 대한 내용뿐만 아니라 '아니오'에 대한 내용도 모두 화면에 나타날 것이다.

이번에는 같은 내용을 조건문을 이용해서 표현해보자.

〈순서도〉

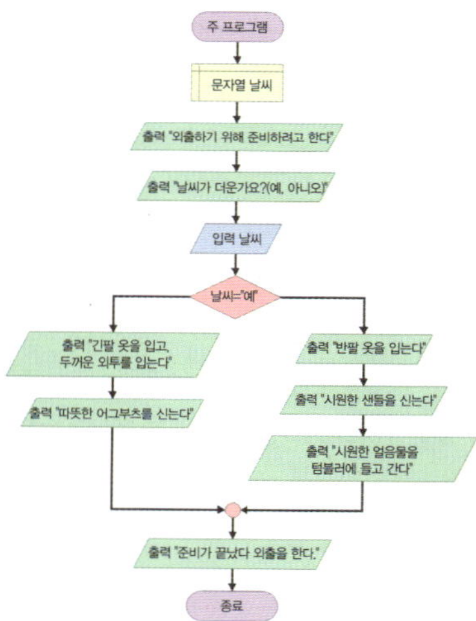

〈실행결과 예〉

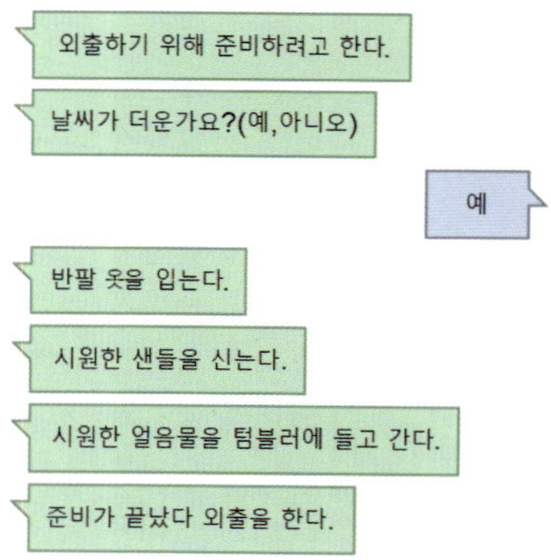

위와 같이 선택한 답변과 관련된 내용만 화면에 보일 것이다. 즉, 사용자가 '예'를 선택하거나 '아니오'를 선택하는 것에 따라서 해당 결과만 나타난다.

잠깐만요

플로우고리즘의 사용 방법이 익숙하지 않은 분도 있을 것이다. 여기에서는 간단하게 조건문을 플로우고리즘을 이용해 순서도로 입력할 때 어떻게 표현되는지만 알고 넘어가자.

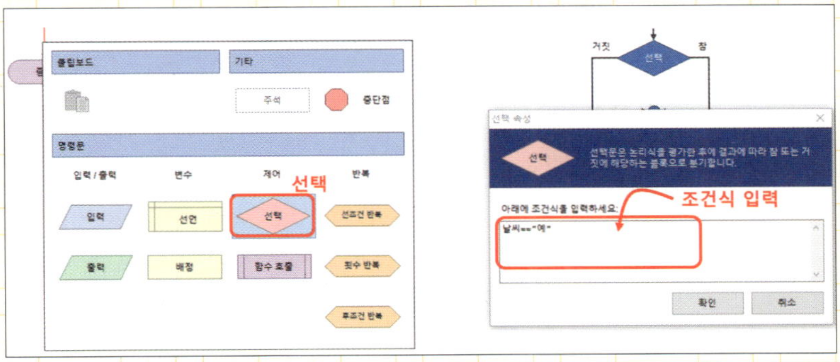

2.3 관계 연산자와 논리 연산자

관계 연산자와 논리 연산자

조건문을 표현하기 위해서는 비교 또는 여러 개의 *명제를 나열해서 표현해야 한다. 이를 위해 관계 연산자(비교 연산자)와 논리 연산자가 필요하다. 관계 연산자는 주어진 조건 또는 식의 크기를 비교하는 데 사용되는 연산자이므로 다음 표처럼 표현할 수 있다. 수학 시간에 배운 부등호의 표현과 같은 것도 있고, 다른 것도 있기 때문에 어떻게 다른지 확인해보자.

체크 포인트

명제란 "이것은 참입니다" 또는 "이것은 거짓입니다"를 구분할 수 있는 문장 또는 식을 말한다.

구분	같다	같지 않다 (다르다)	왼쪽이 크다	오른쪽이 크다	왼쪽이 크거나 같다	오른쪽이 크거나 같다
수학	=	≠	>	<	≥, ≧	≤, ≦
파이썬	==	!=	>	<	>=	<=

논리 연산자는 명제가 여러 개 연결되어 명제의 참과 거짓을 판별할 때 사용하는 연산자이다. 논리 연산자로는 and, or, not이 있다.

논리 연산자	내용	사용 방법	예시
and	모든 논리가 참이어야만 "참(True)"	A and B	2==1+1 and 4<5 ⇒ 참(True)
or	여러 논리 중 하나만 참이어도 "참(True)"	A or B	2==1 or 4<5 ⇒ 참(True)
not	"~이 아니다"로 논리의 결괏값을 뒤집는 특이한 연산자	not(OO)	not (3==3) → not("참")의 의미, 즉 참이 아니다 ⇒ 거짓(False)

관계 연산자와 논리 연산자의 결과는 참(True)과 거짓(False)으로 표현한다.

실습 예제

관계 연산자와 논리 연산자

관계 연산자와 논리 연산자를 이용해 표현한 결과가 어떻게 나오는지 살펴보자.

```
print("3<5 : ", 3<5) #3은 5보다 작다 → 참
print("3>5 : ", 3>5) #3은 5보다 크다 → 거짓
print("3==4 : ", 3==4) #3은 4와 같다 → 거짓
print("\"a\" != \"b\" :", "a"!= "b")  #"a"는 "b"와 같지 않다 → 참
print("4<=6 :", 4<=6) #4는 6보다 작거나 같다 → 참
print("3==3 and 4<6 :", 3==3 and 4<6)  #and : 수식 2개 모두 참인 경우만 참
print("3==3 and 4>6 :", 3==3 and 4>6) #and : 수식 중 어느 하나라도 거짓이면 거짓
print("3==3 or 4>6 :", 3==3 or 4>6) #or : 수식 2개 중 어느 하나만 참인 경우만 참
print("not(3 !=4) :", not(3!=4))  #not : 논리 뒤집기로 "~가 아니다"
```

〈실행결과 예〉

```
3<5 :  True
3>5 :  False
3==4 :  False
"a" != "b" : True
4<=6 : True
3==3 and 4<6 : True
3==3 and 4>6 : False
3==3 or 4>6 : True
not(3 !=4) : False
```

2.4 조건문의 구조

if문, if-else문, if-elif-else문, 중첩 if문

조건문은 다양한 선택구조로 표현할 수 있다.

형식	설명	사용 방법	구조
단순 선택문 (if문)	조건식이 "참(True)"이면 실행할 명령문을 실행. "거짓(False)"인 경우는 아무런 실행도 하지 않음	if 조건식: 실행할 명령문	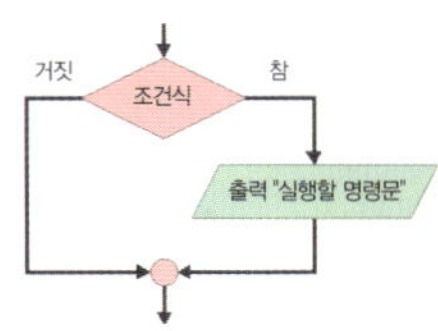

**양자택일
선택문
(if-else문)**
	조건식이 "참(True)"이면 실행할 명령문1을 실행,
	"거짓(False)"인 경우는 실행할 명령문2를 실행함
		if 조건식:
		  실행할 명령문1
		else:
		  실행할 명령문2
			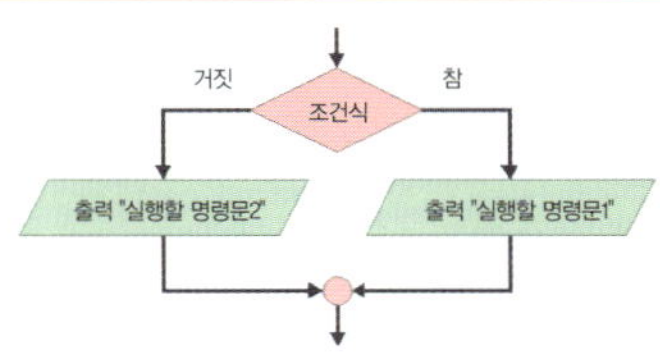

다중비교 선택문 (if–elif문, if–elif–else 문)	조건식1이 "참(True)"이면 실행할 명령문1을 실행, "거짓(False)"인 경우는 조건식2를 비교하는데, 이때 "참(True)이면 실행할 명령문2를 실행함	if 조건식1:
		  실행할 명령문1
		elif 조건식2:
		  실행할 명령문2
			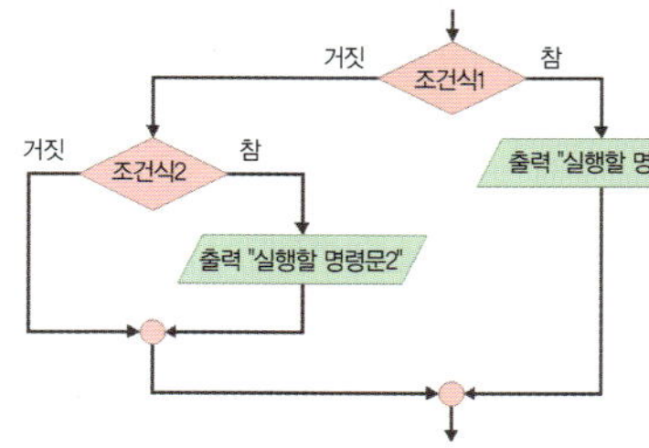

	조건식1이 "참(True)"이면 실행할 명령문1을 실행, "거짓(False)"인 경우는 조건식2를 비교하는데, 이때 "참(True)이면 실행할 명령문2를 실행. 그러나 조건식2가 "거짓(False)"이면 실행할 명령문3을 실행함	if 조건식1:
		  실행할 명령문1
		elif 조건식2:
		  실행할 명령문2
		else:
		  실행할 명령문3
			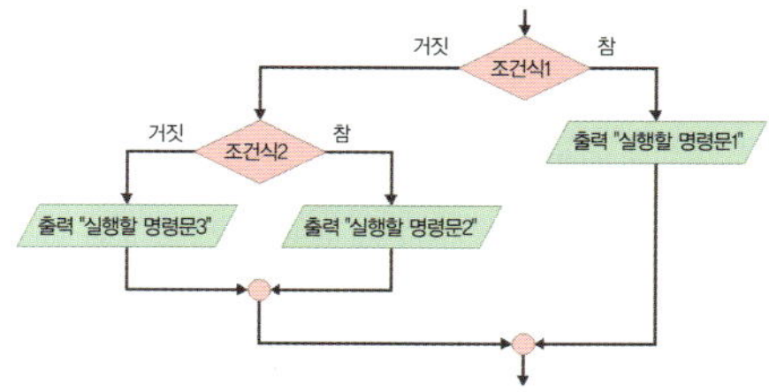

중첩 선택문 (if문–또다른 if문 또는 중첩 if문)	조건식1이 "참(True)"이면 조건식2가 "참(True)인지 확인함. 만약 참이면 실행할 명령문1을 수행하고, 그렇지 않으면 조건식3을 만족하는지 확인함. 조건식3이 참이면 실행할 명령문2를 실행하고 만약 거짓이면 실행할 명령문 3을 수행함. 조건식1이 거짓이면 실행할 명령문4를 실행함	if 조건식1:
		  if 조건식2:
		    실행할 명령문1
		  elif 조건식3:
		    실행할 명령문2
		  else:
		    실행할 명령문3
		else:
		  실행할 명령문4
			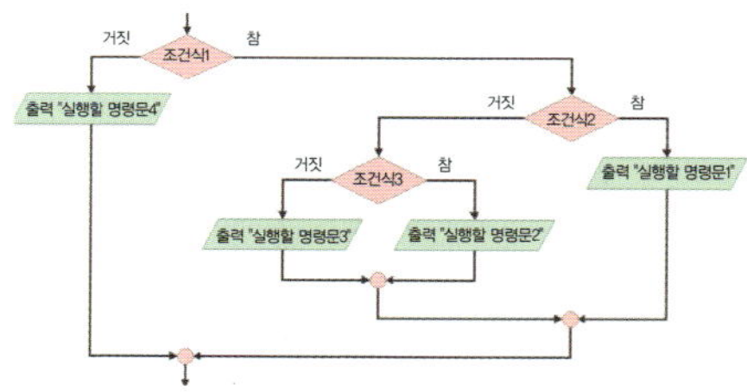

	조건식1이 "참(True)"이면 조건식2가 "참(True)"인지 확인함. 만약 참이면 실행할 명령문1을, 거짓이면 실행할 명령문2를 실행.
	조건식1이 "거짓(False)"이면 조건식3을 수행하고 조건식 3이 "참"이면 실행할 명령문3을 실행, 조건식3이 거짓이면 실행할 명령문4를 실행함
		if 조건식1:
		  if 조건식2:
		    실행할 명령문1
		  else:
		    실행할 명령문2
		elif 조건식3:
		  실행할 명령문3
		else:
		  실행할 명령문4
			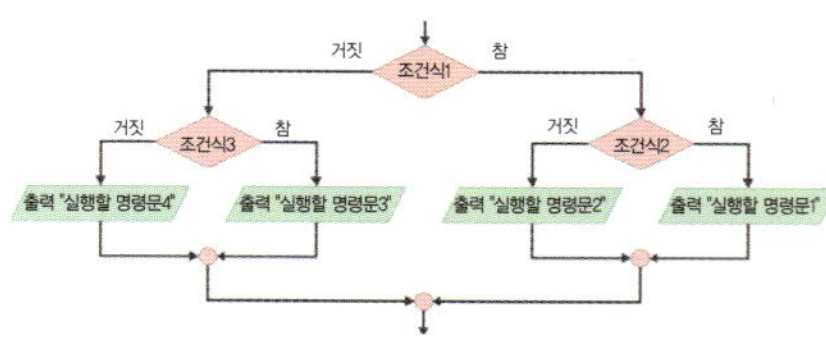

잠깐만요

조건문을 입력할 때 주의할 점이 있다. if 조건문 맨 뒤에는 반드시 :(콜론)을 써야 한다. 그런 다음 Enter 키를 누르면 자동으로 들여쓰기(indent)가 되기 때문에 코드를 조건문 안에서 블록이라는 형태로 여러 줄을 나타내려면 코드 블록 내 모든 행이 반드시 들여쓰기가 되어야 한다. 그렇지 않으면 오류(error)가 발생한다.

〈올바른 경우〉

```
if num>=10:
  print("숫자 {}은/는 10보다 크거나 같습니다.".format(num))
  print("잘 하셨습니다!!")
```

〈틀린 경우〉

```
if num>=10  ← 맨 뒤에 :(콜론)이 빠짐
  print("숫자 {}은/는 10보다 크거나 같습니다.".format(num))
  print("잘 하셨습니다!!")
```

〈틀린 경우〉

```
if num>=10:
print("숫자 {}은/는 10보다 크거나 같습니다.".format(num))  ← 들여쓰기X
print("잘 하셨습니다!!")  ← 들여쓰기X
```

실습 예제

단순 선택문(if문)

단순 선택문을 이용하여 다음을 표현해보자.

사용자로부터 입력받은 숫자(num)가 만약 10보다 크거나 같으면 “당신이 입력한 숫자 OO은 10보다 크거나 같습니다.”를 출력하시오.

〈실행결과 예〉

숫자를 입력하세요: 12

당신이 입력한 숫자 12은/는 10보다 크거나 같습니다.

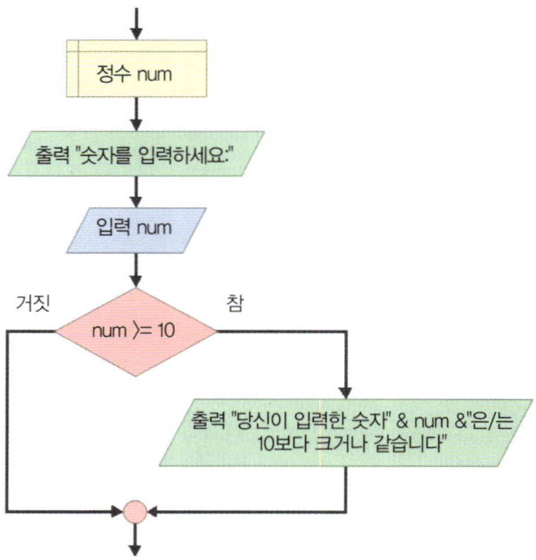


```
#단순 선택문(if문)
num=int(input("숫자를 입력하세요: "))
if num>=10:
  print("당신이 입력한 숫자 {}은/는 10보다 크거나 같습니다.".format(num))
```

실습 예제

양자택일 선택문(if-else문)

단순 조건문의 예를 양자택일 선택문으로 응용해보자. 입력한 숫자가 10보다 크거나 같은 경우는 "당신이 입력한 숫자 OO은 10보다 크거나 같습니다." 그러나 10보다 작은 숫자를 입력하면 "당신이 입력한 숫자 OO은 10보다 작습니다."를 출력하시오.

〈실행결과 예〉

숫자를 입력하세요: 12

당신이 입력한 숫자 12은/는 10보다 크거나 같습니다.

숫자를 입력하세요: 9

당신이 입력한 숫자 9은/는 10보다 작습니다.

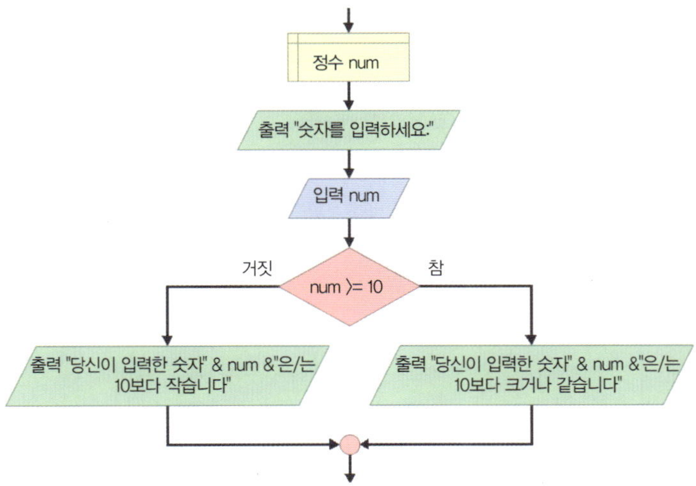


```
#양자택일 선택문(if-else문)
num=int(input("숫자를 입력하세요: "))
if num>=10:
  print("당신이 입력한 숫자 {}은/는 10보다 크거나 같습니다.".format(num))
else:
  print("당신이 입력한 숫자 {}은/는 10보다 작습니다.".format(num))
```

잠깐만요

if문만으로 양자택일을 표현할 수 있다. 그러나 if-else문을 이용하는 것이 코드 상으로도 훨씬 간결하고, 컴퓨터 시스템 상으로도 자원(리소스) 낭비를 줄일 수 있다.

if문만으로 여러 번 쓰는 경우	if-else문으로 쓰는 경우

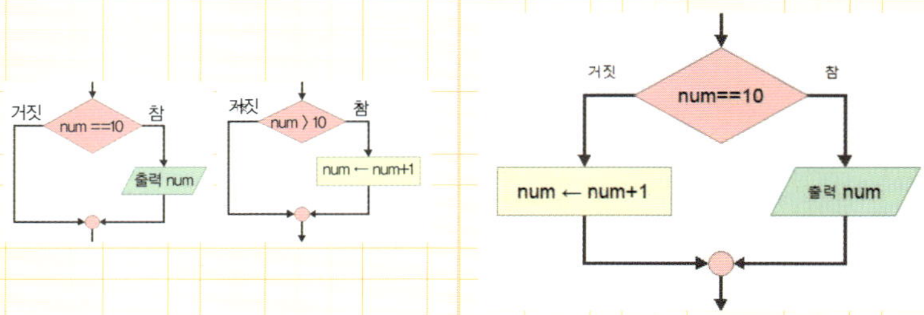

실습 예제

다중비교 선택문(if-elif-else문)

가끔 짜장면이 먹고 싶을 때도 있고, 짜장면이 아닌 짬뽕이나 탕수육이 먹고 싶을 때도 있다. 이럴 때는 여러 상황에 따라 하나를 선택하면 되는 다중비교 선택문을 이용해 표현할 수 있다. 다중비교 선택문을 이용하여 짜장면, 짬뽕, 탕수육 중 하나를 선택할 수 있는 코드를 작성하시오.

〈실행결과 예〉

어서오세요. 쿠도반점입니다. 짜장면, 짬뽕, 탕수육이 있습니다.

어떤 음식을 먹고 싶나요?(짜장, 짬뽕, 탕수육): 짜장

짜장면을 선택했습니다.

맛있게 만들어드리겠습니다.

어서오세요. 쿠도반점입니다. 짜장면, 짬뽕, 탕수육이 있습니다.

어떤 음식을 먹고 싶나요?(짜장, 짬뽕, 탕수육): 탕수육

탕수육을 선택했습니다.

맛있게 만들어드리겠습니다.

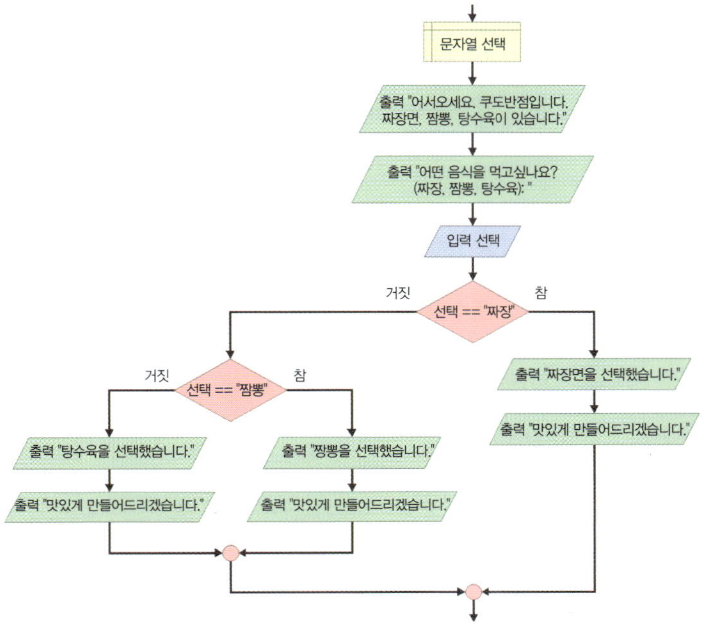


```
#다중비교 선택문(if-elif-else문)
print("어서오세요. 쿠도반점입니다. 짜장면, 짬뽕, 탕수육이 있습니다.")
선택=input("어떤 음식을 먹고싶나요?(짜장, 짬뽕, 탕수육): ")
if 선택=="짜장":
  print("짜장면을 선택했습니다.")
  print("맛있게 만들어드리겠습니다.")
elif 선택=="짬뽕":
  print("짬뽕을 선택했습니다.")
  print("맛있게 만들어드리겠습니다.")
else:
  print("탕수육을 선택했습니다.")
  print("맛있게 만들어드리겠습니다.")
```

실습 예제

중첩 선택문(if-또 다른 if문)

사용자로부터 수를 입력받아 이 숫자가 짝수인지 홀수인지를 판단하는 중첩 선택문을 작성해보자.

〈실행결과 예〉

숫자를 입력하세요: -1

흐음... 당신이 입력한 수 -1은/는 음수입니다.

숫자를 입력하세요: 3

당신이 입력한 수 3은/는 홀수입니다.

숫자를 입력하세요: 4

당신이 입력한 수 4은/는 짝수입니다.

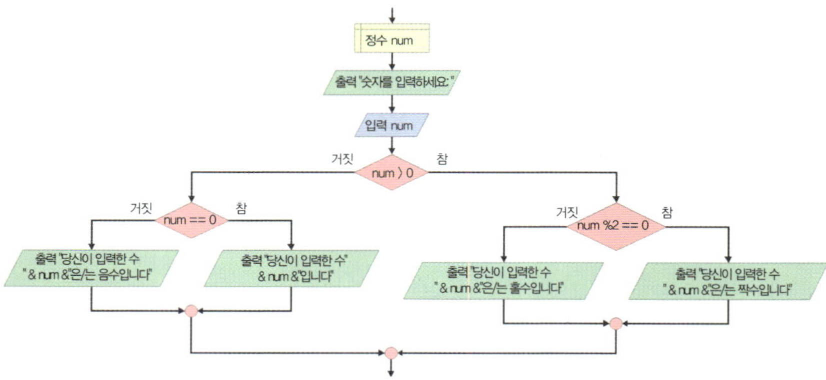


```
#중첩 선택문(중첩 if문)
num=int(input("숫자를 입력하세요: "))
if num>0:
  if num%2==0:
    print("당신이 입력한 수 {0}은/는 짝수입니다.".format(num))
  else:
    print("당신이 입력한 수 {0}은/는 홀수입니다.".format(num))
elif num==0:
  print("당신이 입력한 수는 {}입니다.".format(num))
else:
  print("흐음... 당신이 입력한 수 {0}은/는 음수입니다.".format(num))
```

in 연산자와 not in 연산자는 여러 개의 나열된 값 안에서 내가 찾고자 하는 값이 있는지, 없는지를 통해 판별한다. in 연산자와 조건문을 이용해 다음과 같이 추출할 수 있다.

```
word=["파이썬","사과","컴퓨팅 사고","문제해결","학교"]
추출=input("당신이 원하는 단어를 입력하세요: ")
if 추출 in word:
  print("당신이 찾는 단어는 {}입니다.".format(추출))
else:
  print("아쉽지만 당신이 찾는 단어는 없네요.")
```

〈실행결과 예〉

```
당신이 원하는 단어를 입력하세요: 사과
당신이 찾는 단어는 사과입니다.
당신이 원하는 단어를 입력하세요: 포도
아쉽지만 당신이 찾는 단어는 없네요.
```

연습 문제

연습 01 조건문에 대해 간단히 설명하시오.

연습 02 조건문 중 if문과 if-else문의 차이점은 무엇인지 설명하시오.

연습 문제

연습 03

코로나 자가키트를 하루에 한 가구당 개수를 제한하여 약국과 편의점에서 판매하고 있다. 자가키트를 구매하려고 한다. 1인당 하루 최대 5개까지 구매할 수 있는데 식구별로 각각 5개씩 구매하려고 한다.

가구 인원수, 자가키트 개수, 총 금액이 얼마인지를 나타내는 코드를 다중비교 조건문(if-elif-else문)을 이용해 작성하시오. 단, 여기서는 4인 가구까지만 구매할 수 있다.

〈실행결과 예〉

```
가구 인원수를 입력하시오: 2
가구 인원수 2명, 코로나 자가키트 10개, 총 금액은 60000원입니다.
가구 인원수를 입력하시오: 4
가구 인원수 4명, 코로나 자가키트 20개, 총 금액은 120000원입니다.
```

〈코드〉

연습 문제

연습 04 코로나로 인해 입학하고도 그동안 학교에 나오지 못 하다가 친구들과의 팀 프로젝트를 하기 위해 학교를 처음 방문해 보니 캠퍼스는 넓디넓고, 각 건물에는 무엇이 있는지 잘 몰라서 불편함을 겪게 되었다. 이에 만쥬, 레오, 고푸덕은 팀 프로젝트 주제로 교내에 편의점과 식당 그리고 카페, 교내서점을 안내하는 프로그램을 중첩 선택문을 이용하여 작성하려고 한다. 만쥬, 레오, 고푸덕을 도와서 우리 학교 안내 프로그램을 완성해보자. 이때 사용자로부터 입력된 값(예: 편의시설 이름)이 없는 경우는 "당신이 찾는 OO은/는 이 건물에는 없습니다."라는 안내 메시지도 출력해보자.

예)

편의점	도서관 3층, 학생회관 1층, 경영관 1층, 산학협동관 1층, 쿨하우스 1층, 의생명과학연구관 1층
카페	산학협동관 1층, 예술문화관 1층, 생명과학관 1층, 국제학사 1층, 쿨하우스 1층, 학생회관 1층, 해동부동산학관 1층
식당	학생회관 1층/지하, 도서관 지하, 국제학사 1층, 쿨하우스 1층
교내서점	공학관 1층

〈실행결과 예〉

```
어느 편의시설을 찾고 있나요?(편의점, 카페, 식당, 교내서점): 편의점
건물 이름을 입력하세요: 공학관
당신이 찾는 편의점은/는 이 건물에는 없습니다.
어느 편의시설을 찾고 있나요?(편의점, 카페, 식당, 교내서점): 카페
건물 이름을 입력하세요: 학생회관
당신이 찾는 카페은/는 학생회관 건물에 있습니다.
```

〈코드〉

연습 문제

연습 05 **24시간 운영하는 아이스크림 매장에서 키오스크(무인주문기계)를 이용해 구매하려고 한다. 상품(블록아이스크림, 커피, 음료, 디저트, 아이스크림케이크) 중에 구매할 상품을 선택하고 누르면 해당 구매 목록과 개수, 전체 금액이 출력된다. 만약 없는 메뉴를 선택하거나 잘못된 선택을 하면 오류 메시지를 출력한다.**

〈메뉴〉

블록아이스크림: 3,300원

커피: 4,500원

음료: 5,000원

디저트: 3,300원

아이스크림케이크: 32,000원

〈실행결과 예〉

반갑습니다. OO지점 춘장이카페입니다.
원하는 메뉴를 선택하세요(아이스크림, 커피, 음료, 디저트, 아이스크림케이크): 아이스크림
원하는 개수를 입력하세요: 2
선택메뉴: 아이스크림, 개수: 2, 총 금액: 6600원입니다.
결제방식을 선택하세요(현금, 카드): 현금
현금을 현금 넣는 곳에 넣어주세요.
감사합니다.

〈코드〉

도전 문제

도전 01 조건문 이용해 자동 온도 조절 장치 만들기

자동 온도 조절 장치를 만들려고 한다. 이때 기계의 온도를 감지하여 팬이 자동으로 구동되게 하려고 하며, 요구사항은 다음과 같다.

〈요구사항〉

- 기계 온도를 사용자로부터 입력받는다.
- 이때, 조건문을 이용하여 기계 온도가 40 이상이면 '팬(Fan) 가동'을 출력, 40 미만이면 '팬(Fan) 중지'를 출력한다.

〈실행결과 예〉

기계 온도를 입력하세요: 48
팬(Fan) 가동

〈실행결과 예〉

기계 온도를 입력하세요: 35
팬(Fan) 중지

〈코드〉

도전 문제

도전 02

if문 이용해 주문 시스템 만들기

외국인과 한국인을 위해 식당에서 사용할 한국어와 영어를 지원하는 주문 시스템을 만들려고 한다. 키오스크 화면에서 1번을 누르면 "한국어", 2번을 누르면 "영어", 그 외 번호는 무조건 영어로 주문을 받는다. 다중비교(if-elif-else문) 및 중첩 if문을 이용하여 자동 주문 시스템을 만들어보자.

〈실행결과 예〉

```
*********************
어서오세요~주문을 위해 언어를 선택해주세요.
*********************
1:한국어   2:English >> 1
주문하시겠습니까?(예, 아니오) 예
메뉴는 다음과 같습니다.
메뉴를 선택해주세요.
```

〈코드〉

<10장>

제어문(II)

학습 목표

- 컴퓨터 프로그램에서 실행 순서의 제어 방식 중 반복문에 대해 배운다.
- 반복구조의 개념과 특징을 파악하고 설명할 수 있다.
- 조건(while) 제어와 횟수(for) 제어를 이용한 반복을 설명할 수 있다.

1 〉 반복문(1)

앞 장에서 제어문이 무엇이고 이를 이용해 실행 순서 제어를 하는 기본 제어구조 세 가지 방식에 대해 이야기했다.

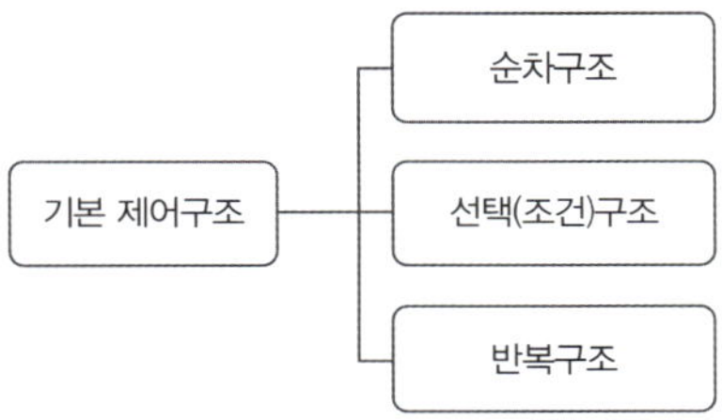

순차구조는 시작부터 끝까지 순차적으로 차례차례 실행 순서가 진행되는 방법이었다면, 선택구조는 특정 조건을 만족하는 경우와 만족하지 않는 경우에 따라 선택의 결과가 달라진다는 것을 알았다. 마지막으로 반복구조는 특정 조건을 만족할 때까지 반복을 계속 하는 방법이다.

이번 장에서는 제어문 중 조건을 만족할 때까지 계속 반복하는 반복구조에 대해 알아본다.

일상생활에서 우리는 어떤 일들을 반복할까? 이미 우리는 평소에 무의식적인 반복 동작을 수행하고 있다. 예를 들면 음악 스밍하기, 다이어트를 위해 스쿼트 동작하기, 어떤 글을 외우기 위해 같은 문장 반복 읽기처럼 알게 모르게 반복하는 일을 자주 하게 된다.

이번에는 프로그래밍에서 반복문이 무엇이고 어떻게 사용되는지 살펴보자.

1.1 반복문의 개념

특정 조건의 범위 안에서 명령을 반복

반복문은 어떤 특정 부분을 반복하도록 만들어서 이용하는 것이다. 이 책 앞의 컴퓨팅 사고 과정에서 배운 내용을 다시 상기시켜보자. 주어진 문제를 쉽게 해결하려면 먼저 문제를 정의하고 해당 문제를 작은 조각으로 분해한다. 그런 다음 분해된 문제에서 공통의 특징(패턴)만 추려서 일반적인 개념으로 형상화하는 과정, 즉 "추상화" 과정을 거치게 된다. 반복문도 이와 비슷한 과정을 거친다. 여러 개의 같은 코드가 있다고 가정하자. 이를 하나씩 나열하다 보면 이 코드로 인해 전체 코드가 길어지고 비효율적인 작업 방식이 된다. 따라서 같은 코드를 일일이 하나하나 입력하지 않아도 반복되는 구조를 이용하면 단 몇 줄의 코드만으로 쉽고 빠르게 작업을 능률적으로 처리할 수 있다.

이번에는 하나의 예로 별(*) 표시를 한 개씩 늘려가면서 1단계부터 5단계까지 화면에 나타내보자.

print()만을 이용해 출력하는 경우	〈출력결과〉
print("*") print("**") print("***") print("****") print("*****")	* ** *** **** *****

print()만 이용해도 위 문제는 그리 어렵지 않게 해결할 수 있다. 그럼 1부터 1000까지 숫자를 한 개씩 늘려가면서 출력하는 문제를 예로 들어보자. 아마 "에잇~ 그래, 나 프포자다!!"라고 하면서 중간에 포기해버리고 싶은 사람도 있을 것이다. 인내심을 가지고 1부터 1000까지의 숫자를 표현한다고 해도 시간이 오래 걸릴뿐더러 중간에 잠깐 쉬거나 누가 말을 걸어오기라도 한다면 지금까지 작업한 순서가 헷갈릴 수도 있다. 이런 문제를 반복문 몇 줄을 이용하여 몇 초 만에 간단하게 해결할 수 있다.

반복문을 이용해 표현하는 경우		출력결과

i=1
while i<6:
  print("*"* i)
  i=i+1
	for i in range(1, 6):
	  print("*" * i)
		*
		**
		***
		****
		*****

이와 같이 출력결과는 같지만 반복문을 이용해 단 몇 줄의 코드만 가지고 간단하게 해결할 수 있듯이 반복문을 이용하면 훨씬 더 효율적인 프로그램을 만들 수 있다.

반복문을 이용하는 이유

반복문을 이용하는 이유는 똑같은 동작을 간결하게 표현하여 불편함을 줄일 수 있을 뿐만 아니라 경우에 따라서는 똑같은 일을 반복적으로 수행하여 문제를 해결할 수 있기 때문이다. 이때 똑같은 일을 여러 번 수행하도록 똑같은 명령을 반복해서 작성할 수 있지만 반복 횟수가 많아지면 명령어를 표현할 때 프로그램의 길이가 길어질 수도 있고, 횟수를 정확하게 셀 수도 없다. 그렇기 때문에 이와 같은 불편함을 없애기 위하여 반복문을 이용하는 것이다.

반복문의 종류

반복문은 조건제어 반복(while문)과 횟수제어 반복(for문), 무한 반복, 중첩 반복의 여러 방법이 있다.

1. 조건제어 반복: 어떤 특정 조건을 만족하는 동안의 범위에서 반복, while문
   - 특정 조건을 주고, 특정 조건을 만족하는(참, True) 동안 수행 명령 반복
2. 횟수제어 반복: 반복 지정 횟수 동안의 범위에서 반복, for문
   - 반복 시작 전에 미리 무엇을 얼마만큼 반복해야 하는지 횟수를 알 때 사용
3. 무한 반복: 다음 장에서 설명
4. 중첩 반복: 다음 장에서 설명

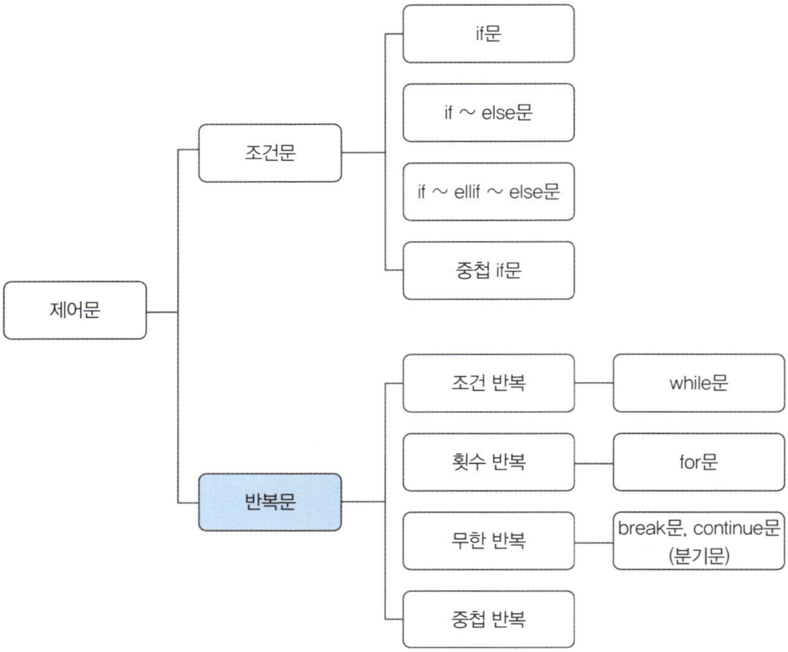

우리가 어떤 행동을 반복한다고 하자. 예를 들어 테니스를 배운다고 할 때 테니스를 잘 치기 위하여 벽에 공을 치는 연습을 한다면 우리는 어떤 기준을 가지고 연습을 해야 할까? 즉, 100개의 공을 가지고 공을 다 칠 때까지 연습할 수도 있고, 1시간 동안이라는 시간을 정해놓고 공의 개수와는 상관없이 연습할 수도 있다. 이때 우리가 말하는 연습이 바로 반복을 의미한다. 반복이라고 하면 우리는 자연스럽게 몇 번 또는 언제까지라는 생각을 하게 된다.

프로그램에서도 이와 마찬가지로 표현할 수 있다. 즉, 지정된 횟수에 따라 명령문을 반복할 수 있도록 표현하는 방법이 횟수제어 반복문이며, `for` 명령어를 이용하여 표현한다. 따라서 횟수제어 반복문을 `for`문이라고도 한다. 어떤 특정한 조건을 만족하는 동안 명령문을 반복하도록 표현하는 방법이 조건제어 반복문이며, `while` 명령어를 이용하여 표현한다. 이것을 `while`문이라고도 한다.

한 예로 국에 소금을 넣을 때 엄마에게 여쭤본다. "엄마 소금을 얼마나 넣을까요?" 그러면 엄마는 "5숟가락 넣어라" 또는 "네가 맛을 보고 맛있을 때까지 넣어라"라고 말씀하신다. 바로 이것이 `for`문과 `while`문의 차이이다.

다음 절에서는 조건제어 반복(while문)과 횟수제어 반복(for문)에 대해서 알아볼 것이다.

1.2 조건제어 반복문: while문

주어진 조건이 참일 때만 반복

조건제어 반복인 while문은 특정 조건을 만족하는 동안 계속해서 명령을 반복한다. 예를 들어 따뜻하고 맛있는 커피나 차를 마시려면 전기포트를 사용해서 물을 끓여야 하는데, 이때 일정 온도(96℃)까지 물이 끓으면 전기포트는 자동으로 작동을 멈춰야 한다.

"물 온도가 96℃ 될 때까지 물을 끓여라!"

조건 / while / 명령

위의 조건에서 따뜻한 커피와 차를 맛있게 마시기 위해서는 "물온도가 96℃"라는 조건이 참이 될 때까지 계속해서 "물을 끓여라"는 명령을 수행해야 한다. 이때 "~할 동안, ~할 때까지"를 영어로 while이라고 하는데, 이는 "조건이 참일 동안/조건이 참이 될 때까지 명령을 반복하라"는 의미를 갖고 있다.

위의 명령을 코드로 나타내면 다음과 같다.

```
while 물온도<=96:
  print("물을 끓여라!")
```

if문과 비슷한 듯 다른 차이

while문의 형태는 if 조건문과 형태가 매우 비슷하다. if가 들어갈 위치에 while문만 변경하면 while문을 표현할 수 있는데, 이 두 가지 구문에는 차이점이 있다.

while문(반복문)	if문(조건문)

while 조건:
    반복할 명령
	if 조건:
	  실행할 명령

바로 명령을 실행하는 부분에서 차이가 있는데, if문은 조건을 만족하면 실행할 명령을 딱 한 번만 수행하지만 while문은 조건을 만족하는 동안 반복할 명령을 계속해서 수행한다는 것이 다르다.

실습 예제

while문

과학기술위성2호를 지구 궤도에 올려놓으라는 임무를 수행하기 위해 나로호가 발사를 준비하고 있다. "10, 9, 8, ...,1"과 같이 카운트한 후 "발사" 신호와 함께 나로호를 발사하려고 한다. 카운트하기 위한 코드를 작성해야 할 때 이를 while문으로 작성해보자.

〈실행결과 예〉

10 9 8 7 6 5 4 3 2 1 발사!!!

```
나로호카운트=10              #맨 처음 나로호카운트 변수에 10이 저장
while 나로호카운트>0:        #나로호카운트 > 0 조건에 참이면
  print(나로호카운트, end=" ")
  나로호카운트=나로호카운트-1   #나로호카운트 값을 1개씩 줄이기 위해 빼줌
print("발사!!!") #나로호카운트 > 0 조건에 거짓이면 반복문을 빠져나와 "발사!!!" 출력
```

위의 반복 과정을 표로 간단하게 정리하면 다음과 같다.

나로호카운트=10일 때	나로호카운트=9일 때	...	나로호카운트=1일 때	나로호카운트=0일 때
나로호카운트>0 → 참	나로호카운트>0 → 참	...	나로호카운트>0 → 참	나로호카운트>0 → 거짓
print(10) 나로호카운트=9	print(10) 나로호카운트=8	...	print(10) 나로호카운트=0	print("발사!!!")

실습 예제

규칙을 가진 숫자 출력하기: 5배씩 증가하기

규칙을 가진 숫자를 출력해보자. 1~200까지의 숫자 중 5배씩 증가하는 값을 출력하도록 순서도와 while문을 이용해 각각 표현해보자.

〈실행결과 예〉

```
1
5
25
125
```

〈순서도〉

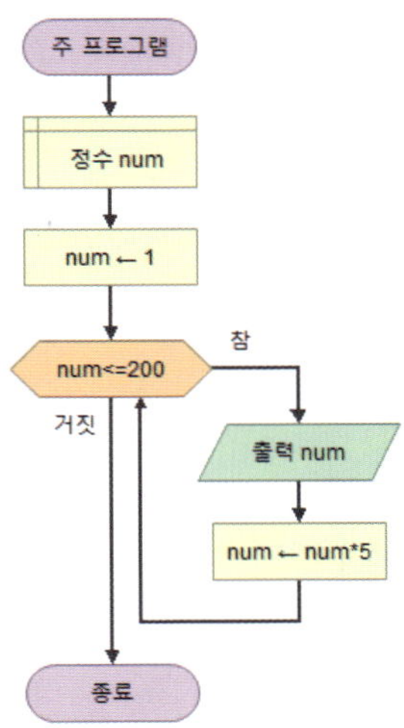

〈코드〉

```
num=1
while num<=200:
  print(num)
  num=num*5
```

잠깐만요

플로우고리즘으로 while문을 작성하려면 다음과 같이 "선조건 반복"을 이용해 조건식을 표현할 수 있다.

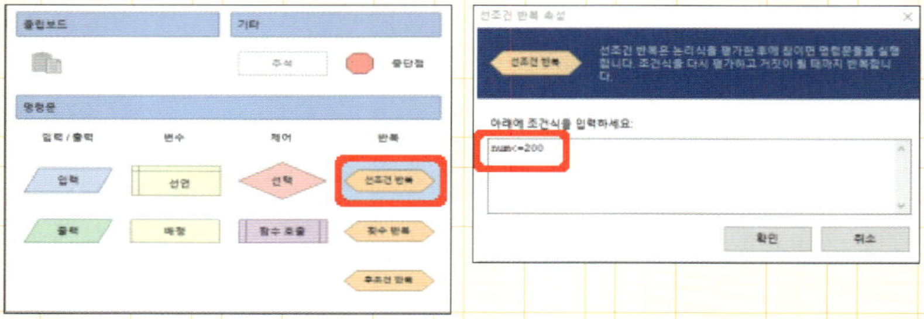

1.3 | 횟수제어 반복문: for문

반복 횟수를 이미 알고 있을 때 이용하는 for문

파이썬에서는 조건제어 반복문인 `while`문 외에도 횟수제어 반복문인 `for`문이 있다. 횟수제어 반복문(`for`문)을 이용하기 위해서는 "무엇"을 "얼마나 반복"해야 하는지 알아야 한다.

따라서 `for`문을 이용해서 반복문을 작성하려면 정해진 횟수의 범위와 반복할 명령을 반드시 알고 있어야 한다.

예를 들어 코로나와 오미크론으로 인해 헬스장에 가서 활동하기가 어려워지면서 운동을 하지 않다 보니 어느새 살이 찌기 시작해 몸무게를 측정해본 만쥬는 충격을 받아 홈트를 통해 본격적인 다이어트를 시작하려고 한다. 다이어트를 하기 위해 스쿼트를 100개쯤 하려고 하는데, 이를 컴퓨팅 사고를 이용해 반복문으로 적용해보자.

"100번 반복해서 스쿼트 동작을 해라!!"

횟수 범위
(얼마나 반복해라)

명령
(무엇을 반복해라)

"100번"이라는 범위의 조건이 참이 될 때까지 계속해서 "스쿼트 동작을 수행하라"는 명령을 내려야 한다. 즉, "100번이라는 횟수의 범위를 만족할 때까지 명령을 반복하라"라는 의미를 코드 형태로 나타내면 다음과 같이 표현할 수 있다.

```
for *i in range(1,101):
  print("스쿼트 동작을 해라!!")
```

시퀀스 형태로 반복의 범위를 표현하는 for문

while문과는 표현이 완전히 다르다. for문에서는 반복할 범위를 시퀀스(sequence) 형태로 나타낸다. 시퀀스라는 것은 앞의 자료형에서 배웠듯이 입력받은 순서대로 들어온 값을 나열하는 형태이다. for문 뒤에 변수 이름을 정해서 작성한 후 in 연산자와 시퀀스 범위를 적으면 시퀀스 범위만큼 반복한다는 의미이다.

체크 포인트

for문 뒤에 변수 이름은 일반적으로는 i나 j와 같이 작성하지만 사용자가 편하게 작성해도 무방하다.

실습 예제

for문 이용해 리스트 값 출력하기(1)

다음의 리스트 값을 for문을 이용하여 출력해보자.

num_list=[1,2,3,4,5,6,7,8,9,10]

〈실행결과 예〉

1 2 3 4 5 6 7 8 9 10

```
for i in [1,2,3,4,5,6,7,8,9,10]:
  print(i, end=" ")
```

리스트 [1,2,3,4,5,6,7,8,9,10]의 원소를 하나씩 가져와 명령을 실행하는데, 이때 반복할 범위인 [1,2,3,4,5,6,7,8,9,10]에서 맨 처음 1을 가지고 와서 명령을 실행하고, 그 다음으로 2를 가져와서 명령을 실행하는 식으로 계속 명령을 진행하다가 결국 마지막 10을 가지고 와서 명령을 실행한다. 이때 시퀀스 범위의 값을 잠시 변수 i에 저장해서 사용하기 때문에 시퀀스 범위의 값들은 반복할 범위로 자신의 순서가 될 때까지 기다리고 있다가 순서가 되면 변수 i에 대입되는데, 그럴 때마다 `print(i)` 명령을 한 번씩 수행해 총 10번을 수행한다.

위의 반복 과정을 그림으로 간단히 표현하면 다음과 같다.

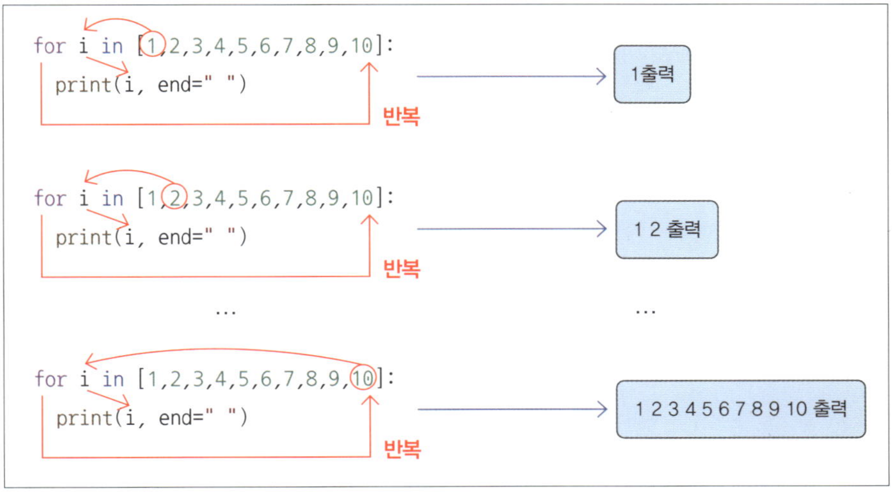

실습 예제

for문 이용해 리스트 값(식권) 출력하기(2)

건덕이와 친구들(쿠도, 만쥬, 레오, 고푸덕)은 컴퓨팅적 사고 과목 과제 중 하나인 팀 프로젝트 주제와 진행 방향, 역할을 논의하다 보니 배가 너무 고파져 도서관 지하에 있는 식당에서 밥을 먹으려고 한다. 이때 식권을 구매해야 하는데 식당의 키오스크가 고장이 나 매우 난감한 상황이다. 키오스크 작동을 위한 일부 코드만 간단하게 수정하면 건덕이와 친구들이 식권을 구매하여 맛있게 식사를 할 수 있다. 다음 빈 칸 (가), (나)에 각각 들어갈 내용은 무엇인지 고민해보고 전체 코드를 완성해보자.

출처: 건국대학교 쿵(KUNG) http://www.facebook.com/konkukkukung/posts/1710644082412319

〈실행결과 예〉

[식권]#1 [식권]#2 [식권]#3 [식권]#4 [식권]#5 이/가 출력되었습니다.

```
ticket=[1,2,3,4,5]
for i in (    가      ):
  (          나                 )
print("이/가 출력되었습니다.")
```

실습 예제

for문 이용해 딕셔너리 출력하기

for문을 이용하여 딕셔너리에 저장된 데이터를 하나씩 출력해보자.

intern4={"인턴사번":20221004,"이름":"만쥬","부서":"케이팝","연락처":"010-1234-5678"}

〈실행결과 예〉

인턴사번 20221004

이름 만쥬

부서 케이팝

연락처 010-1234-5678

```
intern4={"인턴사번":20221004,"이름":"만쥬","부서":"케이팝","연락처":"010-
1234-5678"}

for key in intern4.keys():
  print(key, intern4[key])
```

리스트 이용해 합 구하기

지금까지 살펴본 간단한 형태의 반복 구문 예에서 더 나아가 이번에는 조금 복잡한 형태의 방법으로 응용해보자. 반복문을 이용해 리스트의 값을 더한 다음 그 값을 출력하는 것이다.

앞 예제의 num_list를 다시 가지고 와서 이번에는 조금 더 범위를 줄여 num_list=[1,2,3,4,5]로 리스트를 설정하고 num_list의 리스트 안 모든 값을 더해서 그 값을 출력해보자.

```
hap=0
num_list=[1,2,3,4,5]
for i in num_list:
  hap=hap+i
print("리스트[1,2,3,4,5]의 모든 값을 더하면 {}이다.".format(hap))
```

〈실행결과 예〉

리스트[1,2,3,4,5]의 모든 값을 더하면 15이다.

리스트 num_list=[1,2,3,4,5]의 값이 변수 i에 하나씩 대입되면서 hap=hap+i를 총 5번 반복한다.

```
hap=0
num_list=[1,2,3,4,5]

for i in num_list:
  hap=hap+i

print("리스트[1,2,3,4,5]의 모든 값을 더하면 {}이다.".format(hap))
```

반복 범위

반복할 명령

이때 hap은 num_list의 값들을 더한 값을 저장할 수 있는 변수로, 맨 처음에는 더한 값이 없으므로 hap=0으로 표현된다.

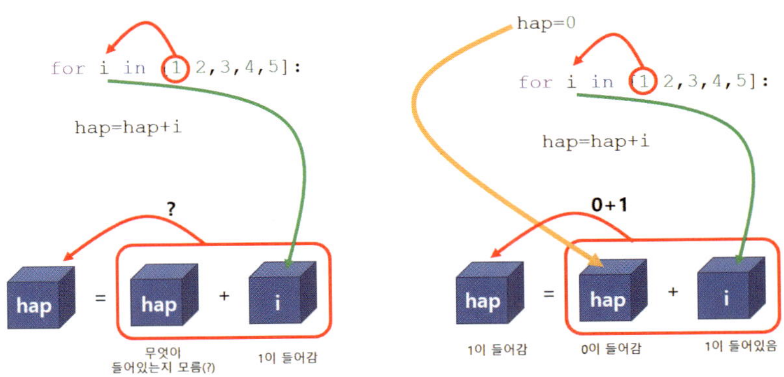

hap=1이므로 변수 i에 2가 입력되면 hap=hap+i가 실행될 때 1+2이므로 hap에는 3이 들어간다. 이와 같은 방식으로 진행되면서 리스트의 마지막 값 5까지의 값을 모두 더한 15라는 값을 출력하게 된다.

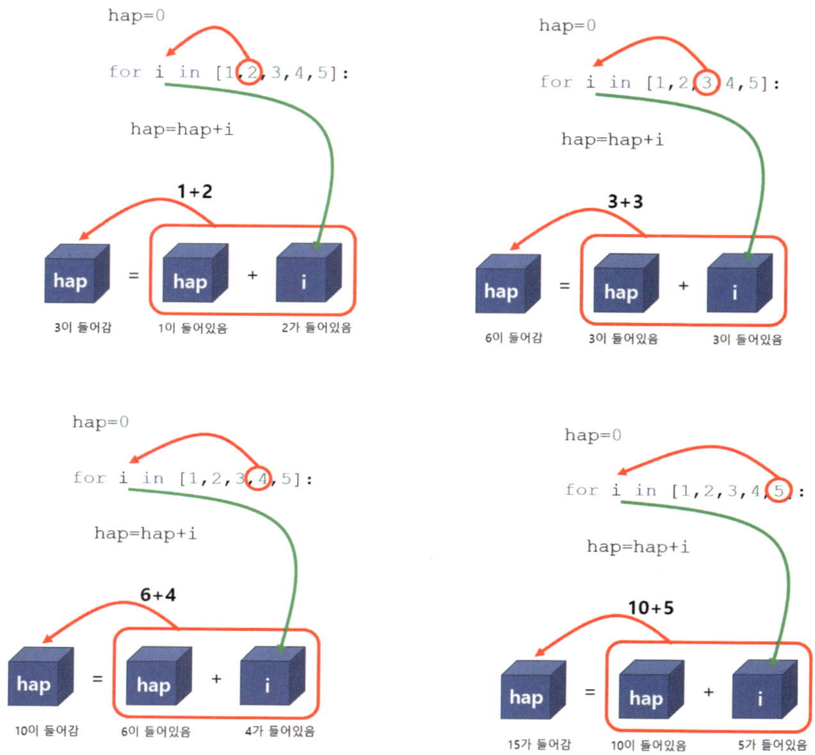

실습 예제

for문 이용해 짝수의 총합 구하기

for문을 이용하여 다음 리스트 중 짝수의 값만 추출하여 총합이 얼마인지 출력하시오.

리스트는 다음과 같다.

l_num=[1,2,3,4,5,6]

〈실행결과 예〉

짝수 2,4,6의 총합은 12

```
hap=0
l_num=[1,2,3,4,5,6]
for i in l_num:
  if i%2==0:
hap=hap+i
print("짝수 2,4,6의 총합은 {}".format(hap))
```

1.4 range() 함수

연속 리스트 값을 범위로 표현

술래잡기 놀이를 하기 위해 술래가 숫자를 30까지 세는 동안 친구들이 꼭꼭 숨어 있어야 한다고 하자. 친구들이 숨는 동안 숫자를 세는 것을 반복문으로 표현하면 어떻게 나타낼 수 있을까?

```
for i in [1,2,3,4,5,6,7,8,9,10,11,12,13,14,15,16,17,18,19,20,21,22,23,2
4,25,26,27,28,29,30]:
  print("꼭꼭 숨어라 머리카락 보인다~")
```

숫자가 좀 길긴 하지만 위의 형태로 표현하려면 얼마든지 할 수 있다. 그런데 숫자의 범위가 100까지 늘어난다면 어떻게 다 표현할 수 있을까? 좀 더 간편한 방법은 없는 것일까?

다음의 range()를 이용해 표현하면 연속된 시퀀스 범위의 값을 쉽게 표현할 수 있다.

```
for i in range(1,31):
  print("꼭꼭 숨어라 머리카락 보인다~")
```

이때 range를 적은 다음 괄호() 안에 시작값과 *종룟값을 넣으면 해당 범위만큼의 시퀀스 범위를 표현할 수 있다.

```
for a in range(1,11):      #1~10까지 출력
  print(a)

for 숫자 in range(0,10):   #0~9까지 출력
  print(숫자)

for num in range(1,11,2): #1~10까지 중 2씩 증가하며 홀숫값 출력
  print("홀수:{}".format(num))
```

잠깐만요

range( )에서 괄호() 안에는 (시작값, 종룟값, 증가/감소)를 표현한다. 단, 값이 1씩 증가할 때는 생략해도 1씩 증가하는 것으로 인식한다. 이때만 생략할 수 있고, 그 외의 증가나 감소 값은 생략하면 안 된다.

값이 1씩 증가하는 것을 표현한 것	값이 1씩 증가하는 것을 생략한 경우
`for a in range(1,11,1):` `  print(a,end=" ")`	`for a in range(1,11):` `  print(a,end=" ")`
〈실행결과〉 1 2 3 4 5 6 7 8 9 10	〈실행결과〉 1 2 3 4 5 6 7 8 9 10

체크 포인트

종룟값은 종룟값+1로 실제 종료할 값보다 +1만큼을 표현한다. 이는 문자열과 리스트 때처럼 미만의 값으로 표현한 것이다.

2씩 증가하는 것을 표현한 것

```
for a in range(0,10,2):
  print(a,end=" ")
```

〈실행결과〉
0 2 4 6 8

1씩 감소하는 값을 표현한 것

```
for i in range(10,0,-1):  #10~1까지 출력
  print(i,end=" ")
```

〈실행결과〉
10 9 8 7 6 5 4 3 2 1

3씩 감소하는 값을 표현한 것

```
for i in range(10,0,-3):
  print(i,end=" ")
```

〈실행결과〉
10 7 4 1

또한 시작값도 생략이 가능하다. 이때 시작값을 생략하면 컴퓨터는 0부터 시작한다고 생각하여 0부터 시작해서 종룟값까지를 범위로 생각하기 때문에 이 경우에는 시작과 종료의 범위를 생각한다기보다는 단순하게 몇 번 반복하는지 횟수를 확인할 때 주로 사용한다.

시작값을 0으로 표현한 경우

```
for a in range(0,10):
  print(a, end=" ")
```

〈실행결과〉
0 1 2 3 4 5 6 7 8 9

시작값을 생략한 경우

```
for a in range(10): #0~9까지 출력
  print(a, end=" ")
```

〈실행결과〉
0 1 2 3 4 5 6 7 8 9

실습 예제

횟수 반복하기

for문을 이용하여 다음의 〈실행결과 예〉처럼 6번 반복했다는 것을 나타내고 싶을 때는 어떻게 하면 좋은지 아래의 〈실행결과 예〉를 보면서 생각해보자.

〈실행결과 예〉

```
1
2
3
4
5
6
반복횟수는 총 6번입니다.
```

```
반복횟수=0

for i in range(6):
  반복횟수=반복횟수+1
  print(반복횟수)

print("반복횟수는 총{}번입니다.".format(반복횟수))
```

잠깐만요

for문에서 range()를 이용하여 표현할 때 어떤 것은 범위가 "n번 반복한다"라고 표현할 수 있다. 이렇게 표현이 가능한 이유는 range(n)은 0부터 n-1번까지의 범위라는 원리 때문이다.

1부터 n-1개까지는 n-1개이고, 여기에 0을 하나 더한 것이기 때문에 총 n개가 된다. 따라서 시작값이 생략된 range(n)은 반복할 범위로 주어지면 총 n번 반복한다고 표현할 수 있다.

실습 예제

for문 이용해 3의 배수 표현하기

for문을 이용하여 1부터 31까지 중 3의 배수에만 박수를 치고, 이 외에는 숫자를 그대로 다음과 같이 표현하려고 한다. 이때 시간 간격을 0.5초씩 두어 마치 게임을 하는 것처럼 사람들이 돌아가면서 3의 배수에만 박수를 치는 느낌이 들도록 표현해보자.

```
import time
time.sleep(0.5)   #0.5초 쉬는 시간 간격을 줌
```

〈실행결과 예〉

3의 배수에 박수 치기 시작
1-2-짝-4-5-짝-7-8-짝-10-11-짝-13-14-짝-16-17-짝-19-20-짝-22-23-짝-25-26-짝-28-29-짝-31-게임 끝!!

```
import time

print("***3의 배수에 박수 치기 시작***")
```

```
for i in range(1,32):
  if i%3==0:
    print("{}".format("짝"), end="-")
  else:
    print(i, end="-")

  time.sleep(0.5)  #0.5초 쉬는 시간 간격을 줌

print("게임 끝!!")
```

1.5 조건과 횟수 서로 바꾸기

for문을 while문으로, while문을 for문으로

for문과 while문은 서로 바꿔 쓸 수 있도록 구문을 변경해서 사용하는 것이 가능하다.

1부터 10까지 중 짝수의 합을 구하는 문제를 while문으로 표현하고 이를 for문으로 바꿔보자.

while문	for문

i=1
total=0
while i<=10:
  if i%2==0:
    total=total+i
  i=i+1
print("1~10까지 중 짝수의 합={}".format(total))
	total=0
	for i in range(1,11):
	  if i%2==0:
	total=total+i
	
	print("1~10까지 중 짝수의 합={}".format(total))

〈실행결과 예〉 1~10까지 중 짝수의 합=30	〈실행결과 예〉 1~10까지 중 짝수의 합=30

실습 예제

약수 구하기: for문 → while문으로 바꾸기

사용자로부터 숫자를 입력받아 약수를 구하려고 한다. 이때 for문으로 표현한 것을 while문으로 바꿔보자.

〈실행결과 예〉

약수를 구하고자 하는 숫자를 입력하세요: 5
당신이 입력한 5의 약수: 1   5

```
<for문>
num=int(input("약수를 구하고자 하는 숫자를 입력하세요: "))

print("당신이 입력한 {}의 약수:  ".format(num), end=" ")

for i in range(1,num+1):
  if num%i==0:
    print(i, end="   ")

<while문>
i=1
num=int(input("약수를 구하고자 하는 숫자를 입력하세요: "))

print("당신이 입력한 {}의 약수:  ".format(num), end=" ")

while i<=num:
  if num%i==0:
    print(i, end="  ")
  i=i+1
```

실습 예제

홀수의 합 구하기

1부터 시작해서 사용자로부터 입력받은 숫자까지 중에서 홀수의 합을 구하려고 한다.
while문으로 작성한 후 다시 for문으로 바꿔보자.

〈실행결과 예〉

당신이 입력하고 싶은 숫자를 입력하세요: 5
1 3 5
1~5까지 중 홀수의 합: 9

```
<while문>
#while문을 이용한 홀수의 합
i,sum_odd=1,0

num=int(input("당신이 입력하고 싶은 숫자를 입력하세요: "))

while i<=num:
  if i%2 != 0:
    print(i,end="  ")
    sum_odd=sum_odd+i
  i=i+1

print(" ")
print("1~{}까지 중 홀수의 합: {}".format(num,sum_odd))

<for문>
#for문을 이용한 홀수의 합
sum_odd=0

num=int(input("당신이 입력하고 싶은 숫자를 입력하세요: "))
for i in range(1,num+1):
  if i%2 != 0:
```

```
    print(i,end="  ")
    sum_odd=sum_odd+i

print(" ")
print("1~{}까지 중 홀수의 합: {}".format(num,sum_odd))
```

연습 문제

연습 01

반복문을 사용해야 하는 이유를 간단히 설명하시오.

연습 02

while문과 for문의 차이점을 간단히 설명하시오.

연습 문제

연습 03

코로나 방역 관련 규정이 풀리자 간만에 영화관에 갔다. 영화관에 가서 빼놓을 수 없는 간식들을 구매하기 위해 키오스크를 통해 메뉴를 주문하고 계산까지 하려고 한다. 키오스크에 메뉴 번호를 누르고 수량을 입력하면 최종 합계가 나오도록 while문을 이용해 작성해보자. 만약 원하는 메뉴가 없다면 메뉴에서 [5]를 선택하게 하고, "해당하는 번호가 없습니다."라는 문구가 나타나도록 작성하시오.

메뉴는 다음과 같다.

[1]팝콘세트 [2]나초세트 [3]오징어세트 [4]핫도그세트

〈실행결과 예〉

```
*********************************************
[1]팝콘세트 [2]나초세트 [3]오징어세트 [4]핫도그세트
만약 원하는 메뉴가 없다면 [5]번을 눌러주세요
─────────────────────────────────────────────
선택 메뉴: 1
선택한 메뉴는 팝콘세트입니다.
수량을 선택하세요: 1
선택 메뉴: 5
해당하는 번호가 없습니다.
─────────────────────────────────────────────
금액 합계는 13000원입니다.
```

〈코드〉

연습 문제

연습 04

다음과 같은 리스트가 있다. 이 리스트 각각의 값들의 합을 구하는 프로그램을 for문으로 작성하시오.

리스트는 다음과 같다.

num_list=[(1,2),(3,4),(5,6),(7,8),(9,10)]

〈실행결과 예〉

```
1+2=3
3+4=7
5+6=11
7+8=15
9+10=19
각각의 값들의 총합: 55
```

〈코드〉

연습 문제

연습 05

우리 학교는 매 학기마다 시험 기간에 학생들에게 간식을 나눠준다. 이번에도 공부에 지쳐 있는 학생들을 위해 간식을 나눠주려고 한다. 학생들에게 간식을 주기 위해서는 순서대로 줄을 세워야 한다. 이때 총 몇 가지 경우의 수가 발생하는지를 알아보기 위해 for문과 while문으로 각각 팩토리얼을 이용하여 표현해보자. 이때 학생수는 사용자가 input()을 이용해 직접 입력하도록 한다.

예를 들어 학생수를 4명으로 입력했다면 4!로 1×2×3×4=24의 경우가 된다.

〈힌트〉 팩토리얼의 초깃값이 0이면 모든 곱셈이 0이 되므로 1로 설정해야 함

〈실행결과 예〉

```
간식을 나눠줄 학생수를 입력하세요: 4
4명의 학생들에게 간식을 주기 위해 순서대로 줄을 세우는 경우의 수는 총 24가지이다.
```

〈코드〉

도전 문제

도전 01 while문 이용해 공배수와 최소공배수 구하기

1부터 100까지의 정수 중 3과 8의 공배수와 최소공배수를 구하려고 한다. while문을 사용하여 공배수와 최소공배수를 출력하시오.

〈실행결과 예〉

공배수: 24 공배수: 48 공배수: 72 공배수: 96
최소공배수: 1

〈코드〉

도전 02 for문 이용해 짝수와 홀수 값 계산하기

1부터 36912까지의 숫자 중에서 각각 짝수, 홀수의 개수와 그에 따른 총합을 구하려고 한다. for문을 이용하여 출력하시오.

〈실행결과 예〉

짝수 개수:18455개, 짝수의 총합:340605480
홀수 개수:18456개, 홀수의 총합:340623936

〈코드〉

<11장>

제어문(III)

학습 목표

- 컴퓨터 프로그램에서 실행 순서의 제어 방식 중 반복문 방법에서 무한 반복의 개념과 방법을 이해한다.
- 반복문에서 멈추거나 빠져나갈 수 있는 탈출(break)과 반복문의 맨 처음으로 돌아가는(continue) 방법인 분기문에 대해 배운다.
- 중첩 반복문을 이용하여 문제를 해결하는 방법에 대해 배운다.

1 〉 반복문(2)

앞 장에서 반복문의 개념과 반복문의 종류 두 가지를 배웠다. 이를 간단히 정리하면 다음과 같다.

반복문은 어떤 특정 범위 안에서 명령을 반복하는 구문이다. 이때 특정 범위에 대한 조건을 만족하는 동안 반복하는 조건제어 반복문(while문)과 반복할 횟수를 미리 알고 있는 상태에서 반복하는 횟수제어 반복문(for문)이 있다.

구분	설명
조건제어 반복문	예) 나는 비가 그칠 때까지 TV 드라마를 보겠다. (반복 범위) (반복할 일) 어떤 조건(비가 그칠 때까지)을 만족할 동안 반복함
횟수제어 반복문	예) 나는 매일 200개씩 스쿼트를 하겠다. (반복 범위) (반복할 일) 일정한 횟수(200개씩)를 만족할 동안 반복함

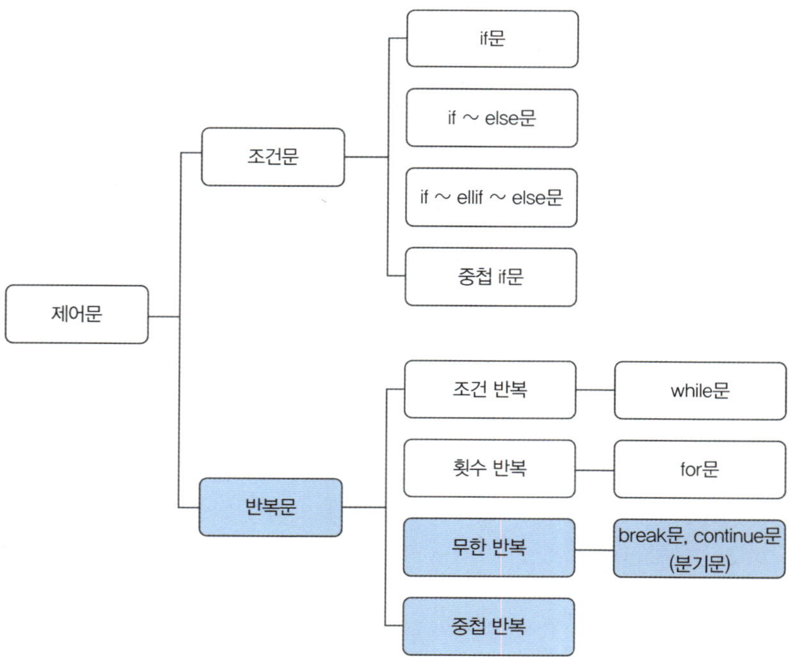

이번 장에서는 반복문 중 무한 반복인 상황과 이렇게 무한 반복인 상태에 있을 때 프로그램을 빠져나오고 싶을 때나 다시 처음으로 돌아가고 싶을 때 어떻게 해야 하는지 분기문을 이용하여 배워보자. 또한 반복문을 복잡하게 여러 번 써야 하는 상황일 때 이를 좀 더 간결하게 표현하는 중첩 반복은 어떻게 사용하는지 알아보자.

1.1 무한 반복

영원히 반복하는 반복문

조건이 참일 때만 명령을 반복하는 while문은 조건이 항상 참(True)일 때는 어떤 결과가 나올까?

```
i=1
while i>0:
  print("변숫값=",i)
  i=i+1
```

예를 들어 변수 i값이 1부터 시작해서 i>0이라는 조건이 참일 때마다 변숫값을 출력하고 다음으로 값을 1씩 증가하면서 증가한 값을 출력하는 while문을 실행하려고 한다. 이때 i>0이라는 조건을 만족할 때마다 변숫값을 출력하고 1씩 더해지기 때문에 이 값은 항상 0보다 클 수밖에 없다. 그러다 보니 i>0이라는 조건에 항상 참(True)인 결과를 만족하게 되는데, 이와 같은 상황이라면 사용자가 컴퓨터를 강제로 종료하지 않는 이상 i의 값은 변숫값을 1씩 증가하면서 무한하게 실행하며 값을 출력하게 되는데, 이를 무한 반복(endless loop)이라고 한다.

잠깐만요

무한 반복에서 조건이 항상 참인 경우는 논리형 True로 표현할 수 있다. 이때 True를 숫자로 표현하면 1로도 표현할 수 있어 다음과 같이 나타낼 수 있다.

```
while True:
  print("지금은 운영 중입니다.")
```

또는

```
while (1):
  print("지금은 운영 중입니다.")
```

무한 반복이라는 상황은 사람이나 프로그램이 의도적으로 발생시킨 것이 아니라서 실제로 무한 반복 상태가 되면 프로그램이 끝나지 않고 계속 실행되어 결국 컴퓨터 자원(리소스)을 낭비하여 컴퓨터가 느려지거나 시스템이 안정적이지 못한 상황을 발생시킬 수 있다. 따라서 이런 경우가 발생하지 않도록 무한 반복에서 빠져나올 수 있는 구문을 만들어 사용해야 한다.

특정 조건으로 탈출하기

무한 반복인 상황에서 빠져나오려면 조건이 참(True)이거나 거짓(False)이거나 상관없이 무조건 빠져나올 수 있도록 break문을 사용한다.

실습 예제

무한 반복 탈출하기(1)

당신은 온종일 조카랑 장난감을 가지고 같이 놀아주고 있었다. 벌써 몇 시간째 조카가 같은 놀이 동작을 "또 해줘요!"라면서 계속 조른다. 이미 지친 당신은 조카가 지쳐서 "이모 이제 그만 해요, 나 졸려요!!"라고 말할 때까지 온 힘을 기울여 놀아주어야 한다. 이를 무한 반복과 break문을 통해 표현해보자.

〈실행결과 예〉

또 해줘요!
또 해줘요!
.... 중간 생략 ...
또 해줘요!
또 해줘요!
이모 이제 그만 해요. 나 졸려요!!
축하합니다. 조카의 놀이 열정이 30% 아래로 떨어졌습니다.

```
조카놀이열정=100
```

```
while True:
  print("또 해줘요!")

  if 조카놀이열정<30:
    print("이모 이제 그만 해요. 나 졸려요!!")
    print("축하합니다. 조카의 놀이 열정이 30% 아래로 떨어졌습니다.")
    break

  조카놀이열정=조카놀이열정-1
```

무한 반복과 탈출 과정을 표로 나타내면 다음과 같다.

조카놀이열정=100	조카놀이열정=99	...	조카놀이열정=30	조카놀이열정=29
print("또 해줘요!")	print("또 해줘요!")	...	print("또 해줘요!")	print("또 해줘요!")
조카놀이열정<30 →거짓	조카놀이열정<30 →거짓	...	조카놀이열정<30 →거짓	조카놀이열정<30 →참
조카놀이열정=조카놀이열정-1=100-1=99	99-1=98	...	30-1=29	print("이모 이제 그만해요. 나 졸려요!!") print("축하합니다. 조카의 놀이 열정이 30% 아래로 떨어졌습니다.") break → 무한 반복 탈출

조카놀이열정이 100부터 시작해서 1씩 감소하면서 "조카놀이열정<30"을 만족할 때까지 반복하다가 이 조건이 거짓이 되면 "이모 이제 그만 해요. 나 졸려요!!"와 "축하합니다. 조카의 놀이 열정이 30% 아래로 떨어졌습니다."라는 문장을 출력하고 무한 반복에서 빠져나온다.

잠깐만요

무한 반복에서 break문도 들여쓰기가 중요하다. 만약 들여쓰기를 잘못하면 우리가 의도하지 않은 결과가 나올 수도 있기 때문이다. 아래의 예를 살펴보자.

(1) if문이 참일 때 break문 실행	(2) while문의 끝에서 break문 실행

<pre>i=1
 	
while True:
  print("변수 i={}".format(i))
 	
  if i==5:
    print("탈출!!")
    break
 	
  i=i+1</pre>
	<pre>i=1
	
	while True:
	  print("변수 i={}".format(i))
	
	  if i==5:
	    print("탈출!!")
	  break
	
	  i=i+1</pre>

〈실행결과〉 변수 i=1 변수 i=2 변수 i=3 변수 i=4 변수 i=5 탈출!!	〈실행결과〉 변수 i=1

우리는 (1)의 경우처럼 i의 값이 5이면 무한 반복에서 빠져나와 "탈출"이라는 메시지를 출력하고 종료하려고 했다. 하지만 (2)의 경우는 break문이 while문의 끝에서 실행한 것이라 i의 값이 1을 출력한 후 if문은 조건이 맞지 않아 실행되지 않는다.
그런 다음 break문을 만나 종료하고 프로그램을 빠져나오기 때문에 "변수i=1"이라는 값밖에 출력하지 않는 것이다. 이처럼 들여쓰기를 제대로 하지 않으면 우리가 원하는 결괏값과 거리가 먼 결과를 얻을 수 있으므로 주의해야 한다.

실습 예제

무한 반복 탈출하기(2)

사용자로부터 각각 두 수를 입력받아 사칙연산을 실행하여 다음과 같은 결과를 출력하고자 한다. 이때 첫 번째 숫자에 0을 입력하면 무한 반복에서 빠져나올 수 있도록 break문을 이용하여 구현해보자.

〈실행결과 예〉

첫 번째 수를 입력하세요: 1
두 번째 수를 입력하세요: 2
사칙연산을 입력하세요(+,−,*,/ 중 택 1): +
1 + 2 = 3
첫 번째 수를 입력하세요: 2
두 번째 수를 입력하세요: 3
사칙연산을 입력하세요(+,−,*,/ 중 택 1): %
잘못 입력하셨습니다.
첫 번째 수를 입력하세요: 0
입력한 숫자는 0입니다. 사칙연산을 종료합니다.

```
while True:
  _1num=int(input("첫 번째 수를 입력하세요: "))

  if _1num == 0:
    print("입력한 숫자는 0입니다. 사칙연산을 종료합니다.")
    break

  _2num=int(input("두 번째 수를 입력하세요: "))

  op=input("사칙연산을 입력하세요(+,-,*,/ 중 택 1): ")
  if op=="+":
    print("{0} + {1} = {2}".format(_1num,_2num,_1num+_2num))
  elif op=="-":
    print("{0} - {1} = {2}".format(_1num,_2num,_1num-_2num))
  elif op=="*":
    print("{0} * {1} = {2}".format(_1num,_2num,_1num*_2num))
  elif op=="/":
    print("{0} / {1} = {2}".format(_1num,_2num,_1num/_2num))
  else:
    print("잘못 입력하셨습니다.")
```

반복문의 맨 처음으로!

break문이 무한 반복에서 빠져나오는 데 도움을 주었다면, 이번에는 continue문을 이용하여 무한 반복에서 빠져나오지 않으면서 반복문의 조건을 만족하면 반복문의 처음으로 돌아가도록 구현해보자. 즉, 조건을 만족하여 continue문을 만나면 아래 코드는 실행하지 않고 반복문의 처음으로 돌아가기 때문에 다음과 같이 홀수만 출력하게 된다.

<table>
<tr><th>wile문</th><th>for문</th></tr>
<tr><td><pre>i=0

while i<10:
  i=i+1

  if i%2==0:
    continue

  print("변수 i={}".format(i))</pre></td><td><pre>for i in range(1,11):
  if i%2==0:
    continue

  print("변수 i={}".format(i))</pre></td></tr>
<tr><td>〈실행결과 예〉
변수 i=1
변수 i=3
변수 i=5
변수 i=7
변수 i=9</td><td>〈실행결과 예〉
변수 i=1
변수 i=3
변수 i=5
변수 i=7
변수 i=9</td></tr>
</table>

홀수만 출력하는 위의 구문을 다음과 같이 나타낼 수 있다.

i=0	i=1	...	i=8	i=9
i=0+1=1	i=1+1=2	...	i=8+1=9	i=9+1=10 i<10→ 거짓
i%2==0 조건→거짓(False)	i%2==0 조건→참(True)	...	i%2==0 조건→거짓(False)	
print(변수 i=1)	continue (반복문 맨처음으로 감)	...	print(변수 i=9)	반복문 종료

실습 예제

무한 반복과 continue문

1부터 10까지 숫자 중 이번에는 짝수만 출력하도록 for문과 continue문을 이용해서 작성해보자. 또한 while문과 continue문으로도 작성해보자.

〈실행결과 예〉

변수 i=2
변수 i=4
변수 i=6
변수 i=8
변수 i=10

```
〈for문〉
for i in range(1,11):
  if i%2==1:
    continue
  print("변수 i={}".format(i))

〈while문〉
i=0
while i<10:
  i=i+1
  if i%2==1:
    continue
  print("변수 i={}".format(i))
```

실습 예제

break문과 continue문

1부터 시작해서 30보다 작은 숫자 중에서 2의 배수를 제외하고 나머지를 출력하는 코드를 작성하려고 한다. 이때 break문과 continue문을 적절하게 사용하여 for문과 while문 모두 작성해보자.

〈실행결과 예〉

1 3 5 7 9 11 13 15 17 19 21 23 25 27 29

〈for문〉

방법1	방법2

`for i in range(1,31):`
`  if i>=30:`
`    break`
 	
`  if i%2==0:`
`    continue`
 	
`  print("{} ".format(i), end=" ")`
	`for i in range(31):`
	`  i=i+1`
	
	`  if i>=30:`
	`    break`
	
	`  if i%2==0:`
	`    continue`
	
	`  print("{} ".format(i), end=" ")`

〈while문〉

```
i=0

while True:
  i=i+1
  if i>=30:
    break

  if i%2==0:
    continue

  print("{} ".format(i), end=" ")
```

1.2 중첩 반복문

반복문 안의 또 다른 반복문

상황에 따라서는 하나의 반복문만으로 우리가 표현하고 싶은 것을 다 표현하기 어려울 때가 있다. 표현한다고 해도 같은 코드를 계속 반복해서 사용해야 하므로 코드가 길어질 수 있다.

계속 반복해도 조금 더 간결하게 표현할 수 있도록 반복문 안에 또 다른 반복문을 넣어서 표현할 수 있는데, 이를 중첩 반복문이라고 한다.

즉, for문 안에 또 다른 for문을 사용하는 것인데, for문 안에 또 for문이 들어 있어 for문이 중복되는 것을 *중첩 for문 또는 중복 for문, 이중 for문이라고 한다.

중첩 for문을 이용한 하나의 예를 살펴보자.

코시국으로 인해 확찐자('살이 확 찌게 된 사람'을 일컫는 말)가 된 고푸덕은 다이어트를 위해 헬스장에 가서 PT를 받고 있다. 트레이너 선생님께 지도를 받으면서 열심히 운동한다. 이때 트레이너 선생님이 "고푸덕 회원님, 스쿼트 동작은 20회×4세트입니다"라고 이야기했다. 이에 총 몇 번을 해야 하는지 급궁금해진 고푸덕은 수업 시간에 배운 중첩 for문으로 표현하고 싶어졌다. 그러나 강도 높은 스쿼트 동작을 따라 하다 보니 머리 회전이 잘 되는 것 같지 않으니 우리가 도와주자.

바깥쪽 for문(4세트 반복): 안쪽 for문(각 20회 반복)	⇒ 4세트 × 20회 = 전체 80회 실행

체크 포인트

for문 안에 또 다른 for문을 중첩 for문, 중복 for문, 이중 for문이라고 하는데, 이 책에서는 중첩 for문이라고 통일해서 사용한다.

이를 통해 직접 실행하기 전이라도 전체 반복 실행 횟수를 확인할 수 있다.

중첩 for문 전체 실행 횟수 = 바깥쪽 for문 반복 횟수 × 안쪽 for문 반복 횟수

앞 장에서 반복문의 개념을 설명할 때 예로 든 1단계에서 5단계까지 별을 출력한 예제를 다시 떠올려보자. 단순히 for문만으로 표현하면 다음과 같은 결과를 얻을 수 있다.

```
#일반적인 for문을 사용하는 경우
for i in range(1,2):
  print("*", end=" ")
print("\n")
for i in range(1,3):
  print("*", end=" ")
print("\n")
for i in range(1,4):
  print("*", end=" ")
print("\n")
for i in range(1,5):
  print("*", end=" ")
print("\n")
for i in range(1,6):
  print("*", end=" ")
print("\n")
```

〈실행결과 예〉

```
*

* *

* * *

* * * *

* * * * *
```

여기서 특정 범위만 다르고 그 외에는 내용이 같은 코드의 공통적인 부분이 보이는가?

```
for i in range(특정범위):
  print("*", end=" ")
print("\n")
```

이를 이용하여 중첩 for문을 표현하면 다음과 같다.

```
for 출력라인 in range(1,6):
  for i in range(1,출력라인+1):
    print("*", end=" ")
  print("\n")
```

〈실행결과 예〉

```
*

* *

* * *

* * * *

* * * * *
```

중첩 for문을 이용하면 기존의 일반적인 for문을 사용하는 것보다 표현하고자 하는 내용을 훨씬 간결하게 나타낼 수 있다.

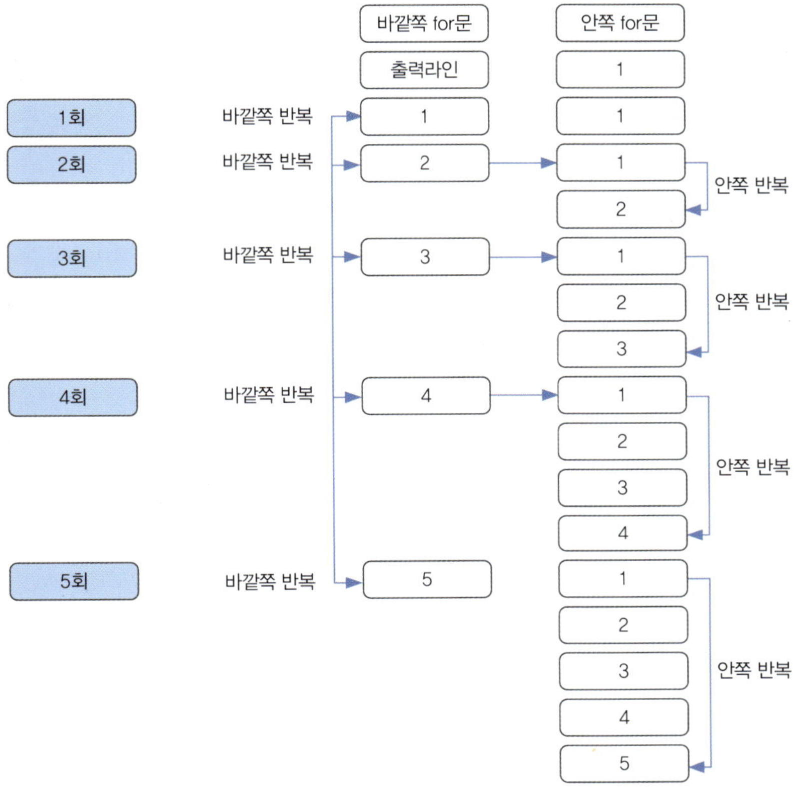
바깥쪽 for문
안쪽 for문
출력라인
1
1회
바깥쪽 반복
1
1
2회
바깥쪽 반복
2
1
2
안쪽 반복
3회
바깥쪽 반복
3
1
2
3
안쪽 반복
4회
바깥쪽 반복
4
1
2
3
4
안쪽 반복
5회
바깥쪽 반복
5
1
2
3
4
5
안쪽 반복

중첩 for문의 진행 과정을 다음과 같은 표로 나타낼 수 있다.

바깥쪽 for문(출력라인)	안쪽 for문 (i)	실행결과

1	for 1 in range(1,6):
	  for i in range(1,2):
	    print("*", end=" ")
	  print("\n")
		*

2	for 2 in range(1,6):
	  for i in range(1,3):
	    print("*", end=" ")
	  print("\n")
		*
		**

3	for 3 in range(1,6):
	  for i in range(1,4):
	    print("*", end=" ")
	  print("\n")
		*
		**
		***

4	for 4 in range(1,6):
	  for i in range(1,5):
	    print("*", end=" ")
	  print("\n")
		*
		**
		***
		****

5	for 5 in range(1,6):
	  for i in range(1,6):
	    print("*", end=" ")
	  print("\n")
		*
		**
		***
		****
		*****

잠깐만요

중첩 for문을 나타낼 때 일반적으로 바깥쪽 for문의 반복을 i 변수로, 안쪽 for문의 반복을 j 변수로 표현한다. 하지만 꼭 이렇게 변수 이름을 i와 j로 사용해야 하는 것은 아니므로 여러분이 사용하고 싶은 변수 이름으로 표현해도 상관없다.

예1)	예2)

for i in range(1, 5):
    for j in range(1, 21):
	for 출력라인 in range(1, 6):
	    for num in range(1, 출력라인+1):

실습 예제

중첩 for문

이번에는 앞 장에서 살펴본 약수 구하기 예제를 응용하여 1부터 사용자가 입력한 숫자까지의 약수를 구하려고 할 때, 이를 중첩 for문으로 구현해보자.

〈실행결과 예〉

약수를 구하고자 하는 숫자를 입력하세요: 3

1부터 1까지의 약수는 1이다

1부터 2까지의 약수는 1 2이다

1부터 3까지의 약수는 1 3이다

```
num=int(input("약수를 구하고자 하는 숫자를 입력하세요: "))
for 약수 in range(1,num+1):
  print("1부터 당신이 입력한 {}까지의 약수는".format(약수), end=" ")
  for i in range(1, 약수+1):
    if 약수%i==0:
      print(i,end=" ")
  print("이다")
  print(" ")
```

연습 문제

연습 01

break( )문과 continue( )문의 차이점을 간단히 설명하시오.

연습 02

중첩 반복문을 사용하면 어떤 점이 좋은지 설명하시오.

연습 문제

연습 03

1부터 45까지의 숫자 중에서 컴퓨터가 랜덤으로 생각한 수를 사람이 맞히는 게임을 하려고 한다. 숫자를 맞히면 탈출(break)하고 못 맞히면 다시 시도(continue)하게 한다. 무한 반복에서 처음으로 돌아가기(continue)와 반복문을 빠져나올(break) 수 있도록 구현해보자.

또한 전체 게임 횟수는 5회로 정하고 게임을 시도할 때마다 몇 번째 시도인지도 화면에 출력하게 하고 몇 번 만에 정답을 맞췄는지도 표현해보자.

〈실행결과 예 1〉

1번째 게임입니다
당신이 볼 때 컴퓨터가 생각한 숫자는 무엇일까요? 12
에구ㅠㅠ 아깝네요. 컴퓨터는 19를 생각했네요.
2번째 게임입니다
당신이 볼 때 컴퓨터가 생각한 숫자는 무엇일까요? 39
와!! 정답입니다. 축하합니다.
2번만에 맞췄습니다
게임을 종료합니다.

〈실행결과 예 2〉

1번째 게임입니다
당신이 볼 때 컴퓨터가 생각한 숫자는 무엇일까요? 11
에구ㅠㅠ 아깝네요. 컴퓨터는 6을 생각했네요.
2번째 게임입니다
당신이 볼 때 컴퓨터가 생각한 숫자는 무엇일까요? 12
에구ㅠㅠ 아깝네요. 컴퓨터는 16을 생각했네요.
3번째 게임입니다
당신이 볼 때 컴퓨터가 생각한 숫자는 무엇일까요? 13
에구ㅠㅠ 아깝네요. 컴퓨터는 28을 생각했네요.
4번째 게임입니다
당신이 볼 때 컴퓨터가 생각한 숫자는 무엇일까요? 45
에구ㅠㅠ 아깝네요. 컴퓨터는 7을 생각했네요.
5번째 게임입니다
당신이 볼 때 컴퓨터가 생각한 숫자는 무엇일까요? 21
에구ㅠㅠ 아깝네요. 컴퓨터는 24를 생각했네요.
게임 5회를 넘어갔네요ㅠㅠ
게임을 종료합니다.

〈코드〉

연습 문제

연습 04 다음 코드는 구구단의 일부를 중첩 for문으로 나타낸 것이다. 이 코드가 실행되는 과정을 직접 실행해보고 다음의 빈 칸에 들어갈 내용이 무엇인지 직접 작성해보자.

```
for dan in range(2,6):
  print("***{}단***".format(dan))
  for j in range(1,5):
    print("{0} X {1} = {2}\n".format(dan,j,dan*j))
```

dan (바깥쪽 for문)	j (안쪽 for문)	실행결과
2	1	
	2	
	3	
	4	
3	1	
	2	
	3	
	4	
4	1	
	2	
	3	
	4	
5	1	
	2	
	3	
	4	

도전 문제

도전 01

break문 이용해 숫자 찾기

무한 반복에서 break문은 특정 조건을 만족하면 반복문을 빠져나올 수 있다. 이를 이용하여 다음 리스트 값 중 찾고자 하는 값을 입력받아 몇 번 만에 이 숫자를 찾는지 확인해보자(이진탐색).

a_list=[3,4,5,6,7,8,9]

참고로 이진탐색의 방법은 다음과 같다.

–정렬된 데이터에서 중앙값(mid_point) 찾기: (s_index+e_index)//2

–내가 찾고자 하는 값과 비교: 중앙값보다 크면 오른쪽 값에서 탐색(a[mid_point]<b), 중앙값보다 작으면 왼쪽 값에서 탐색(a[mid_point]>b)

–내가 찾고자 하는 값과 비교하는 값이 같으면 이에 따른 값 출력 후 반복문 탈출: a[mid_point]==b

〈실행결과 예〉

주어진 값: [3, 4, 5, 6, 7, 8, 9]
이진탐색을 이용해 찾고 싶은 수 입력>>> 3
2번 만에 3를/을 찾았습니다.

〈코드〉

도전 문제

도전 02 중첩 반복문 이용해 샌드위치 종류 출력하기

샌드위치 종류를 중첩 반복문을 이용해 출력해보자.

빵 종류 : 호밀빵, 화이트, 바게트

고기 종류 : 소고기, 돼지고기, 닭고기

야채 종류 : 믹스, 양배추, 토마토, 양파

소스 종류 : 칠리, 허니

위의 재료를 넣은 샌드위치를 모두 출력해보자. 단, 4가지 종류의 재료가 반드시 하나씩 선택되어 들어가야 한다.

〈실행결과 예〉

호밀빵+소고기+믹스+칠리
호밀빵+소고기+믹스+허니
호밀빵+소고기+양배추+칠리
....〈중략〉
바게트+닭고기+토마토+허니
바게트+닭고기+양파+칠리
바게트+닭고기+양파+허니

〈코드〉

<12장>

함수

학습 목표

- 함수의 개념에 대해 이해한다.
- 함수가 왜 필요한지에 대해 설명할 수 있다.
- 내장함수와 사용자정의함수를 비교 설명할 수 있다.
- 함수에 매개변수를 전달하고 반환하는 방법을 배운다.
- 전역변수와 지역변수의 차이점을 비교할 수 있다.
- 함수 모듈에 대해 배운다.

1 〉 함수

일상생활에서 우리가 자주 사용하는 작업 또는 복잡한 문제를 해결하기 위해 우리는 어떻게 하고 있는가? 이와 같이 컴퓨팅 사고는 우리가 일상에서 겪는 일을 프로그래밍 언어로 어떻게 표현할 수 있는지 고민하는 과정 속에서 발전할 수 있다. 우리가 자주 겪는 일들을 코드로 나열하려면 일일이 입력해야 하므로 번거롭다. 또 복잡한 문제를 해결하기 위해 우리는 작은 단위로 복잡한 일을 분해해서 하나씩 해결해 나가는 방법을 선택할 수 있는데, 이 경우에도 자주 사용하는 기능을 따로 묶어서 필요할 때마다 이를 가져다 쓸 수 있도록 하는 방법으로 복잡한 문제를 해결하기도 한다. 이때 프로그램에서 작은 단위로 특정 기능을 표현해 사용할 수 있도록 만든 것이 바로 함수(fuction)이다.

이번 장에서는 함수가 무엇이고 함수는 어떻게 사용하는지 살펴보자.

1.1 함수의 개념

복잡하고 큰 문제 분해하기

주어진 문제를 작게 분해하여 하나씩 해결하는 작업이 바로 함수라고 할 수 있다. 즉, 해결하고자 하는 일을 수행하기 위해 특정한 기능을 수행하는 코드 또는 명령문 여러 개를 하나로 묶어서 필요할 때마다 이것을 가져다가 쓸 수 있게 만든 것이 함수이다.

일반적으로 복잡하고 큰 문제를 해결하려고 끙끙대는 것보다 작게 분해된 문제를 각각 해결하는 것이 좀 더 쉽다. 이뿐만 아니라 비슷한 내용이나 의미 있는 결과를 다른 사람이나 작업에서도 공통으로 사용할 수 있도록 만들어 이를 활용하면 작업 효율도 훨씬 더 좋아질 것이다. 이를 통해 전체적으로 구조화되고 효과적인 문제해결 방식을 이용할 수 있다.

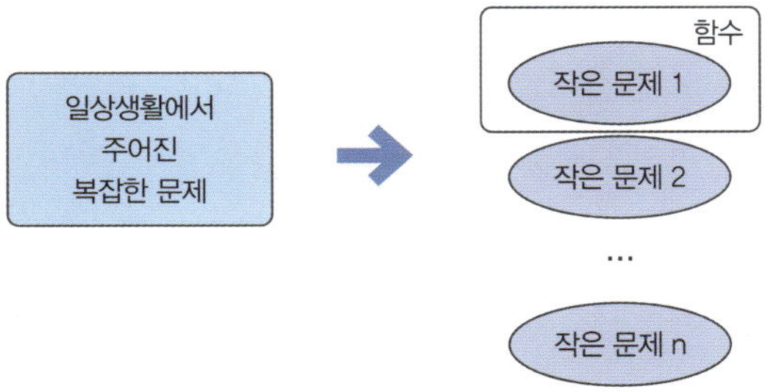

1.2 함수의 필요성

함수는 가독성이 높고, 관리가 쉬우며, 구조화, 재사용이 가능하다

그렇다면 함수는 왜 필요할까? 다음 예를 통해 함수가 왜 필요한지 살펴보자.

레오네 학과 학생들의 "컴퓨팅적 사고" 과목의 점수를 입력받아 1등부터 차례대로 순위를 결정하여 알려주려고 한다. 이 수업을 듣는 학생이 총 40명이라고 한다면 이 과목의 점수를 등록하고 각자의 순위를 계산하는 코드는 40번 중복되어야 한다. 만약 입력해야 하는 학생이 100명이고 100개의 점수를 입력해야 한다면?

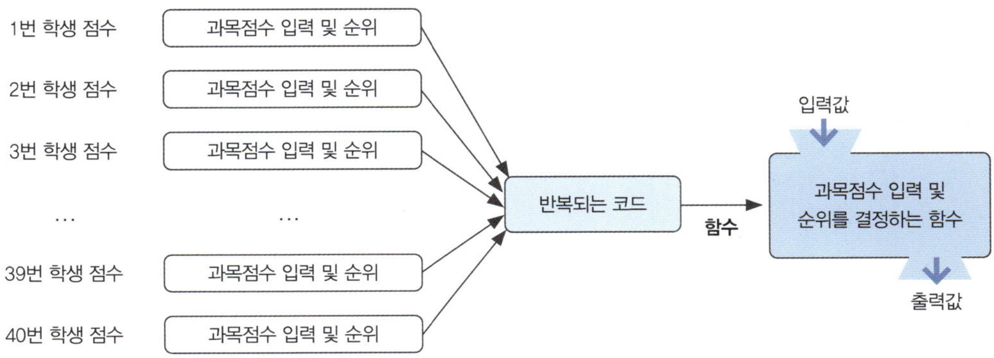

만약 함수를 사용하지 않으면 수정해야 하는 경우에는 모든 상황에 일일이 입력 및 변경 사항을 수정해야 한다. 최악의 경우 어떤 내용은 수정되었지만 일부 수정해야 하는 내용이 수정되지 않아 실행하는 데 오류가 발생하거나 그에 따른 오류를 찾는 데 시간이 오래 걸려 애를 먹게 된다. 그러나 함수를 사용하면 사용하는 함수의 내용만 수정하면 빠르게 진행할 수 있을 뿐만 아니라 전체적인 내용의 구조화가 가능하고, 전체적으로 코드 길이도 줄어들고, 프로그램도 이해하기가 쉬워진다.

그렇다면 함수를 사용하면 좋은 점은 무엇일까? 위의 예에서 설명했듯이 수정이 쉽고 상황에 따라 필요시에는 재활용(재사용)할 수 있다. 뿐만 아니라 전체적으로 이해하기가 쉬워 가독성이 좋으며, 중복되는 부분이 줄어들어 전체 코드의 크기도 줄어드는 효과가 있다. 이로 인해 관리도 쉽다.

함수를 사용하지 않은 경우와 함수를 사용한 경우를 다음 예를 통해 살펴보자.

<table>
<tr><th>함수를 사용하지 않은 경우</th><th>함수를 사용한 경우</th></tr>
<tr><td>〈1번만 출력하는 경우〉
print("안녕하세요")
print("즐거운 하루 보내세요.")
print("오늘도 파이팅!!!")</td><td>〈1번만 출력하는 경우〉
def greeting():
  print("안녕하세요")
  print("즐거운 하루 보내세요.")
  print("오늘도 파이팅!!!")

greeting()</td></tr>
<tr><td>〈실행결과 예〉
안녕하세요
즐거운 하루 보내세요.
오늘도 파이팅!!!</td><td>〈실행결과 예〉
안녕하세요
즐거운 하루 보내세요.
오늘도 파이팅!!!</td></tr>
<tr><td>〈3번 계속 출력하는 경우〉
print("안녕하세요")
print("즐거운 하루 보내세요.")
print("오늘도 파이팅!!!")

print("안녕하세요")
print("즐거운 하루 보내세요.")
print("오늘도 파이팅!!!")

print("안녕하세요")
print("즐거운 하루 보내세요.")
print("오늘도 파이팅!!!")</td><td>〈3번 계속 출력하는 경우〉
def greeting():
  print("안녕하세요")
  print("즐거운 하루 보내세요.")
  print("오늘도 파이팅!!!")

greeting()
greeting()
greeting()</td></tr>
</table>

〈실행결과 예〉	〈실행결과 예〉
안녕하세요 즐거운 하루 보내세요. 오늘도 파이팅!!! 안녕하세요 즐거운 하루 보내세요. 오늘도 파이팅!!! 안녕하세요 즐거운 하루 보내세요. 오늘도 파이팅!!!	안녕하세요 즐거운 하루 보내세요. 오늘도 파이팅!!! 안녕하세요 즐거운 하루 보내세요. 오늘도 파이팅!!! 안녕하세요 즐거운 하루 보내세요. 오늘도 파이팅!!!

위의 예를 보면 한 번만 사용한 경우는 함수를 사용하지 않는 것이 실제는 오히려 훨씬 더 간결하다. 그러나 여러 번 같은 내용을 출력하려면 함수를 사용하는 것이 훨씬 더 효율적이다. 그뿐만 아니라 반복적으로 사용되는 코드는 함수를 이용해서 표현하면 관리하기도 상당히 쉽다.

2 〉 내장함수와 사용자정의함수

함수에는 내장함수와 사용자정의함수가 있다

그렇다면 함수는 새로운 개념일까? 아니다. 이미 우리는 함수를 사용해보았다.

```
예) print(), input(), range() 등
```

파이썬에서는 이미 만들어져 있어 그냥 가져다 쓰는 내장함수와 사용자가 직접 만들어 사용하는 사용자정의함수가 있다. 이번에는 내장함수와 사용자정의함수에 대해 알아보자.

2.1 내장함수

내장함수는 파이썬 프로그래머나 개발자가 사용하기 편하게 미리 만들어 놓은 함수로, 사용자가 파이썬 내부에 저장된 함수를 그냥 가져다 사용하기만 하면 되기 때문에 상당히 쉽고 편리하게 사용할 수 있다. 내장함수의 대표적인 예는 다음과 같다.

```
print() - 출력            input() - 입력           range() - 범위
max() - 최댓값            min() - 최솟값           sum() - 합
len() - 데이터 크기(길이)  int() - 정수형           float() - 실수형(소수점)
str() - 문자형            type() - 데이터형 타입   etc.....
```

그 밖에도 많은 함수들이 저장되어 있으며, help()를 통해 사용법도 확인할 수 있다.

예를 들어 print()의 사용 방법을 모를 경우에는 다음과 같이 help(print)를 입력하여 설명과 사용 방법을 확인할 수 있다.

```
Help on built-in function print in module builtins:

print(...)
    print(value, ..., sep=' ', end='\n', file=sys.stdout, flush=False)

    Prints the values to a stream, or to sys.stdout by default.
    Optional keyword arguments:
    file:  a file-like object (stream); defaults to the current sys.stdout.
    sep:   string inserted between values, default a space.
    end:   string appended after the last value, default a newline.
    flush: whether to forcibly flush the stream.
```

실습 예제

내장함수

이미 만들어져 있는 내장함수를 이용하여 다음의 결과를 확인해보자.

```
num=[1,2,3,4,5,6,7,8,9,10]
n1=max(num)
n2=min(num)
n3=len(num)
n4=sum(num)
print(n1,n2,n3,n4)
```

〈실행결과 예〉

```
10 1 10 55
```

이와 같이 내장함수는 이미 만들어져 있어 우리가 사용하기 매우 편리하다. 그러나 내장함수만으로는 우리가 실제 주어진 환경에서 모든 작업을 다 할 수는 없다.

2.2 사용자정의함수

사용자정의함수를 이용해 사용자가 직접 정의해서 함수를 만들 수 있다

내장함수만으로는 우리가 원하는 모든 작업을 다 할 수 없기 때문에 필요한 내용을 표현하기 위해 직접 함수를 만들어 사용하는데, 이를 *사용자정의함수라고 한다. 사용자가 직접 정의해서 만들기 때문에 함수 이름도 만드는 사람이 임의로 직접 만들어 사용할 수 있다.

파이썬에서 함수를 만들 때는 다음과 같이 def를 사용해서 함수 이름을 표현한다. 이때 def는 "정의하다"라는 의미인 define의 앞 세 글자 def로 만들었다.

```
def 함수이름():
  수행할 내용
```

이렇게 정의된 함수는 어떤 위치에서든 필요시에는 언제든지 정의된 함수를 불러와서 사용할 수 있다.

체크 포인트

사용자정의함수는 사용자지정함수라고도 한다. 이 책에서는 사용자정의함수로 통일한다.

실습 예제

사용자정의함수

다음을 실행했을 때 어떤 결과가 나오는지 확인해보자.

```
② def greeting():
③     print("안녕하세요!")
      print("오늘은 킹받는 일 없는 좋은 하루 보내세요!!")

① greeting()
```

〈실행결과 예〉

안녕하세요!

오늘은 킹받는 일 없는 좋은 하루 보내세요!!

3 〉 함수 매개변수

3.1 매개변수와 인수

매개변수는 함수에 값을 전달하는 변수이다

매개변수는 사용자정의함수 이름 뒤 괄호 안에 들어가며 이는 함수에 값을 전달받는 변수, 즉 "인수"이다. 매개변수는 상황에 따라 아무 값을 받지 않을 수도 있다.

앞의 greeting()을 다시 예로 들어보자. 이왕이면 누군가에게 인사를 할 때 그냥 인사하는 것보다는 "레오씨 안녕하세요!", "만쥬씨 안녕하세요!"처럼 이름을 불러서 인사하면 더 친근하게 표현할 수 있다. 이때 레오와 만쥬가 함수에 전달된 값인 인수가 되는 것이다. 이를 그림으로 표현하면 다음과 같다.

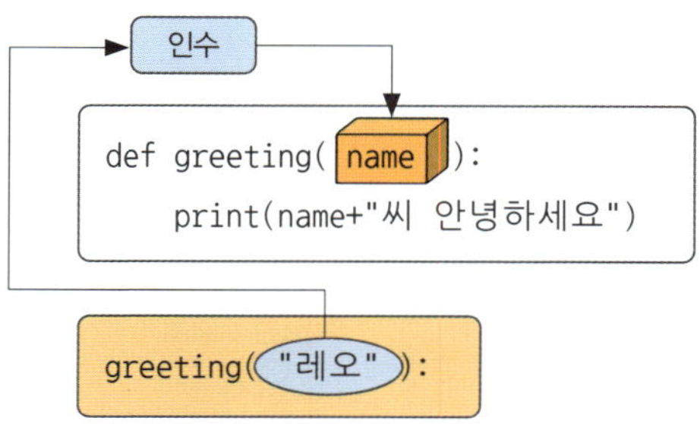

앞의 예는 매개변수에 전달되는 값이 한 개뿐일 때이다. 그렇다면 꼭 한 개만 쓰는 것이냐고 생각할 수 있지만 그렇지 않다. 여러 개의 값을 전달받을 수 있다. 이때 주의할 점은 매개변수와 인수의 개수는 "항상 같아야 한다"는 것이다.

잠깐만요

매개변수와 인수의 개수는 "항상 같아야 한다"고 했다. 만약 매개변수가 더 크거나 인수가 더 큰 경우에는 다음과 같이 오류가 발생한다.

〈매개변수가 더 많은 경우〉

```
def p_func(value, n):
  for
    print(value)

p_func("유야호~")
```

〈실행결과 예〉

```
--------------------------------------------


TypeError             Traceback (most recent call last)


<ipython-input-14-1c25da2ei in range(n):7b7f> in <module>()
      4     print(value)
      5
----> 6 p_func("유야호~")



TypeError: p_func() missing 1 required positional argument: 'n'
```

〈인수가 더 많은 경우〉

```
def p_func(value):
  for i in range(n):
    print(value)

p_func("유야호~",3)
```

〈실행결과 예〉

```
-------------------------------------------

TypeError            Traceback (most recent call last)

<ipython-input-15-40686f744342> in <module>()
     12     print(value)
     13
---> 14 p_func("유야호~",3)


TypeError: p_func() takes 1 positional argument but 2 were given
```

예를 들어보자. 1과 2라는 인수를 각각 a와 b에 전달하여 두 수를 곱한 값을 출력해보자. 이는 다음과 같이 나타낼 수 있다.

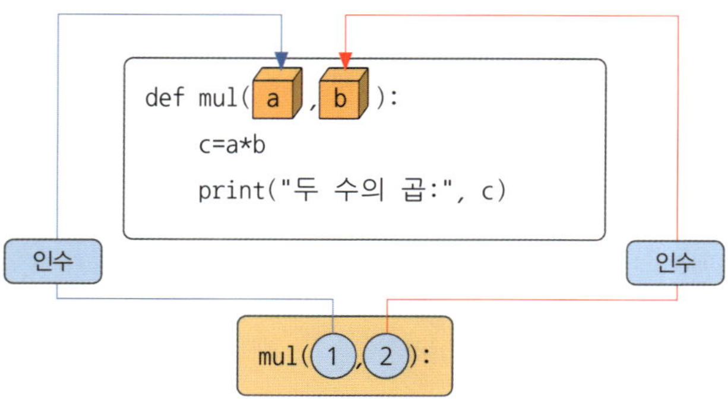

실습 예제

함수의 매개변수와 인수

다음과 같이 과일 이름을 출력하려고 한다. 인수에 세 개의 과일 이름을 입력하고 이를 함수의 매개변수로 전달받아 화면에 출력하는 코드를 작성해보자.

〈실행결과 예〉

과일=사과,딸기,배

```
def 과일이름(a,b,c):
  print("과일={},{},{}".format(a,b,c))
과일이름("사과","딸기","배")
```

잠깐만요

사용자정의함수에서 함수 이름은 한글 사용도 가능하다. 꼭 영어로만 이름을 사용해야 하는 것은 아니다. 이 점도 기억해두기 바란다.

3.2 디폴트 인수

매개변수에 디폴트로 값을 지정할 수 있다

디폴트 인수는 매개변수에 사용자가 특정 값을 넘겨주지 않으면 기본적으로 정해진 값이 함수에 전달된다. 만약 이때 인숫값이 매개변수를 통해 전달되면 디폴트 인수가 정해져 있어도 이는 의미가 없어진다. 다음 예를 통해 살펴보자.

```
def sum(a,b=100):
  c=a+b
  print("두 수의 합={}".format(c))

sum(1,2)
sum(100)
```

〈실행결과 예〉

두 수의 합=3

두 수의 합=200

이 결과를 보면 첫 번째 두 수의 합=3은 sum(1,2)에 있는 1과 2의 값이 a와 b에 전달되어 이를 계산한 값이 나온 것이다. 반면에 두 수의 합=200은 sum(100)에 있는 100이라는 하나의 값이 a에 전달되고 b는 값이 없으므로 기존에 할당된 b=100이 적용된다. 이에 따라 200이 계산되어 두 수를 합한 결과로 나온 것이다.

실습 예제

디폴트 인수

다음과 같이 1~4단까지의 * 또는 # 모양의 단이 출력되도록 해보자. 이때 디폴트 인수에 각각 symbol="*"과 num=4를 정의하고 각각의 인숫값에 따라 어떻게 출력되는지 살펴보자.

```
def p_line(symbol="*", num=4):
  for i in range(1,num+1):
    print(symbol*i)

p_line()
print(" ")
p_line("#",7)
```

〈실행결과 예〉

```
*
**
***
****

#
##
###
####
#####
######
#######
```

3.3 반환값

함수가 호출한 곳으로 결괏값을 되돌려준다!!

함수를 호출한 곳에 처리한 결괏값을 되돌려주는 것을 반환값(return)이라고 한다. 이 과정은 다음과 같이 나타낼 수 있다.

```
def 곱셈(a,b):
    c=a*b
    return  c          ②반환
①
호출
result=곱셈(10,20)
print("두 수의 곱은 {}이다.".format(result))
```

〈실행결과 예〉

두 수의 곱은 200이다.

그렇다면 '두 개 이상의 반환값도 가능할까'라는 궁금증이 생길 것이다. 이를 다음 예제로 풀어보자.

실습 예제

반환값(return)

가장 일반적인 두 수의 합과 평균을 구해보자. 이때 반환값을 이용해 표현해보자.

〈실행결과 예〉

두 수의 합은 30이다.
두 수의 평균은 15.0이다.

```
def sum_avg(a,b):
  sum=a+b
  avg=sum/2
  return sum, avg

result,avg_result=sum_avg(10,20)

print("두 수의 합은 {}이다.".format(result))
print("두 수의 평균은 {}이다.".format(avg_result))
```

4 〉 전역변수와 지역변수

사용자정의함수에는 변수를 사용하면서 함수 전체에서 사용되는 함수와 함수 안에서만 영향을 주면서 사용되는 함수가 있다. 이를 각각 전역변수와 지역변수라고 하는데, 이는 어떻게 함수에 영향을 주는지 살펴보자.

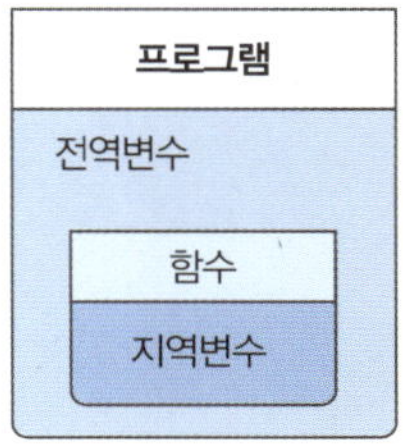

4.1 전역변수

함수 밖에서 프로그램 전체에 영향을 주는 전역변수!

전역변수(global variable)는 프로그램에서 변수를 함수 밖에서 정의하여 함수 안과 밖 전체에서 모두 사용할 수 있는 변수이다.

하나의 예를 들어보자.

```
i=96
```

함수1

```
def var_func1():
  print("i의 값은 {}".format(i))
```

함수2

```
def var_func2():
  print("i의 값은 {}".format(i))

var_func1()
var_func2()
```

〈실행결과 예〉

i의 값은 96

i의 값은 96

이때 i는 함수1(var_func1)과 함수2(var_func2)의 밖에 정의되어 전역변수로 i의 값이 무엇인지를 각각의 함수1과 함수2에서 알 수 있으므로 이를 기반으로 i의 값이 무엇인지를 출력해준다.

이를 그림으로 표현하면 다음과 같다.

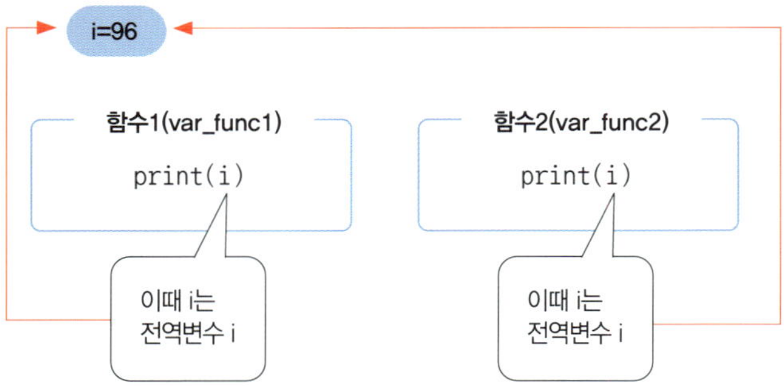

실습 예제

전역변수

다음 예제를 통해 전역변수가 함수 전체에서 모두 사용되고 있는지 확인해보자.

```
text="\"I like K-웹툰\""  #전역변수

def k_drama1():
   print("{}(이)라는 텍스트가 출력되고 이는 함수 안쪽에서 출력된 것이다.".format(text))

k_drama1()  #함수호출
print("{}(이)라는 텍스트가 출력되고 이는 함수 바깥쪽에서 출력된 것이다.".format(text))
```

〈실행결과 예〉

"I like K–웹툰"(이)라는 텍스트가 출력되고 이는 함수 안쪽에서 출력된 것이다.

"I like K–웹툰"(이)라는 텍스트가 출력되고 이는 함수 바깥쪽에서 출력된 것이다.

함수 안에서만 정의되고 사용되는 지역변수!

반면에 지역변수(local variable)는 변수가 함수 안에서 정의되어 함수 안에서만 사용이 가능한 변수이다. 따라서 함부 밖에서는 함수 안에 어떤 변수가 정의되어 있는지 알 수 없다.

다음 예를 통해 이를 확인해보자.

```
i=96   #전역변수

함수1
def var_func1():
  print("i의 값은 {}".format(i))

함수2
def var_func2():
  i=12   #지역변수
  print("i의 값은 {}".format(i))

var_func1()
var_func2()
```

〈실행결과 예〉

```
i의 값은 96
i의 값은 12
```

이때 i=96는 함수1(var_func1)과 함수2(var_func2)의 밖에 정의되어 전역변수로 i의 값이 무엇인지를 각각의 함수1과 함수2에서 알 수 있다. 반면에 i=12는 함수2(var_func2) 안에서만 정의되어 있어 함수 밖에서는 이를 전혀 알 수가 없다. 그러다 보니 함수1은 전역변수의 값을, 함수2는 함수 안에 선언된 지역변수의 값을 기반으로 i의 값이 무엇인지를 출력해준다.

이를 그림으로 표현하면 다음과 같다.

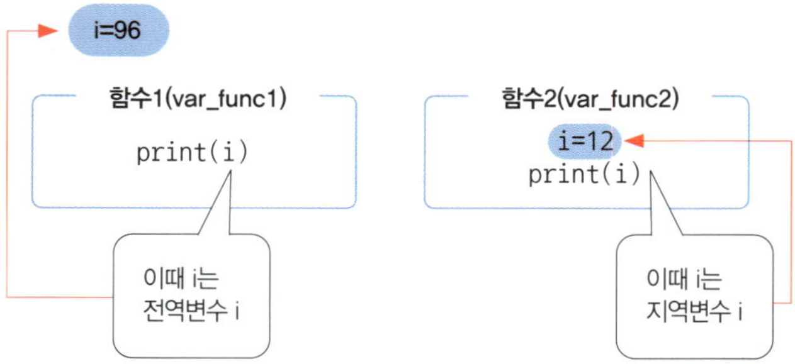

같은 i라고 해도 함수1(var_func1)의 i는 함수 밖에서 정의된 것이라 전역변수이고, 함수2(var_finc2)의 i는 함수 안에 따로 정의된 것이므로 지역변수이다. 따라서 변수 이름이 같더라도 함수 안에 정의되어 있는지, 밖에 정의되어 있는지를 확인하면 쉽게 구분할 수 있어 전혀 문제가 되지 않는다.

실습 예제

지역변수

다음 예제를 통해 지역변수가 함수 전체에서 모두 사용되고 있는지 함수 안에서만 사용되고 있는지 확인해보자.

```
def k_drama1():
  text1="\"I like K-웹툰\""  #지역변수
   print("{}(이)라는 텍스트가 출력되고 이는 함수 안쪽에서 출력된 것이
다.".format(text1))

k_drama1()  #함수호출
print("{}(이)라는 텍스트가 출력되고 이는 함수 바깥쪽에서 출력된 것이
다.".format(text1))
```

〈실행결과 예〉

```
"I like K-웹툰"(이)라는 텍스트가 출력되고 이는 함수 안쪽에서 출력된 것이다.

---------------------------------------------
```

```
NameError                               Traceback (most recent call last)

<ipython-input-13-a8d785bdca03> in <module>()
      4
      5 k_drama1()  #함수호출
----> 6 print("{}(이)라는 텍스트가 출력되고 이는 함수 바깥쪽에서 출력된 것이다.".format(text1))

NameError: name 'text1' is not defined
```

4.3 global 키워드

함수 안에 선언된 변수를 전역변수처럼 사용하고 싶을 때는 global

global 키워드는 "전체 또는 전역을 가리킨다"는 의미로, global 키워드를 사용하여 함수 안에서 사용된 변수를 전역변수로 바꾸고 싶을 때 사용한다.

<table>
<tr>
<td>코드1:
지역변수</td>
<td><pre>def num_func():
  a=1210 #지역변수

num_func()
print("a의 값은 {}이다.".format(a))</pre></td>
<td>〈실행결과 예〉<pre>---------------------------------

NameError   Traceback (most recent
call last)

<ipython-input-14-cf33ff60c914> in
<module>()
      3
      4 num_func()
----> 5 print("a의 값은 {}이다."
.format(a))

NameError: name 'a' is not defined</pre></td>
</tr>
<tr>
<td>코드2:
전역변수</td>
<td><pre>a=96 #전역변수
def num_func():
  a=1210 #지역변수

num_func()
print("a의 값은 {}이다.".format(a))</pre></td>
<td>〈실행결과 예〉
a의 값은 96이다.</td>
</tr>
</table>

코드3: global 키워드		

코드3: global 키워드	a=96 #전역변수
	
	def num_func():
	  global a #global 키워드 사용
	  a=1210 #지역변수->전역변수로 변경
	
	num_func()
	print("a의 값은 {}이다.".format(a))
		〈실행결과 예〉
		a의 값은 1210이다.

실습 예제

global 키워드

다음 두 수를 더한 값을 출력할 때 기존의 지역변수(hap)를 전역변수로 변경하여 사용하고자 global 키워드를 이용해 변경하려고 한다. 어떻게 하면 좋을까? 또한 global 키워드를 이용해 실행한 결괏값은 어떻게 나올까?

```
hap=0 #전역변수
def add(a,b):
  hap=a+b  #hap : 함수 안에 선언된 변수

add(1,2)
print("두 수의 합은 {}이다.".format(hap))
```

〈실행결과 예〉

두 수의 합은 0이다.

#global 키워드를 사용하여 전역변수로 변경된 후 결괏값
두 수의 합은 3이다.

```
hap=0 #전역변수
def add(a,b):
  global hap  #global 키워드 : 전역변수로 변경
  hap=a+b

add(1,2)
print("두 수의 합은 {}이다.".format(hap))
```

5 〉 함수 모듈

모듈이란 비슷한 함수끼리 모아둔 파일을 말한다. 마치 편의점이나 마트에서 판매하는 반조리 식품인 밀키트 제품 또는 간편식과 같다고 생각하면 된다. 이미 만들어져 있어 이를 가져다 사용하기만 하면 된다. 함수에는 어떤 모듈들이 있고 이를 사용하면 어떤 점이 좋은지 살펴보자.

5.1 함수 모듈 개념 및 사용하기

함수 모듈은 밀키트나 간편식과 같다!!

프로그램을 만들기 위해서는 변수, 함수 등을 포함해 많은 코드가 필요하다. 특히 이런 많은 코드를 하나하나 다 입력하려면 엄청난 시간과 노력이 필요하다. 그래서 자주 또는 유용한 기능들이 모인 특정 목적을 위해 사용할 수 있도록 변수, 함수 등을 모아서 하나로 만들어 저장한 파일들을 "함수 모듈(module)"이라고 한다. 따라서 프로그램을 개발할 때도 이미 만들어져 있는 것을 필요할 때 가져다 바로 사용한다면 시간과 노력도 훨씬 절감되고 이미 검증된 코드라 오류도 적게 발생하는 장점이 있다. 파이썬에서는 프로그래머나 개발자에 의해 이미 만들어져 있는 함수 모듈을 제공하고 있으며, 필요시에는 개인적으로 만들어서 사용할 수도 있다.

파이썬에서 함수 모듈을 불러오기 위해 사용하는 키워드로 `import`가 있다. `import`는 "불러오다"라는 의미로 파이썬에게 "OOO모듈을 가져와서 사용할 것입니다"라는 의미로 이해하면 된다. 이렇게 불러온 모듈을 우리는 편리하게 사용할 수 있다.

```
예)
import random
random.choice()
```

그렇다면 어떤 모듈들이 있는지 알아야 이를 사용할 수 있으므로 어떤 변수와 함수들이 들어 있는지 대표적으로 다음 두 가지 모듈(random, math)을 살펴보자.

random 모듈은 랜덤(임의)의 수를 발생시켜야 할 때 사용하고, math는 수학 관련 모듈로 사칙연산보다 어려운 수식이 필요할 때 사용한다.

모듈명		사용 예시	설명
random	radmon.choice()	radmon.choice([1,2,3,4])	리스트 값 중 하나를 임의 선택
	random.sample()	random.sample(range(1,10),3)	리스트 값 중 지정한 개수만큼 중복 없이 임의 선택
	random.randint()	random.randint(1,10)	지정한 범위에서 하나를 임의 선택
	random.randrange()	random.randrange(1,10)	
math	math.pi()	math.pi	3.14로 시작하는 원주율(π)값이 저장된 자료
	math.pow()	math.pow(2,2)	pow는 영어단어 power에서 온 것으로, "거듭제곱"이라는 뜻이며 a의 b 제곱값을 반환하는 함수
	math.ceil()	math.ceil(3.81)	ceil은 영어 단어 ceiling(천장)이라는 단어에서 온 것으로, 소수점 아래 숫자를 올림하여 정수를 반환하는 함수
	math.floor()	math.floor(3.96)	floor는 소수점 아래 숫자를 버림하여 정수를 반환하는 함수
기타	round()	round(3.141592)	반올림하는 함수

```
import random
num0=random.choice([1,2,3,4,])
print(num0)
```

```
num1=random.sample(range(1,10),3) #1~10까지 중 랜덤으로 3개 뽑기
print(num1)

num2=random.randrange(1,10) #1~10까지 중 랜덤으로 1개 뽑기
print(num2)

num3=random.randint(1,10) #1~10까지 중 랜덤으로 1개 뽑기
print(num3)
```

〈실행결과 예〉

```
4
[1, 5, 4]
5
9
```

```
import math
print(math.pi)
print(math.pow(2,2))
print(math.ceil(3.81))
print(math.floor(3.96))
print(round(3.141592))
```

〈실행결과 예〉

```
3.141592653589793
4.0
4
3
3
```

잠깐만요

math 모듈에서 ceil()은 소수점 아래에 어떤 숫자가 있든지 무조건 올림하여 정수로 반환한다.

반면에 floor()은 소수점 아래에 어떤 숫자가 있든지 무조건 버림하여 정수로 반환한다.

실습 예제

함수 모듈 사용하기

다음 리스트에서 random, math을 사용하여 함수 모듈 사용 방법을 이해하자.

```
import random
import math

alpabet_list=["a","b","c","d","e"]
text1=random.choice(alpabet_list)

num1=math.pow(2,3)
num2=math.ceil(3.16)
num3=math.floor(2.9)

print(text1,num1,num2,num3)
```

```
if num1>num2 or num1>num3:
  print("num1의 값인 {}이 더 큽니다.".format(num1))
elif num2>num3 or num2>num1:
  print("num2의 값인 {}이 더 큽니다.".format(num2))
elif num3>=num1 or num3>num2:
  print("num3의 값인 {}이 더 큽니다.".format(num3))
```

〈실행결과 예〉

```
c 8.0 4 2
num1의 값인 8.0이 더 큽니다.
```

연습 문제

연습 01 함수를 사용하면 좋은 점은 무엇인가?

연습 02 사용자정의함수는 무엇인가?

연습 03 지역변수와 전역변수의 차이는 무엇인가?

연습 문제

연습 04 다음 함수의 매개변수를 사용하여 값을 구해보자.

```
def p_func(value,n):
  for i in range(n):
    print(value)
print(p_func("유야호~",3))
print(p_func("파이썬",5))
```

디폴트 인수로 n=20을 정하고 "유야호~ 20"을 출력하도록 변경하시오.

〈코드〉

연습 문제

연습 05 global 키워드를 사용하여 함수 안에 정의된 변수를 전역변수로 사용할 수 있도록 변경하시오.

〈기존 코드〉

```
def multi_f():
  num=7  #지역변수
  num=num*2
  returnnum
print("두 수의 곱은 {}".format(multi_f()))
```

〈실행결과 예〉

두 수의 곱은 14

〈조건〉

지역변수 num=7을 함수 밖에 정의하고 global 키워드를 사용해 표현하시오.

〈global 키워드를 사용하여 변경된 코드〉

연습 문제

연습 06

함수(num_func) 밖에 다음의 리스트를 정의하시오.

num_list=[1,2,[3,4],[5,6,7],[8,9],10]

for 반복문을 사용해 위 리스트의 값들을 매개변수로 입력받아 각각의 값을 출력하시오. 이때 마지막 값인 10이 입력되면 "종료합니다"라는 메시지를 출력하고 break문을 이용해 반복문을 빠져나오도록 하시오.

〈실행결과 예〉

```
1 2 [3, 4] [5, 6, 7] [8, 9]
종료합니다.
```

〈for 반복문을 사용한 코드〉

연습 문제

연습 07 거리두기를 기존 6인에서 8인으로 완화한다고 한다. 이를 안내하기 위해 카페에서 현재 한 테이블당 최대 2명까지 앉을 수 있는 좌석을 한 테이블당 최대 4명까지 앉을 수 있도록 변경하려고 한다. 만약 8명이라면 4명씩 2개의 테이블로 안내할 수 있도록 해야 한다. 카페에 들어오는 손님의 인원을 키오스크에 입력하면 각각 앉을 수 있는 테이블 수(4명 기준의 테이블)와 해당 테이블에 앉을 수 있는 인원을 알려주도록 함수를 이용해 작성해보시오.

〈조건〉

함수명: 거리두기 완화
매개변수: 손님인원
반환값: (앉을 수 있는) 테이블 수

〈실행결과 예〉

4명 4명
필요한 테이블은 총 2개

4명 4명 4명
필요한 테이블은 총 3개

〈조건에 맞춰 함수를 이용해 만든 코드 〉

도전 문제

도전 01

함수를 만들어 연락처 기능 추가하기

스마트폰 연락처 애플리케이션에 연락처 검색 기능, 연락처 수정 기능, 연락처 삭제 기능을 추가해보자. 요구사항은 다음과 같다.

〈요구사항〉

–검색(search) 기능, 수정(modify) 기능, 삭제(delete) 기능 함수 생성
–무한 반복문 사용 : 4(종료)를 입력하기 전까지 계속 반복
–만약 없는 내용을 입력했을 경우에는 "not found"를 출력
–연락처 데이터는 딕셔너리 자료형을 사용 (이름: key/전화번호:value)
  add_dic={'건덕이':'010–222–2222','쿠도':'010–333–3333','만쥬':'010–444–5555'}

〈실행결과 예〉

```
실행 가능 기능
1: 검색
2: 수정
3: 삭제
4: 종료
실행할 기능 선택: 2
수정할 이름을 입력하세요: 만쥬
새 전화번호를 입력하세요: 010-3333-7777
만쥬의 전화번호가 010-3333-7777로 변경되었습니다.
실행 가능 기능
1: 검색
2: 수정
3: 삭제
4: 종료
실행할 기능 선택: 3
삭제할 이름을 입력하세요: 만쥬
만쥬의 연락처가 삭제되었습니다.
실행 가능 기능
1: 검색
2: 수정
3: 삭제
4: 종료
실행할 기능 선택: 4
종료
```

〈코드〉

도전 문제

도전 02 함수 이용해 계산기 만들기

함수를 이용해 사칙연산을 수행하는 계산기를 만들어보자.

요구사항은 다음과 같다.

–덧셈(add), 뺄셈(sub), 곱셈(mul), 나눗셈(div) 함수 생성

–반환(return)값을 사용

–원하는 연산자를 선택하여 이에 따른 결과 출력

–5(종료)를 입력하기 전까지는 계속 반복

〈실행결과 예〉

```
원하는 연산을 선택하세요.
1.덧셈
2.뺄셈
3.나눗셈
4.곱셈
5.종료
연산 선택: 1
연산할 첫 번째 수 입력: 3
연산할 두 번째 수 입력: 4
3+4=7

원하는 연산을 선택하세요.
1.덧셈
2.뺄셈
3.나눗셈
4.곱셈
5.종료
연산 선택: 5
종료
```

〈코드〉

<13장>

파일 입출력

학습 목표

- 파일의 개념과 파일을 읽고 쓰는 방법을 배운다.
- 읽은 파일의 내용을 처리하는 방법을 배운다.
- 외부로부터 원하는 파일을 불러와서
  이를 기반으로 다양하게 다룰 수 있는 방법을 배운다.

1 〉 파일 입출력

우리는 "파일이 무엇인가요?", "파일은 왜 필요하죠?"라는 질문을 들었을 때 이에 대한 답변을 망설임 없이 적절하게 할 수 있을까? 또 파일을 불러와서 파일의 내용을 읽고, 추가적인 내용을 작성하고, 일부를 삭제하고, 저장하고, 이를 다시 파일로 저장하는 방법을 설명할 수 있을까?

요즘 들어 인공지능(Artificial Intelligence; AI)과 함께 *빅데이터(big data)라는 말을 많이 듣는다. 특히 수집된 정보들을 모아놓은 파일(예: **텍스트 파일, ***CSV 파일 등)을 불러와서 이를 저장하고 분석하고 이에 따른 결과를 출력하는 과정에 대한 관심이 커지고 있다. 이와 같이 종류도 매우 다양한 형태의 데이터 파일을 어떻게 불러와서 어떻게 이용하는지에 대해 살펴보자.

1.1 파일의 개념

파일이란?

파일(File)이란 데이터를 모아놓은 것으로, 프로그램 실행 중에 작성된 데이터를

체크 포인트

* 빅데이터는 디지털 환경에 의해 우리 주변에서 엄청나게 많이 생성된 정보와 데이터를 통틀어 말한다. 그 규모가 엄청나게 크고, 생성 주기가 짧으며, 데이터 형태도 수치적인 데이터, 문자와 영상, 이미지, 소리, 이메일, SNS 등에서 얻어지는 데이터를 포함하는 대규모 데이터를 의미한다.

** 텍스트 파일은 일반 문자열이 들어가는 파일로, 일반적으로 우리는 메모장을 이용해 저장 및 편집을 많이 한다. 확장자는 txt로 나타낸다. 예) login.txt

*** CSV 파일은 Comma-Separated Values(콤마로 구분한 변수)의 약자로, 콤마(,)로 구분된 텍스트 데이터 및 텍스트 파일이다. 확장자는 csv로 나타낸다. 특히 데이터 사이언스에서 사용되는 데이터 중 상당히 많은 데이터들이 CSV 파일 형식으로 공유된다. 예) login.csv

프로그램이 종료된 이후에도 언제든 계속 사용할 수 있도록 저장한 것이다. 그렇다면 파일은 왜 필요할까? 다음의 예를 통해 알아보자.

랩 가사 작사가 취미인 A라는 학생이 있다고 하자. 그는 갑자기 가사가 떠올라 키보드를 이용해 컴퓨터에 입력 작업을 하려고 한다. 계속해서 반복적으로 랩 가사를 적어야 하고 이를 파일로 저장해서 다시 읽고 수정해야 한다.

A 학생이 작업한 결과를 친구들에게 보여주고 싶을 때 –우리가 작업한 내용을 파일로 저장하지 않는다고 가정할 경우– 키보드로 작성한 내용이 사라지지 않도록 모니터를 사진으로 찍어 놓거나 친구에게 "우리 집으로 빨리 와!"라고 급하게 불러 친구가 올 때까지 컴퓨터와 모니터를 며칠 동안이나 켜놔야 하는 상황이 발생할 수도 있다.

만약 실수로 컴퓨터를 끄거나 갑자기 정전되는 상황이라도 벌어진다면 A 학생이 여태껏 열심히 작성한 내용이 모니터 화면에서 사라질 수도 있다. 하지만 학생이 자신의 작업물을 파일로 저장해두면 굳이 친구에게 빨리 오라고 강요할 필요도 없이 언제든지 저장한 파일을 불러와서 보여줄 수도 있고, 메일이나 톡 메신저를 통해 내용을 전송하고 "내가 오늘 작사한 랩인데 어떤 거 같아?"라고 물어볼 수도 있다. 갑자기 정전되는 상황이 벌어지거나 실수로 컴퓨터를 끄는 일이 일어나도 나중에 다시 컴퓨터를 켜서 그동안 저장한 내용을 얼마든지 확인할 수 있을 것이다.

이렇듯 파일은 텍스트, 이미지 등과 같은 내용을 작성하고 저장한 다음 다시 불러와서 읽고, 수정할 수 있을 뿐만 아니라 내가 보고 싶거나 필요할 때는 언제든 내용을 찾아서 이용하고 확인할 수 있다.

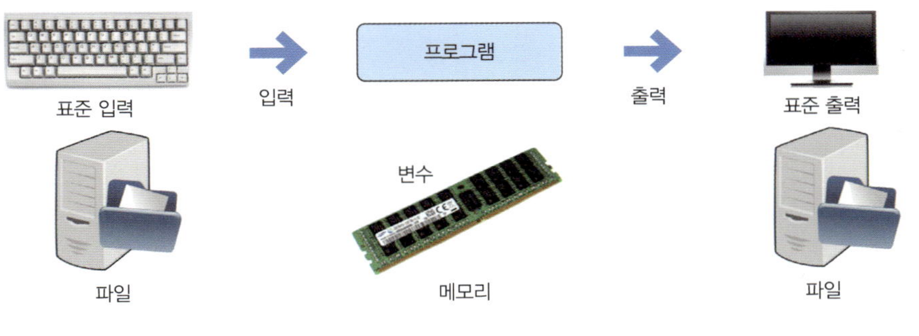

1.2 파일 불러오기

파일 호출

프로그램에서 파일을 읽고 쓰려면 "파일 열기→읽기/쓰기→출력"이라는 과정이 필요하다. 이를 위해 우선 첫 번째로 외부 또는 로컬에 저장된 파일을 직접 선택하고 업로드하여 파일을 *불러오는 방법을 알아보자.

```
#파일 직접 업로드하기
from google.colab import files
files.upload()
```

외부나 로컬에 저장된 파일을 업로드하기 위해 다음과 같이 실행하여 업로드할 파일을 선택한다.

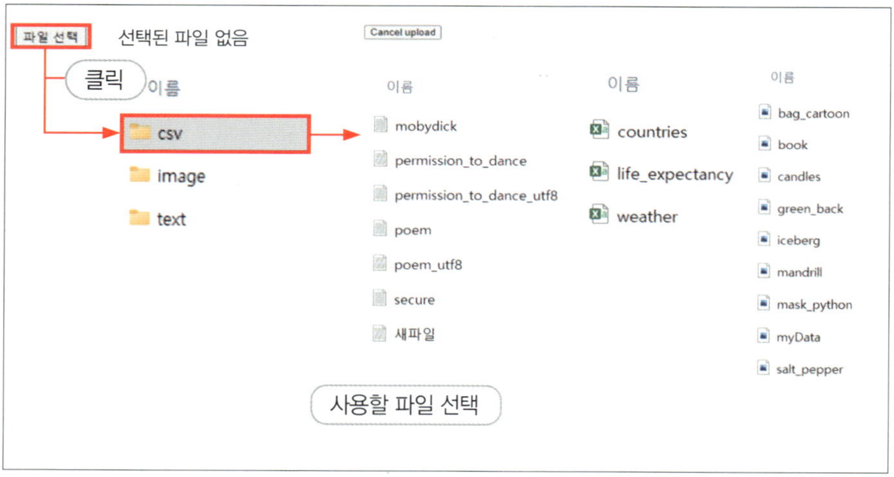

체크 포인트

외부 또는 로컬로부터 파일을 직접 선택해 불러오는 방법을 여기서는 코랩(colab)을 이용해서 파일을 불러오는 방법을 설명하겠다. 일반적으로는 open을 이용해 파일을 열 수 있다.

선택한 파일을 업로드하면 이를 임시로 사용할 수 있다.

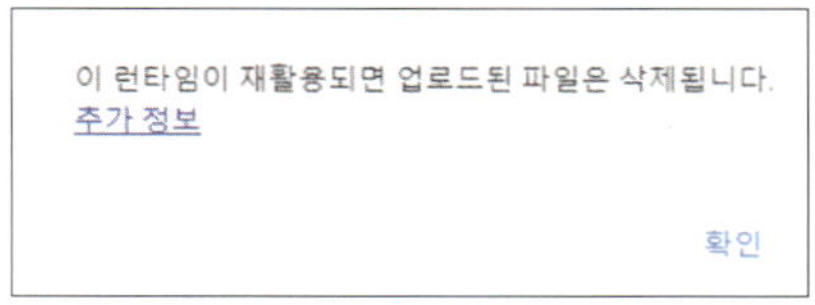

그런 다음에는 업로드한 파일을 불러와서 어떤 데이터가 들어 있는지 화면에 일부분을 출력할 수 있다. 이때 파일을 불러오는 방법은 파일명의 확장자에 따라 조금씩 다르다.

```
read_csv('파일명')
read_excel('파일명')
read_txt('파일명')
```

예를 들어 csv 파일을 불러오려면 다음과 같이 표현할 수 있다.

실습 예제

외부 파일 불러오기

```
#pandas 라이브러리 import
import pandas as pd

file_path='/content/life_expectancy.csv'

life_expectancy=pd.read_csv(file_path)
print(life_expectancy.head())
```

〈실행결과 예〉

```
       Country  Year      Status  Life expectancy  Adult mortality  \
0  Afghanistan  2015  Developing             65.0            263.0
1  Afghanistan  2014  Developing             59.9            271.0
2  Afghanistan  2013  Developing             59.9            268.0
3  Afghanistan  2012  Developing             59.5            272.0
4  Afghanistan  2011  Developing             59.2            275.0

   Infant deaths  Alcohol  Percentage expenditure  Hepatitis B  Measles  ...  \
0             62     0.01               71.279624         65.0     1154  ...
1             64     0.01               73.523582         62.0      492  ...
2             66     0.01               73.219243         64.0      430  ...
3             69     0.01               78.184215         67.0     2787  ...
4             71     0.01                7.097109         68.0     3013  ...

   Polio  Total expenditure  Diphtheria   HIV/AIDS         GDP  Population  \
0    6.0               8.16        65.0        0.1  584.259210  33736494.0
1   58.0               8.18        62.0        0.1  612.696514    327582.0
2   62.0               8.13        64.0        0.1  631.744976  31731688.0
3   67.0               8.52        67.0        0.1  669.959000   3696958.0
4   68.0               7.87        68.0        0.1   63.537231   2978599.0

   Thinness 1-19 years  Thinness 5-9 years  Income composition of resources  \
0                 17.2                17.3                            0.479
1                 17.5                17.5                            0.476
2                 17.7                17.7                            0.470
3                 17.9                18.0                            0.463
4                 18.2                18.2                            0.454

   Schooling
0       10.1
1       10.0
2        9.9
3        9.8
4        9.5

[5 rows x 22 columns]
```

잠깐만요

판다스(pandas)는 파이썬에서 데이터를 분석할 때 필수적으로 사용하는 공학용 라이브러리이다. 이를 이용하면 데이터를 표 형태로 쉽게 나타낼 수 있다. 얼핏 보면 엑셀처럼 느껴지는데, 개발자나 프로그래머가 미리 만들어 놓아 언제든 편하게 가져다 쓰면 된다. 코랩(colab)에서는 import pandas as pd와 같이 표현하며, 판다스를 사용하기 위해 임포트(import)를 한다고 표현한다. 이는 함수에서 설명한 것처럼 불러오다의 의미로 파이썬에게 "판다스를 가져와서 사용할 것입니다"라고 알려준다. 이때 as pd라는 표시는 as(alias) 뒤에 약어를 지정하여 "pd라는 별칭으로 판다스를 임포트하겠다"는 의미이다.

클라우드 방식(코랩)이 아닌 파이썬 idle, 파이참과 같은 스탠드얼론(자기 컴퓨터 직접 설치) 방식에서는 pip install pandas라고 입력하고 Enter 키를 누르면 pandas가 설치된다.

판다스에 대해 더 자세히 알고 싶다면 https://pandas.pydata.org/ 사이트를 방문해보기 바란다.

두 번째 방법은 구글 드라이브를 마운트해서 파일을 불러와 이를 읽어서 화면에 출력하는 방법이다.

```
#드라이브에 접근할 수 있도록 다음의 코드 입력
from google.colab import drive
drive.mount('/content/drive')
```

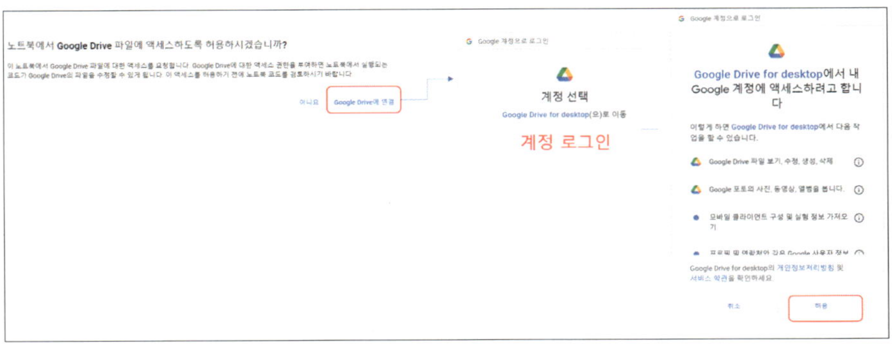

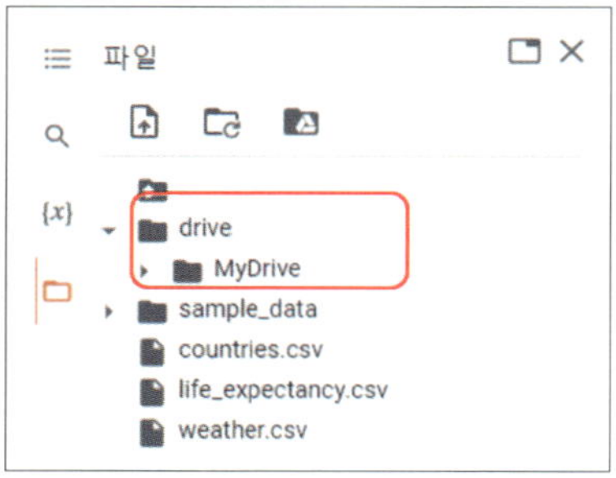

⇒ Mounted at /content/drive

구글 드라이브를 이용해 불러올 파일 경로를 선택한다. 이때도 마찬가지로 파일의 확장자에 맞게 작성해서 불러올 수 있다. 이번에는 이미지를 불러와서 회색 이미지와 컬러 이미지를 화면에 출력해보자.

실습 예제

이미지 파일 불러오기

```
from google.colab.patches import cv2_imshow
import cv2   #이미지 다룰 때는 OpenCV라는 이미지 도구를 이용해 편리하게 사용

img_path='/content/drive/MyDrive/Colab Notebooks/data/image/mandrill.png'
img_gray=cv2.imread(img_path, cv2.IMREAD_GRAYSCALE)  #그레이컬러
img_color=cv2.imread(img_path, cv2.IMREAD_COLOR)  #컬러

cv2_imshow(img_gray) #맨드릴원숭이를 회색 이미지로 화면에 표시
cv2_imshow(img_color)#맨드릴원숭이를 컬러 이미지로 화면에 표시
```

〈실행결과 예〉

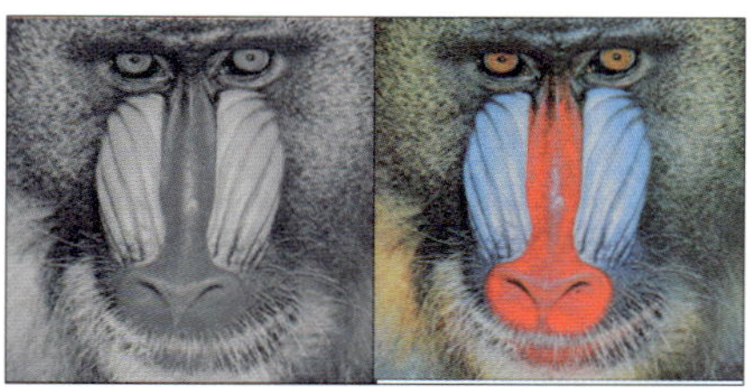

잠깐만요

물론 파일을 직접 업로드하는 방식보다 드라이브에서 가져오는 방식이 조금 더 복잡하게 보일 수 있다. 하지만 구글 드라이브 내에 공유된 파일을 활용할 수 있어 업무를 위해 협업이 필요하다면 훨씬 수월하게 작업할 수 있기 때문에 드라이브에서 가져오는 방식을 추천한다.

1.3 파일 읽기, 파일 쓰기

파일 읽기의 3단계

일반적으로 프로그램에서 파일을 읽고 쓰기 위해서는 "파일 열기→읽기/쓰기→파일 닫기" 과정을 거쳐야 하므로 이를 위해서는 파일을 열고 읽어야 한다. 다음과 같이 "파일 읽기의 3단계"를 진행해보자.

❶ 열기	open()을 통해 파일 이름이 포함된 파일 위치 지정하기
❷ 읽기	파일을 읽기(r)만 할 때 사용
❸ 닫기	close()를 통해 모든 작업을 끝내고 파일을 정상적으로 닫기

잠깐만요

파일을 열 때는 읽기인지, 쓰기인지 아니면 추가인지 등과 같이 어떤 용도로 사용할 것인지를 미리 결정하고 사용해야 한다. 이를 "모드(mode)"라고 하며, 모드는 open( )에서 맨 뒤에 입력한다.

r 모드	파일을 읽기(read)만 할 때 사용
w 모드	파일에 내용을 쓸(write) 때 사용
a 모드	파일의 마지막에 새로운 내용을 추가(append)하고 싶을 때 사용

❶ 파일 열기

제일 먼저 프로그램에서 파일을 읽어와야 한다. 이를 위해 open()을 이용하여 다음과 같이 나타낸다.

변수명=open("파일경로₩파일이름", 모드)
예) f=open('/content/new_file.txt','r')

❷ 파일 읽기

파일에서 데이터를 읽을 수 있으며 이때 두 가지 방식인 readline()과 readlines()를 이용해 읽어와서 화면에 출력한다.

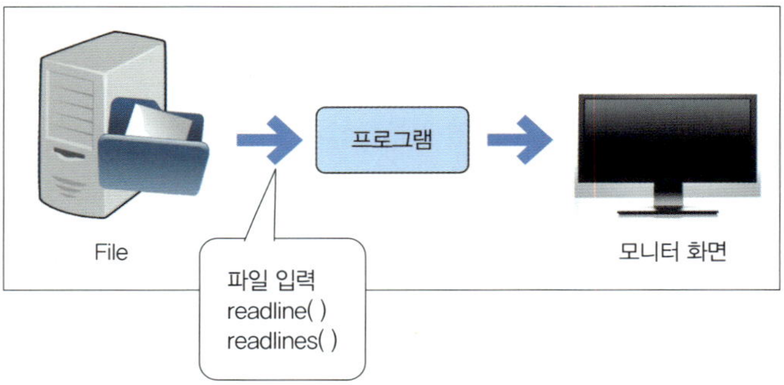

두 가지 방식은 원리는 같지만 약간의 차이가 있다.

readline()	파일 내용을 한 행씩 읽어서 처리하기
readlines()	파일 내용을 한꺼번에 읽어서 처리하기

이 두 방식의 차이를 다음 예제를 통해 알아보자.

실습 예제

파일 읽기

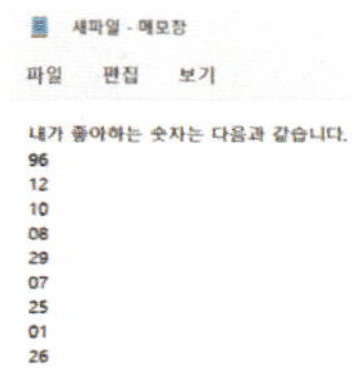


```
f=open('/content/새파일.txt','r')
while True:
  number=f.readline()
  if not number:
    break
  print(number)
f.close()
```

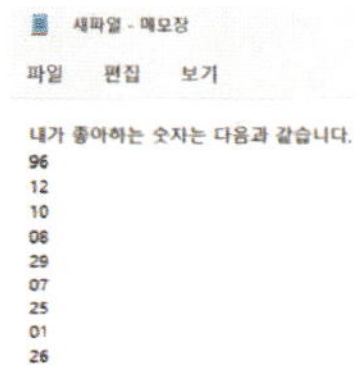


```
f=open('/content/새파일.txt','r')

numbers=f.readlines()

for number in numbers:
  print(numbers)

f.close()
```

첫 번째 방식인 readline()은 여러 개의 문장이 있어도 하나씩 읽어서 처리하는 것을 알 수 있다. 반면에 두 번째 방식인 readlines()은 여러 개의 문장을 한꺼번에 읽어서 처리하는 것을 알 수 있다.

❸ 파일 닫기

파일과 관련된 모든 작업을 끝냈으면 파일을 닫아야 한다. 이를 위해 파일을 열 때처럼 변수명 뒤에 close()를 이용해 open()으로 열었던 파일을 안정적으로 닫아야 한다. 그런데 읽기 모드에서는 닫지 않아도 자동으로 파일을 닫아준다.

변수명.close()
예) f.close()

파일 쓰기의 3단계

모니터에 출력하는 것이 아니고 저장하고자 하는 파일에 직접 저장하려면 “열기→쓰기→닫기” 방식을 사용한다.

❶ 파일 열기

제일 먼저 프로그램에서 open()을 이용해 파일을 읽어와야 한다. 이때 파일에 내용을 저장하기 위해 w모드를 사용해 나타낸다.

```
예) f=open('/content/new_file.txt','w')
```

이때 만약 경로에 같은 이름을 가진 파일이 이미 있다면 기존 파일의 내용을 덮어쓴다. 그러나 같은 이름이 없다면 새로 파일이 생성된다. 따라서 기존 파일과 이름이 같은 것이 있는지도 확인해야 한다.

실습 예제

파일 쓰기 (1)

〈기존 "새파일.txt" 내용〉

```
내가 좋아하는 숫자는 다음과 같습니다.
96
12
10
08
29
07
25
01
26
```

〈w모드로 인해 동일 이름 "새파일.txt"인 경우 변경된 내용〉

```
f=open('/content/새파일.txt','w')

for i in range(20,0,-2):
  data="짝수:{}".format(i)
  f.writelines(data)

f.close()
```

```
짝수:20짝수:18짝수:16짝수:14짝수:12짝수:10짝수:8짝수:6짝수:4짝수:2
```

❷ 파일 쓰기

파일에 데이터를 저장하려면 두 가지 방식, 즉 write()와 writelines()를 이용해 파일에 내용을 작성할 수 있다.

write()	한 번에 작성해서 저장하기
writelines()	readlines()와는 반대로 한 행씩 작성하여 저장하기 하나씩 기록하는 역할만 하므로 자동으로 줄바꿈하는 기능이 없어 줄바꿈을 하고 싶은 경우에는 "\n"을 이용해서 표현하기

이 두 방식의 차이를 다음 예제를 통해 알아보자.

실습 예제

파일 쓰기 (2)

```
f=open('/content/새파일2.txt','w')

for i in range(1,20,2):
  data="홀수:{}\n".format(i)
  f.write(data)

f.close()
```

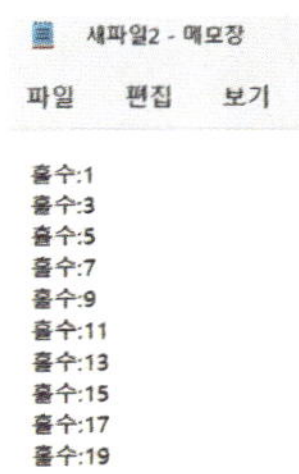


```
f=open('/content/새파일3.txt','w')

num_list=[1,2,3,4,5,6,7,8,9,10]

for i in [num_list]:
  data="리스트값 :{}\n".format(i)
  f.writelines(data)

f.close()
```

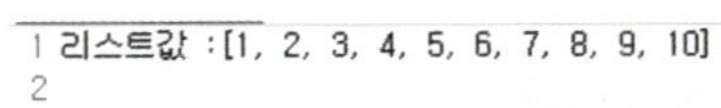

❸ 파일 닫기

앞에서 설명했듯이 파일을 열 때처럼 변수명 뒤에 close()를 이용해 open()으로 열었던 파일을 안정적으로 닫아주어야 한다. 특히 쓰기 모드에서는 파일 닫기를 잊지 말아야 한다.

```
예) f.close()
```

파일에 새로운 내용 추가하기 3단계

기존 파일에 있는 데이터 값들을 그대로 유지하면서 내용을 추가하고 싶은 경우에 사용하며 :열기→추가→닫기: 방식을 사용한다. 이때 a모드를 사용해 나타낸다.

a 모드	파일의 마지막에 새로운 내용을 추가(append)하고 싶을 때 사용하기

내용을 추가하고 싶은 경우에는 다음과 같은 방식을 이용하면 된다.

❶ 파일 열기

제일 먼저 프로그램에서 파일을 읽어와야 한다. 이를 위해 open()을 이용해 다음과 같이 a모드로 나타낸다.

```
예) f=open('/content/new_file.txt','a')
```

❷ 파일 추가

기존의 데이터 값을 건드리지 않고 아래에 새로운 값을 추가한다.

실습 예제

파일 추가하기

```
f=open('/content/새파일.txt','a')

for i in range(30,0,-4):
  data="짝수: {}".format(i)
  f.write(data)

f.close()
```

〈실행결과 예〉

```
1 짝수:20짝수:18짝수:16짝수:14짝수:12짝수:10짝수:8짝수:6짝수:4짝수:2짝수: 30짝수: 26짝수: 22짝수: 18짝수: 14짝수: 10짝수: 6짝수: 2
```

기존 파일 뒤에 추가됨

❸ 파일 닫기

close()를 이용해 추가한 내용을 파일 닫기로 마무리한다.

```
예) f.close()
```

with문 사용해 파일 닫기 생략

파일 닫기에서 설명했듯이 읽기 모드를 이용해 파일을 연 경우는 종료할 때 close()를 이용해야 안정적으로 파일을 닫을 수 있다. 하지만 깜빡하고 close()를 이용하지 않았어도 자동으로 닫히기 때문에 걱정하지 않아도 된다. 그런데 쓰기 모드에서는 자동으로 닫히지 않기 때문에 반드시 close()를 이용해서 프로그램을 종료해야 한다.

이렇게 사용하다 보면 불편한 경우가 빈번하게 일어나는데, 이를 해결하기 위해 파일 닫기를 생략하는 방법으로 with를 이용할 수 있다. 즉, with문 블록을 벗어나면 자동으로 close()가 적용되는 것이다.

실습 예제

with문 블록 사용하기

〈open–close문을 다 사용하기〉

```
#close()를 써야 하는 상황
f=open("명언.txt","w")
f.write("Life is too short, you need python")
f.close()
```

〈with문 사용해 자동으로 close()하기〉

```
#with문을 사용해 with문을 벗어나면 자동으로 close()하기
with open("명언1.txt","w") as f:
  f.write("Life is too short, you need python")
```

연습 문제

연습 01

파일을 열고 사용할 수 있는 모드는 어떤 것들이 있는지 작성하시오.

연습 02

with문 블록을 사용하면 어떤 점이 좋은지, 예를 들어 설명하시오.

연습 문제

연습 03 코시국에 확찐자가 된 건덕이와 친구 3명(고푸덕, 만쥬, 오리)은 거리두기 시행의 완화로 건강을 위해 헬스장에 등록을 하러 갔다. 이에 레오헬스장의 사장은 그들에게 회원정보(member.txt)를 입력하라고 요구한다.

기존의 회원들 다음에 새로 이름, 연락처를 추가해서 입력하려고 한다. 새로운 이름과 연락처를 입력받고, 추가 모드("a")로 파일을 열어 입력받은 데이터를 저장하고, 등록 완료를 알리는 메시지를 화면에 출력하고, 만약 파일이 없는 경우에는 파일을 먼저 생성한 후 데이터를 저장하고 기존에 만들어 놓은 파일이 있는 경우에는 파일 끝에 데이터를 추가하시오.

〈실행결과 예〉

```
안녕하세요. 레오헬스장에 오신 것을 환영합니다.
이름과 연락처를 등록하세요.
이름: 고푸덕   〈–사용자가 입력
연락처: 010-7894-1234   〈–사용자가 입력
등록되었습니다.
```

menber.txt ×

```
1 건덕이 010-1234-5678
2 고푸덕 010-7894-1234
3
```

〈코드〉

연습 문제

연습 04

다음과 같이 특정 단어(예: mode)가 포함된 파일(exam_text.txt)이 있다. 이때 특정 단어가 총 몇 번 사용되었는지 알 수 있도록 출력하고, 이를 우리가 변경하고 싶은 단어로 변경할 수 있도록 해보자.

이때 사용자에게 보이는 내용 가운데 특정 단어를 입력하여 총 몇 번이 나오는지 검색되도록 하고, 이렇게 검색된 내용을 무엇으로 변경할지도 사용자에게 물어보아 내용을 변경하게 한다.

이번 장에서 배운 모드 방식을 이용해 해당 파일(exam_text.txt)을 읽고(r), 변경을 위해 쓰기(w)를 이용하시오.

〈실행결과 예〉

```
오늘은 우리가 파일 입출력에 대한 내용을 배웠습니다.
파일을 읽을 때는 rmode, 쓸 때는 wmode, 추가는 amode가 됩니다.
close()는 꼭 이용해야 하나 이를 생략할 수 있습니다.
with문 블록을 사용하면 with문을 벗어나도 자동으로 close()가 적용됩니다.

찾을 내용: mode
바꿀 내용: 모드
전체 세 번이고 이것을 모두 바꾸겠습니다.
***변경된 결과는 다음과 같습니다.***
오늘은 우리가 파일 입출력에 대한 내용을 배웠습니다.
파일을 읽을 때는 r모드, 쓸 때는 w모드, 추가는 a모드가 됩니다.
close()는 꼭 이용해야 하나 이를 생략할 수 있습니다.
with문 블록을 사용하면 with문을 벗어나도 자동으로 close()가 적용됩니다.
```

〈코드〉

찾아보기

R ~ U

V ~ W

ㄱ ~ ㄹ

ㅁ ~ ㅈ

ㅊ~ㅎ